SEI DU SELBST

Eine Geschichte der Philosophie III

做你自己
西洋哲學史卷三

從後黑格爾時期的哲學到世紀之交的哲學

Richard David Precht

理察・大衛・普列希特

林宏濤————譯

我在觀察自然科學的最新進展時，

覺得自己宛如一個在晨曦中朝著東方踽踽獨行的旅人，

歡欣鼓舞地凝望著天邊的魚肚白，

熱切地期待著那顆大火球的顯露。————歌德

獻給不知名的懸掛式列車售票員

從烏托邦到科學的路，我們是走不到盡頭的。因為一直到終點站為止，它的整個技藝會糾纏著我們一路到彼岸。

——烏波塔懸掛式列車售票員，一九七一年五月二十五日。[1]

目錄

世紀之交的哲學

附錄

作者簡介

理察・大衛・普列希特（Richard David Precht）

哲學家、政論家、作家、媒體出版人。一九六四年出生於德國索林根市。一九九四年於科隆大學取得博士學位，其後幾乎任職過德國各大報與電台，並曾獲美國芝加哥論壇報（*Chicago Tribune*）記者獎學金。目前身兼呂訥堡大學（Leuphana Universität Lüneburg）的哲學名譽教授，以及柏林漢斯艾斯勒音樂學院（Hochschule für Musik Hanns Eisler Berlin）之哲學與美學名譽教授。

二〇〇〇年榮獲生物醫學大獎。童年回憶《列寧只來到盧登夏德》（*Lenin kam nur bis Lüdenscheid*）已拍成電影。哲普著作《我是誰？》一鳴驚人，榮登《明鏡週刊》非文學類排行榜冠軍，長踞德國亞馬遜排行榜不分類冠軍。

著作如《我是誰》（啟示，二〇一〇）、《無私的藝術》（啟示，二〇一二）以及《愛情的哲學》（商周，二〇一五）皆為國際暢銷書，共被翻譯超過四十種語言。自二〇一二年起，他在德國電視二台主持自己的哲學節目《普列希特》（Precht）。

他於二〇一五開始進行了一段哲學史的長征，於同年出版了《認識世界：西洋哲學史卷一》（商周，二〇二一），隨後陸續出版了《認識自己：西洋哲學史卷二》（商周，二〇二一）、《做你自己：西洋哲學史卷三》（商周，二〇二一）。而第四冊預計於二〇二三在德國出版。

譯者簡介

林宏濤

台大哲學碩士，德國弗萊堡大學博士研究，譯著：《詮釋的衝突》、《體會死亡》、《法學導論》、《美學理論、《愛在流行》、《隱藏之泉》、《神在人間》、《眾生的導師：佛陀》、《南十字星風箏線》、《人的形象與神的形象》、《神話學辭典》、《上帝的語言》、《菁英的反叛》、《啟蒙的辯證》、《鈴木大拙禪學入門》、《大蛻變》、《與改變對話》、《我的名字叫耶穌》、《神子》、《死後的世界》、《等待哥倫布》、《無私的藝術》、《藝術想怎樣》、《奧斯卡與我》、《正義的理念》、《文明的哲學》、《g先生》、《如何改變世界》、《小蜘蛛維德莉》、《繁華落盡的黃金年代》、《與卡夫卡對話》、《人造地獄》、《自我的追尋》、《人的條件》、《血田》、《獵眼者》、《致死之病》、《時間之書》、《世界是這樣思考的》、《連續統》、《孩子》、《克拉拉與太陽》。

【編輯人語】

如果哲學史是一部連載小說

中文出版當中可見而可觀的哲學史著作，大抵列舉以下：

一、黑格爾《哲學史講演錄》（G. W. F. Hegel, *Vorlesungen über die Philosophie der Weltgeschichte*, 1831）：在黑格爾的歷史辯證法裡，哲學史也成了精神回到自我的發展過程，於是既預設了唯一的真理，又說明了各式各樣哲學系統的雜多性，汪洋宏肆而又理路分明，其中對於亞里斯多德和斯賓諾莎頗多推崇。至於他對於印度和中國哲學的誤解，就揭過不提了。二、文德爾班《西洋哲學史》（Wilhelm Windelband, *Lehrbuch der Geschichte der Philosophie*, 1893）：同樣是講演課的教材，旨在概括闡述歐洲哲學觀念的演進，因而著重於哲學觀點的鋪陳，於是各個哲學理論潮流宛若萬花筒一般層層疊疊，捲起千堆雪。文德爾班把它叫作「問題和概念的歷史」，意欲全面性而沒有成見地探究思想的事實，至於哲學家生平及各家學說，則是略而不談。三、梯利《西方哲學史》（Frank Thilly, *A History of Philosophy*, 1914）：是一部「老實商量」的哲學史水準之作，作為哲學史家，梯利盡可能讓哲學家自己說話，謹守史家的客觀性，雖然他也自承先入為主的成見是不可避免的。他認為哲學史是個有機的整體，更強調每個哲學體系在文化、道德、政治、社會和宗教方面的形成背景。四、羅素《西洋哲學史》（Bertrand Russell, *A History of Philosophy*, 1945）：這部著作出版後在學界引起許多批評，卻使他成為暢銷作家，更讓他獲得諾貝爾文學獎。羅素認為哲學是社會生活和政治生活的一部分，因此著墨於哲學思想和政治、社會的關聯性。不過，羅素也任意以自己的概念分析指摘歷史上的哲學理論正確與否，嚴重傷害了哲學史著作的歷史性。五、柯普斯登《西洋哲學史》（Frederick Charles Copleston, *A History of Philosophy*, 1946-1975）：是至今哲學界公認哲學史的經典作品，以其客觀翔實著稱。原本計畫寫作三冊，分別是古代、中世和近代哲學，三十年間卻擴充為九大冊。柯氏於一九九四年過世，出版社於二〇〇三年把他的《俄羅斯哲學》（*Philosophy in Russia*, 1986）以及《當代哲學》（*Contemporary Philosophy*, 1956）增補為第十、十一冊。關於哲學史的中文著作方面值得閱讀者，則有：洪耀勳《西洋哲學史》（1957）；傅偉勳《西洋哲學史》（1965）；鄔昆如《西洋哲學史》（1971）。

理察・大衛・普列希特（Richard David Precht, 1964-），科隆大學哲學博士，有「哲學家當中的流行明星」的綽號，他的大眾哲學作品《我是誰》（*Wer bin ich - und wenn ja, wie viele?*）於二〇〇七年出版，造成出版市場的大地震，盤踞《明鏡周刊》暢銷排行榜第一名十六週。短短一年間被翻譯為三十二國語言，全球銷售數百萬冊。此後更筆耕不輟，陸續寫就了：《愛情的哲學》（*Liebe: Ein unordentliches Gefühl*, 2010）、《無私的藝術》（*Die Kunst, kein Egoist zu sein. Warum wir gerne gut sein wollen und was uns davon abhält*, 2010）、《奧斯卡與我》（*Warum gibt es alles und nicht nichts? Ein Ausflug in die Philosophie*, 2011）等作品。

普列希特在大眾哲學作品的寫作成就使人聯想到喬斯坦・賈德（Jostein Gaarder, 1952-）及其《蘇菲的世界》（*Sofies verden*, 1991），自從《我是誰》一時洛陽紙貴，全世界更掀起大眾哲學的閱讀風潮而至今不衰。喜愛其作品者大抵上著迷於他的文筆流暢、趣味和幽默。批評者則不外酸言酸語，譏誚其著作內容了無新意。二〇一五年，普列希特的哲學史作品第一冊《認識世界》（*Erkenne die Welt*）問世。儘管懷疑、嘲諷、不屑的聲音不斷，普列希特仍舊以其對於哲學的誠實、說故事的人的看家本領，讓閱聽大眾徜徉於哲學橫無際涯的時間流裡。隨著第二冊《認識自己》（*Erkenne dich selbst*, 2017）、第三冊《做你自己》（*Sei du selbst*, 2019）陸續出版，讀者也漸漸明白了普列希特在其哲學風情畫裡所要勾勒的無限風光。至於第四冊《人造世界》（*Mache die Welt*）則預計於二〇二二年出版。

為了研究哲學，或者從事哲學思考，或者說用哲學開拓視野，究竟有沒有必要讀哲學史？畢竟不是每個地方的大學都像台灣一樣把哲學史列為必修課。我在思考人權、正義、道德的問題，探究什麼是真理、知識或理性，或者問人從何處來要往哪裡去，「存在」究竟是什麼東西，為什麼要讀哲學史？這個問題其實和為什麼要讀歷史沒多大差別。如果說歷史裡的文明興衰更迭有如湯恩比（Arnold Joseph Toynbee, 1889-1975）所說的「挑戰和回應」模式，那麼，我們在思考的種種哲學問題也不是憑空想像出來的，而是在回答歷史裡的文化、社會、政治、宗教的問題；另一方面，每個個人，包括哲學家，他們的身心特質、家庭、學習過程、生涯際遇，也會影響其哲學思考的方向。所以，普列希特說他想寫的是一部「進行哲學反思的哲學史」，也就是說，從歷史和個人生命軌跡去理解哲學思考是怎麼一回事。

也因為如此，讀者究竟該期待在哲學史讀到或學習到什麼？同樣的，一部哲學史不應該是哲學家思想資料彙編，或者說各種哲學體系、理論、學派、主義的大雜燴。那不但不必要，而且也做不到；就連柯普斯登十一巨冊的哲學史，在他寫到叔本華、尼采、齊克果的地方，讀者應該也會覺得不過癮。或者說我們應該在裡頭探索歷史的規律性、理性的發展，或者真理是什麼嗎？這種歷史定論主義的說法，大部分的史家應該會持保留態度。於是，普列希特則說，如果讀者在讀這本書的時候忘記那是一門學科、不再只是追問真理或理性是什麼，那麼他的寫作目的就達成了。因為他心中的哲學思考，「是要擴大我們思考及生活的框架。哲學思考是把我們思想工具刮垢磨光，讓我們更有意識地去體會我們存在的有限時間，哪怕只是為了理解我們不了解的事情」。

所以，在這部哲學史裡，讀者不會看到柏拉圖、亞里斯多德、康德或黑格爾的理論的條列介紹，因為即便是梗概，也足以讓人暈頭轉向。再者，所有哲學思考不僅要放在時代背景底下加以咀嚼，更要從哲學家的人生際遇和心境再三玩味。因此，我們不僅會看到古代貨幣經濟的崛起和抽象思考的關係，明白教會和國家的權力對抗在「共相之爭」裡扮演的影武者角色；不同於上述哲學史著作，普列希特更加細膩地描寫哲學家的個人故事。我們也因此會讀到大亞伯拉和哀綠綺思纏綿悱惻的愛情故事，明白了齊克果和彌爾他們的父親在其生命中投下的陰影，也可以看到尼采到處領到好人卡的引人發噱的插曲。

如果說哲學史是一部連載小說，讓人在夜裡枕邊愛不釋卷，那麼普列希特應該是做到了這點。

商周出版編輯顧問　林宏濤

導論

[9] 那真是個漪歟盛哉的世紀！一開始是共和八年的霧月十八日政變。從埃及戰場回來的拿破崙擔任第一執政官，接著成為法國的獨裁者。幾年後，他把古老歐洲的地理翻了土，引爆了鋪天蓋地的政治動能，使得半個以上的歐洲在其後數十年間動盪不安。種種政治變革似乎還不夠，連所有其他確定的方面也跟著地動山搖。相較於世界歷史上的傀儡們，各種科學更有影響力、更具破壞性，也更有魅力。如果說十八世紀是物理學的世紀，那麼十九世紀就是生物學的世紀。生命不再如一百年前僅是自然史，它有了一部**發展史**。人們直到一八〇〇年仍以為世界歷史只有幾千年而已，然而現在卻要回頭探究那令人頭暈目眩的深淵。到了十九世紀末，它已經有數十億年了。

[10] 從一片漆黑的太初一直到人類，然後呢？該何去何從？許多人都認為要由人類去書寫未來。可是誰來決定文本是什麼？文化史也要聽從相同的自然法則嗎？它的進展是否有規律性？那是像孔德所說的「階段」嗎？或者是如馬克思所說的階級的辯證順序？人的角色到底是什麼？他們是一個沒有神的天命之下的勤勉工具嗎？或者只是有操作流程的機組部件而已？或者一切到頭來仍然是沒有書寫、混沌不明、不確定的？抑或人們只是沒有任何計畫地摸索著前進？

無論世事變化究竟是否預定了，眼前的路依然一片黑暗。既沒有大能者，也沒有理性的光輝可以映照人們腳下的曲折小徑。十九世紀的哲學思考大抵上意味著對神的哲學思考！而所謂對神的哲學思考，則是對一個顯然不是為了人類創造的世界的沉思。這是多麼使人沮喪的認知啊！於是從前的哲學家們為此一再把大能者偷渡到他們的體系裡來：笛卡兒（René Descartes）、斯賓諾莎（Baruch Spinoza）、萊布尼茲（Gottfried Wilhelm von Leibniz）、康德（Immanuel Kant）和黑格爾（Georg Wilhelm Friedrich Hegel）。人們基於其渴望而形塑了整個宇宙，並且定義了一個井然有序的歷史進程。然而十九世紀的人們卻看到**智人**偏離了在宇宙裡的中心地位。他不再是自然歷史的中心，而是偏居一隅，獨身無依、茫然若失，而且沒有容身之處。如果現在還有誰在談什麼自然和社會的「法則」，也不會認為它們是對一個舒適家園深思熟慮過的規則，而是和人類無關的、陌生的東西。若還是有人像齊克果一樣言必稱「上帝」，也不會把上帝視為世界的建築師，也不會有什麼神的體系。任何人和事物都格格不入。那位格的、主觀的上帝，只是形隻影單地存在著。

這是澈頭澈尾的鉅變。真理不再來自講道壇，而是在報紙上，或是以電報的節奏滴滴答答響。以前的人就**字面**上的意思去理解聖經，現在他們必須學著**認真**對待它：他們將視其為文盲的作品（史特勞斯語，David Friedrich Strauß）、人類的願望投射（費爾巴哈語，Ludwig Feuerbach）或是潛藏的本能衝動的史詩外衣（佛洛伊德語，Sigmund Freud）。

上帝已經死了，而所有古老的形上學也都跟著祂死亡了。在這光禿禿的畫布上，十九世紀的人們一筆一筆畫下現代性的座標。也許社會還需要宗教的無稽之談，例如聖西門（Henri de Saint-Simon）和他的門徒孔德（Auguste Comte）。但是這種「公民宗教」（Zivilreligion）不再敬拜任何造物主，而是把祂當作人類最傑出的產物。祂也許匠心獨運、有創造力而且高瞻遠矚，就像最優秀的科學家一樣。可是祂不是天使，不會從天而降。祂和所有人類一樣，都是從單純的胚胎被造出來的。孕育自十八世紀的思想，莫佩推（Pierre Louis Moreau de Maupertuis）和狄德羅（Denis Diderot）的思想於一八一一年首次體系化呈現於拉馬克（Jean-Baptiste de Lamarck）的《動物哲學》（*Philosophie zoologique*, 1809）之中。早在達爾文的天擇說問世之前，它便為演化的社會理論提出了新的藍圖，現在不必訴諸上帝就可以解釋各種社會及其目標。但是這也包括社會的「理想」

[11]

秩序和它們的「正確」道德嗎？

不管這個合宜的秩序為何，它首先必須和進步、持續的科學成長以及新興的科技一致。因為相較於所有啟蒙運動的哲學家，不信神的人們達成傲人成就的速度更加迅捷。科技在世界裡不斷推陳出新，因而取代了信仰、迷信和巫術。它迅雷不及掩耳地成了四處狂舞的物神。畫布上出現定時炸彈：起初是鐵路和蒸汽機，到了十九世紀末，更發明了飛機和汽車，高爐染污了快速成長的大城市的天空。科技無所不在。懷錶在背心裡測量著心臟附近的時間，電氣化照亮且加速了自一八八〇年代以降的世界。生活被計時，火車時刻表和員工排班表規定了節奏。在此同時，田裡的收成也爆量增長。由於農作物化學的鋪路，人工肥料使得莊稼豐收、糧食滿倉。一切只有更多、更快、更高、更遠。儘管有疾病和瘟疫，歐洲人口還是不斷成長，一八〇〇年時還不到兩億人，到了一九〇〇年則已經增加至四億兩千萬人。在短短一個世紀之內，歐洲大陸的人口就增加了一倍以上。

整個世界宛如變成了一部大機器。黑格爾高唱入雲的**世界歷程**，現在成了機器的工作。進步是在工廠裡生產出來的。可是它真的會以漸入佳境的社會秩序取代辯證的歷程嗎？機器代表成功的生活嗎？這個問題使得歷史和自然主義的邏輯機械師浮上檯面。有人認為資本主義就是美德的體現，例如英國古典經濟學派一直到史賓塞（Herbert Spencer）；也有人反而主張立即把資本主義摧毀廓清，例如戈德溫（William Godwin）、傅立葉（Charles Fourier）、馬克思和恩格斯。他們以各自的方式勾勒出一條通往另一個未來的必經道路。當現代的交通工具克服了時間和空間，當現代通訊把每個人連結在一起，當革命成了時代的記號，人們為什麼不也推翻至今的財產關係，一視同仁地把人類團結在一起，進而顛覆整個社會秩序呢？

科技和經濟的革命無所不在。那麼人的腦袋裡呢？其實種種轉變、破壞和進步都激勵了人類全方位的思考，不管是往左還是往右。人是什麼、其真正本性是什麼，這些問題在上帝死了以後變得窅冥難測。關於人性，再也沒有所謂「共相」，也沒有確切的定義。從前「本性」是最重要的東西，現在則被「文化」取代了。「人是什麼」要透過在環境裡找到的種種答案去解釋，人不是生活在一個既存的世界裡，而是依據不同的背景創造自己的世界。那麼人們還需要一個奠基一切的哲學嗎？現在，「是什麼」的問題由一個新興的學科來回答，也就是**社會學**；而另一個學科**心理學**，則要回答「為什麼」的問題。

社會學家們扶搖直上：他們要鳥瞰整個社會，一如齊美爾（Georg Simmel）、涂爾幹（Émile Durkheim）和馬克斯・韋伯（Max Weber）。相對地，心理學家則要窺探人的心靈深處，例如貝內克（Friedrich Eduard Beneke）、赫爾巴特（Johann Friedrich Herbart）、卡魯斯（Carl Gustav Carus）、馮德（Wilhelm Wundt）、威廉・詹姆士（William James）和佛洛伊德。他們開啟的視角以及他們提出的理論，至今仍然是心理學的思考焦點。儘管如此，他們的政治洞見卻是出奇地狹隘。正如他們的許多同儕，這些經驗性的人文社會科學先驅仍然馳騁在至今尚未銷聲匿跡的各種主義的曠野裡：民族主義、共產主義、社會主義、保守主義、自由主義、種族主義。就在十九世紀的人們再也不確定他們的哲學本質定義為何的時候，這些主義便趁虛而入。它們都是「意識形態」。創造**意識形態**（idéologie）這個概念的迪崔西（Antoine Louis Claude Destutt de Tracy）認為它是「想像和知覺的統一科學」的魔法，它的不可能性使這個詞成了罵人的話。各種主義成了方便好用的縮寫，得以藉此劃分畛域，把越來越艱難的生活凝聚成各種信念，將仇恨、恐懼和憤怒正當化，

[13]

填滿整張十九世紀的畫布。它們自身負載的炸藥過不了不多久就要爆炸，幾乎所有的「世界觀」在二十世紀都因此風起雲湧。

右派和左派、復辟和革命、悲觀主義、文化悲觀主義和進步信念的所有樣式，乃至於二十世紀甚至二十一世紀初期的全部ＤＮＡ，都在這裡底定。自十九世紀初期以降的兩百年間，雇傭勞動的社會和功績社會構成了歐洲和北美洲生活與社會生活的母模型。直到二十一世紀的現在，仍舊看不到它有任何瓦解的跡象。一個新的機械年代，亦即人工智慧，準備要接替舊的機械年代。難道觀察舊有模型的變化無助於更清楚理解並勇敢度過當下的處境嗎？它無法讓我們認識到資本主義的種種思考模式、符號和正當性至今仍然沒有任何其他替代可能的時代限制嗎？

在十九世紀，澈底的顛覆正方興未艾。不管是進步或是倒退的變化，許多政治上的變種都推動著時代的遞嬗，尤其是在法國：從法國大革命開始，拿破崙、波旁復辟時期，一八三〇年到一八四八年間的革命，拿破崙三世以及曇花一現的巴黎公社，一直到第三共和。但是它們並沒有創造出任何嶄新的經濟秩序。至於德國，更不在話下，一直到十九世紀初，日耳曼都還沒有一個國家形態。在英國，從一八三七年到十九世紀末的維多利亞時期，不管是它的經濟成就、大英帝國版圖或是它的社會達爾文主義，莫不欣欣向榮。

哲學的變化卻完全背道而馳。其最前衛的代表人物表率皆另闢蹊徑，他們解釋世界的方式整個翻轉過來。他們既然沒辦法從神推論出任何東西，也就找不到一個用以揭開世界奧祕的起點。在充斥著各種原理的世界裡，只有觀察可言。演繹退位，歸納成為新的方法。從孔德、彌爾（John Stuart Mill）到馬赫（Ernst Mach），**實證主義者**（Positivisten）所向披靡。他們把哲學家們的形上學視為洪水猛獸，認為哲學思考是學者們的事：就像自然科學一樣，「人文科學」的新定義也是如此。捨棄形上學的「唯物論者」以前就有了，可是他們從前汲汲於從天文物理演繹出人類的生活，例如艾爾維修（Claude Adrien Helvétius）和霍爾巴赫（Paul Henri d'Holbach）。相反地，實證主義者大抵上都是經驗主義者，一絲不苟的實在界簿記員，儘管我們往往因為各種錯誤的概念或傳統而扭曲了它。他們都是傑出的除魅者（Entzauberer）。我們心中想像的世界事物或是「自我」客觀上並不存在。這一切難道不是我們意識的種種「適應作用」，一個以種種符號虛構而成的世界使身為動物的人類有所依據？美國「實用主義」（Pragmatismus）的先驅們，尤其是皮爾斯（Charles Sanders Peirce）同樣作如是想。他認為闡釋世界的人不是經驗主義者，而是邏輯學家，因為他們澈底翻修了他們行會的房子。 [15]

「哲學家啊，你們的現實感要更敏銳才行。」這便是該世紀的答案。如果說科技使他們獲得了令人目眩神馳的成就，那麼哲學也應該有所作為。就像數學家和工程師一樣，他們現在只在意「問題」和「解答」而已。有哪個範圍明確的問題不能迎刃而解？孔德、彌爾、史賓塞和美國實用主義者心裡的樂觀主義似乎完全沒有止境。一切都會被認識，一切都會依據它們對於未來的實用性去檢證。什麼對社會有所裨益？什麼是可以捨棄的？

然而哲學不會因此損失慘重嗎？如果一切只剩下「實用知識」，百無一用的哲學家還能做什麼？到了世紀中葉，著重經驗實務的心理學和哲學分道揚鑣，以經驗為取向的社會學亦如是。它的地基在急遽萎縮當中。它還剩下什麼呢？科學理論？歷史哲學？倫理學？ [16]

是的，哲學越接近科學，它就越不確定它的對象應該是什麼。一個地質測量學家（皮爾斯）、一個心理學家（威廉．詹姆士）和一個物理學家（馬赫）把哲學逼到了死角。只有自然科學家才是真正的哲學家嗎？可是他們真的知道文化、人類屬性和特質的浩瀚領域嗎？根據狄爾泰（Wilhelm Dilthey）、文德爾班（Wilhelm Windelband）和李克特（Heinrich Rickert）之類的德國大學教授的說法，那個領域是只能**理解**（verstehen）而無法**解釋**（erklären）的。對於客觀性的追求損害了個殊性和個體。頭腦清醒的人不是說人心晦暗不明嗎？而十九世紀下半業的流行語「世界觀」（Weltanschauung）是不能合理化的，我們只能溯洄從之並且闡釋它。世紀末的社會學家所描繪的個人「生活方式」（Lebensstil）不也是如此嗎？

但是，如果說哲學的對象是自然科學家和所有經驗主義者都不得其門而入的「主觀體驗」，我們又該怎麼處理它？答案早在對於浪漫主義運動的反彈當中就呼之欲出了。叔本華（Arthur Schopenhauer）或者炮火更猛烈的齊克果（Søren Kierkegaard）認為，人的**作為**決定了他的本質。生命無法以概念去理解，也沒辦法以思考去把握。生命是事件，而我們也只能理解事件。生命的領域在於感覺（Empfindung）和自我感覺（Selbstempfindung）。它主要是美感的（ästhetsich，感覺的），因而只能以美感的方式去把握。關於生命的文本必須是有生命的對話或獨白、控訴、辯護或講道。生命哲學和存在哲學正是以此作為其開端。它們的主題是個人的幸福以及每個存在者的「意義」，那是任何派別的經驗主義者都無法理解的。因為生命的意義不會被**遇見**，而是只能被**賦予**。

尼采（Friedrich Nietzsche）慷慨激昂地揭開這層逆流的外衣，使得它越演越烈，搖身一變成為對於理性哲學以及歐洲大陸文化的批判。可是難道存在哲學不也意味著對於人的物質存在的沉思嗎？齊克果和叔本華一輩子都不必工作，尼采也提早退休。對於社會學家而言，他們的憂懼只是無

[17]

病呻吟。「做你自己！」——這難道不是自己決定生活模式的選擇機會嗎？

十九世紀不僅僅是科學的哲學及存在哲學之間、心理學和邏輯之間的爭論而已，它也是菁英的、美感的生活詮釋和大眾自我決定其生活主張之間的拉扯。尼采對於工作的鄙視不言自明。一旦啟蒙運動的理性哲學及其在「大眾文化」中的普世權利灰飛煙滅，高貴的中產階級就再也不想和它有什麼瓜葛。世紀之交的社會學家齊美爾（Georg Simmel）和韋伯（Max Weber）也在這個衝突地帶裡思考。隨著工人運動和社會民主黨的進步樂觀主義甚囂塵上，中產階級社會學家的文化悲觀主義也跟著崛起，進而庇蔭在存在哲學底下，尤其是齊美爾。

到了二十世紀初，**唯一的**哲學就死了；取而代之的是十幾個仍然不完備的開端，而且一個比一個還激進。「自我」被解構，客體世界被主觀化。儘管新康德主義者力挽狂瀾，價值還是變成非理性而任意的東西。「真理」再也不為人指引道路。人們以「實用性」去評量它，使得它靈巧地適應環境。儘管如此，人們還是遭遇到挫敗：哲學作為嚴格科學的主張一直沒辦法兌現！而新的理性道德仍然遙遙無期。到頭來只得以失敗告終。整張畫布暗淡下來，染成一片血紅：諸如齊美爾和韋伯之類的社會學家、新康德主義者納托普（Paul Natorp）、生命哲學的門徒和其他人，引頸企盼偉大的救贖的到來，為第一次世界大戰而歡呼……

霧海上的旅人

不真實的存有的魔法

一個身穿深綠色外套的男人獨自佇立在群山之間。巉岩陡峭，旅人的雙腳站得一高一低，手拄著一根手杖。濃霧自山谷間湧了上來，和灰撲撲的藍灰色天空混合在一起，這就是夏天清晨的氣息。岩石在雲海間依稀可辨，怪石嶙峋，零星夾雜著幾株針葉樹。畫面兩側的山坡平緩下降，似乎以旅人為交會點，剛好在他的心臟高度。「我必須獨處，並且知道自己孑然一身，才有辦法充分感受且眺望大自然。」畫家如此自況：「我必須沉醉在周遭的一切當中，和我的雲海岩石合而為一，如此才能成為我自己。」[2]

這位畫家叫作卡斯帕・大衛・腓特烈（Caspar David Friedrich, 1774-1840），出生於前波美拉尼亞，成年後住在德勒斯登。儘管畫裡雲海壯闊，千巖萬豁，但是不管是畫家自己或是同時代的人都沒有提過此處描繪的這幅畫作。一直到一九三九年，它才出現在一個矮胖的柏林畫商家中，可能是一個猶太人的收藏。在一九四〇年到六〇年間，這幅作品由若干富有的企業家收藏。一九七〇年十二月，漢堡美術館把它買下。一般都猜測這幅畫是腓特烈於一八一八年的作品，大師有兩張岩層構造的速寫和這幅畫作特別相似。由於曾有人提過腓特烈有一幅題為《霧海上的貴族》的畫作，於是這幅畫便被稱為《霧海上的旅人》。

腓特烈自己曾遊歷過畫裡描繪的風景，也有爬到山頂上。他隨身攜著登山杖和速寫簿，遍歷了薩克森瑞士，驚豔於易北河砂岩的山脈以及薩克森引人入勝的地形和夢幻般的背景。其後在卡爾・梅（Karl May, 1842-1912）筆下則蛻變成了巴爾幹的峽谷以及「銀湖」的岩層構造。腓特烈喜歡漫

[19][18]

步，儘管他很少遠遊。他的家鄉在德國波羅的海海岸，這一直是他魂牽夢縈的所在。而他根據別人的畫作所描摹的阿爾卑斯山，則一輩子都未曾親眼目睹。

然而，這位擅長捕捉山中風情的畫家，並不是個生性浪漫的旅人。在一八一三年五、六月之間，當腓特烈在易北河砂岩山脈遊歷並且為了《霧海上的旅人》速寫當地風景的那時，薩克森正是拿破崙戰爭中烽火連天的兵家必爭之地。德勒斯登被法國人佔領，極目四望，宛如軍隊營房。拿破崙甚至為了軍事行動親自到山上勘察戰略地形地物。德勒斯登的居民遭遇了饑荒和瘟疫肆虐。八月，法國佔領軍固守城池，在德勒斯登戰役中和奧地利、普魯士以及俄羅斯的大軍短兵相接。德勒斯登城外，從雷克尼茲一直到外城牆基，全部都變成一片廢墟。直到萊比錫戰役（Völkerschlacht bei Leipzig）之後，俄羅斯人才於一八一三年十一月擊退法國人。

腓特烈到薩克森瑞士並不是去散心的，而是為了躲避戰亂。可是他的畫裡既看不到戰爭，甚至沒有任何人為的東西或破壞。易北河砂岩山脈看似世界史裡的一頁空白，正如黑格爾所說的歷史裡少數的承平歲月。罕見的恬靜安詳，在腓特烈的畫裡沒有歷史，只有自然史。

這的確令人詫異。因為這位畫家其實相當熱中政治，他是忠實的民主派。而在法國佔領之後，薩克森的封建主義再度壯大，他為此憂心忡忡。正如當時許多擁護共和政體的人一樣，腓特烈也是仇視法國的日耳曼民族主義者，翹首期盼一個統一的德國共和。在一八一五年維也納會議之後的波旁復辟時期裡，這是個相當危險的想法，可是腓特烈並不退縮。自此以後，他的畫作裡的人物都穿著阿恩特（Ernst Moritz Arndt, 1769-1860）所說的「日耳曼服裝」（teutsche Kleidertracht）：一件樸素的大禮服，沒有圍巾，加上一頂天鵝絨無邊帽——愛國人士和民主派的打扮。「霧海上的旅

[20]

[21]

人」同樣也穿著舊式的日耳曼服裝，只是少了腓特烈同時期其他畫作裡眺望大海或月亮的人物頭上戴著的天鵝絨無邊帽。相反地，冷冽的晨風和動盪不安的時代吹亂了旅人的金髮。他的「日耳曼」服裝說明他是個「群眾煽動家」（Demagoge），正如畫家對於自己另一幅畫的諷刺評論——這個語詞是摘引自一八一九年「卡爾斯巴德決議」（Karlsbader Beschlüsse）裡所說的「煽動顛覆」罪名。

可是不僅僅是這位旅人，腓特烈畫作裡的任何一個人物都不曾密謀叛亂。他們什麼也沒做，只是或踞或立，沉默地凝望浩瀚無垠的遠方。政治情勢在地平線的另一端，而不是畫作的主題。它若隱若現。當那身日耳曼服裝（不僅是自白，也是偽裝）使人們無法清楚辨識畫裡的人物，人們才隱約感覺到它的存在。腓特烈畫裡的人物永遠背對著觀眾，看不到他們的臉龐，因此波旁復辟的警察或特務沒辦法認出他們，不得不放他們一馬。

人物背影的畫法並不是腓特烈首創的。在十八世紀的景觀畫和建築畫裡，就可以看見無數的小人物。他們背對著觀眾，身形渺小，站在廣場和大廳四周以襯托出建築物的雄偉。可是從來沒有人像腓特烈那樣把人物背影擺在畫面的正中央，也沒有人像「霧海裡的旅人」那般魁梧偉岸地佇立在風景畫裡。

他為什麼要這麼做？腓特烈讓畫裡的眺望者背對著畫作的觀眾，起初是化拙為巧的做法。他是個風景畫家，而不是肖像畫家。他的畫技遠遜於當時更著名的畫家，例如哥雅（Francisco de Goya）、德拉克魯瓦（Eugène Delacroix）、傑利柯（Théodore Géricault）或透納（William Turner）。腓特烈的野心一直保持在他的畫技範圍之內，他的創作生涯也談不上有什麼重大的藝術

[22]

開展。我們從他早期作品到晚期作品中看不出來有什麼「成熟」，而且畫技也沒有顯著的改善，這使他許多沒有落款的畫作特別難以測定年代。

腓特烈不是一個風格特別多元的畫家。他一生都遵循著一個特定的構想。他要把觀眾置於一個永遠相同的氛圍裡，而不是每次都不一樣。他的畫作是死寂的生物，宛如自然博物館裡的透視畫。即使裡頭可以看到人物背影，那人物也只是猶如動物標本一樣無所事事地站著不動，凝望著霧靄茫茫的遠方。所有動作都只是透過觀眾走進畫裡的。如果說博物館的透視畫裡的暮色和晨光為動物勾勒出輪廓，那麼腓特烈畫裡的人物展覽品卻正好相反：心醉神馳地眺望遠方的人物是用來烘托畫中背景的。他們都一樣，不管是透視畫裡的動物或腓特烈畫裡的萬物之靈，都不是指涉具象的個體。就像固定不動的馴鹿一樣，人物背影也是個性格學上的空位——畫裡的人變成了「人類」，變成了代表性的種屬。

同樣地，腓特烈也讓自然完全臣服於氛圍之中。他的風景沒有情緒，而是相反地服從於明確的幾何學計算，這使它們看起來總是有點不真實。戲劇性的動作和僵硬的構圖並不會創造出任何寫實主義的場景，因而只是個自然奇觀的舞台。我們姑且套用保羅·克利（Paul Klee）對於藝術的著名說法，他的藝術並不是要再現可見的東西，而是要使事物得以被看見。或者用腓特烈自己的話說：「閉上你的肉眼，好讓你第一次用心眼看你的畫。接著讓你在黑暗中所見到的東西顯現出來，讓它自外向內回頭感動其他人。」[3] 如是，這位畫家便以他的顏料、形象、光線和陰影從事哲學思考。猶如一塊暗色的三角形，畫面前景的旅人佇立在岩石上，他正好站在四周景色的中央，兩側的山巒交會在他胸口的位置。在風景畫的幾何學構成以及明暗的區分方面，任何其他作品都難望其項背。

腓特烈的風景畫比以前大多數的畫家都顯得更加人工。旅人駐足之處連一條山路都沒有，這也不是偶然。旅人位於畫面中央，把觀眾的目光都吸引到那個極目四望的人身上；觀眾彷彿站在穿著深綠色大衣的男人後面，看到他在凝望遠方。畫作外的觀眾因而同時身在畫中，在觀看畫作的同時，也以設身處地的方式觀看著那個凝望者。可是我們到底看到了什麼？腓特烈如此構圖的理由以及他的目的是什麼？他要把我們置於什麼狀態？為什麼？

對於延伸到這個風景裡的內心空間，藝術史家們的詮釋可以說南轅北轍。人們也理所當然地引用腓特烈在自述裡多次提到的宗教信仰，從基督教的角度去詮釋他的畫作。可是另一方面，不管是這幅畫或者是《德清祭壇畫》（Tetschener Altar；又名《山上的十字架》〔Das Kreuz im Gebirge, 1807/1808〕），畫家都沒辦法取悅嚴守教義的基督徒。普魯士保守派的外交官拉姆多爾（Friedrich Wilhelm Basilius von Ramdohr, 1757-1822）認對腓特烈的祭壇畫《山上的十字架》暗示著敵基督的自然神祕主義，因此把它批評得體無完膚：「如果風景畫偷偷溜進教堂，爬上祭壇，那真是太張狂了。」拉姆多爾的對手是「那種神祕主義，它無孔不入，由藝術、科學、哲學和宗教組成，就像毒氣一樣侵襲我們。」[4]

拉姆多爾話鋒一轉又說，「崇高」自十八世紀中葉以來再也不是基督教藝術獨占的東西了。柏克（Edmund Burke）、康德和席勒（Friedrich Schiller）都把它定義為新的美感範疇。席勒認為，「崇高」是超越我們領悟力和生命力的東西，我們把崇高的對象視為「一種力量，在它面前，一切屬於我們自己的東西都會消失在虛無裡」[5]。但是對於席勒而言，這種界限的揭露「以沛然莫可禦的力量」吸引著我們。在力有未逮的理性以及被壓抑的感性的衝突區裡，有一種「魔法」攫住了我們的「情感」。它源自我們的想像力，在感性和理性丟盔棄甲的地方，我們的想像力卻是無入而不自得。

席勒提出他的說法的時候，腓特烈才十九歲。對於「崇高」的描繪是那個時代的美感表現需求。面對浩瀚無垠的事物時的那種震撼脫離了教會的管轄權，在大自然裡重新遇見。自從十八世紀中葉以來，「沉浸」也不再僅僅屬於宗教情感，在狄德羅（Diderot）的鼓吹之下也成為了法國沙龍繪畫裡屢見不鮮的動機。它以前是面對上帝時的態度，現在卻成了一個美感的空格。腓特烈的「霧海上的旅人」的心旌搖曳，究竟是因為上主的創造還是因為大自然的秀美，那端看觀眾的詮釋而定。畫家自己並沒有多作解釋，這只是那些站在畫作前面的人的主觀感覺。它的畫作不僅散發著超越者的光芒，它們本身就是超越性的——它回頭指向觀眾的內心空間，讓他們可以在大自然裡看到任何他們想看到的東西。

腓特烈的畫作是為主體性保留的空間，它們讓人有許多哲學思辨的機會。人們不難在霧海上看到一個獨立於人類的自然意志的大能，正如和他同時期的叔本華在《作為意志和表象的世界》（*Die Welt als Wille und Vorstellung*）裡所說的。叔本華在一八一八年於德勒斯登完成他的巨作，腓特烈和他素昧平生，反倒是認識他以沙龍女主人（Salondame, salonnière）著稱的母親。當畫家以那因自然意志而氤氳繚繞的霧海和旅人幽暗的想像世界做對比，而讓大自然的奇景展露無遺之時，那也算不上是什麼哲學著作。然而，如果說叔本華是以解剖刀劃開了哲學，那麼腓特烈就是以他的藝術手法揭露哲學。雖然畫家對於這位哲學家一無所知，但哲學家卻對畫家的作品如數家珍。一八一五年，叔本華盛讚腓特烈說，他的畫作迫使觀眾「完全客觀地觀賞」它們，因而表現了「一個既重要又意蘊無窮的觀念」。[6]

腓特烈不必讀叔本華的著作就可以啜飲相同的源泉，因為他的心靈渴求和對於大自然的態度，與當時年僅十四歲的哲學家無二致，儘管畫家不必像哲學家那樣跟上帝告別。叔本華筆下的大自然既崇高又殘酷，而腓特烈畫作裡的清晨和黃昏景象卻少了那個力量。它們反映了人類世界和自然奇景之間的和解，叔本華認為那只有在藝術裡才看得到，在現實人生裡是不會有的。可是在哲學裡，它們基本上和諧一致：不管是人類自身或是相對於自然，人的本質都是言語道斷的，無法以任何理性的方式去談論，我們只能感受它，並且在藝術裡揭露它。語言在存有的面前並不管用。真理不是思想大廈，而是霧海群山裡的夏日黃昏和清晨。我們不妨再想思考一下腓特烈自己所說的話：「我必須沉醉在周遭的一切當中，和我的雲海岩石合而為一，如此才能成為我自己。」

人和自然的對話寧靜而沉默。對話的目的不在於以邏輯作鋼筋、以概念作磚塊、以因果法則作水泥，去建構一個理性思考的體系。相對於理性，真正的存有是「不真實的」，因為什麼也抓不住。十九世紀以來，從齊克果到尼采大聲疾呼的主張「做你自己」，正是在呼應這個不真實的存有魔法。這個主張以此為起點，完全不信任一切的理性哲學。腓特烈的現代性在於抗拒任何客觀的認知。哲學從浪漫主義的思想演變成生命哲學和存在哲學，生命永遠在語言和思想之前。你是你自己，早在你試著以思考去探索生命，把你自己置於一個話語的關係之前即是。

在畫家生前，第二個新世紀的哲學潮流正方興未艾：以自然科學為藍圖的哲學。在它眼裡，霧海只不過是凝結成水氣的 H_2O。對於存在哲學而言，一切都是主觀的；而對於以自然科學為樣式的哲學而言，一切都是客觀的。不同於十八世紀，尤其是康德的體系，兩造再也沒有任何調停的機會。就算是門外漢也都感覺得到風向正迅疾轉到這個方向。人們在腓特烈的畫裡一眼就能看到對浪漫主義的見證：緬懷著他們日耳曼文藝復興時期的樣貌，絕望而感傷地眺望一個沒有進步可言的未來。那旅人宛如解放戰爭的紀念碑，佇立在蘊藉著意義的景色裡；一座浪漫主義的紀念碑，靜止在過去裡。

相反地，時代潮流正風馳電掣地改變中，腓特烈的這幅畫大概是在馬克思出生那年完成的。薩克森正值史無前例的工業振興，在厄爾士山區、福格特蘭、上勞西茨以及西薩克森地區，紡織機取代了人工。自一八〇七年以來，不只是在英國，就連人稱「薩克森的曼徹斯特」的開姆尼茨也是紡織廠林立。薩克森的人口數在短時間裡成長了一倍，日耳曼沒有任何地方的工業生產像它那樣迅速推進。在腓特烈讓他的旅人四顧蒼茫、獨自佇立在霧海上的二十年後，第一艘蒸汽船在易北河首航。日耳曼第一條長途火車，連接萊比錫和德勒斯登，劃過腓特烈畫筆下杳無人煙的月球表面。再也沒有穿著日耳曼文藝復興時期服裝的眺望者，時間將它自歷史中一腳踢開，火車頭的蒸汽使它籠罩在煙霧裡，煙囪的煤灰使它變得黑黝黝的。與畫家同時代的薩克森新興的流氓無產階級（Lumpenproletariat）未曾出現在他的畫裡，迫在眉睫的社會問題顯然和他的世界圖像格格不入。

嚴謹的幾何學和座標已經改變了，它們不再關心法國或日耳曼、統一或大雜燴的國家、公民自由或封建專制國家之類的問題。以前人們會眺望浩瀚無垠的世界，現在他們眼裡卻只有可以量測的東西，像是工業進展的數字和曲線。新時代的咒語再也不是超越者，而是效率；再也不是虛空，而是充盈，不再凝望霧海。整個動力襲捲了所有的人事物，哲學也失去了它的上帝，正如它把真理讓渡給科學一樣。然而經濟的進步成了新的神，而祂的蒸汽船和火車並沒有放過易北河砂岩山脈。一八四〇年，腓特烈死於德勒斯登，就在這個時候，一個名不見經傳的人正要展開他在薩克森瑞士的預定旅程……

後黑格爾時期的哲學

後黑格爾時期的哲學家年表

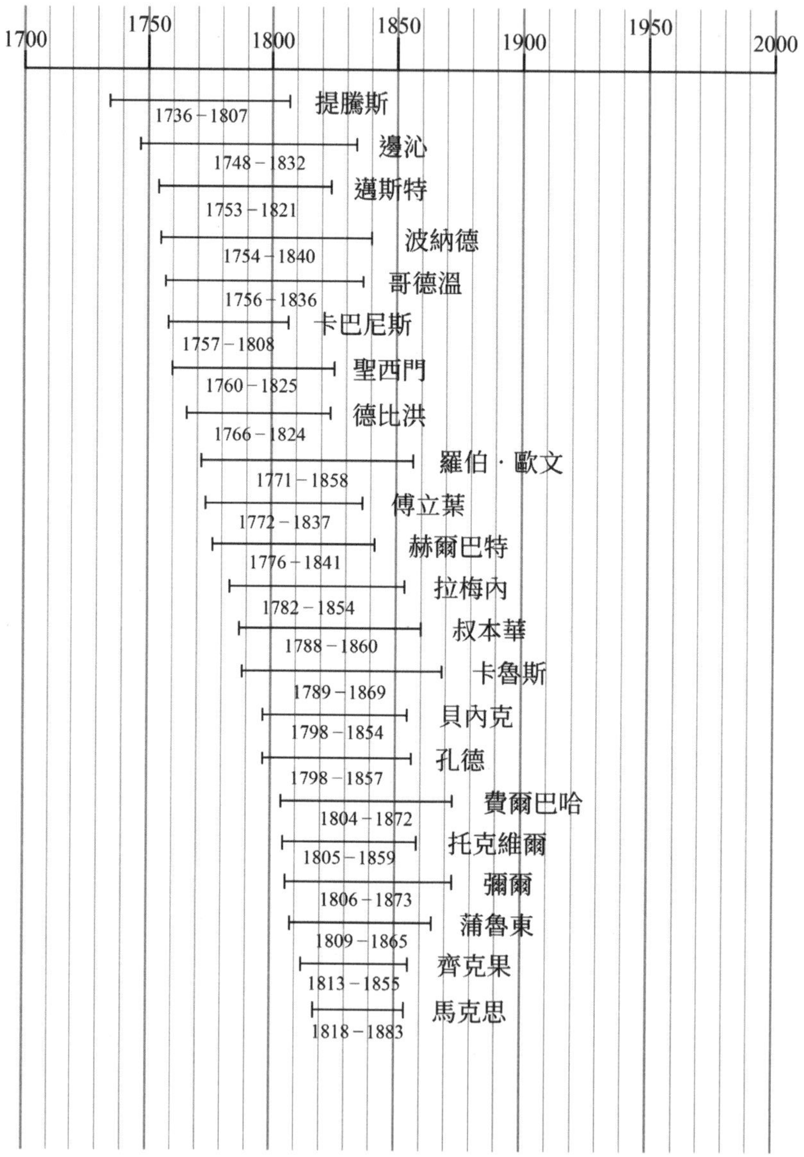
1700
1750
1800
1850
1900
1950
2000
提騰斯
1736－1807
邊沁
1748－1832
邁斯特
1753－1821
波納德
1754－1840
哥德溫
1756－1836
卡巴尼斯
1757－1808
聖西門
1760－1825
德比洪
1766－1824
羅伯．歐文
1771－1858
傅立葉
1772－1837
赫爾巴特
1776－1841
拉梅內
1782－1854
叔本華
1788－1860
卡魯斯
1789－1869
貝內克
1798－1854
孔德
1798－1857
費爾巴哈
1804－1872
托克維爾
1805－1859
彌爾
1806－1873
蒲魯東
1809－1865
齊克果
1813－1855
馬克思
1818－1883

一個沒有意義的世界

- 哲學的復仇
- 意志和表象
- 憐憫和厭世
- 生活的藝術
- 間諜
- 跳躍
- 三種生活形式
- 一筆豐厚的遺產

哲學的復仇

[35] 這個年輕人從來不缺自信。他在德勒斯登預告說他要在柏林大學開授講演課，講題是「全哲學」（gesamte Philosophie），「關於世界本質及人類精神的學說」。而他也說，他的講演課最好和「黑格爾教授的必修課」衝堂。[7]

叔本華（Arthur Schopenhauer, 1788-1860），三十一歲，在哲學的學術圈裡默默無聞。可是在 [36] 一八一九年秋天，有勇無謀的他大膽地開了一門衝堂的課，以為自己可以打敗當時最著名的哲學家。他以「復仇者」自居，要找黑格爾這個「流氓」算帳。願優秀者勝出！其實，如果他有辦法在柏林開課就應該偷笑了，因為他一開始在海德堡和哥廷根申請教職都被回絕了。柏林的動物學家**李希騰斯坦**（Martin Hinrich Lichtenstein, 1780-1857）願意替他引薦，已經可以算是他祖上積德。可是叔本華卻不作此想。柏林大學何其有幸，才得以聘任他擔任講師！

叔本華大頭症的使命感、驕矜自大以及火爆脾氣是他從小就養成的性格。他是但澤一個富商的兒子，年紀輕輕就跑遍半個歐洲。當時革命和拿破崙戰爭使得法國和歐洲列強戰火不斷，這個富有的家庭和他們的兒子卻先後搬到漢堡、英國和法國。他在法國的阿爾卑斯山區驚豔於白朗峰的冰川，在閱兵式裡看到拿破崙騎著雄赳赳氣昂昂的白馬從他面前經過，到西敏寺的莎士比亞墳墓前憑弔他。有些其他印象更是深深震撼了他。年輕的叔本華在倫敦大街看到乞丐和傷兵，在圍觀公開處決犯人時驚駭莫名，在土倫看到划船的奴隸悲慘的命運而瞠目結舌。這些景象都深深烙印在他心裡，那種油然而生的悲傷一輩子再也沒有離開他：人生充滿了憂患苦難，而世上的種種賞心樂事卻又稍縱即逝。這個孩子發現了如他母親所形容的「憂鬱的土地」，而他再也無法真正地掙脫。

叔本華十七歲的時候，罹患憂鬱症的父親在漢堡跳窗自殺，留下這個茫然不知所措的年輕人。他有一段時間寄情小說和哲學作品以尋求依靠和慰藉，休姆（David Hume）和伏爾泰（Voltaire）以及盧梭（Jean-Jacques Rousseau）都讓他悠然神往。他也熱愛戲劇以及芭蕾舞，尤其是音樂。相反地，父母親為他預定的商賈生涯使他感到厭煩。他母親搬到威瑪，在那裡一躍成為頂尖的沙龍女主人，沒多久叔本華也跟著搬過去。可是他們母子的關係很差。母親平步青雲，成了歌德和其他大文豪的文壇朋友，而孤獨傲岸的叔本華則是越來越離群索居。他在哥廷根念了兩個學期的醫學系，後來也輟學了。他的新工作是個哲學家！

[37]

他在從學於頭腦清晰的康德批評家**舒爾策**（Gottlob Ernst Schulze, 1761-1833）時，對柏拉圖和康德甚感興趣。他從那個古代哲學家那裡認識到經驗世界是「不真實的」，真實的實在界看不見也摸不著，而我們俗世的現實世界只是個假象。和柏拉圖一樣，年輕的叔本華也想要找一條出路，從那虛妄不實的假象世界裡解脫出來。他也喜歡康德明確劃定理性界限的做法。人類所認識到的一切都是依據自己的意識去認識的，我所經驗到的不是「在己的」（an sich）的世界，而只是「為我的」（für mich）世界。英國的經驗論者洛克（John Locke）、休姆以至於柏克萊（George Berkeley），都早就提出了這個想法。空間、時間以及因果法則都不是「在己」存在的，它們是我們的意識藉此理解世界的範疇。

可是，康德在我們的經驗世界之外又勾勒了一個「自由的王國」，「物自身」（Ding an sich）就在那裡面。這個自由的王國並非我們的經驗所能企及，我們只能隱約知道它的存在。叔本華很喜

[38]

歡這個想法。但是隱約意識到這個自由的王國的真的是**理性**嗎？**感覺**難道就不行嗎？

康德的接班人**費希特**（Johann Gottlieb Fichte, 1762-1814）、**謝林**（Friedrich Wilhelm Schelling, 1775-1854）和**黑格爾**（Georg Wilhelm Friedrich Hegel, 1770-1831），也都在追捕那個無法以經驗去認識的「絕對者」。他們以各自的方式在理性當中探索。可是那是對的嗎？叔本華沒多久就決定到柏林親自去聽費希特的講演課。他在一八一一年上學期入學，期待「從松樹（費希特的名字意思是松樹）那裡」可以「認識到真正的哲學家和偉人」[8]。費希特的哲學即他的「知識學」（Wissenschaftslehre），告別了「物自身」的世界。沒有任何實在事物是我的意識不認識的，相反地，所有實在物都是由我的意識所造就出來。或者用費希特的話來說：所有存在的東西都在我的「自我」（Ich）裡。以這個絕對而理性的、和世界（因而也和我自己的想像）對立的「自我」為起點，費希特開展了他的整個哲學，包括道德、法律以及關於政治和經濟的種種觀念。

叔本華上了十一堂課，就作出否定的判決。費希特被吹捧得太過頭了！他懷疑這個在講台上被吹捧的傢伙根本講不出什麼清楚的東西，所以才會故弄玄虛。那麼費希特的純粹而絕對的「自我」到底是什麼東西？如果說「自我」和世界對立，那麼我們就有了一個原因和一個結果。「自我」是使我們得以「定立」（setzen）真正事物的原因。自我和世界因而踏進一個因果關係裡。可是正如休姆和後來的康德所言，在因果法則底下的東西是我的有限意識的產物。它從因果關係去審視一切事物，因為如果沒有因果法則，就沒辦法認識任何事物。可是正因如此，費希特的「自我」就**不會是絕對的**，它受限於意識的遊戲規則。所以說，一個無限自由的「自我」結構形式極為矛盾，因而也是在胡言亂語。

[39]

其結論相當明確：如果有個絕對者、直接者和完全真實的東西存在，那麼它不會是認知事物的那個理性。所有理性都只是我們意識的副產物，囿限於人類的表象世界。叔本華的「表象」（Vorstellung）概念是從費希特那裡惡意收購來的，他也從德國觀念論的第二號人物、在慕尼黑教書的謝林那裡接收了一塊磚頭。對於謝林而言，所有自然都交織著一種非理性的力量——叔本華也是這麼想。儘管如此，他還是對謝林嗤之以鼻。

當這個年輕人著手彙整他的想法時，他才二十四歲，大學都還沒有畢業，不過他倒是衣食無虞。不像康德、謝林、賀德林（Hölderlin）或黑格爾，他不必為五斗米折腰，將就著擔任家庭教師以糊口。就像柏拉圖、米蘭多拉（Pico della Mirandola）、蒙田（Montaigne）、夏夫茲貝里（Shaftesbury）、孟德斯鳩（Montesquieu）、霍爾巴赫（d'Holbach）、艾爾維修（Claude Adrien Helvétius）以及後來的齊美爾、韋伯和維根斯坦（Ludwig Wittgenstein）一樣，叔本華是少數自由而獨立的哲學家之一。這位無憂無慮的富家子弟得以醉心於美術，追求熱情的女演員。他自小就到處旅行，被教育成會說多國語言的世界公民，可以說是他那個時代的根特・薩克斯（Gunter Sachs）❶。可是他的憂鬱癱瘓了他（薩克斯也是），只有短暫的片刻可以讓他忘憂消愁。叔本華狂熱地找尋他的解脫，不過不是在人世間，而是在隱藏在種種人類幻覺後面的彼岸世界。

正如柏拉圖的**理型界**、康德的**自由王國**、費希特的**絕對自我的更高意識**、謝林的**絕對者的智性直觀**，叔本華也想要另闢蹊徑。因為至今對於真實的實在的所有觀念本身都只是**表象**！它們都是輔

❶ 根特・薩克斯（Gunter Sachs, 1932-2011），德國攝影師、作家、運動員、企業家、占星家、製片家。

助架構，以證明有個不同於經驗世界的東西存在。因為我們真的**感覺到**它。這個語詞本身就是叔本華的解答。他起初把它叫作「更好的意識」，那是沒辦法被思考而只能被感受的東西。就算我們的「經驗性意識」、我們的俗世以及自然科學的世界生活在一個充滿痛苦的墮落世界裡，我們還是會在內心深處感覺到一個實在物，它比我們看到的、聽到的、測量到的、想到的任何事物都更深邃而真實。它在道德上也比俗世的經驗世界「更好」。因為真就是善——這位年輕的柏拉圖信徒起初對此沒有任何的懷疑。

意志和表象

叔本華也從不懷疑他的作品會洛陽紙貴。該世紀最偉大的哲學著作，可以和柏拉圖以及康德的《純粹理性批判》（*Kritik der reinen Vernunft*）分庭抗禮，他的成就毫不遜色。然而柏林當時正處於日耳曼解放戰爭（Freiheitskriegs，反法同盟戰爭）兵連禍結的動亂當中，於是憂心悄悄的叔本華搬到圖林根地區悠閒恬靜的魯多城避難。他就窩在「騎士旅館」（Gastwirtschaft zum Ritter）撰寫他的博士論文：《論充足理由律的四重根》（*Über die vierfache Wurzel des Satzes vom zureichenden Grunde*）。至於他的人生主題，也就是「真實的實在」的問題，他則是推宕拖延。他首先要探討人類的表象世界。人類是以種種「理由」去解釋世界的動物。然而那些「理由」是什麼？我們為什麼要接受它們？用以證成它們的正當性在哪裡？

叔本華承襲了休姆和康德的說法，後兩者都把因果法則形容為人類意識的一種秩序圖式（Ordnungsschema）。可是因果法則的種種機制必須更澈底地加以分析，叔本華正是要這麼做。

他探究了四種不同的證成關係（Begründungsverhältnisse）。在**自然科學**裡，因果法則是**時間性的**。一物生自一物，而且是生自其後際。天凍，故由水生成冰。在**邏輯**裡，因果法則獨立於時間和空間之外，它是**邏輯性的**。「二加二等於四」是永恆不變、無時間性的。相反地，在**幾何學**和**算術**裡，邏輯和空間性則是一搭一唱。因為「任意三角形內角和等於一八〇度」，在**邏輯和空間上**都可以明證。叔本華對於這些區分的說法，細究之下其實了無新意。但是重點在於他導入了第四個證成形式，也就是動機或「行為理由」。當人做了什麼事，他的理由不會是邏輯的，而是**心理的**。我們做了什麼事，是因為我們**想要**做。意志是我們的行為的原因，它為行為賦予了一個理由。可是這種原因迥異於其他三種原因，因為意志無法證明。它的明證性只對我存在，對他人則不存在。那驅使我的是一種「內感」，在時間、空間和邏輯之外。

乍看之下它似乎無傷大雅，但是叔本華緊接著開闢了一條通往自己真實的實在的道路。因為外在於時間、空間和邏輯的東西，難道不是康德所說的「物自身」所在的「自由的王國」嗎？可是這個自由王國既不是理性的也不是可理解的，它是非理性的黑暗意志，我們只能以內感去感受它，而它也激勵和驅策著我們以及整個有生命的自然！

剛剛拿到博士學位、歡欣期盼完成其重量級著作的叔本華，於一八一三年秋天回到威瑪。在寫作期間，他母親和人同居，所以他沒辦法在她家完成博士論文。約翰娜．叔本華（Johanna Schopenhauer）是個著名的遊記作家，和歌德的文學圈過從甚密，她認為兒子的作品沒什麼文學價值：它只是「給藥劑師看的」作品。❷母子倆關係很快就破裂而難以修復，而且母親對於兒子對待自己密友歌德的態度相當感冒。叔本華相當尊重這位威瑪的熠熠紅星，卻對他不假辭色。歌德把他的得意作品《色彩論》拿給叔本華看，以為這個雄心勃勃的年輕博士會擊節稱賞，沒想到叔本華卻只是數落了這位大貴族一頓。他的色彩論原本是想要拯救斯賓諾莎和謝林的心靈世界，以對抗牛頓思路清晰的物理學。還不壞，這位年輕的評論家說，可是「歌德的色彩學裡……並沒有什麼真正的理論」。[9]初生之犢不畏虎的叔本華抓起筆來，對歌德示範什麼才是正確的色彩學。歌德所謂的人類意識和自然的對應性，也就是在說眼睛「如陽光一般」（Sonnenhaftigkeit）❸，基本上只是投影作用而已。我們以為眼睛如陽光一般，那是因為我們以自己的觀念去想像太陽。叔本華是康德的好學生，他替歌德的色彩學賦予了一個先驗哲學的基石。

不用多說，原本想和叔本華一起研究看看的歌德很不是滋味。就算叔本華後來在信裡說他「是第一個真正提出色彩理論的人」[10]，這對他們之間的關係也於事無補。這個策略不太聰明，因為在日耳曼文化圈裡，沒有人像歌德這麼多才多藝而且提攜後進；不過叔本華肯定不會是其中之一。他悻悻然地搬到風光明媚的德勒斯登以完成他的鉅著，並為此大量涉獵在浪漫主義時期盛行一時的印度和東亞哲學，可是叔本華特別沉浸其中。他從德勒斯登圖書館借了一百七十九本書，使他得以更

❷「叔本華在一八一三年秋天拿到博士學位，耶拿大學在十月二日授予他博士學位證書。他的論文題目是：『關於充足理由律的四重根的哲學論文』。有人說，當他把一本論文拿給約翰娜看的時候，她譏笑說：『四重根——這根本就是給藥劑師看的嘛！』他很尷尬地反唇相譏說，等到在紙屑簍底都找不到她的作品時，人們還是會讀他的作品。他的母親也不甘示弱地反擊說：『你的書連初刷都賣不完。』他們兩人都說對了。」（Laura Frost, *Johanna Schopenhauer*, Leipzig, 1913, S. 141）

❸歌德曾說：「如果人的眼不是如陽光一般，它就沒辦法看到太陽。」這個理論源自柏拉圖，見《國家篇》508a/b：「但我認為，在所有感官中，眼睛最像太陽。……眼睛能放出一股射線，這種能力不就來自太陽的射線嗎？」。

熟諳印度教徒和佛教徒的思想。尤其是古代印度經集《奧義書》（*Upanishaden*），佐證了他對於「兩個世界理論」的信念。人世間是個不真實的、生住異滅的、痛苦的世界，而彼岸才是真實的、真理的世界。人沒辦法透過知性通往實相世界，而是必須透過身體。我們必須以我們生物性的生命力、我們的意志，才能體會到世界裡永恆而真實的東西。當我們感覺到自己像是自然的一部分，和它相依相待，便能洞然照見那個實相。

唯有在感官經驗裡才有「真實性」，**孔底亞克**（Étienne Bonnot de Condillac, 1714-1780）早在叔本華之前就曾經提出這個想法：我感覺到我自己，所以我存在！可是叔本華認為孔底亞克只是個沒有靈魂的唯物論者。相反地，他認為自己是第一個讓西方世界的佼佼者（柏拉圖以及康德）和東方哲學的瑰寶匯流的人。而「意志」就是其中的關鍵概念。

一八一八年三月，這部鉅著終於完稿：《作為意志和表象的世界》（*Die Welt als Wille und Vorstellung*）。「表象」（Vorstellung）是指人所思考的一切。整個世界都以表象的方式對我們顯現，不管是俗世事物、大自然或是我們的行為和我們的理想。我們始終在一個以我們的意識形塑而成的典型人類表象世界裡活動，如果我們的大腦和我們的意識改變了，我們的表象世界也會跟著改變。叔本華比以前大多數的哲學家更加激進，認為人類是動物之一，被囚禁在自身的生物性認知功能的牢籠裡。

對於許多人而言，他們的表象世界就是「世界」。聲名卓著的休姆也有這個結論。除了我們的表象世界之外，我們無法認識任何事物。可是叔本華堅決反對：但是的確有這種東西！我們難道不曾感覺到自己心裡的意志擾動嗎？那是在我們知性之外的一種自然力量。一種強大、明確而清晰可辨的意志在我們的心裡作用著，使得我們無法否認它的「在己」存在。我們的意志不是眾多表象之[44]一，而是屬於宇宙的力量，充塞在整個自然世界裡，從電、植物、動物到人類。它是澈頭澈尾的自然事件，存在於一切之中，化生萬物作為驅力和動機，在所有智慧生命裡都察覺得到。謝林說過，人類是自然在其中意識到它自身的一種生命，叔本華也認為如此。可是自然回到它自身，並不是在我們的理性裡，而是在被感覺到和把握到的意志裡！因為除了一個由這個意志操縱和引導的知性產物之外，表象還會是什麼東西呢？就連所謂客觀的自然科學所量測的世界，也只是我們的大腦以表象建構的狹小範圍而已。然而測量一個現象或是和另一個現象做比較，仍然不算是道出一個**真正的**客觀性，而只是**對人類而言的**客觀性。

叔本華翻轉了整個舊有位階。人不是以理性去認識世界實相，而是憑著感覺。在這點上，他和康德的想法判若雲泥。但是這個新的看法會得出什麼樣的推論呢？這個意志是好的還是壞的？關於人皆有死或是靈魂不滅，他的說法是什麼？我們在行為上如何記取對於意志力量的認識？這些問題都在《作為意志和表象的世界》第三、四章裡探討。其中包含了叔本華關於美學和倫理學的觀點。

叔本華從小就相當著迷於藝術，尤其是音樂。為什麼呢？在他的書裡，他對於美感事物的魅力提出一個哲學詮釋，讓人不禁想起被他罵得一文不值的謝林。不過謝林談的是絕對以及知性直觀，而叔本華所說的卻是意志和感覺。藝術的靈光正是在於它可以脫離的人間俗世。當我聆聽交響樂或[45]是沉醉在一幅畫裡，時間似乎靜止了，那個成住壞空的、痛苦的、生死流轉的該死的時間。藝術「已把它觀審的對象從世界歷程的洪流中拔出來了，這對象孤立在它面前了」[11]❹。它把我們置換

❹ 引文中譯見：《作為意志和表象的世界》，頁253，石沖白譯，新雨出版社，2016。

到時間和空間之外的另一個領域的狀態，有些許外在於我們意識的那個「真實的實在」的味道。它觸及了我們感覺的內心，中斷了被命運操弄的世界歷程，讓我們感到怡然自得。當我涵泳其中的時候，我覺得整個俗世似乎不存在。在這個意義下，藝術是「真實的」，因為它讓我們隱約察覺到真正的意義不在經驗世界裡。「所有藝術……的本質在於把握到柏拉圖式的理型，也就是在每個個殊者裡頭的本質事物以及整個共同的東西。」[12] 而它也讓我們輕鬆寫意地面對我們的意志，使它從我們的驅策者變成我們觀賞的對象。藝術同時也是變動不居的。它只有假象、遊戲或是短暫的片刻裡才會戰勝世界。它沒辦法在現實裡戰勝世界。那一直是倫理學的任務。

憐憫和厭世

正如柏拉圖和康德，叔本華的倫理學是從他的形上學而推論出來。如果說所有生命都是一個黑暗而非理性的意志的表現，那麼我又該如何安身立命？如果說我們所謂的個人只是個假象（Schein）、一個幻覺，因為意志只對整個物種有興趣而不在意個別的人，那麼我又該怎麼辦？

理論上，這個前提可以得出各式各樣的結論。我可以過著放浪形骸的生活，因為自然和意志反正與理性、洞見以及道德無關，在我的心裡與世界裡也沒有其他道德法則。我可以擁有我的意志，想盡辦法滿足我的衝動，儘管它貪得無饜。可是我也可以有完全不同的反應。我在心裡感受到某種義務，儘管生命沒有任何意義，仍然全力以赴，在短暫的人生裡解民倒懸、造福人群。

可是叔本華既不選擇第一條路，也捨棄第二條路，而走上第三條路：我必須學習認識我的意志，盡可能**戰勝**它，讓我的生活就算不是很幸福，卻也還過得去。令人詫異的是，他認為這是個邏輯推論，但其實不然。為他預定這條道路的不是邏輯，而是憂鬱的氣質。如果不是世界讓他痛苦不堪，他怎麼會想要厭離世界？相對地，叔本華的倫理學看起來也相當任性恣意。那不是很站得住腳的態度，或者說，這只是自十九世紀初以降所謂的一種意識形態。

人們自一開始就認識到所有生命的煩惱、痛苦以及令人詫異的「罪責」。每個感覺敏銳的人都會在心裡察覺到它。一般人都會懊悔自己的所作所為，那顯示他們知道這個生命是不幸而且有罪的。特立獨行的人（可惜除了叔本華以外，這種人屈指可數）卻看到了世界的巨大脈絡、自身意志的非理性力量，以及所有相關的弱點，並鍥而不捨地想要戰勝它們。他看到生命只是在痛苦和無聊、匱乏和厭煩之間來回擺盪而已，人世間沒有永久的幸福。因此，他所能做的也只是壓抑自己的自私自利。

既沒有如康德所說的內心的道德法則，也沒有如休姆所說的處世智慧命令或建議我做個好人。唯有了悟一切有情眾生的痛苦，並且戰勝我的自我中心的意志，我才是有德行的人。任何人看到其他人或動物身陷和自己一樣的痛苦折磨都會心生憐憫，一切道德的開展都自這個不忍人之心擴而充之。當「這人不再在人我之間作出自私自利的區別，而是關心其他個體的痛苦，在程度上和關心自己的痛苦一樣；因此他就不僅是在最高程度上樂於助人而已，而且是準備犧牲自己的個體，只要一旦可以由此而拯救其他一些個體的話。於是這樣一個人，他在一切事物中都看到自己最內在的、真實的自我，就會自然而然把一切有生之物的無窮痛苦看作自己的痛苦，也必然要把全世界的創痛作為自己所有的創痛。」[13] ❺

❺ 同前揭：頁498。

寫下這種話的人真的是叔本華嗎？那個三十來歲、滿腹牢騷、和家人與出版商、在旅館裡什麼事都可以吵得不可開交的傢伙？那個寸步不讓、剛愎自用、不留情面地把所有其他思想家都批評得體無完膚、認為他們都遠遜於自己的傢伙？而且儘管他是個著名的護生人士，卻仍然不免大啖魚肉。如果他的理由是說，值得憐憫的是臨死的痛苦而非死亡本身，那這聽起來未免太不像話了。依據這個看法，人們也可以隨便以無痛的方式致人於死。一百年後，阿爾薩斯的神學家和哲學家**史懷哲**（Albert Schweitzer, 1875-1965）以叔本華的憐憫倫理學（Mitleidsethik）為基礎，建構了「敬畏倫理學」（Ehrfurchtsethik），「我是想要活下去的生命，我周遭的生命也想要活下去」，同時卻小心翼翼地讓這個倫理學和它的創建者脫離關係。

叔本華的厭世和苦行的理想也是如此。在他一生當中，這位哲學家除了家中的傢俱以外，可以說身無長物。不過他仍舊是個美食家和美術鑑賞家。他不但不慷慨，甚至可以說是一毛不拔。他沒有豁達地捨棄世界及其睚眥之隙，反而是個謹小慎微、好爭、固執、難以相處的傢伙。哲學家（他替自己找到了一個避難所）不一定是個聖人。但是根據他的看法，難道他不用至少試看看嗎？

除了他在生活上的種種矛盾之外，他的哲學也充滿了矛盾。叔本華認為人是不自由的。我們的意志始終限定著我們，使我們未來的行為就像日食或月食一樣可以預測。就算時間可以重來，每個人的行為還是會完全一樣。因為**我不能不意欲我所意欲的事物**。休姆早就提出相同的主張，而且現在許多腦神經科學家也有類似的說法。然而倘若真是如此，那麼我那個決定戰勝我的意志的自由意志，又是從何而來？叔本華對恣意武斷的意志的強制性因果法則的看法，和他所謂戰勝意志的東方學說簡直是水火不容。如果沒有任何人或事物可以抵抗意志，那麼我也沒辦法憑著自己的意志去否定我的意志。意圖否定自己意志的這個決定，永遠必須透過我的意志去設定。若是如此，那麼它就不是自願完成的。那不是對於意志的否定，而只是遂行意志的意願。當任何人說他否定了他的意志，他也只是順從其意志而已。

戰勝一個不自由意志的自由，並不是叔本華哲學裡唯一的矛盾。另一個矛盾和希望有關。叔本華大肆批評猶太教和基督教信仰，認為每個人終有一死。相反地，在我們心裡活動的意志則是不朽的，因為它基本上不是**我們的**意志，而是唯一的意志，是自然的一種力量。在他的晚年作品《論死亡及以及它和我們存在本身的不壞滅性的關係》（*Ueber den Tod und sein Verhältniß zur Unzerstörbarkeit unsers Wesens an sich*）裡，他把亞里斯多德的靈魂不朽理論顛倒過來。這位古代哲學家認為靈魂是會死的，因為生命力會隨著死亡熄滅。只有非個人的睿智（Intellekt）才是不朽的，它存在於我們心裡，在我們死後仍然永遠存在。亞里斯多德談的是精神或睿智，而叔本華談的則是意志。他認為我們心裡的意志是不朽的。個人死了，意志會投宿到另一個個人身上。對叔本華而言，這是令人寬慰的想法。可是這有什麼好寬慰的？如果說意志只會產生痛苦（滿足了意志以後，又會感到厭煩），那它的恆久存在究竟什麼好寬慰的？

由此觀之，《作為意志和表象的世界》甚或叔本華的整個哲學，看似很像是自我說服的哲學。它的創立者似乎是想要自我治療，以對抗自己的恐懼和極端的自我中心主義。他的措辭和文筆沉博絕麗，當時的日耳曼哲學家難以望其項背。他的英文、法文和西班牙的文學造詣極佳，文詞極其優美、明白曉暢，既熱情又感人肺腑。他認為這本書是他嘔心瀝血的大師作品，所以打算到柏林和黑格爾一較高下，恣意宣泄他個性裡最大的矛盾：他對於世俗的讚譽和名聲的貪求無饜，卻又沾沾自喜地試圖證明這個俗世是虛無的……

生活的藝術

叔本華打算開一門和黑格爾的課衝堂的講演課，原本是開不成的。因為他首先要取得授課資格，而被他譏諷為「信口雌黃的傢伙」的黑格爾正是教授資格考試的主考官！一八二〇年三月，他第一次也是唯一的攤牌機會來臨了，叔本華提交了他關於四個充足理由律的論文。黑格爾在口試時吹毛求疵，因為他不懂「動機」這個概念，叔本華認為那是動物行為的動力因。只有動物學家李希騰斯坦支持叔本華的看法，證明對這個領域不熟悉的是黑格爾而不是叔本華。

然而這無益於任何突破性的成功。一八二〇年下學期，叔本華終於開了一門和黑格爾衝堂的課，可是只來了五個走錯教室的學生。人數實在太少了，使他在其後十年間再也沒辦法在柏林大學公告開設講演課。就連烏茲堡和海德堡的學校也回絕了他的申請。事與願違的叔本華只能當個獨立學者。他的憂鬱症日益加劇，許多英文和義大利文著作的翻譯計劃也都擱置了下來。

[50]

一八三二年，他遷居到曼海姆，翌年又搬到法蘭克福。他從三個觀點擴充了他的哲學，使它更加完備。叔本華試圖和自然科學接上線，尤其是生物學，他更是鑽研了神祕主義、通靈術和其他邊緣科學以鞏固他的兩個世界理論。他也研究所有可以想得到的處世哲學，從古代、巴洛克時期的西班牙和法國道德學家、啟蒙運動、一直到東亞哲學。它們應該有助於回答如何讓沒有意義的生命有意義而且堪忍。

他的成果就是留下了為數可觀的手稿和若干論文。在《論自然裡的意志》（*Über den Willen in*

der Natur）裡，他想辦法讓他的哲學和經驗科學接軌。生物學裡不也會談到「生命力」嗎？當時的生物學權威**布達赫**（Karl Friedrich Burdach, 1776-1847）不是同樣談到了「作為所有個體之起源的宇宙裡的觀念性原理」嗎？這個原理和叔本華意味的有什麼兩樣？這位哲學家遍尋證明和一致性。不同於德國觀念論的思想家，叔本華在自然科學裡尋找和他沆瀣一氣的人。他們是他的盟友，而不是為了如謝林和其浪漫主義自然哲學的狂野思辨所設置的採石場。然而自然科學可以證明叔本華的說法，認為那充遍一切的意志不屬於因果法則的世界，而且不受它的影響嗎？

叔本華的「意志」概念既混亂又容易被誤解。首先，人們可能會問，意志到底是什麼東西？性欲以及深層的求生欲望，是否和在整理房間時想要從書架著手的意志一樣？或者是今天就完成所得稅申報而不想拖到明天的意志？還是現在不想吃麵而想喝湯的意志？哲學把一大堆南轅北轍的東西都塞到意志這個概念裡，這個語詞直到今天一直是個混亂而聲名狼藉的統一體或力量。正如我們可以合理懷疑「理性」是否有個明確的範圍，「意志」也是如此。細究之下，它難道不會分解成一個大雜燴，其中包含了情緒、癖好、反射、例行公事、心血來潮的念頭、一時興起、意圖、動機、觀念、理由、看法之類的東西，不管是有意識或無意識的、清晰或模糊的？而其中只有少許部分可以明確地化約為生物學上的驅力？

叔本華生前有個名為**班森**（Julius Bahnsen, 1830-1881）的忘年之交，他也是叔本華的學生。他注意到人們所謂的意志不僅僅是對每個人產生作用的一種自然力。他後來寫了三本書，《性格學論文集》（*Beiträge zur Charakterologie*, 1867）、《論意志和動機之間的關係》（*Zum Verhältnis zwischen Willen und Motiv*, 1870）、《拼貼畫和剪影》（*Mosaiken und Silhouetten*, 1877），證明人類不只擁有一**個**意志，而是經常有各種不同的意志衝動以及無數的意志衝突在界定並且困擾著他。

[52] 相反地，叔本華的意志概念裡只有一個深不可測的意志。叔本華在一八三九年獲得了挪威皇家學會徵文首獎。他的論文叫作《論人類意志的自由》（*Über die Freiheit des menschlichen Willens*），用以回答公告的徵文問題。而他的答案當然就是人並沒有自由意志，而是只有一個自由的厭惡（Unwillen），亦即是否定其意志的意志。這個首獎讓叔本華趾高氣昂了起來，沒過多久又致信參加丹麥皇家學會的徵文比賽，並且在信中暗示他們說，他們馬上就會公告由他雀屏中選。可是那篇題為《論道德的基礎》（*Über die Grundlagen der Moral*）的論文卻惹毛了丹麥的評審委員，因而沒有獲獎，雖然叔本華是唯一的參賽者！他一氣之下，把這兩篇論文集結成書出版，書名就叫作《道德的兩個基本問題》（*Die beiden Grundprobleme der Moral*），並且在前言裡寫道「獲挪威皇家學會授獎」以及「**未**獲丹麥皇家學會授獎」。

無論如何，叔本華總算首次得到官方的認可。一八四三年，出版社甚至同意再版他的主要著作《作為意志和表象的世界》，並且增補了多篇論文。其中一篇論文題為《論人的形上學渴望》（*Ueber das metaphysische Bedürfnis des Menschen*）。直到那個時候，叔本華的哲學主要都在探討人類的真正構成為何。那不會是理性，而是他的種種驅力和直覺的具體經驗，他把它們概括叫作「意志」。叔本華也因此成為後來所謂的生活哲學（Lebensphilosophie）的先驅之一。他在生命的最後二十年裡更熱中探究一個和實踐有關的問題，而這個問題正是後來所謂的存在哲學（Existenzphilosophie）的起點。

叔本華關於宗教的作品同屬於這個存在哲學的思考。就如同休姆和康德，他也認為基督教和所

[53] 有其他天啟宗教一樣都是人類的產物，皆虛妄不實。儘管如此，它們還是有其正當性，因為它們源自於人類的生存困境。動物仍舊依據「自然的智慧」生存著，但是人類卻聰明得足以對「他自己的作品」感到驚奇，並自問「他自己到底是什麼東西。當他第一次有意識地面對死亡，除了一切存有者的有限性之外，他更多少想到所有的汲汲營營終究是夢幻泡影。隨著這個省思和驚奇，於是生起唯有人類才會有的形上學的渴望：所以說，他是一種**形上學的動物**（animal metaphysicum）。」[14]

對死亡的恐懼以及存在的無意義，催生了對於宗教的渴望。唯有有智慧的人類才會想要得到解脫，並且在哲學裡找尋答案。至今仍有許多哲學家作如是想。這個想法至少可以溯自安達魯西亞的哲學家**亞味羅**（Averroes, 1126-1198）。叔本華當然認為自己的思想是史無前例的，他的作品也是「百年來……最好的」。[15]他的晚年並不孤單，這使得他感到喜不自勝。尤其是他的《附錄與補遺》（*Parerga und Paralipomena*, 1851）出版之後頗受好評，也替他招來許多追隨者。這本書他寫了十多年，裡頭包含了叔本華四處蒐羅的生活藝術智慧。

由於他的書一時洛陽紙貴，因此他有時候也被人稱作「法蘭克福的佛陀」，進而躋身於古代幸福論以及封建時代和啟蒙運動時期的道德觀之列。他反省說，回想他的一生到頭來什麼才是真正重要的：慎思明辨、知足謙虛、怡然自得、淡泊寧靜——所有這些德行，我們的這位作者一個都沒有。對於自己作品的任何評論或引述，叔本華都會再三推敲琢磨，整個世界猶如充斥著蝸角虛名的市集，讓他沾沾自喜。但是每次想到自身健康狀況都會尷尬不已的他，不時抱怨著生命的虛無。[54] 叔本華的追隨者越來越多（他語帶諷刺地稱之為「使徒」和「傳道者」），至少可以分擔他的角色，一想到這裡，他就覺得人生實在太美好了。這個泰然自若（Gelassenheit）、厭世的哲學家，其實是個愛慕虛榮的復仇者，所有和他有過節的人，他在自己關於處世哲學的論文裡通通有怨報怨、有仇報仇：大學裡的哲學、名流僞士，以及女人。尤其是女人，叔本華更以他惡毒的智慧把她們修理了一頓，說她們都是馬基維利主義者，她們會引誘男人，只是為了他們的錢。她們一生了孩子，就會年老色衰。到那時候，男人就只是徒呼負負，感慨不期然而然。不，「唯一需要女人的男人，就只有婦科醫生而已。」

一八六〇年九月，叔本華逝世，享壽七十二歲，那時候的他早就不再是默默無聞之輩。大學開始在講演課裡採用他的作品，也有若干研究他的論文問世。到了十九世紀中期，唯物論成了方興未艾的流行哲學，在許多地方和德國觀念論的徒子徒孫正面對決。我們在下文會詳盡探討的唯物論者，把叔本華關於作為本能動物的人類的看法奉為圭臬。在他逝世的不到一年之前，一八五九年十一月，有個叫作達爾文的傢伙出版了一本談論自然裡的物種起源的書——現代演化論的濫觴！因為這個理論，嶄新的生物學人類形象才得以欣欣向榮。

不過，這位脾氣火爆而又好鬥的法蘭克福智者在心理學和藝術方面的影響最大。他的意志形上學替一直到佛洛伊德的無意識研究鋪了路，藝術家也往往對叔本華讚譽有加，把他視為思想上的盟友。威廉·拉貝（Wilhelm Raabe）、屠格涅夫（Iwan Turgenjew）、托爾斯泰（Leo Tolstoi）、湯瑪斯·哈第（Thomas Hardy）、普魯斯特（Marcel Proust）、湯瑪斯·曼（Thomas Mann）都是叔本華的崇拜者；此外還包括華格納（Richard Wagner）、荀貝格（Arnold Schönberg）、康丁斯基（Wassily Kandinsky）和馬列維奇（Kasimir Malewitsch）；當代作家以及藝術家當中則有米榭·韋勒貝克（Michel Houellebecq）和布魯斯·瑙曼（Bruce Naumann）。至今叔本華仍舊是許多哲學門外漢最喜歡的哲學家。有人是因為他引人入勝的文學風格，有人則是因為他在美學上相當著名的悲觀主義。

儘管他的著作和性格之間的矛盾如此巨大，他的意志形上學如此不合邏輯而且語焉不詳，但是作為生活哲學最重要的推動者，叔本華書寫了歷史。在十九世紀初期，要把意志推到哲學的核心並不是一件容易的事。相反地，那是對於畢德麥雅時期（Biedermeier-Zeit）❻所謂理性的謙遜和壓抑的攻訐，因為理性正是意味著壓抑人的需求和情感。而叔本華卻是在歌頌意志，即使它的最高形式是厭惡臣服於其本能意志。生命是在兩個意志形式之間的選擇：沉溺於自然的意志，或者是和它對抗的意志。可是理性只是這場意志戰役的觀眾，是個口若懸河的評論員。

就存在哲學的創立者而言，叔本華的名氣當然遠遜於另一個人。這個人的思想和生活比叔本華極端得多，因為不同於這個膽小的日爾曼人，他在思想上的鹵莽大膽其實也殘忍地反噬了他自己。我們說的就是**齊克果**（Søren Kierkegaard, 1813-1855）。

間諜

那是什麼樣的童年啊！「他的家中沒有什麼消遣，而且因為他也鮮少出門，所以從小就習慣做自己的事，一個人獨自思考。他的父親是個一絲不苟的男人，外表看起來很單調無趣，然而他在大衣底下卻藏著熱情的想像力，儘管年歲漸長，卻沒有變得遲鈍。約翰尼斯偶爾會請求准許外出，差

❻ 指日耳曼一八一五年到一八四八年的歷史時期以及當時的中產階級藝術。

不多都會被拒絕；反倒是他父親有時候會建議要牽著他的手在門廳裡來回踱步以替代出遊。那乍看下似乎是相當寒酸的補償，但是就像那件大衣一樣，其中的想像完全是另外一回事。約翰尼斯接受了這個建議，他可以自己決定要去哪裡。於是他們走出大門，到鄰近的渡假別墅，或是到海邊，或是到街上溜達，約翰尼斯愛去哪裡就去哪裡，父親都沒問題。他們在門廳裡踱方步的時候，父親會對他解說他們在想像中看到的一切景象，他們和路上行人打招呼，車輛轆轆擦身而過，隆隆作響，父親的聲音也被淹沒。賣蛋糕的婦人手裡的蛋糕讓人垂涎欲滴。父親的解說既確切又生動逼真，就連約翰很熟悉的枝微末節，也都詳盡不遺漏而活靈活現，對他不知道的其他瑣事，更是描寫得歷歷如繪。他和父親才走了半個鐘頭，就已流連忘返而又疲憊不堪，宛如在戶外玩了一整天似的。」[16] ❼

富有的羊毛商米其爾．彼得生．齊克果（Michael Pedersen Kierkegaard）的兒子，在其自傳式的小說裡，以假名「約翰尼斯．克里馬庫斯」（Johannes Climacus）自況，宛如英格瑪．柏格曼（Ingmar Bergman）的電影一般回想自己的童年。他的父親個性古怪、嚴守教義，而且有憂鬱症。這孩子出生的時候，他已經五十七歲了。孩子的母親是和父親先有後婚的女傭，在作品裡幾乎沒有提到她。我們不知道父親為什麼不讓索倫接觸哥本哈根的街頭生活，而是只在門廳裡栩栩如生地描繪它，但是我們知道那喚起了什麼東西。齊克果和很會說故事的父親在門廳來回踱散的情景，讓齊克果一輩子都懷念不已。他得到的不是現實的經驗，而是浩瀚無垠的想像和反思的藝術。他生活中的每個細節都喚起了他澎湃洶湧的想像力以及沒有盡頭的沉思，而一輩子都沒辦法以旁觀者的眼光

❼ 引文中譯另見：華爾泰．勞銳，《齊克果：一生的故事》，頁37，孟祥森譯，臺灣商務，1967。

去反映自身童年的他，後來成了哲學家，為其他人預留了這面鏡子。

說到他的想像力，沒多久後就變成了妄想觀念。他的六個姐姐有五個早夭，齊克果相信他的家庭遭受了詛咒，而他死的時候也才三十三歲，和耶穌一樣。一八三〇年，他為了讓父親開心而在大學裡選擇了神學系，但是他並不急著畢業。年輕的齊克果是個有著兩個故事的男人。我們在畫家漢生（Niels Christian Hansen）的素描底下看見的齊克果是個風流倜儻的年輕男子，眼神坦誠直率的富家子弟。然而在一八三六年的一幅木刻版畫裡，我們卻看到一個戴著眼鏡的宅男，一個怪咖。這兩幅畫唯一的相同之處是他蓬亂的前額捲髮，不過它們卻展現了年輕哲學家的兩個面向：社交界的名流，在咖啡廳裡高談闊論的人，補償他在童年裡錯過的各種角色。他的另一個面向則是個冷漠的觀察者，和任何事物或人們老死不相往來，他只會解剖生命，而不曾認真生活。

齊克果在早期作品裡就曾形容自己是個和所有人保持距離、不涉世事的人，他只有在人群當中才會做個樣子。他是個混跡人群的「間諜」或是「騙子」，彷彿他是他們其中之一；他在和他們聊天時總是妙趣橫生，而且言必有中：「我是我所處的社會的靈魂人物，妙語解頤，讓所有人開心大笑，大家都對我讚嘆不已，可是我——是的，這個破折號恐怕有地球半徑那麼長——我很想拂袖而去，開槍打死我自己。」[17]

一八三八年，齊克果的父親過世。這個兒子再也沒有任何人世間的義務了。他埋首於德國早期浪漫主義者的作品，恢復他不怎麼喜歡的學業。一八四〇年，他通過國家考試成為神學家，熱情洋溢的齊克果向及笄之年的黎貞娜．歐爾森（Regina Olsen）求愛，並且和她訂婚。然而兩人的關係僅僅維持了一年。期間這位年輕學者拿到博士學位，他的論文題目是「論反諷的概念：以對於蘇格拉底的不斷省視」（*Om Begrebet Ironi med stadigt Hensyn til Socrates*）。該論文表現了齊克果的生命感受以及對世界的態度。以反諷態度生活的人（齊克果稱之為「蘇格拉底」的生存形式），和任何事物或人都不相往來。正如他那個時代，這個博士生也把蘇格拉底的時代視為一個歷史過渡的時期。舊時代過去了，還不知道新時代是什麼。而所謂生活在時代的頂峰，不過是一種反諷的生活方式。人們擺脫任何依賴，但是還沒有自由到可以自己決定具體的事物：「作為**無限的絕對否定性**，反諷的意思是**整個**實存都外在於反諷的主體，而這個主體也外在於整個實存。」[18]整個世界只剩下主體性的東西，沒有任何支點可以憑藉。不在神那裡，不在宇宙裡，也不在社會裡。現代的主體腳下再也沒有堅固的土地；他所能做的，就只是透過他和自身以及他人變動不居的關係不斷重塑自己。

「現代主體的變動不居」的第一個受害者就是和他訂婚的黎貞娜。她完全不明白這個特立獨行的男友腦袋裡到底在想什麼，她只覺得他在自己面前的舉止像個「大流氓」（他如此形容自己），這讓她不至於因兩人的分手感到愧疚。齊克果沒辦法為別人承擔什麼責任，也永遠不會那麼做。在他心裡上演的「那件可怕的事」、「和父親的關係，在無盡的夜裡煎熬著他的內心深處的憂鬱，我的迷惘、我的欲望、我的放浪形骸」都只在他的日記裡透露。[19]

一八四一年秋天，齊克果到柏林去聽大名鼎鼎的謝林的課，謝林是康德和黑格爾時期的德國古典哲學碩果僅存的代表人物。這個丹麥小伙子起初還興致勃勃，但是沒多久就感到失望透頂：「謝林滿口胡說八道，真叫人受不了。」[20]講演課裡鄰座的同學也都這麼覺得，包括來自巴爾門的恩格斯（Friedrich Engels）和來自俄羅斯普里亞穆其諾的巴枯寧（Michail Bakunin）。一八四二年初春，齊克果回到哥本哈根。他和德國哲學諸如黑格爾或謝林之流的浪漫主義者及觀念論者正式分道揚鑣。接著他發現了塵封在心裡的某些事物。那是極為重要而核心的東西，他想要讓哲學大吃一驚……

跳躍

接下來的三年之間，齊克果不停地寫書。但是他的作品迥異於黑格爾、謝林或其他大部分的哲學家。他不是什麼人間導師，不是洞燭世局的人，也不想為別人開示什麼真理。就像蘇格拉底一樣，他以卑下自持，就像對話錄裡的柏拉圖一樣，他分享對於各個不同的人物的看法，讓他們扮演好自己的角色。他隱身在假名背後，誇大各種特定的觀點，讓讀者感到厭惡。柏拉圖說，這就是蘇格拉底所謂的催生術。哲學家的角色不在於解釋什麼，而是敦促人們反省。齊克果也以此自許。他是丹麥的蘇格拉底，讓各種看法針鋒相對，讓人侷促不安，挑戰種種矛盾。他更廁身在人群裡，在大街上或酒館裡觀察他們，研究他們的行為動機、恐懼、欲望和侷限性。他在自己的書房裡迅速切換各種角色，約翰尼斯．克里馬庫斯、味吉流斯．浩夫尼恩西斯（Vigilius Haufniensis）、沉默者約翰尼斯（Johannes de Silentio）、康斯坦丁．康斯坦修斯（Constantin Constantius）以及反克里馬庫斯（Anti-Climacus）。他也叫作「美學家Ａ」、「詩人Ａ」、「倫理學家Ｂ」。他是「誘惑者約翰尼斯」、「勝利的隱者多」（Victor Eremita）、一個年輕人、出版商席拉流（Hilarius Buchbinder）或者是代理商。

他的作品接二連三地出版：《論懷疑者》（*Johannes Climacus, eller De omnibus dubitandum est,*

1842）、《非此即彼》（*Enten/Eller*, 1843）、《恐懼與戰慄》（*Frygt og Bæven*, 1843）、《四種訓義之講話》（*Fire opbyggelige Taler*, 1843）、《哲學片簡》（*Philosophiske Smuler*, 1844）、《憂懼的概念》（*Begrebet Angest*, 1844）、《三種訓義之講話》（*Tre opbyggelige Taler*, 1845）、《人生途徑之各階段》（*Stadier paa Livets Vei*, 1845）、《十八種訓義講話》（*Opbyggelige Taler*, 1845）、《哲學片簡之非學術性後記》（*Afsluttende uvidenskabelig Efterskrift til de philosophiske Smuler*, 1846）。儘管觀點紛然雜陳，但是主題卻始終如一。它不是要認識世界，更不是要認識自己，而是要正確地存在。「做你自己！」這是齊克果提出的挑戰。可是那是什麼意思呢？

很簡單。哲學家談的都是和他們自己無關的生活。後來齊克果在談到黑格爾的時候說，他把世界關在一個巨大的體系裡，就像一座富麗堂皇的城堡。可是黑格爾的思考和他的存有到底有什麼關係呢？齊克果在其中看不到任何勇敢的、深刻的東西，更別說和存在的搏鬥。黑格爾不是住在他的城堡裡，而是替自己蓋了一間狗舍，在裡頭對自己的思想大廈沾沾自喜。為什麼？因為黑格爾就像大多數哲學家一樣，都太依賴知性了。然而知性的運用只是觀照生命的其中一**種**可能性而已——這正是齊克果對於哲學主流的當頭棒喝。人們無法據此把握存有，而是認識到某種普遍性的東西。個別的人在哲學家眼裡墮落成人的種屬的一個案例。正如自然科學家而言，所謂的人只是眾多生物之一，理性主義哲學家所謂的人也只是眾多理性存有者之一。然而，每個人自己有待解決的事情都相當個人，而不是種屬的問題。重要的是我的各種憂懼、希望決定，而不在於「某一群人」的。二十世紀的哲學家卡爾．史密特（Carl Schmitt）說：「滿口人類云云如何的，都是在騙人！」齊克果在十九世紀就這麼想了。重要的不是「人類」，而是「個人」。他的座右銘不是「認識你自己！」，而是「做你自己！」。

齊克果在批判理性主義哲學方面的立場近似於叔本華。他後來才讀到這個德國人的作品，大為驚訝他們兩人的一致性，然而在哥本哈根的沉思者對於個人的思考卻比叔本華極端得多。作為生物種屬的人類，對叔本華而言是無關緊要的，他也不想托庇於一個不朽的意志。齊克果的看法則完全不同，他問道：人們如何認知他們自己以及他們的在世之有。因為那正是所有哲學的起點。這個起點並非客觀（如叔本華所謂的生物學），而是主觀的，因為唯有主觀的東西才是真正「實在的」。相對地，所有客觀的東西都只是推論自主觀經驗，因而在位階上低於主觀感受。關係起初是我和自己的，接著才是和世界的——在這點上，齊克果仍舊遵循日耳曼古典哲學以及他心目中的基督教。叔本華要問的是：什麼叫作生命？齊克果則是要問：什麼是「**為我**」的生命？

當這個特立獨行的懷疑論者在哥本哈根寫下這些作品時，馬克思也在巴黎草擬他的唯物論歷史哲學的大綱；在此同時，孔德（Auguste Comte）則宣告客觀的科學會讓人類不斷地繁榮滋長。在倫敦，有個叫作彌爾（John Stuart Mill）的人剛剛完成了他的《邏輯體系》（*A System of Logic, Ratiocinative and Inductive*），他主張人無法以直接的直觀探索真理；所有真理都是經驗性的真理。齊克果不認識其他人，他的想法也和他們大異其趣。關於人類的種種說法和歷史論述一樣無關宏旨。對於認識個人而言，科學並非必要，經驗性真理亦復如是。儘管這個丹麥人和時代潮流大唱反調，他的思想卻極具現代性，不過當然是另闢蹊徑。科學以特定的方式把世界客觀化，與其說讓人們有個支點，不如說是使人們失去依恃。科學的客觀性造成人們在主觀上的無家可歸，它不會引導人們如何安身立命。個人被拋於自身之外，在世界裡沒有羅盤和地圖，也就無法指引他找到自己的

「幸福」。

齊克果一開始就提出這個觀點，其後更以「現代主體的危機」為其一生的課題，一直到二十一世紀都沒有消褪。[63] 我生命裡的可能性越多，各種義務就越少，也越加找不到方向。相對於以前的命令句「認識世界！」以及「認識自己！」，「做你自己」才是最困難的。在沉醉於進步的十九世紀中葉，齊克果認為個人的存在再也沒有任何秩序框架。「我們再也沒有任何既有的存在（Dasein）體系……任何一個存在著的精神都不會有這樣的體系。」[21]儘管如此，個人還是必須試著找尋幸福。但是對於世界以及自我的任何客觀認知都無法讓他幸福，而是只能憑藉著**他對待自己的方式和態度**。對於存在而言，重要的不是我**發現**了什麼，而在於我**創造**了什麼。在這方面，就連蘇格拉底也愛莫能助。在柏拉圖的對話錄裡，這位古代哲學家讓他的對話者自己去發現真正的真實。而這位丹麥的蘇格拉底在他所有的劇本裡，再也不提供任何客觀的知識。每個個人的所有幸福，都只在於個人怎麼成為自己。「主觀性思考的任務是要**在存在中理解他自己**。」[22]人們不是普遍真理的尋寶人，而是自己的建築師傅。對於這個大工程而言，理性只是眾多工具之一，或許也不是最好的工具：「就存在而言，思考的層級並沒有比想像或感覺更高，它們的地位相當。」[23]不管科學如何概括性地談論生命，具體的存在一直是如人飲水冷暖自知。

個人在構圖和形塑其存在時，不是透過邏輯**推論**，而是他自己的**抉擇**。在《哲學片簡》裡，齊克果談到每個人都必須嘗試的一種「跳躍」。而且不是一次而已，是不斷地「重複」。人必須一直做出抉擇，一再地重新躍入生命。正如齊克果在二十世紀的學徒沙特（Jean-Paul Sartre）所言，「人」透過他的行動「人畫出他的臉龐」。人是什麼，在於他怎麼行動。或者用這位著名的丹麥的 [64]

蘇格拉底的話說：「人是靈（Aand）。但是靈是什麼？靈是自我。但是自我是什麼？……人的自我就是……一個自身相關的關係，而由於它是自身相關的，因而也和他者有關。」[24] ❽

三種生活形式

齊克果懷疑很多事物，但是他一點也不懷疑個人有完全的自由去決定要做什麼。叔本華矢口否認的自由意志，他的丹麥同儕卻從來沒有懷疑過。當然，齊克果所說的意志在哲學上的意思和叔本華的主張相去不遠。那個決定我們的驅力、我們卻無法選擇的動物性意志，它真的那麼重要嗎？我的存在以及我的模樣，的確不是我的選擇。不過我可以接受我的生物性基本配備，我知覺事物的方式、我的嗜慾和厭惡。我沒辦法意欲我所意欲的，那並不是重要的問題。重點是，我作為生物性的存有者，可以透過我的精神亦即我的自我，決定要接受或拒絕它。叔本華在這個問題上陷入了自我矛盾，可是齊克果卻行若無事地認定我們可以做抉擇。我的身體是生物學的奴隸，但我的自我不是。正因為如此，那才使它成為自我。

個人要如何對待自己所意欲的東西呢？他到底意欲什麼？他顯然意欲三種截然不同的東西。他意欲滿足其嗜慾，因為他的身體想要。然而相當矛盾的是，他不想競逐身體的需求，而想要自己訂定自己的目標。第三，他想要就第一個或第二個欲望自由地做出適當的決定。個人既想要那有條件的東西，亦即嗜慾，也想要那無條件的東西（das Unbedingte），亦即自由。齊克果提出了三種生

❽ 引文中譯見：齊克果，《致死之病》，頁46-47，林宏濤譯，商周出版，2017。

[65]

活形式的說法以描述這個兩難，這個說法則散見於他的作品各處，也可以說是個人對待自己的三種可能方式。

第一種是**美感的**生活形式——他渴望要追尋嗜慾。齊克果在描述這個形式時，提到了自己一生的許多故事。我們看到這位思想家躍然紙上，他對這個世界心不在焉，而且玩弄他未婚妻的感情，最後離開了她。我們可以感覺到，年輕的齊克果有一段時間相當沉醉於早期日耳曼浪漫主義的作品之中。他展示且歌頌著一種虛擬式的生活魅力。美感生命一心嚮往的便是無拘無束：「在美感事物的天空下，一切都是那麼輕盈、美好而變動不居；一旦倫理加進來了，一切就變得費力、笨拙而無聊至極。」[25]❾尤其是齊克果在《誘惑者的日記》裡以各種藝術手法鋪陳的情欲，更是令美感的生命神魂顛倒。

可是美感的生命有個困難，即那種快樂並不持久。它不會產生任何連續性或同一性。「把自己寫成一首詩闖入一個女孩子心裡」而又「以一首詩的模樣走出女孩的心裡」，或許是件賞心樂事，但是那並不長久。人們或許會拒絕婚姻，因為妻子有一天會變成「身體方面的附屬品、道德方面的義務」。[26]可是存在哲學家齊克果和生活哲學家叔本華都強調的這種曠世不羈，也不會賦予人們恆久的幸福。而「不斷地改頭換面」、不斷地「重構」後現代主義律令的原型或許很吸引人，但是對整個人生而言卻會疲於奔命而且不值得。

簡言之，美感事物只是個人的一**個**欲求，而非絕對的欲求。另一個欲求迫使他走向**倫理事物**，

❾引文中譯另見：齊克果，《誘惑者的日記》，頁105，陳岳辰譯，商周出版，2015。

亦即第二個想像得到的存在形式。僅僅以美感的方式生活的人，早晚會感到厭煩甚或絕望。沒有意義以及恆久性，個人就沒辦法真正幸福。倫理之所以闖入我的生命，不只是因為他人期望我的行為舉止正直可靠；相反地，每個人心裡都會想控制自己的種種渴望。以美感方式生活的人或許覺得自由自在，但是其實不然。對於嗜慾的渴望不斷拉扯著他，使他生活在不自由當中。倫理的生活或許很無聊，因為它會約束人的嗜慾、監控他的渴望。可是唯有透過倫理，我才得以成為自己家裡的主人，自己決定我的生活。倫理的生活意味著自我賦權並且獲得自由。以美感的方式生活的人們的確可以自由決定要用什麼手段追求嗜慾，可是他沒辦法規定目標，亦即對於嗜慾的追求。唯有我可以自己決定追求的目標，我才會是完全自由的。只有不成熟的人才會一輩子都當個美學家。

當齊克果以倫理來牽制美感的時候，他心裡想到的是他自己、被他取消的婚約以及他的放浪不羈。可是他也想到日耳曼浪漫主義者們狂熱的許諾，想到謝林以及席列格兄弟，他在攻讀神學的時候對他們很著迷。他在柏林認識謝林，認為他是個保守而自戀的大師。至於席列格兄弟的一生行徑，如果齊克果鑽研過的話，應該也不會以他們作為年輕人的榜樣。腓特烈・席列格（Karl Wilhelm Friedrich von Schlegel）年輕時就想把整個人生美感化為「浪漫主義集諸學大成之詩」（romantische Universalpoesie）⑩，他後來成為保守的天主徒，夢想能恢復中世紀的等級制度。至於奧古斯特・威廉・席列格（August Wilhelm Schlegel）則以浮誇不實著稱，經歷了三段失敗的婚姻之後，他在波昂擔任譯者以及語言學教授為生。他們的一生實在說不上幸福或是值得效法。浪漫

⑩ 譯名引自錢鍾書《談藝錄》。席列格說：「浪漫主義的詩是進步主義的、普遍（集諸學大成）的詩。」

主義之末流，則大多淪於庸俗拙劣或是死氣沉沉。而浪漫主義者也只是徒託空言以惑亂世界，而不是藉由他們的行動。齊克果認識到，意欲幸福的人僅憑著意志是不夠的，他還需要一個「應然」才不會迷失自己。目標裡沒有對應的義務，快樂就不會持久；沒有自制，就不會有幸福。但是人們唯有從更高的角度眺望自己的生活才能明白這點。人必須學習從普遍人性的視角去觀照他自己，但是這種普遍人性不可以和「人群」混為一談。以倫理的方式生活並不是說要適應每個既有的社會道德，而是要自己決定一種就普遍人性而言合乎倫理的生活。一個倫理的生活是由許多自由的行動構成的生活。我的身體的意欲固然不自由，但是我的精神（靈）的意欲卻是自由的。而且對他而言，有什麼比擺脫意識的奴役、真正自由地生活更重要的？倫理學家必須遵守的義務並不是聲色犬馬的嗜慾，而是對他人的義務，對所愛的人、朋友或者是工作的熱情。

齊克果在《非此即彼》裡讓倫理學家替他歌頌倫理的生活，並且和美學家針鋒相對。為了獲得自由，人必須對他人承擔義務，而不是對自己肉體上的渴望。可是人這樣就會幸福嗎？哲學史裡大多數的倫理學家對此都躊躇不定，或者只是聳聳肩。這還沒辦法讓人心滿意足嗎？康德說，人應該追求的不是幸福，而是要使自己「值得擁有幸福」。⓫但是齊克果認為這太少了。他的要求是絕對的幸福。但是，就算是當個倫理學家也不會獲得絕對的（無條件的）幸福。人也不會因而就成為倫理學家！人決定要過倫理的生活，是因為美感的生活註定不自由。可是恆久的幸福既不在感官裡也

⓫ 見：Kant, *Kritik der reinen Vernunft*, S. 841。「此為解答純粹理性關於其實踐的關心事項所有兩大問題之第一問題：——汝應為『由之汝成為足值幸福者』之事。其第二問題為：——我若如是行動，即非不足值幸福者，則我能否期望由之獲得幸福。」（引文中譯見：《純粹理性批判》，藍公武譯。）

不在普遍性裡，而是在絕對者那裡！絕對者是我們自我形塑和自我實現的真正發條，在它面前，所有其他動機都相形見絀。但是，辯證學家早就為了面對絕對者的生活提出了第三種生活形式——**宗教的**生活。

宗教，尤其是基督教，一直在齊克果的所有作品裡舉足輕重。可是他的信仰和丹麥國教一點關係也沒有。人應該有信仰，並且歸信基督，這無法以神學的方法證成，而是必須藉由哲學。有鑑於此，教會的存在既非基於信理也非誡命。齊克果的信仰既是屬靈的，也是由邏輯推論得到的。就此而論，他是中世紀晚期靈性思想家柳利（Ramon Llull）[12]或庫薩努斯（Nicolaus Cusanus, 1401-1464）的現代繼承人。人並非以世界為起點去思考神，而是在自己的心裡找尋祂！而且人是以知性去發現祂，以清醒的靈去感受祂。

一筆豐厚的遺產

一八四七年五月四日，齊克果剛滿三十四歲。他不知道自己居然可以活這麼久。據說他一直相信自己活不到三十四歲，因為他的父親遭到神譴。我們這位困惑的思想家甚至去查看了自己的出生證明有沒有搞錯。

自此以後，他所有的作品都有強烈的基督教色彩，並探討宗教的生活形式。《致死之病》（*Sygdommen til Døden*, 1849）以一個存在境遇的兩難破題：個人不是自己的造物主。他是被拋進

[12] 柳利（Ramon Llull, 1235-1316），加泰隆尼亞哲學家、方濟會士。

生命裡來的，並且渴望一個堅固的依靠，渴望恆久和意義。可是，唯有和一個創造他的大能的神建立關係，他才能得到自己想要的。因此，任何和自我的關係都必然是和神的關係。我如何在一個比我更大的造物主創造了我的情況下，把自己視為一個受造者？齊克果認為，自我的追尋和實現同時意味著追尋上帝。而受挫的人就會陷入「絕望」的狀態；或者是因為他把自己當作做白日夢的人而過度自我膨脹；又或者是因為他目光短淺，根本搞不清楚自己的存在處境而終日蠅營狗苟。絕望意味著他有感受能力。要克服絕望，並非經由一番搏鬥，而是透過一個抉擇，承認一種宗教之類的東西：「由於自我和自己產生關連，由於它想要做自己，它完全透明地接受那定立它的大能的安排。」[27]

齊克果的神不是隨隨便便的哪一個神，其實就是基督教的神。在《哲學片簡》裡，他就把耶穌視為救主而和蘇格拉底做對比。這位古希臘思想家想要教導人們回憶那深藏在他們心裡的真理。可是齊克果認為，對於現代人而言，這個真理再也不得其門而入。原罪毀滅了現代人。想要生活在真理之中的人，就必須臣服於耶穌基督聖靈成血肉的宗教。齊克果在他的創作當中不斷以《訓義講話》（*opbyggelige Taler*）為題。而他以假名創造出的懷疑者和惡魔，也不斷散播美感的觀點，熱情洋溢地談到美感的生活，它們的作者自己則以真名夾雜著創作基督教訓義。

和基督教的搏鬥、懷疑和臣服的不斷更迭，構成了齊克果的生命主題。我們不難從其中看到他和父親的關係寫照。正如父親創造了齊克果，他在住家門廳裡創造了繽紛的世界，他的兒子必須在裡頭找到自己的位置，而感受不到任何共鳴；齊克果則是看到一個在世界裡插不上手的個人。齊克果臣服於一個更高的存有者，沒有了父親，他也就失去了羅盤。父親死後，他成了一個在生命裡迷路的鬼魂，找不到一個可以藏身的框架。我們從齊克果和丹麥國教會的殊死戰裡看得出來，他心中的基督教是屬於個人的，他們在哥本哈根宣道壇上宣講的並不是他的神和他的基督，教牧們在他眼裡既可笑又滿口謊言：「在瑰麗雄偉的城堡教堂裡，王宮的教堂牧師，名流士紳的入幕之賓，站在一群高貴而有教養的人們面前，慷慨激昂地宣講使徒的福音：『上帝揀選了世上卑賤的、被人厭惡的。』而在場沒有一個人笑得出來。」[28]

丹麥教會也反擊了。齊克果遭到百般誣衊和嘲諷。在他臨終的前一年，許多人認為他是個瘋子。一八五五年十月二日，他中風倒在街上，全身癱瘓。六個禮拜以後，他溘然長逝，得年四十二歲。當時的人壓根不知道他後來會成為丹麥最著名的哲學家，其他人難以望其項背。身為存在哲學的創建者，他的影響無遠弗屆，包括劇作家易卜生（Henrik Ibsen）和史特林堡（August Strindberg），另外也啟迪了許多作家，例如里爾克（Rainer Maria Rilke）、卡夫卡（Franz Kafka）與弗里施（Max Frisch）。神學家們也研究起齊克果關於「跳躍」和「決意」的哲學：生命的矛盾不能從思想解決，只能透過直接的信仰和行動。基督教不僅關乎道德，更是在存在方面身體力行的實踐。

而哲學家們更是從齊克果那裡獲益匪淺。現代哲學最重要的潮流亦即以主體為起點，而刻意不想成為一種科學，這點溯源自齊克果。尼采讀了這個丹麥人在一八七八年到九〇年出版的著作德文譯本，他的莫名感動不下於叔本華。到了二十世紀，年輕的阿多諾（Theodor W. Adorno）在一九三一年以齊克果為題提出他的博士論文；布洛赫（Ernst Bloch）更在他的《希望的原理》（*Das Prinzip Hoffnung*）裡詳盡探討了齊克果。不過，影響最大的應該要算是德國和法國的存在哲學。如果沒有齊克果對於他們的哲學的影響，就不會有雅斯培（Karl Jaspers）和海德格（Martin Heidegger）。卡繆（Albert Camus）和沙特亦復如是。他們只是刪掉宗教的部分，就把存在哲學變成存在主義（Existenzialismus），在那樣的生活裡，只有倫理的生活形式存在，亦即正當行為的義務。

齊克果在世的時候，有另一門學科方興未艾，他後來也浸淫甚深；在他的作品《重複：論實驗心理學》（*Gentagelsen. Et Forsøg i den experimenterende Psychologi af Constantin Constantius*）裡，我們這位對於人類本能衝動的天才解剖學家在這個學科上頗多著墨。⓭以實驗的方法探究心理，一八四三年的齊克果並不是唯一這麼做的人。當時在日耳曼有許多思想家大膽嘗試勘測人類的心理生活，並且區分了意識和無意識。他們也致力於內心生活的展現，也就是內省。可是不同於齊克果，他們相信其研究具有科學的客觀性。對他們而言，主觀的東西並不是真理，只有一個從事經驗研究的科學家客觀地認識到的東西才是真理……

⓭ 這部自傳色彩濃厚的作品以假名在一九四三年十月十六日和他的《恐懼與戰慄》同一天出版。齊克果說那是一本「荒誕可笑的書」。

心理研究

- 道德物理學
- 觀照內心世界
- 經驗心理學
- 可塑性
- 十字路口上的心理學和教育學
- 無意識

道德物理學

黑格爾不是很開心。學生在博士論文口試時提交的內容，讓這位在柏林大學的德國哲學祖師爺 [72] 心裡老大不是滋味。黑格爾剛到柏林沒多久，他的影響力還不到呼風喚雨的地步；起初他老是要和叔本華那個傢伙鬥氣，現在又遇到一個桀驁不馴的應試生。不過，雖然他們在諸如「表象」 [73] （Vorstellung）、「判斷」（Urteil）、「命題」（Satz）之類的重要概念上各說各話，到頭來他還是心不甘情不願地讓這位年輕人通過哲學博士考試。

於一八二〇年七月一日拿到博士學位的這個學生，就是**貝內克**（Friedrich Eduard Beneke, 1798-1854）。他在柏林長大，到哈勒攻讀神學。可是「經驗心理學」才是他的興趣，他是從他的舅舅**威爾姆森**（Friedrich Philipp Wilmsen, 1770-1831）牧師、他在哈勒的教授**霍夫鮑爾**（Johann Christoph Hoffbauer, 1766-1827）以及**雅各布**（Ludwig Heinrich von Jakob, 1759-1827）那裡認識到這個行業。他從他們身上認識到，想要探究人類就必須準確地觀察人，而不宜以迂闊的概念對人類枯坐冥想。在黑格爾的死對頭**弗里斯**（Jakob Friedrich Fries, 1773-1843）的作品裡，他找到了若干重要的基礎思想。弗里斯以心理學的角度詮釋康德的先驗哲學（Transzendentalphilosophie）裡的種種概念和區分。我們會談到諸如質、量、樣態和關係之類的範疇，那是因為我們有相對應的心理結構。康德認為這些範疇具有**普遍的**規律性（Gesetzmäßigkeit），弗里斯則是認為它們具有**心理上的**規律性。

黑格爾說弗里斯的哲學是一種「心理主義」（Psychologismus）——那是一句很惡毒的罵人的話。相反地，貝內克認為他的哲學前景看好。年僅二十歲的貝內克從哈勒回到柏林之後，一口氣完成了兩部計劃中的作品：第一本題為《依據純粹理性之基本原理闡述的知識論》（*Erkenntnißlehre, nach dem Bwußtsein der reinen Vernunft in ihren Grundzügen dargelegt*, 1820）；第二本則叫作《作為一切知識之基礎的經驗心理學要義》（*Erfahrungsseelenlehre als Grundlage alles Wissen in ihren Hauptzügen dargestellt*）。這兩部作品可以說互為表裡。在《知識論》裡，貝內克為康德辯護，反駁日耳曼古典哲學裡那些流於空想的追隨者。他認為康德的哲學是以經驗為其起點，但是他相當惋惜康德不時脫離這條理想航跡。在《經驗心理學要義》裡，他想要導正這個錯誤。貝內克在其導論 [74] 裡寫道，因為「**真正的科學**只能以知覺以及由知覺的比較和並置得到的**經驗**為基礎」，「所有科學的根柢」不在於思辨和概念，而在於「心理知識」。[29]

這兩本書都在一八二〇年出版。黑格爾翻閱了以後，認為它們「平庸之極」[30]。他一點也不喜歡這個潮流。相較於哲學把世界概念化的至高藝術，經驗心理學除了雲山霧罩之外，還能是什麼？

可是貝內克不為所動。他在拿到博士學位兩年後，把《經驗心理學要義》裡探討「德行」的那一章擴充成一本關於道德的書，而賣弄風騷的書名也證明了這個年輕人對於日耳曼古典哲學傳統有多麼不屑：《道德物理學之基礎》（*Grundlegung zur Physik der Sitten*）。而且為了擔心人們會忽略他的意圖，他又加了個副書名：「康德之道德形上學基礎之對反；附論理性之本質及認知界限」（*Ein Gegenstück zu Kants Grundlegung zur Metaphysik der Sitten, mit einem Anhange über das Wesen und die Erkenntnissgränzen der Vernunft*）。其主旨則是：我們沒辦法以哲學思辨來談論道德！人的行為舉止是否合乎德行，那是心理學的問題，必須以準確的觀察研究、關於腦部的醫學知識以及教育的實驗來從事經驗性的探究。

柏林大學哲學系認為是可忍孰不可忍。他們立刻撤回一年前授予貝內克的教師資格。我們不知道黑格爾在其中扮演什麼角色，不過他的推波助瀾可想而知。我們很難想像，把這個桀驁不馴的年輕人冷凍起來的人不是他的話還有誰。柏林大學的哲學系在全德國最享負盛名，當然不能被「唯物論的」心理學沖淡，甚或是抽梁換柱。貝內克四處奔走未果，為了生計只好落腳到其他大學。被撤銷教師資格兩年後，他在哥廷根找到教職。一八二七年，在他無數次的申請之後，柏林大學終於同意恢復他的教職——不過是無給職。由於黑格爾一直不喜歡貝內克，直到這位大哲學家逝世，他才獲聘為特聘教授（professor extraordinarius，無講席教授或副教授）。又過了十五年，貝內克才等到一個固定的工資。

他在這期間寫了許多深入淺出的作品，不過都沒有獲得讀者的青睞。而他也一直找不到人交棒從事「經驗心理學」的研究，因此他老是在作品裡幾近卑躬屈膝地請求有興趣的讀者以經驗性的材料支持他。由於柏林大學對他百般刁難，他只好徵求讀者當他的「同事」。一種在十九世紀早期的「群眾外包」（Crowdsourcing）！據此，在他的哥廷根時期就誕生了洋洋灑灑兩大冊的《心理學大綱》（*Psychologische Skizzen*, 1825/1827）。可是貝內克還要更多。他的夢想是建構一整套心理學體系和日耳曼古典哲學的體系分庭抗禮，而且要一舉取而代之。可是單槍匹馬的他成不了事。一八五一年，他總算成立了「實用心理學檔案室」（Archiv für die pragmatische Psychologische etc）。那原本應該可以為他擴充研究材料，可是期刊計畫很快就因為資金短缺而告吹。一八五四年三月一日，他沒有在課程公佈的講演課上現身。不久後，有人在建築工人的工寮裡找到他的手套。兩年後，人們在夏洛騰堡的疏洪道上找到他的遺體。

貝內克一生都被人低估甚至有點瞧不起，可是現在他卻代表了德國心理學之濫觴，也意味著心理學會遭遇到的種種困難。一直到他死後，世人才普遍承認心理學；而它當然不是作為哲學的餘緒，而是具有自然科學的方法和主張的獨立學科。

觀照內心世界

貝內克對於心理學探究方式的興趣並非從天而降。人們會說，心理學的歷史很短，卻是源遠流長。身體和精神、肉體和心靈關係密切，這是大多數古希臘人的看法。不只是亞里斯多德認為，心理（psyché）是有形體的東西，而不死的精神（logos）則只是和個人無關的附加物。一個人的性格是由他的健康、攝食和生活風格澆鑄而成，這在古代是不言而喻的事。為了定義人的天性，體液病理學把人劃分成四個類型。它以原本用來說明身體運作的「四體液說」為基礎。❶一直到十八世紀末，它的信徒始終深信不疑。

肉體和心靈如何相互作用，十一世紀的波斯醫生和哲學家**阿維森納**（Avicenna, ca. 980-

[76]

❶「希波克拉底斯（Hippocrates）區分四種氣質：黃膽質（choleric）、多血質（sanguine）、憂鬱質（melancholic）和黏液質（phlegmatic）。多血質和黃膽質的反應模式是容易激動，好惡無常，前者的好惡比較不明顯，而後者則比較強烈。相反的，黏液質和憂鬱質比較固執，但是喜怒好惡的激起比較緩慢，前者的好惡比較不明顯，而後者則比較強烈。希波克拉底斯認為不同的反應模式和不同的身體原因有關。……直到馮德（Wundt）的時代以前，研究氣質的人一直沿用這些氣質的範疇。而現代最重要的氣質類型概念，則是由榮格（Jung）、克雷奇默（Kretschmer）和薛爾頓（Shelton）提出的。」（佛洛姆，《自我的追尋》，頁79，林宏濤譯，木馬文化，2015。）

1037）[2]也很感興趣。不僅是身體的疾病，就連心靈的疾病也要窮究其自然的原因。十六世紀初的「波隆那學派」（Schule von Bologna）[3]認為人只有會死的靈魂，而沒有不朽的靈魂。而且這個會死的靈魂可以從醫學去研究，另外也包括了不自由的意志。到了十七世紀末和十八世紀初，英國的經驗論者則把每個細微的知覺及其對於知性的作用加以分類。休姆對人心的解剖式觀察也注意到，人們所謂的道德其實是依據若干一般性的模範，它們和感覺有關，而非知性的洞見。在道德裡，正如一切有形體的事物，人都必須適應他的環境。我們的行為也不是依據任何自由意志，而是一個原因和結果的無窮架構。

心靈並非一部有著七個封印的書卷[4]，而是一個機制！在休姆之後不久，法國醫生**拉美特里**（Julien Offray de la Mettrie, 1709-1751）仿效笛卡兒，也把人形容成一部複雜的機器，一個刺激和反應的生理機制，例如趨樂避苦。接著，**霍爾巴赫**（Paul Henri d'Holbach, 1723-1789）和**艾爾維修**（Claude Adrien Helvétius, 1715-1771）根據牛頓的物理學定律，為整個人類以及他們的心理胡亂拼

❷ 即伊本・西那（Abu Ali al-Husayn ibn Sina, ca. 980-1037），「生於布哈拉的顯宦人家，即現在的烏茲別克，雅擅醫學、哲學、物理學、化學、天文學、神學、臨床藥理學、生理學、倫理學和音樂理論。伊本・西那的權威著作《醫典》（*Canon of Medicine, al-Qanun fi al-Tibb*）後來譯為拉丁文，是為西方近代醫學之濫觴，而成了它的聖典：在西元一五〇〇年之前就已經印行了十幾種版本。印度人依據伊本・西那的《醫典》而開展出一個醫學派別直到今天。許多人都把伊本・西那和白魯尼並列為古代和文藝復興時期最偉大的科學家。」（見：S. Frederick Starr, *Lost Enlightenment*, p. 2, 2003。）

❸ 義大利文藝復興時期成立的哲學學派，源自多拿圖斯（Hieronimus Donatus, ca. 1457-1511）翻譯希臘哲學家阿弗洛地沙的亞力山大（Alexander of Afrodisia）的《論靈魂》（*De Anima*）第一部。該學派認為，從理性的觀點來看，知性靈魂和感性靈魂一樣，都是會死的。但是道德並不因此受影響，因為德行是自我完足的善，所以說，道德是自律的，獨立於永罰或靈魂不朽的賞報。靈魂不朽只是一種信仰而不是理性的問題。見：A. Pablo Iannone, *Dictionary of World Philosophy*, p. 77。

❹ 《新約聖經・啟示錄》5:1：「接著，我看見坐在寶座上的那一位右手中拿著一個書卷，內外都寫著字，用七個封印封住。」

湊出一點也不精確的醫學知識。第一個道德物理學家比貝內克早了五十年，在被叔本華嗤之以鼻的孔底亞克的那個時代，也就是十八世紀中葉，就開始了感覺主義（Sensualismus）的傳統。每個心理機能都必須有個可以嚴格定義的感覺原因，任何想要闡述人類的人，現在都必須以感覺生理學家的身分去解謎，而不再是個形上學家。所有關於人的科學都會變成自然科學，即使「自然科學」一詞到後來才具有我們現在的意思。

在十八世紀那個時代，用自然科學的解剖刀把人的心靈切換成身體的人，並不一定像休姆、拉美特里、霍爾巴赫和孔底亞克那樣都是無神論者。瑞士的自然學家**波內特**（Charles Bonnet, 1720-1793）寫了《論心理學》（*Essai de psychologie*, 1755）和《心理機能分析論》（*Essai analytique sur les facultés de l'âme*, 1760），但他是個信仰虔誠的人。就連以「唯物論者」著稱的醫生和哲學家**卡巴尼斯**（Pierre-Jean-Georges Cabanis, 1757-1808），也沒有那麼固執己見。在他兩大冊的《論人的物理和道德面向》（*Rapports du physique et du moral de l'homme*, 1802）裡，他相信可以用物理學解決人的所有心理活動，由此大幅超越了孔底亞克。影響人類的不僅有外在刺激，還包括內心的刺激。本能以無意識的方式驅動著我們，而我們的神經系統也決定了我們的心理狀態。在我們心裡的模糊感受是我們性格的來源，並且推動著它。這些感受以後都必須以經過醫學訓練的觀察加以探究和解說。如果我們再把諸如性別、健康狀態、年齡和氣候等因素考慮進來，我們就終於可以理解整個人。

如果說現在還有人知道卡巴尼斯的「意志生理學」是什麼玩意兒的話，那是因為叔本華受惠於它。儘管他對於孔底亞克百般揶揄，卻從卡巴尼斯那裡獲益良多。因為這位法國醫生充類至盡地拓展了當時還不算是科學的心理學。沒有人像霍爾巴赫和艾爾維修那樣假借物理學以解釋人的性格。人們求教於這個在一八〇〇年左右起初被叫作「生物學」的東西，據說它可以確切解釋人的心理，而整個社會理論也可以奠基於其上。這正是卡巴尼斯的目標。正如和他在艾爾維修夫人（Madame d'Helvetius）[5]沙龍裡相互酬唱的**特哈席**（Antoine Louis Claude Destutt de Tracy, 1754-1836）一樣，他也要以物理學的方法嚴謹地揭開人類的謎題，據此也必然推論出對應的道德和正當的共同生活。

從物理學切換到生物學的卡巴尼斯，就此踏上了科學的新領域。可是生命科學的法則當然不像物理定律那麼容易研究，它的地基顛簸崎嶇。生命為什麼存在？構成生命的法則有哪些？形成生物體的生物性力量有哪些？束手無策的卡巴尼斯在臨終前坦承所有這些問題都沒有找到答案。[31]我們不難想像，以生理學的方法絕對沒辦法解釋人類對於道德的需求。誰曉得在人類的所有經驗知覺背後是否隱藏著一個神性的權力和力量，它既推動一切，也一直周行而不殆？

經驗世界為形上學劃定了一個比從前更加狹隘的範圍，卻沒有接替它。法國哲學家**德比洪**（François-Pierre-Gonthier Maine de Biran, 1766-1824）也有類似的經驗。這個來自貝吉哈克的男子其實鑽研過孔底亞克的感覺主義，而且想要擴充它。他是卡巴尼斯以及特哈席的同路人，卻很快就想到不是所有感覺印象都是被動的。他在獲獎作品《論習慣對於思考能力的影響》（*Influence de l'habitude sur la faculté de penser*, 1802）裡解釋，知覺恆由兩個成分構成：被動的感覺印象（sensations，感覺），即孔底亞克所言，但是也包括主動的努力以及有目標的轉向

5 艾爾維修夫人（Madame d'Helvetius, Anne-Catherine de Ligniville, 1722-1800），哲學家艾爾維修的妻子，主持一個沙龍，在啟蒙運動中扮演重要角色。

（perceptions，知覺）。

他寫於一八二二年的遺著《論心理學之基礎及其和自然研究的關係》（*Essai sur les fondements de la psychologie et sur ses rapports avec l'étude de la nature*）立論更加明確。不管是意志或「自我」，都不能僅僅以感官的感覺去解釋。正如對意志探賾索隱的叔本華，德比洪也把意志視為一種心理的源初事實（Urtatsache）。意志一開始就存在。接著我們從意志開展出人格概念和關於自由的觀念，只有我們的情感和感受才是由感官所引起。相反地，我們的知覺取決於我們的注意力（attention），它可以自由地指向任何事物。而由感官印象組成的複雜觀念，也不能僅僅由感官去解釋，我們關於美和道德的概念，或者是我們的反省，那就更不用說了。在德比洪晚期的作品裡，他總算托庇於基督教信仰。他認為如果沒有一個為人的本性賦予靈魂的神，就沒辦法解釋自我的三個面向：同一性（Identität）、人格和自我意識。

經驗心理學

在十八世紀末到十九世紀初的法國，一支由醫生和哲學家組成的無敵艦隊巡弋了心理的自然科學面向。相反地，德國的心理學還處在襁褓期。儘管弗萊堡的哲學家**弗來格烏斯**（Johann Thomas Freigius, 1543-1583）早在一五七四年就使用了「psychologia」一詞，並且著手相關的觀察研究，可是從經驗而非哲學的角度去探究心理一直是個副業。直到萊布尼茲的學生**窩爾夫**（Christian Wolff, 1679-1754）使用了該語詞，學界才真正熟知它。他在其同名作品裡把層級更高的「理性心理學」（psychologia rationalis，形上學的理性）和「經驗心理學」（psychologia empirica，層級比較低的

[80]

內省技術）做對比。

可是這兩種「心理學」的命運後來卻每況愈下。經驗心理學被認為是廉價的東西，儘管來自什列斯威附近的提騰比爾的**提騰斯**（Johannes Nikolaus Tetens, 1736-1807）特別潛心研究它。大學畢業的數學家和物理學家提騰斯正好相反，他重視經驗而貶抑形上學。一七六〇年，他出版了《關於何以在形上學裡沒有多少真理的原因之思索》（*Gedanken von einigen Ursachen, warum in der Metaphysik nur wenige ausgemachte Wahrheiten sind*）。提騰斯和窩爾夫漸行漸遠，他沿襲了洛克以及休姆的學說，這種做法在日耳曼可以說屈指可數。他的問題和康德一模一樣：從萊布尼茲到窩爾夫的理性主義傳統如何和英國經驗論匯流？人是否有天生的思考結構，或者說我們的整個思考都奠基於感官經驗？相較於許多經驗論者，提騰斯可以說奔軼絕塵，根本不必向他們輸誠。他是基爾大學的數學和哲學教授，於一七七六年著手撰寫探討人性的主要著作。他致力於解剖人的心理，而不假借形上學的餐刀。可是儘管他的研究深入探究了源流始末，作為一門自然科學卻仍然不夠格。

如果說現在人們還知道提騰斯的話，那是因為康德擷取了他的理論。這位科尼斯堡哲學家一再把提騰斯的《關於人性及其發展之哲學論集》（*Philosophische Versuche über die menschliche Natur und ihre Entwicklung*, 1777）當作採石場。康德說他一直把提騰斯的著作攤在書桌上。但是這位北日耳曼的同儕卻沒有建構出可以說服他的「體系」，只是建構出由一堆詳實的個別觀察組成的大雜燴。相反地，康德把人的每個感官作用以及思考能力分門別類地放到整個哲學體系裡，所有東西在該體系中都有個可以確切描述的關係。對他而言，心理學所觀察的都只是現象。它背後存在著種種普遍的哲學結構，而這些非經驗性的結構正是康德的大廈鷹架。在這個意義下，他理所當然地和其許多概念的創立者分道揚鑣：「提騰斯僅僅以主觀的角度（人性）探究純粹理性的概念，而我則是客觀的。他的分析是經驗性的，我則是先驗的（transcendental）。」[32]

所以說，人們對於「經驗心理學」的觀感其實不怎麼好。以觀察為基礎去解析人類心理，在日耳曼人看來只是很平庸的哲學。而「理性心理學」的處境更加不討好。康德則是把它一槍斃命。根本沒有所謂理性心理學這種東西！因為純粹理性沒辦法以科學方法研究，只能假借哲學去探索。不管是我們的理性，或者是關於神以及無限者的理性概念，抑或是我們對於善的內心義務，都不是經驗事實。它們無一是以經驗為基礎的，也沒辦法以經驗科學把握。經驗研究只是個配件供應產業，它不能取代哲學！

三十年後的德國哲學又展開了一次粗暴的抵制。肇始者是成功巡迴演講半個歐洲的醫生**加爾**（Franz Joseph Gall, 1758-1828）。加爾展示了他大量蒐集的頭顱，為困惑的聽眾解釋他如何從腦部解剖得出關於人類性格的驚人推論。這使各大報社為之雀躍，競相以專刊報導，把這個顱相學（Kranioskopie, Schädellehre）的創立者譽為科學界的救世主。加爾則是把自己的專業稱為「phrenologie」，這個術語不是他首創的。他標記了各個不同的腦區，並且在其中為特定的心理活動找到對應的位置。某個腦區越是活躍（可以從頭顱形狀判讀出來），在該腦區裡進行的狀態和機能的特徵就越明顯。

加爾的「研究」是個醜聞也是個政治事件，許多徒子徒孫和批評者眾口喧騰。十七世紀的時候，路易十四的御醫**熊布爾**（Marin Cureau de la Chambre, 1594-1669）對王室解說如何從人的面相學（Physiognomie）判讀他們的性格。蘇黎世的一位牧師**拉瓦特**（Johann Casper Lavater, 1741-

[82]

1801）也從事「相面術」（Physiognomik）的類似研究。可是加爾似乎把這個揭密的技術提升到一個新的科學位階。人的內心世界有外部的探究路徑嗎？

在這方面，黑格爾覺得有話要說。他只是從報紙上讀到加爾的公開演講。儘管如此，他還是在他的《精神現象學》（*Phänomenologie des Geistes*, 1807）裡提出詳盡的反駁。這位哲學家遽下判斷，認為「對人而言，一種骨骼不是什麼自在的東西，更不是人的真正現實。」❻他認為顱骨的外形和內容之間的關係純屬臆想，加爾的主張根本算不上是科學。「自外部」以經驗性研究去探索人的精神，而不是「自內部」以思考為之，那真是荒謬至極的事。也許我們得把這個「空洞理論」的始作俑者的「頭蓋骨打碎」，對他證明說他其實是在胡說八道。33

厭倦了唇槍舌劍的加爾於一八〇八年來到巴黎，他覺得那裡的學術圈更歡迎他的「研究」，也不會像在日耳曼那裡一樣遭到教會道德審查者的迫害。其實相較於德國觀念論的哲學家們，被卡巴尼斯和特哈席教育過的法國民眾還沒有那麼排斥對於心靈的「唯物論解釋」。

可塑性

話說回來，萊比錫哲學教授**卡魯斯**（Friedrich August Carus, 1770-1807）史上第一部的《心理學史》（*Geschichte der Psychologie*, 1808）還是在日耳曼地區出版。在他的另一部遺著《猶太人心理學》（*Psychologie der Hebräer*）裡，這位博學的神學家則是從基督教創立者的心理去探討基督教的誕生。卡魯斯既不是「唯物論者」，也不是無神論者。可是他堅定不移的觀點把當時以神學為基礎

❻ 引文中譯見：黑格爾，《精神現象學》，頁249，賀麟譯，仰哲，1982。

[83]

[84] 的教會史變成了心理史和社會心理學。他在其「心理學研究所」（於一八〇二年改名為「人類學學會」）裡提倡經驗心理學的研究。可惜他英年早逝，這個計畫也跟著付諸流水。

儘管哲學家們冷嘲熱諷，這個主題還是蓄勢待發。作家**莫里茨**（Karl Philipp Moritz, 1756-1793）比卡魯斯早了二十年創辦了《認識自己：經驗心理學雜誌》（*Gnothi sauton oder Magazin für Erfahrungsseelenkunde*），在一七八三年到一七九三年期間出刊，合集共十卷。它在柏林每四個月出刊一次，目標讀者包括學者和非學者。投稿作者來自整個中歐，包括呂根、奧格斯堡、維也納、海牙和科尼斯堡。「經驗心理學」（Erfahrungsseelenkunde, Erfahrungsseelenlehre）探討了一切讓當時（現在亦然）讀者感到不安的題目：偏差行為、謀殺和自殺、慮病症、盜竊狂、性變態、宗教狂，乃至於聾啞人士、童年印記以及做夢的經驗。

哲學家們搜腸刮肚地談論人類、主體，捨棄個別的人；而經驗心理學卻正好相反，他們關心的是具體的人、個體、行為偏差者以及心理變態。他們著眼於莫里茨所謂的「見微知著」。重要的是「真正的事實」，而不應該「夾雜」任何「反思」、「在道德上品頭論足」或是「訓斥」。心理學不同於哲學，它不想建立任何體系。它的知識是來自無數的個案，而不是對普遍者的邏輯探究。哲學取徑於**演繹法**，而心理學則是**歸納法**。它據此獲得必要的人性知識，並以此做為教養其他人的理想基礎。

[85] 沒有心理學，就沒有教育學！可是還沒有一個人兼擅兩者。這個空缺就由**赫爾巴特**（Johann Friedrich Herbart, 1776-1841）來填補。他的父親在奧登堡擔任法律顧問，他則是到耶拿唸法律系，圖林根地區的這個城市是當時日耳曼的學術重鎮。他在那裡聽說了被學生們奉為偶像的費希特，於

是轉到哲學系去聆聽這位大師的課：「我腳下的整個土地都變軟了，」這個震撼不已的學生寫道：「我醉倒在那裡。」[34]然而，費希特極端的主觀主義只讓他興奮了一下子。接著便爆發激烈的防衛戰，赫爾巴特也被迫二度休學。一七九七年，他到茵特拉肯去當家庭教師，在一個有錢的瑞士家庭裡教導三個孩子。他在那裡認識了著名的教育學家**裴斯塔洛齊**（Johann Heinrich Pestalozzi, 1746-1827），之後立即採用了他的全人教育方法。對於在自己兒子身上犯了所有人都會犯的錯誤的裴斯塔洛齊而言，教育在於同時增進孩子在思想、手工藝以及道德方面的力量。唯有變化氣質、陶冶心靈的教養，才是真正的教養（Bildung）。在教育學裡，分數和文憑沒什麼好損失的。教育的重點不在於特定的知識類別，而在於孩子的自我競爭力，盡量多才多藝，並且轉化成興趣。

回到日耳曼以後，赫爾巴特於一八〇二年在哥廷根大學哲學系獲得博士學位以及大學授課資格。接著他便著手打造自己的哲學。他把費希特的主觀主義哲學和他對於教育學的興趣熔於一爐。講台上的費希特說，「自我定立（setzen）自身」、我們的整個世界，包括我們對自身的想像，都不是真正的世界，而只是**我們的表象世界**。這一開始讓赫爾巴特瞠然不知所對。可是他找到了出路。如果說自我定立自身，那麼這個自我的整個具體性格也可以改變。赫爾巴特是以心理學而不是邏輯的角度去詮釋費希特：我的存有是我意識的一個產物。如果我的意識改變了自身，那麼我的存有也會跟著改變。費希特的「自我定立自身」，對於赫爾巴特而言意味著「人的自我陶塑」。但是人之所以有辦法自我陶塑，只是因為他具備了「可塑性」（Bildsamkeit），正如一八〇二年的《教育學講演錄》（*Vorlesungen über Pädagogik*）所言。費希特沉醉於哲學思辨當中，赫爾巴特卻是將它具體化；費希特歌頌一個普遍的自我，赫爾巴特則是心繫著每個個別的人；費希特想要改變人類歷史的歷程，赫爾巴特卻是想要幫助人們改變自己。

就費希特的觀點看來，赫爾巴特對於他哲學的詮釋是個澈底的誤解。對於赫爾巴特而言，那是一個關於**個人**以及自我提昇的**具體**可能性的新哲學。歷史哲學退位了，世界的歷程不會進步，只有道德才會。如果說人類的未來會揚善抑惡，那也只會是透過有系統的教養和教育。「我們必須經由我們的決心而自我再造。我們必須陶冶自己，每個人的自我定立不是依據他的自我感覺，而是根據自我要求。」[35]

成為你自己！人類有能力自我陶塑，這是赫爾巴特的主題。可是這個教養歷程如何進行？就像裴斯塔洛齊一樣，赫爾巴特也採用了全人教育的做法以解釋人的可塑性和自我教養，並且為教育學奠定基礎。他在哥廷根的時候，於一八〇四年寫了一篇論文：《論以關於世界的美感表現作為教育之宗旨》（*Über die ästhetische Darstellung der Welt als das Hauptgeschäft der Erziehung*）。自我教養首先意指著道德的圓滿。可是要把自己造就成更好的人，我首先必須有實現我的意志的自由。我需要一個「內在的自由」。可是這個自由是打哪裡來的？在經驗世界裡沒有自由，只有無窮無盡、相續不斷的因果關係。這個難題把康德搞得人仰馬翻，到頭來不得不假設在經驗世界以外還有另一個世界：「自由的王國」，物「自身」在其中獨立於人的知性而存在。可是就像康德之後的許多思想家一樣，這個二分法一點也沒辦法說服赫爾巴特。

他總算在席勒那裡找到出路。這位詩人在《審美教育書簡》（*Über die ästhetische Erziehung des Menschen*, 1795）裡說，如果人可以獨立創作，在「自由的遊戲」當中形塑事物，那麼他就是自由的。這豈不就是教育學的事嗎？在美感的知覺裡，人感受到他的自由。他覺得可以自我開展和養成。教育者越是加強訓練孩子的美感知覺和判斷力，他就越有機會成就自我。

這就是他的規劃。將美學、倫理學和教育理論完全融為一體。至於何以致之，赫爾巴特則是在《普通教育學》（*Allgemeine Pädagogik aus dem Zweck der Erziehung abgeleitet*, 1806）裡說明了。教育的目標是自我教養和自我造就，俾使成為有德行的人。如果以正確的方法引導「受教育者」（Educant），教育者的言教和身教就會在他身上「發揮作用」，他也會「經歷」視野的開拓。認識自我和造就自我（以奇妙的方式）是同一件事。受教育者會「均衡地多才多藝」，進而成就其德行。

赫爾巴特相當擅長自我策勵。除了教育學的作品以外，對於哲學的三個主要領域，即形上學、邏輯和倫理學，他也頗多著述。一八〇九年，學術上的榮譽接踵而至。赫爾巴特應聘到科尼斯堡接任以前康德的教席位置，他在那裡認識了**洪堡**（Wilhelm von Humboldt, 1767-1835）。洪堡正要著手他的教育改革計劃，認為赫爾巴特應該會和他志同道合。可是這位科尼斯堡的哲學家卻不以國家層次的教育改革自限，他想要以哲學為教育學奠定永久的基礎。要找到正確的教育方法，當然就要探究受教育者的心理，於是赫爾巴特不得不在哲學之外另外為教育學找尋心理學的基礎。因此誕生了《心理學教材》（*Lehrbuch zur Psychologie*, 1816）：「內心的感覺；和各個教育階段的人們的相處；教育者和政府官員的觀察；旅遊人士、歷史學家、詩人和道德哲學家的闡述；以及關於精神病患、病人和動物的經驗，這些都是心理學的素材。」[36]

正如自窩爾夫以來的習慣，赫爾巴特也把心理學區分為「經驗的」和「理性的」。可是不同於康德，他不想犧牲掉後者；也不同於在他之後的貝內克，他不認為經驗心理學是唯一的真理，而其他哲學都是多餘的。相反地，他要在傳統的形上學以及現代的經驗科學之間找尋一條新的捷徑。

為了使他的教育學成為科學，赫爾巴特把人類變成兩個世界的居民。其一是經驗世界。憑著經驗心理學，人們大有斬獲。它會分析感官印象如何變成觀念和判斷，而在意識裡產生第二個獨立的世界。這個世界形成了時間和空間或者是一個自我的觀念，那是在經驗世界裡根本不存在的東西。這個世界的豐功偉業在於建構了一個「應然」，而和人的經驗性「存有」對立。

赫爾巴特殫精竭慮地以科學的方法界定人類心理的種種規律性，雖然沒有任何經驗性研究作為基礎。一八二四年到二五年間，他出版了兩大冊的《作為科學的心理學》（*Psychologie als Wissenschaft: neu gegründet auf Erfahrung, Metaphysik und Mathematik*），提出了劃時代的主張。他要「為心理學找到它的牛頓」。他要為教育學建立毫釐不差地從人類意識推論得到的各種「方法」。我們的觀念世界裡的種種事件為什麼沒辦法像感官經驗一樣準確地描述呢？「人類的心理定律和星空的定律並無二致。」赫爾巴特在他的《心理學教材》裡寫道。[37]正如星空的定律，人的心也是個吸力和斥力、靜力學和動力學的力場。那些定律都是數學定律，而那些力也都是物理力。最強的動力會勝出，比較弱的則會被推回來而落在黑暗中，隱沒在心靈深處。兩個相互撞擊的觀念會彼此「阻礙」，其他觀念則會處於「平衡狀態」，並且升溫成更大的動量。赫爾巴特無處不以物理學作為一個科學心理學的模範，而當時法國心理學家卻正要和物理學分道揚鑣，以生物學取而代之作為新的主流科學。

赫爾巴特的物理學和心理學一提出來就已經過時了。在另一方面，他也太過保守。把心理描寫成一種自然律並不意味著人類的道德也只是一種自然事件。我們心裡感受到的「應然」不只是個自

[89]

然歷程，而一直是個形上學的歷程。壓力比和力學並不能解釋為什麼人要追求善。在這點上，赫爾巴特仍舊是個形上學家。他自詡為「一八二八年的康德主義者」，反對徒子徒孫們流於思辨的德國觀念論，卻仍舊堅守著哲學性的觀念論。而就在這點上，他和貝內克有所區別。

十字路口上的心理學和教育學

《作為科學的心理學》上冊甫上市，赫爾巴特就收到一封公開信與一封私人信件。寄信人是小他二十二歲的貝內克。那封公開信後來於一八二四年收錄到《精神病理學》（*Seelenkrankheitskunde*），作為長達五十頁的導論〈心理學應該以形上學抑或物理學為基礎〉（*Soll die Psychologie metaphysisch oder physisch begründet werden? Ein Schreiben an den Herrn Professor Dr. Herbart zu Königsberg*）。這兩位心理學的先驅就在相互的書評裡相識。拖了幾年以後，貝內克才對赫爾巴特的《心理學教材》加以評論，雖然有些許讚美，卻也頗多微詞，但是這位科尼斯堡的哲學家並沒有把那個柏林的年輕講師以及他的三篇書評放在眼裡。到了今天，這兩人的論辯代表著一門新學科典型的分娩陣痛。貝內克主張心理學必須像自然科學一樣完全以經驗為基礎，而赫爾巴特只部分同意。

貝內克希望雙方的立場可以會通，以助於推廣經驗心理學，可是赫爾巴特不予理會，反而在他的兩大冊作品《普通形上學，以及普通自然哲學之種種開端》（*Allgemeine Metaphysik, nebst den Anfängen der allgemeinen Naturphilosophie*, 1828/29）裡再次強調他和經驗心理學的差別。他的「批判實在論」（kritischer Realismus）固然是要以自然科學的方法解釋**經驗**，卻無法依此解釋**知識**和**自**

我認知。沒有人可以透過感官經驗去獲致更高的真理和洞見，唯有把各式各樣的觀念串連起來形成自己的複構（Komplex）才得以致之。赫爾巴特臆想自然事物也是如此。它們顯現在我們眼前的方式並非恆常不變，而是高度依賴於由各種條件組成的一個複構。所以無怪乎我們沒辦法把更高層次的意識分解成固定的元素和一成不變的機制，儘管在物理學裡基本上是如此。

人的所思所行都可以被化約為經驗性的歷程嗎？或者說，在他心裡進行的歷程無法以經驗科學的方法窺探？赫爾巴特和貝內克的論戰至今仍舊是哲學和心理學的爭點。無論如何，這項爭論至少讓十九世紀下半葉的心理學和哲學脫鉤。作為心理學家，貝內克是對的；作為哲學家，直到現在的哲學家們一直都沿用赫爾巴特的主張：我們有充足的理由不以計量的方法為基礎去思考人類。

當貝內克大膽挺進教育學，他和赫爾巴特的齟齬就變本加厲。赫爾巴特是從教育學延伸到心理學，而貝內克則是從心理學到教育學。對他而言，教育學是經驗心理學極佳的應用領域。這個無薪職的柏林大學講師在一八二八年開了第一門講演課。正如赫爾巴特，或者是貝內克那位著名的老師——博學多聞的神學家**詩萊瑪赫**（Friedrich Daniel Schleiermacher, 1768-1834），他把教育學視為一個道德任務。唯有依據思慮周詳的道德原則去教育孩子的人，才會成為一個所思所行合於道德的成年人。而康德早在其《實踐理性批判》（*Kritik der praktischen Vernunft*）裡就提出了關鍵的問題：「我們能使純粹實踐理性底法則**接近**於『人的心靈』，並且**影響**於『人的心靈之格言（按：即箴規）』，那就是說，因著這種模式，我們能使客觀地實踐的理性成為亦是**主觀地**實踐的。」[38]❼

❼引文中譯見：牟宗三，《康德的道德哲學》，頁417，學生書局，1982。

詩萊瑪赫也提過同樣的問題。身為普魯士內政部課程司的一員，他和赫爾巴特於一八一〇年到一八一五年負責教育政策的擬定；就在此時，洪堡和他的同事約翰・威廉・蘇文（Johann Wilhelm [92] Süvern）正要澈底翻轉普魯士的教育體系。不同於康德，詩萊瑪赫很清楚不可能有普遍有效的教育學這種東西。因為就算我確定了一個正確的教育理論，還是必須考慮到個別的情況。至於該怎麼做或是該怎麼說，都還只是紙上談兵。

所有教授當中只有詩萊瑪赫讓貝內克折服，因而也立即說服了他。因為如果說任何教育理論都要以教師和學生的經驗為其堅實的基礎，那麼教育理論也會是經驗心理學的理想場域。「教育學的命運，」貝內克寫道，取決於「另一門科學的命運：也就是**心理學**。教育和課程擬定的所有目標，都要回歸到特定心理產物的根據、它們可以使用的方法，以及特定心理發展的形成；因此大體而言，整個教育學只是一門**應用心理學**而已。」[39]至於應用方面，貝內克當然需要「對孩子的性格發展特別觀察，並且考慮到他們的智力、氣質和道德方面的特質。」[40]為此，他還欠缺足夠的學術研究材料。因此，他只能詳盡地闡述種種學校形式、教學內容以及各個學科的教學方法，而沒辦法探討「氣質和性格的養成」的心理細節。

赫爾巴特相信他的「方法」是以哲學和心理學為基底，而貝內克卻對於永遠有效的教育學方法存疑。他的準則不在於哲學的基奠，而是和兒童和學生相處的實務經驗。一八四一年，邦立師範學院院長**德勒斯勒**（Johann Gottlieb Dressler, 1799-1867）成為他的追隨者。透過他的關係，貝內克的 [93]《教育及教學理論》（*Erziehungs- und Unterrichtslehre*, 1835）成為國民中學老師人手一冊的標準讀物。後來佛格蘭的**狄特斯**（Friedrich Dittes, 1829-1896）更依據貝內克的理念，致力於奧地利的教育改革。

因赫爾巴特產生的歷史效應又更大了。到了一八三七年左右，他成了備受爭議的人物。漢諾威公國廢除了一八三三年決議通過的自由憲章，也就是基本法。七位教授聯名激烈抗議，其中包括格林兄弟。時任哲學系系主任的赫爾巴特沒有力挺「哥廷根七君子」，反而和抗議人士保持距離。這顯然減損了他在其作品裡大聲疾呼的獨立自主和自我賦權理想的可信度。一八四一年，他死於中風，享壽六十五歲。

赫爾巴特死後不久，他的遺著《教育學講演概要》（*Umriß pädagogischer Vorlesungen*）問世。他的學生和追隨者不可勝數，對此他應該沒什麼好抱怨了，雖然他的命運不怎麼好。儘管他不是很確定他的方法是否真的完全契合學生的心理需求，他的門徒們仍是把它奉為圭臬。其方法重點在於形式階段理論（Formalstufentheorie）。這四個教學階段：明瞭（Klarheit）、聯想（Assoziation）、系統（System）和方法（Methode），可以用來劃分每個教學和學習的歷程。依據適才適性地輔導學生的這個觀念，他們建立了嚴格規定的教學系統，其中沒有任何轉圜或偏離的空間。到了十九世紀末，更誕生了教條式的赫爾巴特主義（Herbartianismus）；這和赫爾巴特所謂的「自我開展」（Selbstentfaltung）以及「自我賦權」完全背道而馳。

就在赫爾巴特的教育學僵化成嚴格守則的同時，這門學科也和哲學揮手告別。在十九世紀下半葉，它以「教育科學」之名登場，被訓練成一門經驗性的學科。它對於個體深具洞察力，卻對於全體漠不關心。難怪十九世紀的教育改革會反對形式主義，再度要求找到一個哲學和人類學的基奠；一個發源自孩子的自然稟賦的教育學。

[94]

就連心理學也一直和哲學齟齬不斷。在十九世紀下半葉，它越是強調經驗性研究，它的資料就越是和一個封閉的宇宙格格不入。它越是以自然科學的方法研究種種刺激、感受以及心理反應，它看起來就越不像哲學。就刺激和反應的機制而言，人和動物沒什麼分別。無怪乎德國的實驗心理學一直在等待著它的黎明到來。它在科學方面的收穫太少，而在以哲學為基礎去探究人類這個方面的損失則太過沉重。直到一八七〇年代，經驗研究在德國心理學裡都還不是主流。他們探究的不是資料、不是心理機制，而是一個正確的「生活藝術」的聰明指南。心理學裡影響最深遠的概念「無意識」（das Unbewusste）正是源自於它，而非源於經驗性的研究。

無意識

太陽西沉時，天際總是一片薄暮。鑲著金邊的傍晚，駁船裡、拱門下或山谷裡沉默的人們宛如剪影，沉靜而和諧。不管是在德勒斯登的國家美術館或是柏林的舊國家畫廊，人們在欣賞**卡魯斯**（Carl Gustav Carus, 1789-1869）的畫作時，幾乎不會聯想到科學這個玩意兒。不過這些畫作的創作者，也是畫家、醫師、自然學家和哲學家，卻認為藝術是「科學的巔峰」。

卡魯斯是個物理學家、植物學家、化學家和藥劑師。可是他的博士論文不僅僅探討藥學，更延伸到哲學，幾乎是一部探討生命現象的作品。在解放戰爭期間，他在家鄉萊比錫附近村落裡的一家軍醫院擔任院長，那份工作相當繁重。雖然卡魯斯是學醫的，但是他極討厭面對病人；此外他還感染了傷寒，差一點沒命。沒多久他的妻子和母親也相繼染疫，讓他瀕臨崩潰。卡魯斯後來以他獨特的方式把這個身心的壓力形容為肉體和靈魂的洗滌。任何經歷了這種人生難堪之境的人，應該可以自由開展其個體了吧。

拿破崙戰爭之後，這個被命運洗滌過的人成了產科教授。他在德勒斯登大學皇家助產士學校任教，並創立了外科醫學院。他是那裡的第一個大學教授，開設比較解剖學的課。一八二七年，薩克森王國國王任命他為三位御醫其中之一。一八二九年到一八三〇年間，卡魯斯開設了著名的「心理學講演課」。在課程中，他區分了四種不同的方法。在經驗心理學的傳統裡，人們可以以**描述的**方式對於「每個心理行為的不同外顯」[41]加以排列組合。正如他多次引用的莫里茨，他也自詡為「心理師」（Psychiker），認為心理疾病必須溯因到不健康的生活方式以及兒童的創傷經驗。當然，這種描述性的研究並不符合哲學的要求。

第二種方法是**分析法**。卡魯斯認為它起源自十八世紀把個別心理力量描述成機能的一種大膽嘗試。到了十九世紀，則被令人生厭的**目的論方法**取代。卡魯斯指的是赫爾巴特的心理物理學，這個關於心理力量的靜力學和動力學的理論，被他斥為無稽之談。正如他後來所說的，以一個叫作赫爾巴特的人的心理學綱要根本無法深入「探究真實心理世界的奧祕」。[42]

還有第四個方法，即所謂**發生學的方法**。描述法只提供材料，分析法有點陳舊，而目的論的方法則被認為是信口雌黃。可是「發生學」是什麼東西？卡魯斯認為那是指從心理的源頭去思考它，也就是一切有意識的心理活動的基礎：無意識。這個概念是他首創的，但是這個想法其來有自。我們在萊布尼茲、康德、費希特、莫里茨、卡巴尼斯、德比洪以及卡魯斯相當景仰的謝林那裡，都可以看到這個想法。早在心理學家不僅研究人類深層意識，甚至要測量它的莫測深淵之前，哲學家們就以不同的概念工具鑽探了。

卡魯斯所謂的無意識是個涵蓋範圍甚廣的概念。據說它可以一舉解決無數的心理學難題：「**認識有意識的心理世界的鑰匙，就在於無意識區域**。所有的困難，對於心理奧祕真正的理解看似不可能，在這裡卻是洞然明白。如果說在意識裡絕對不可能找到無意識，那麼對於認識自己的心理，也就是說真正的自我認知，人們應該要感到絕望了。然而這只是看似不可能而已，所以說，心理科學的第一個課題，就是要闡述人的思想怎樣才能夠潛降到這個心靈深淵。」[43]

當卡魯斯談到「無意識」的時候，他指的是當時生物學家所謂的「生命力」或是「形構衝動」（Bildungstrieb）❽。可是這個生命力應該不限於身體的功能。卡魯斯認為它也是一種心理功能，因為對他而言，身體和心理是不可分的。把人視為一個「整體」的浪漫主義的醫學，在薩克森的大學學者那裡成就其極致。儘管當時的生理學方興未艾，他卻想要再次以相當古老的方式把哲學和醫學融合在一起：任何的身體活動同時也是心理活動，任何的心理活動也都是身體活動。

卡魯斯更進一步認為無意識具有永久的、甚至是神性的特質。在人類的心靈深淵裡，他們都是一個永恆的理念界的一部分，那是一個從柏拉圖、普羅丁（Plotin）到基督教的思想遺產，而卡魯斯想要以心理學的角度去解釋它。這一切都暗示著：「只會有一個生命體的唯一原理、一個**不動的原動者**，亞里斯多德的圓極（Entelechie, entelecheia）、柏拉圖的理型，或者是一個心靈、靈魂，一言以蔽之，一個**神性的存有者**，不管如何名之，它是所有生命現象的基本條件。」[44]

❽「形構衝動」（Bildungstrieb, nisus formativus），或即生殖衝動，出自布魯門巴赫（Johann Blumenbach）的《論型構衝動及繁衍歷程》（*Über den Bildungstieb und das Zeugungsgeschäft*, 1781），原本指生物以生殖、攝食和繁衍為目的生命力，後來則泛指人類精神的創造衝動。

卡魯斯的無意識形上學很接近叔本華的說法。所有觀察都要追溯到「無意識」，正如叔本華追溯到「意志」。可是雖然卡魯斯是個受過專業訓練的醫師，他卻沒有從事過任何實驗。相反地，這個名氣越來越大的學者念念不忘那些無助於充實其理論的東西，並著迷於一個備受爭議的理論，即**梅斯默**（Franz Anton Mesmer, 1734-1815）醫生的「動物磁性說」（der tierische Magnetismus）。❾卡魯斯認為「生物磁性」是一種在意識和無意識之間的「巫術式的」搖擺。這個巫術式的連結會引導鳥類、昆蟲、魚類和旅鼠的遷徙。我們在夢境裡的畫面和感覺，是由什麼東西推動的？在我們明亮如白晝的意識以及闃暗的無意識之間，上演著許多科學一直無法解釋的事件。我們為什麼會在特定的片刻裡想起某個事物？為什麼會有各種想法襲上心頭？

不同於現代心理學，卡魯斯認為無意識並不是原本被我們意識到的東西，而是正好相反。當理性的陽光照亮它時，意識就會從無意識裡冒出來。這個**普遍的**無意識可見於動物的直覺和本能，是源初的心理基礎。雖然它在意識裡時而浮現時而被遺忘，但是在我們心裡卻一直是**相對地**無意識的。我們的動物性本能、我們的意識和相對無意識，都在我們的心靈裡以這種方式發揮作用，根據我們所處的狀態，或醒或睡、頭腦清醒、專注、恍惚、煩亂或是入神，而輪流擔任主要的角色。

我們據此不難理解為什麼卡魯斯認為藝術是「科學的巔峰」。藝術不就是要彰顯那在塵世裡被隱覆的東西嗎？它不正是在內心深處擾動我們，我們的無意識嗎？藝術使我們感動莫名，可是我們卻不知道為什麼，不是嗎？卡魯斯費盡心思要得到孤僻的卡斯帕．大衛．腓特烈的青睞，他對腓特

❾ 梅斯默醫生的一種磁力療法，原本是以磁鐵在患者皮膚上來回移動以緩解疼痛，後來宣稱只要用手指頭就行了，於是他主張「動物磁力說」，認為動物本身就具有磁性。

[98]

烈佩服得五體投地，一心效法他，甚至追隨他的足跡到呂根旅遊。一八二一年，他終於見到了同樣德高望重的、比他年長四十歲的歌德，兩人傾蓋如故，推誠相與。一八二六年，這位詩人中的貴族在賀年信裡盛讚這位自然科學家：「我在觀察自然科學的最新進展時，覺得自己宛如一個在晨曦中朝著東方踽踽獨行的旅人，歡欣鼓舞地凝望著天邊的魚肚白，熱切地期待著那顆大火球的顯露。等到太陽升起，卻不得不轉開頭，無法直視盼望很久的朝暾。我這麼說並沒有言過其實，當我看到卡魯斯先生的作品，看到他如何闡述從最簡單的到最複雜的生命的演變，如何以言語和形象展現那偉大的奧祕。」[45]

卡魯斯於一八三五年出版的《關於風景畫的九封信》（*Neun Briefe über Landschaftsmalerei*）導論裡引述了歌德的一封信；這是一部激勵了許多後期浪漫主義畫家的經典作品。這位薩克森的心理學家名重當時，不只遠遠超越了赫爾巴特，貝內克更是難望其項背。他於一八四六年問世的《心靈：論心理發展史》（*Psyche: Zur Entwicklungsgeschichte der Seele*）一時洛陽紙貴。一八五三年，薩克森國王任命他為首席御醫。他在世的最後七年，更擔任享有盛譽的皇家自然科學院（Kaiserliche Leopoldinisch-Carolinische Akademie der Naturforscher）院長。儘管他晚年大膽主張一種被誤解為民族心理學的種族理論，仍舊是瑕不掩瑜。一八六一年，在達爾文發表演化論兩年之後（他也知道該理論），他出版了一本書：《自然與理念》（*Natur und Idee, oder das Werdende und sein Gesetz*），以一個神性理念去解釋萬物的起源；這真是一部老頑固的作品。

卡魯斯終其一生是唯一一位以生理學為外衣去研究人類心理的哲學家，而德國的心理學大抵上也的確源自哲學。相反地，英國和法國的心理學一般都是從生理學和醫學演變而來。不過，從浪漫主義者卡魯斯那裡還是有一條線延伸到現代。對於無意識的探險代表著深層心理學的開端，它指引了通往佛洛伊德（Sigmund Freud）、榮格（Carl Gustav Jung）和阿德勒（Alfred Adler）的道路。卡魯斯從浪漫主義哲學和醫學夾帶出來的身心一體的說法，更是超越了時代限制而深具現代意義。或許是換湯不換藥，但是它對於現代醫學的挑戰絲毫不遜於當年。

在把心理學和醫學視為整個自然哲學一部分的思想家當中，卡魯斯應該是最後一個代表人物。在十九世紀上半葉，哲學的地基遭到劇烈地侵蝕。正如心理的問題漸漸走出哲學的大廈成為一門獨立的科學，社會的問題亦然。就在心理學成為一門經驗性科學的同時，也誕生了一門關於社會的經驗性科學，也就是**社會學**。但是不同於心理學，它的誕生是由一個具有無與倫比使命感的人一手完成的。

[100]

秩序和進步

- 社會新秩序計畫
- 社會黏著劑
- 由社會主義造就的進步
- 新棲地
- 社會的物理學
- 愛與效益
- 人類宗教

社會新秩序計畫

沒有多少哲學家有辦法讓舉國為之瘋狂。只有一個人有資格為新國家立下座右銘。在兩百多面 [101]
國旗當中，有一面國旗上頭寫著一句哲學家的銘文：「秩序與進步。」（Ordem e Progresso）

當巴西聯邦共和國於一八八九年十一月十五日宣布建立，制定新國家的精神和國旗的人正是一生不甚得志的**孔德**（Auguste Comte, 1798-1857）的門徒。班雅明．康斯坦特（Benjamin
Constant），一位軍校的軍官，是它的催生者。他創立了巴西實證主義學會（Sociedade Positivista [102]
do Brasil, Brazilian Positivist Society），夢想依據一個三十二年前去世的哲學家的理想建立國家。而他也真的乘勢而起。當巴西皇帝佩德羅二世（Pedro II do Brasil, 1825-1891）被廢黜，南美洲最後一個蓄奴的國家被推翻，這個國家終於要走向現代化；科技和工業定義了新國家；軍人取代了貴族。於是，國旗上不僅可以看到一八八九年十一月十五日的里約熱內盧夜空，更能看到一句座右銘：「秩序與進步。」那是摘自孔德的一句話：「以愛為原則，以秩序為基礎，以進步為目標。」（L'amour pour principe et l'ordre pour base; le progrès pour but.）

就連國旗的底色設計也並非偶然。綠色代表希望，是實證主義的象徵顏色，是從伊斯蘭那裡抄襲而來的。巴西人的希望往往落空，更不用說什麼進步和秩序，然而這並不是哲學家的過錯。孔德從來沒有踏上那個國家，而且就實證主義式的人類終極社會而言，他會認為那樣的國家是最後的環節之一，而不是開端。正如馬克思在夢想第一個共產主義國家時，從來沒有想到令人鄙夷的俄羅斯，而是想著英國；而孔德心裡盼望的是法國，不是巴西。然而世界精神既善變，有時又很諷刺。

正如馬克思的紀念碑大多數在俄羅斯境內，大部分的「實證主義神殿」也不在法國，而是在亞馬遜。

一個新的人類世界宗教的創立者，人類永無止境的進步的傳道者，全球精神新秩序的建築師，不是在十九世紀末，而是在世紀之初。孔德出生在被一七九八年大革命撼動根基的秩序裡，一個到處分崩離析、滿溢著希望和對於昨日荒誕夢想的社會裡。自從路易十六在大革命裡被廢黜並且處死以後，法國理所當然再也沒有任何秩序，也沒有任何秩序可以持久。資產階級的「五人執政內閣」的復辟，取代了雅各賓黨執政。在拿破崙的奪權、垮台和再度奪權之後，接著就是波旁王朝的復辟。一八三〇年的七月革命之後，則是路易腓力一世復辟。一八四八年的二月革命，到頭來成了拿破崙三世皇帝的舞台。歷史夾雜著錯誤和困惑不斷前進。新的秩序究竟在哪裡？它真的會帶來進步嗎？

我們是否可以責怪孔德，他相信社會期待的是「一個社會學和倫理學的教授」而不是另一個國王，正如後來一個傳記作者嘲諷的那樣？[46]期待一個不是透過國會，而是透過一所「規模龐大的夜校」推動他的國家前進的人？在孔德出生的那個年代裡，什麼事情都是可能的。法國人做了各式各樣的實驗，而日耳曼人還只是在做夢。這條路為什麼不行：一個龐大的教育事業，讓政治的混亂過渡到「社會物理學」？各種主張都要變成科學，漫無章法的顛簸前進要變成一個「社會改革必需的科學工作計劃」（plan des travaux scientifiques nécessaires pour réorganizer la societé）。這就是時年二十四歲的年輕人在一八二二年對世界提交的計劃標題。

這和德國哲學可以說天差地遠。孔德和剛剛在柏林講完法哲學原理的黑格爾唯一的共同點，只

[103]

在於他們的進步樂觀主義。可是黑格爾認為那是一種世界法則，是人類精神按部就班地意識到自身；然而對於這位工程師而言，那卻是一個「工作」！而他的實施計畫也同樣鉅細靡遺，必須熟諳技術人員、銀行家和工廠老闆的成本效益計算，他們是勢力越來越龐大的社會新階層。推動社會前進的不是高瞻遠矚的人，也不是精神在自我認識當中和自身的搏鬥，而是一步一腳印的行動。井然有序的社會生活、立竿見影的施政、思慮周詳的統治和分配問題，尤其是一個規劃縝密的龐大教育體系，才是不可或缺的東西。

孔德並非如此形隻影單。當時大多數主要的哲學家都是社會理論家。黑格爾想把一個健全社會生活的遊戲規則整合到自己的哲學體系裡，現在這個遊戲規則卻想要脫離哲學或是努力取而代之。就像同時代的心理學一樣，社會學也誕生自哲學並且脫離了它。而社會學也高傲地自詡為真正的哲學：也就是說，它不是思辨的哲學，而是作為「科學」的哲學。

客觀的觀察是社會學的特徵。可是它早期的倡導者卻是相互對立、水火不容：一邊是有教養的貴族階級，另一邊是醉心於進步的工程師。如果沒有高等技職學校，就沒有社會學！新的科學以**解決問題**為導向，那是哲學不曾也不應該處理的。此外，它也和存在主義以及生命哲學完全對立。個人？它完全沒興趣。只有全體社會才是重要的事。人是什麼，他如何認知自身，他該如何行動，那不是它關心的事，它只在意人的**功能**是什麼！曙光初現的機械時代根據它的胃口創造了一種社會的科學。它以一種無條件的信仰和叔本華與齊克果的宿命論對立：對於完全無限制的可行性（Machbarkeit）的信仰。它對心理學的興趣只在於社會心理學的部分，也就是群眾如何被鼓動去行善為惡。在社會工程師冷靜的觀察下，諸如巴黎之類的城市變成了一部複雜的機器。綱領旨在規劃行動，政治學旨在操控，就連像是愛和宗教之類的形上學內容，也只因為它們對於全體功能有所助益才有其地位。在十九世紀初短短的時間裡，怎麼會開展出這個全新的功能論（funktionalistisch）觀點呢？

社會黏著劑

我們不必為了證成一門學科而創造另一門新學科。預想出社會學的那個人雖然野心勃勃，卻沒有想到創造一門新學問。剛好相反。**波納德**（Louis-Gabriel-Ambroise de Bonald, 1754-1840）的一生和思想有個迥然不同的目標：他要讓因為革命而遭到重創的法國恢復舊時的秩序，不過是以新的方式和思考。他出身豪門貴冑，對他而言，人生只有紅與黑、將軍或主教的選擇。他念過天主教寄宿學校，接受炮兵訓練。一七八五年，時年三十歲的他當選位於南歐的家鄉米約的市長。法國大革命爆發一年後，他當上剛設置的阿韋龍省省長，不過沒多久就下台了。他堅決拒絕實行新的教士公民組織法（La Constitution civile du clergé），該法律規定所有教會要隸屬於政府。

波納德搬到海德堡，接著又流亡到波登湖。他是革命的敵人，在那裡鑽研革命的思想先驅的學說，包括**孟德斯鳩**（Charles-Louis de Secondat Montesquieu, 1689-1755）和**盧梭**（Jean-Jacques Rousseau, 1712-1778）。孟德斯鳩主張立法、行政和司法的三權分立，而盧梭則是以個人為其哲學的核心。這位保守的貴族反其道而行，寫了一部三大冊的著作：《政治和宗教權力理論》（*Théorie du pouvoir politique et religieux dans la societé civile*）。

雖然為「君權神授說」辯護了無新意，但是波納德的證成方式卻頗有獨到之處。這個年輕的貴族放棄支持君王的若干權利。以個人為起點，正如它作為大革命裡的人權宣言的基礎，對於波納德而言，這正是病灶之所在。**霍布斯**（Thomas Hobbes, 1588-1679）在十七世紀證成統治者的正當性，認為個人（或小團體裡的個人）的利益必須透過中央集權的方式加以補償。到了十八世紀，盧梭則以個人的種種需求作為其社會契約論的起點。可是對於波納德而言，根本沒有個人這種東西！他認為社會大於其中個人的總和，唯有「龐大的全體」才是他的考察重點，而不是「人」。不是人造就了社會，而是社會造就了人。這句話讓人想到馬克思，只不過說出這句話的是個保皇黨，一個渴望為搖搖欲墜而且褪色秩序找尋新的存在理由的年輕人。

波納德不想當哲學家，至少不是像啟蒙運動者那樣的**現代哲學家**。為什麼只有哲學家才能評斷什麼是美好的社會，那不是既狂妄又荒謬的事嗎？為什麼偏偏是他們？他們不就只是主張一個意見而已嗎？為什麼人們要附和他們荒誕不經的錯誤，把個人視為美好社會的核心？為什麼不是用形塑社會的語言、傳統和宗教？現實裡真正運作的共同生活才是重要的事，而不是紙上談兵吧？「關於社會秩序（相對應的權力理論的對象）的崇論閎議，」深具遠見的波納德寫道：「會是下一個世紀的要務。」[47]

以龐大的全體為起點，使得這個頭腦冷靜的貴族成為孔德之前最重要的社會學先驅。他窮其一生要探討的是社會黏著劑的問題。是什麼東西把一個社會自其深處凝聚在一起？那當然不會是人權。人權會催生出個人主義，但不會是個價值共同體（Wertegemeinschaft）。對於波納德而言，唯有宗教才會形成價值共同體。唯有它才會讓人找到依靠並且團結在一起，雖然只是因為自古皆然罷了。啟蒙運動者和革命者惡名昭彰的「共同意志」（volonté générale）根本就不存在。畢竟每人都只會想到自己，而且每個人意欲的東西也都不一樣。唯有「保存的意志」（volonté conservation）才有助於形成共同體。創造那種足以凝聚一個民族或國家的價值的東西不是權利，而是文化和傳統。同樣地，**赫德**（Johann Gottfried Herder, 1744-1803）也對於康德的啟蒙哲學提出異議。現在世界各國保守主義者的觀點也都如出一轍，雖然他們從來沒有聽過赫德和波納德的名字。

正如波納德心中所想的，一個關於社會的基礎科學並不是像數學那樣從一個原點開始。它必須認識到，語言、歷史和傳統和每個民族、每個秩序都密不可分。當笛卡兒說「我思故我在」（cogito ergo sum）是一切確定性不能迴避的源頭，他其實是在欺騙自己。任何命題都是個語言結構，而笛卡兒從來沒有懷疑其真值。哲學的開端不會有個所謂知識的數學公理，而是只有語言。「每一天，」波納德以令人拍案叫絕的比喻說：「語言都把人的心靈從虛無裡拉出來。」[48]這句話的意蘊相當深遠。如果孤立於語言、傳統和宗教之外，人類的共同生活也就沒有任何意義或真實性可言。「自然的社會」並不是像霍布斯、洛克或盧梭所說的那樣，是我從一個想像的自然狀態或源初狀態推論出來的。它一直都是那樣，至少就一個法國人回顧其民族來說是如此，無論貴族政治或君主專制，都和教會合而為一。對於波納德而言，社會秩序的源遠流長本身就證明了它的價值與其神聖不可侵犯。一個美好的全體因而必須讓國家、社會和宗教緊緊相扣，否則瓦解、分裂和動亂就會接踵而至，正如當時四處可見的。

該作品於一七九六年在康士坦茲出版，可是整批書一運到巴黎就被查封了。翌年，波納德匿名潛回法國，當時正是拿破崙奪權的前夕。身為傳統主義者，這位貴族對那個暴發戶是敬而遠之。他鎮日伏案寫作，又寫了三本書，闡述他在流亡期間的種種觀念。在人們再三敦促之下，波納德才同意到大學任教。一八一五年，拿破崙在滑鐵盧戰役中戰敗，波旁王朝復辟，整個局勢突然間重新洗牌。波納德認為機不可失，他覺得自己有義務揭竿而起，弭平啟蒙運動哲學家釀成的種種禍端。他孜孜不倦地寫下他的答辯、論文和評論，旨在重建一個雖然復辟卻已不再存在的法國。他擔任過議員、國會副議長和政府官員。身為保守派的斥候，他獲選為法蘭西學院（académie française）院士，一八二三年，他擔任上議院議員而位列公卿；自一八二七年起，他便一直擔任審查委員會主席。在此之前，他也讓離婚法以及新聞自由大開倒車。

一八三〇年七月革命爆發，接著由奧爾良公爵路易腓力（Louis-Philippe）登基，波納德的夢終於醒了。他最後一部鉅著《關於社會的構成原理的哲學證明》（*Démonstration philosophique du principe constitutive de la société*）大抵上乏人問津。聲譽卓著卻心灰意冷的他在法國南部的莊園裡渡過餘生。**巴爾札克**（Honoré de Balzac, 1799-1850）在他的不朽名作《人間喜劇》（*La Comédie humaine*）的序言裡提到波納德。小說家巴爾札克覺得這個社會理論家和他心靈相契，他們同樣探索社會的模型及其細微差異，畫在作為一個生命體的人類共同生活的畫布上。巴爾扎克沉默寡言地觀察社會的氛圍、倫理和性格；正如作家在他處所說的，波納德則是以「貴族」的角度解剖它。

這位「貴族」之所以被人淡忘，不是因為時代過去了的關係。在其後若干世代裡，他一直處在另一個人的陰影下，現在人們視其為復辟時期的偉大保守主義者。不過，**邁斯特**（Joseph de Maistre, 1753-1821）曾經寫信給他在思想上的戰友波納德說：「我所想到的，您都寫過了；而我所寫的，您都想到了。」[49]這可不一定。這位薩伏伊的貴族子弟是個五陵少年、詞藻華麗的著名作家，舉手投足優雅而有修養。他的思考和波納德一樣條理清晰，卻更加天馬行空而挑釁。

一七八四年，邁斯特加入共濟會分會；十年後，又擔任薩伏伊的上議院議員。一七九三年，薩伏伊被法軍佔領之後，這位保守派的貴族流亡到洛桑。他和在日耳曼的波納德一樣，在那段時間裡寫了《論法國》（*Considérations sur la France*）。保守派的愛爾蘭人**柏克**（Edmund Burke, 1730-1797）對於法國大革命的批評給了他許多啟發。就像他的偶像一樣，邁斯特也批評法國啟蒙運動哲學家數典忘祖，尤其是盧梭。人並非單獨存在，他們只存在於其社會環境下，人只有在想像裡才能 [110] 脫離它。而統治也不是個人權利的問題，而是關乎倫理、風俗習慣以及人們對於特定主流文化的認同。如果不明白人類共同生活的這些不成文法，那麼所有的哲學評論都只是在胡言亂語而已。

啟蒙運動哲學家倡言自由，而邁斯特卻是要探討威權的問題。讓人們生活幸福的不是自由，而是一個堅不可摧的社會框架，直到二十一世紀，人們在談到對於威權政府的認同時，仍舊會對於這個主張爭論不休。他的第二個命題也是如此：民主只是人的妄想，因為就算所有公民都有投票權，統治國家的也不會是人民，而是金錢。而盧梭所說的理性統治，其實只是情緒和心境的統治。那麼輿論呢？那更是叫囂的無稽之談。如果我們這位吝嗇鬼看到現在的社群網站，應該會感到很欣慰，像美國總統川普這樣的人，也應該會覺得於他心有戚戚焉吧。

就像波納德一樣，邁斯特也認為宗教是最重要的社會黏著劑。於是他大力捍衛教宗的角色，主張教宗應該擁有類似中世紀的權力地位。他認為教廷應該扮演如現在許多人對於聯合國期待的角色：作為最高的道德機構，對於各國的政策擁有否決權；只要歐洲任何人違反了天主教的道德和社會秩序，教宗都應該行使他的權力。在聖彼得堡擔任外交官以及在杜林擔任政府官員期間，邁斯特寫了兩大冊的《論教宗》（*Du Pape*, 1819），以極其荒謬的說法描繪這個想像。他甚至主張恢復宗 [111]

教裁判所，認為「教宗無謬說」應該自屬靈領域延伸到俗世領域。教宗至上論（Ultramontanismus）於是誕生在十九世紀的世界裡，他認為自從啟蒙運動者崛起之後，每個國家都搖搖欲墜而不足以保證一個恆久的社會秩序。因此，最高權威應該是來自「越山的」（ultra montes），在山的另一邊（指阿爾卑斯山），也就是來自梵諦岡。❶

邁斯特的想法有多麼頑固，讀者也可以從他同時期的作品《聖彼得堡之夜》（*Les soirées de Saint-Pétersbourg*）之中感受到。這部兩大冊、十一篇對話的作品為所有的神恩和神意辯護，而那正是啟蒙運動者大肆抨擊的部分。權力、財產和生活環境的不平等？自太初以來就是如此，那都是神的安排。正如動物會相殘相食，人類也不例外。生命只是一場鬥爭和戰役，永無止盡的殺戮（carnage permanent）是神對我們原罪的懲罰。這麼說來，不只是愛，就連戰爭都是神的意旨，這是一部冷酷無情而又宿命論的書，它影響了**斯湯達爾**（Stendhal, Marie-Henri Beyle, 1783-1842）和**托爾斯泰**（Leo Tolsoi, 1828-1910）之類的作家，更形塑了法國元帥**費迪南・福煦**（Ferdinand Foch, 1851-1929）殘忍的世界觀。

由社會主義造就的進步

諸如波納德和邁斯特之流的保守派，並不主張歷史哲學上的樂觀主義，而當時其他人則又樂觀過了頭。一七八九年的大革命不正是揭示了一切都可以改變嗎？除了摧枯拉朽地蹂躪和破壞之外，

❶ 教宗至上論也譯為「越山主義」，「指阿爾卑斯山南，即羅馬，係擁護教宗無上權，反對教區獨立。」（《信理神學辭典》，光啟出版社，1986。）另見：依曼・杜菲（Eamon Duffy），《聖人與罪人》，頁321-324，新新聞，2000。

它不是也相當務實地向世界承諾，人類的歷史就是進步的歷史，其終點會是個開明而理性的社會嗎？一個使**每個**人生活在安全有保障的環境裡的社會？保守主義者們在感時傷懷時，既看不到也不想看到窮人。因為進步而茫然若失的莊園貴族只在意自己的階級，他們只有從這個角度才會感傷逝去的秩序以及風雨飄搖的社會方向。

然而並不是每個人都在哀悼消逝的座標，許多人認為大多數人民猶如大旱之望雲霓，渴望解除困境。進步難道不是利大於弊的事嗎？在這個意義下，**孔多塞**（Marquis de Condorcet, 1743-1794）在革命的尾聲預言著人類光明的未來。他的主張聽起來很像是二十世紀下半葉西歐自由民主國家會說的話。自由貿易、政教分離。所得稅必須採累進稅率，每個人也應該擁有同等的教育機會。思想的進步和社會的進步是一體的。依據對於世界和人類日益增長的知識，它們共同造就一個越來越美好的社會。

[112]

孔多塞的樂觀主義，也就是所謂的**意識形態**（Idéologues），激勵了一整個世代的年輕知識份子，他們的計畫完全跟隨著這位抑鬱不得志的侯爵。他們追求「道德政治的科學」（sciences morales et politiques），一個可以根據人類本性造就一個符合其理想的社會的普遍科學。從前的臆想、恣意、傳統和偶然，現在都史無前例地變成科學。孔德所謂的實證主義和社會學也正是以此為起點：依據對於人類感覺、思想以及社會經濟需求的客觀而澈底的研究，建構一個關於最美好的社會的理論。基於這個主張，紡織品商人和投機商**賽伊**（Jean-Baptiste Say, 1767-1832）投身對經濟的自我理解。不管是關於商品往來的組織或者是企業主和勞工的動機，都必須依據同樣客觀的原理加以探究和操控。自由貿易的重要性，就像讓勞工熱愛他們的工作、德行和國家一樣。如果我們澈底

[113]

研究了人的感覺和行為，那麼不管是人類的福祉、價值或社會黏著劑，都可以生產出來。

可是人類的心理學和社會學的這種「客觀」研究，卻動搖了啟蒙運動的一個根本價值，就是自由。這就是「意識形態者」的「盲點」。如果我澈底地探究人類的心理學，人類因而變得可以被預言和駕馭，那麼就意味著聰明的主事者可以**操控一切**。二十世紀的行為主義（Behaviorism）、控制論（Cybernetics）、行為經濟學及其「推力」（nudging，透過誘因的「推撞」以產生所意欲的行為）都是源自於此。在二十世紀，伴隨著可操弄的社交網路和虛擬操控，行為主義者和啟蒙運動者的世界觀戰爭越演越烈，至今看不出來會怎麼收尾。

當**聖西門**（Henri de Saint-Simon, 1760-1825）公爵於一八一六年在賽伊的沙龍開辦期刊《實業》（*L'Industrie*）時，他當然不會知道這些事，也沒什麼好擔心的。這個期刊名字並不是指現代意義下的工業生產。相反地，他是在闡述一個計劃。「實業」是指開物成務，以生產的手段使大自然為社會所用。聖西門並不區分有資產階級和無產階級、統治階級和被統治階級。他的區分是對於生產和進步有裨益的人，例如農夫、工匠、工廠工人、企業主和商人，以及不事生產的人。第二類包括貴族、掮客、放債取利的人以及乞丐，他們都是「游手好閒的人」。他的學生**巴扎爾**（Saint-Amand Bazard, 1791-1832）主張澈底廢除繼承權，因為它違反了功績原則，而聖西門對於繼承權至少有所存疑。至於在波納德和邁斯特眼裡相當重要的婚姻、階級和傳統等概念，則是被他全盤否定。企業主和銀行家比司鐸、政客和地主重要得多，這個另闢蹊徑的價值觀肇始自**湯瑪斯·摩爾**（Thomas More, 1478-1535）和**培根**（Francis Bacon, 1561-1626），至今仍然被自由主義者奉為圭臬。

聖西門出身繁華落盡的古老世家貴族，堅決反對他自身的階級，甚至反對公共知識份子的頭銜。他年輕時就投身華盛頓麾下加入美國獨立運動，並在法國的革命裡多次身先士卒，更不用說主動放棄所有封建和教牧方面的特權。然而儘管如此，他還是險些喪命於斷頭台，因而心灰意冷地退出政壇。真正的進步不在那裡上演，而是在孔多塞所歌頌的科學之中。聖西門的許多作品都一再讚揚科學的成就。科技使人完美，正如現在矽谷的科學先知們所看到的。而聖西門在談到科學時，他夢想的是一個統一的學問，它可以有系統地匯聚所有個別科學，以相同的規則和原理加以規範。

這樣的普遍科學會是什麼樣貌呢？聖西門認為它必須是澈頭澈尾的唯物論，捨棄任何思辨以及任何精神性的元素。正如他祖父輩的艾爾維修和霍爾巴赫，這位公爵也夢想著一個統一的體系。這個體系以嚴謹的科學方法，一步一腳印地從萬有引力推進到唯一合乎邏輯而理想的社會。他也是特哈席口中所謂的「意識型態者」當中最有影響的人。聖西門夢想中的議會不是由政客所構成，而是由一群專家負責，區分為由想像力豐富的工程師組成的「發明院」（chambre d'invention）、由負責檢驗的科學家組成的「審查院」（chambre d'examen），以及由企業家、工廠主人以及政府官員組成的「執行院」（chambre d'exécution）。政治不是用以支配人類，而是為了所有人的福祉而管理各種事務，至少是為了所有從事生產的人們。

聖西門在兩個觀點上甚至比現在許多科學的使徒更加激進。第一個觀點是：進步並不是一條筆直上升的線！這種事我們的公爵見多了。他見證了舊政權（ancien régime）的覆滅、革命的勝利和挫敗，在拿破崙身上又上演同一齣戲碼。進步是歷經危機和鬥爭的荊棘路。第二個觀點是：科技的日新月異不容許社會原地踏步。科學的革命會迫使社會改變想法，甚至產生變革。然而聖西門也不

[115]

諱言法國新興的紡織業使得勞動力蒙上陰影。「實業」的勞動力並沒有隨著進步的步調跟著獲益，而是有贏家和輸家。於是公爵於一八二一年在他的作品《論實業體系》（*Du système industriel*）裡附了一封公開信「致勞工們」。而他也計劃撰寫兩部關於無產階級的貧困的未出版作品。

他的思想轉折和自由主義再也不同調。公爵寫道，期望人類真正的進步可以造福所有人的人，就必須終止「人對人的剝削」。這位激進的自由主義哲學家變成了社會主義哲學家，那是個順理成章的過渡，對於聖西門而言絲毫沒有一點矛盾。他的想法完全合乎邏輯：唯有一個真正的功績社會才可以賦予每個人同樣的機會。然而那預設了每個人在社會裡的物質權益都得到保障，尤其是受教育的機會。所以說，自由主義的社會應該也是社會主義的社會，否則它就會揚棄功績原則，使得被排除者陷於困境。而公爵每天都看到這個悲慘世界在其所在的巴黎及其城郊上演著。

聖西門並沒有使用「社會主義」這個術語，這個詞在他死後不久才在英國出現。可是在公爵晚期的作品裡可以看到它的所有重要成份：國家的任務旨在監督和規劃實業生產，社會不存在階級，最貧窮的人也可以分享經濟的種種成就。他生前的最後一部作品《新基督教》（*Le Nouveau Christianisme*, 1825）卻還是回頭訴諸宗教以促進社會情感和社會凝聚力，但是他覺得無傷大雅。「人對人不斷地剝削」終究會中止，而「人類的黃金年代不在過去，而是在未來，在於社會的成就圓滿。我們的祖先無緣得見，我們的孩子有一天會見證它。我們的義務是要替他們開闢道路。」[50]

[116]

新棲地

聖西門是社會主義者，但不是共產主義者。在他看來，私有財產分配的極端不均並不是什麼大問題，只要那是他是工作掙來的而不是繼承得到的。可是他當時的共產主義觀念和社會主義一樣甚 [117] 囂塵上。早在啟蒙運動時期，就有一部匿名的作品引人側目，人們起初以為是出自狄德羅之手，後來才知道是法國南部一個叫**摩萊里**（Étienne-Gabriel Morelly, 1717-1778）的人寫的：《自然法典》（*Code de la nature, ou le véretable esprit de ses lois, de tout temps négligé ou méconnu*）。該作品於一七五五年問世，描繪一個烏托邦，所有人在其中的作為都是為了公益。反過來說，國家的任務是為人民謀福利。除了生活和工作所需的東西之外，不准擁有私有財產。讀到這裡，該作品似乎了無新意，因為當時博學多聞的湯瑪斯．摩爾在其《烏托邦》（*Utopia*）裡就提過這些規定。他自出機杼的地方在於主張重點不只是財產的正當分配，任何人更不應該為了賺別人的錢而生產或採購，連貨物交易都要廢除，因為每個人都可以在公共事務裡獲得他的生活所需。

是什麼讓摩萊里產生這種想法？很可能是當時許多關於印加帝國（現在的祕魯）的著作，人們認為那是一個依據階級劃分的共產主義。這個法國人也是如此提出一個「合乎自然的」秩序：一個白蟻群落，其中每一隻白蟻都有其固定而不可動搖的地位。城市的建築形式齊一，到處都一樣，服裝也只有平日和節日期間兩種款式，而好吃懶做被視為罪大惡極的事。當時的拉美特里把人類形容為機器，而摩萊里則認為國家是一部社會機器。任何對於運轉的干擾都要接受權力機器的嚴懲，個體性在完美的系統裡沒有任何地位可言。

摩萊里的書多次再版。對於在他之後的社會烏托邦主義者而言，那既是個願景也是個警惕。這 [118] 樣的社會秩序真的有可能嗎？一個沒有殘忍競爭、以人們生計為目標的經濟？如果真是如此，依據摩萊里這麼嚴格的計畫，它如何避免淪為一個極權主義的體制國家（Ordnungsstaat）❷？

在十九世紀初期繼續探討這個問題，成了**傅立葉**（Charles Fourier, 1772-1837）的嗜好。他出身法國布商家庭，和聖西門的命運很類似。兩個人的家境都很優渥，卻都在人民引頸鵠望的革命當中散盡家產。公爵找到贊助人支持他的生計，而傅立葉則必須不斷找工作糊口。他受雇擔任掮客和外務員。一八〇三年，他第一次從事寫作，以「普遍的和諧」（Harmonie universelle）為題替報紙撰寫專欄。他在文中以自己在工作中經歷到的人際和社會關係的困境，拿來和理想的關係作對照。革命理想的自由、平等和博愛，而今安在？這個問題只能在科學裡找到答案。孔多塞夢想著一個「社會數學」，而傅立葉也想要計算出社會的、甚至性愛的關係，然後把它們調整到最佳狀態。

五年之後，他把這個試驗寫成了書，也就是《四種運動理論》（*Théorie des quatre mouvements*）。就像聖西門一樣，他也對萬有引力理論相當著迷，進而把它引伸為人類共同生活的吸引力。正如天體會相吸相斥，人類也是如此。宇宙是由大自然依據一種普遍的和諧來維繫，而在地球上，暴力和壓迫卻破壞了這個理想的平衡。只要充斥著宰制和奴役的地方，人類就牴觸了自然法則；無怪乎任何宰制都會使人的心靈墮落，使社會陷入困境。

當每個人可以沒有壓力地盡情發揮他的激情，社會就會和諧一致——這就是傅立葉的物理心理學的核心！那也是和理性主義哲學與所有傳統教育、社會理論分庭抗禮的信條。當時的赫爾巴特認為人必須接受教育和教養，才能克制憤怒、抑制嗜慾，成為一個「應然」的人。相反地，傅立葉是

❷ 指國家的任務基本上限於內部和外部秩序的鞏固以及司法保障，而不介入經濟和社會領域。

個快樂主義者。在社會和教育問題方面，他遠遠超越了仍舊受到基督新教影響的盧梭。在眾多啟蒙運動哲學家當中，他頂多覺得只有和拉美特里志同道合而已。可是這位惡名昭彰的諷刺作家和快感原則（Lustprinzip）的捍衛者，卻不想闡述什麼國家理論，或許他覺得那是無法思考的問題；相反地，傅立葉想要在這個基奠上建立一個社會。

可是那應該是怎麼樣的一個社會？傅立葉認為，至今所謂的文明顯然沒有做到兩件事。它要求人們適應種種現有的不義社會制度，而不是依據所有人的激情和需求去調整自身。而且儘管蒸汽機以及工業革命的興起，它卻無法根據所有人的福祉去建構它的經濟。產量不斷增加，但是大多數人仍舊陷於貧困，甚至雪上加霜。文明國家「為了他們的進步沾沾自喜，卻只是使得貧窮和腐敗每況愈下。」[51]從「曠野」、「家父長統治」、「野蠻」到「文明」的歷史過程，對於大多數人而言，並沒有改善他們的生活環境，只是換湯不換藥地不斷造成各種苦難。男人對於女人的壓迫不就是最好的寫照嗎？如果我們要臧否一個社會的好壞，只要看看它怎麼對待女人就行了。「社會的進步以及轉型成功與否，取決於婦女解放的進步。」[52]而從女性的喪失自由，我們也可以看出一個社會秩序的沉淪。

一個只為了有錢人而生產、以中產階級的婚姻壓迫女性的社會，傅立葉的理想模式和它正好相反。他診斷出十二種激情，而它們又可以組合成八百一十種不同的性格。再考慮到結構上略有不同的女性心理，就會得到一千八百種可能的性格構成方式。傅立葉相信這是人類繁榮地共同生活的理想數字。人類有一千六百種到一千八百種不同的氣質，在類似自然律的情況下，也就會有數目對應的激情。如此一來，我們只要建立一個「法倫斯泰爾」（phalanstère）就行了：一個由「隱修院」

（montastère）的觀念和「封閉的部隊」（phalange）拼湊起來的集合住宅❸。它是一種理想的生活社區，應該由志同道合的人組成。傅立葉當然不是指像摩萊里所說的那種平等主義的共產制度。他認為所有人財產平等是不切實際的，私有財產並不是問題。他的理想是「分級的財產」；相反地，平均主義是「單調無聊的道德」。

傅立葉的「法倫斯泰爾」的重點不是要捨棄什麼，而是「和睦以及盈溢」[53]。競爭是人的天性，他們自然也會貪婪，有時候也會貪得無厭。因為一切都合乎自然，也都是天生的激情，所以無法避免。可是我們可以使它更有建設性，而不像法國早期資本主義社會那樣，每個人不是單槍匹馬就是以家族企業的方式做生意。在這種情況下，產品的競爭會導致顯而易見的不滿、破產，尤其是會降低工資。每個人都只會生產對他而言有利可圖的東西，卻沒有人會為了窮人著想。商人和掮客這些「狼狽為奸的海盜和一群騙子」[54]更是變本加厲，囤積居奇以投機牟利，造成大眾的損失。傅立業期望工業化促成的生產力大躍進，到頭來只是讓少數人得到好處。由此他不得不推論說：社會秩序必須跟得上因為新生產流程而到來的時代。

那就是全體人類的福祉！可是要怎麼樣才做得到？傅立葉說，必須透過人道主義的生活和生產的方式。正如牛頓為物理學灌注了新的靈魂，這個來自貝桑松的外務員也依據社會物理學（Sozialphysik）為他的理解注入源頭活水。所有激情的能量必須加以疏導才能造福所有人。於是，在「法倫斯泰爾」裡，每個人都可以做自己想做的工作。這在十九世紀初是個異想天開而大膽的主

❸「phalange」音譯為法郎吉，是傅立葉自創的一種社會組織，該詞原義為古希臘步兵方陣、部隊；後轉義為內部團結一致的團體或群落。

張。工作是一種自我實現，是激情的盡情發揮，和性愛沒什麼兩樣。每個人的心裡都藏著創造和形塑的衝動。「法倫斯泰爾」包含了所有的生產形式：農耕、手工藝和工廠。正如以前的人類是採集者、牧人、獵人和漁夫，現在則是農夫、工匠和任何想像得到的類型的工廠工人。由於沒有人會被迫從事特定的工作，愛做什麼就做什麼，所以他不會「討厭」自己的職業，而是樂在其中。而由於所有人都開心且順性自然地工作、投入他們的資本、施展他們的天賦，因此生產力也會跟著提高。依據人的天性去決定自己的工作以及現代工業社會的挑戰，這兩者因而得以調和。工業的進步在不變的條件下重拾過去的美德，並且消滅了饑荒、貧窮和不愉快的工作。

當然不會一直都這麼和諧一致。傅立葉以使者自許，而不是個空想家。意見分歧和衝突其實也是好事，只要是為了全體著想的話。就像自由戀愛一樣，並不是只要和諧相處就好。傅立葉提議的一切都比當時中產階級的婚姻好上千百倍。人們不必讓他們的渴望在婚姻裡「被肢解」，而應該盡情享受魚水之歡，只要另一方同意的話。就像在工作場域裡一樣，女人和男人在愛情裡也是平等的。自由的人不只是從事自由的工作，他在愛情裡也是自由的。傅立葉的「女性主義」這個語詞是沿襲自英國人戈德溫，但是概念卻是他自創的。而且他也遠遠超越了當時幾乎所有的法國人。他認為女性在思想上的能力和男性旗鼓相當，即便是在傳統上以男人為主的科學和藝術領域裡亦不遑多讓。而孩子的教育也不是女性的專長，而是整個社群的任務。

傅立葉的自由戀愛理想使得他成為以萊納・朗漢斯（Rainer Langhans）為中心的「一號公社」（Kommune I）的偶像。可是這位哲學家所說的自由戀愛，並不是說它不應該「以文明而有教養的方式」進行。一個人可以也應該和同一個人做愛兩次，而且是有個明確的功能：為了生出優秀的孩

[122]

子而嚴選的「生父」，或者是「固定性伴侶」。婚姻也是可能的選項，雖然是只對於下半輩子才有意義。因為除了預防老來貧病惸獨之外，一夫一妻有什麼好處可言？所有這些歸類——對於女性而言是「妻子」、「大家閨秀」或「風塵女子」——都有助於彼此評斷對方的意圖和人生階段。而它們也可以有選擇性地成為法律上的類別。「生父」對其孩子有監護權，而「固定性伴侶」則沒有。

傅立葉考慮並且規定了所有細節。他更是歐洲第一位全盤思考該如何保護環境的哲學家，而不是任由工業濫伐森林、污染水源、使氣候惡化、在食物裡添加化學物質。迫在眉睫的生態崩壞是過度膨脹經濟的一個警訊——他在一八〇八年就提到這點了！就連「法倫斯泰爾」裡的共同生活，不經過掮客的商品交易，他都鉅細靡遺地加以規範。傅立葉預測，到頭來所有的人類和民族都會被他的理念說服。戰爭會被消弭，地球會被「一體化地治理」。社會秩序的終極目標是建立一個世界公社！

問題是，必須有個人揭竿而起。一個模範的「法倫斯泰爾」必須有第一個投資人作為一切的開端，可是卻一個人都沒有，沒有人發現傅立葉的「發現」。普遍的冷漠使他相當驚訝，這個反應不在他的計劃之內。畢竟時機應該成熟了，不只是對於「法倫斯泰爾」，更是包括了一個新的世界時代。他替人類把一條路畫在一張折疊地圖上，一條以創世為起點、經歷了誤入歧途的理性的種種錯誤和困惑、邁向未來的一個和諧世界的道路。就像當時的地質學家和生物學家繪製的掛圖，傅立葉也描繪了地球各個時期的更迭順序，只不過自然的各種力量不再是物理的，而是社會性的。它們相愛也相互仇恨，也互相聯繫。神亦是如此「狂熱地」構想和編程它，大概在八萬年前就以四百五十年的時間創造了世界。祂當然不會僅用六天的時間就創造世界，因為凡是熱愛自己的作品是不會趕

[123]

時間的！

儘管傅立葉找到了上帝設計的、被人們忽視的社會羅盤，但是人們卻不想知道它！一八一五年，心灰意冷的烏托邦主義者搬到勃艮第的塔利西厄，他在屋子裡養花弄草。他在那裡花了四年的時間慮周藻密地整理他的思想，寫成了八大冊的《大論》（*Grand traité*）。在書中尤其細述了其經濟學理念，並且訂定了無數的規範。雖然他在早期作品裡把形形色色浮誇不實的祕教說法放進他的激情理論裡，也就是一種關於自戀的行星的神祕主義宇宙論。但是傅立葉後來不再主張地球的逐漸暖化是要使掠食性動物變成有益的非掠食性動物；再也不預測未來的人類身高達七呎，而且壽命達一百四十四歲；也絕口不再提什麼地球上有七百三十萬個天才的年代。相反地，他描繪了「法倫斯泰爾」的所有細節，彷彿它早就存在似的，而他現在只要處理任何想得到的問題就行了。傅立葉甚至設計了許多房屋和平面圖，一個以凡爾賽宮為範本的巴洛克華麗風格的「法倫斯泰爾」。其實他在現實生活裡連把他的《大論》付印的錢都沒有。這個身處窮鄉僻壤的人類使者是個默默無聞的傢伙，而他的救世烏托邦也只是個用以自娛的構想。為了生計，他不得不到處從事任何想像得到的可憎工作以糊口，例如催收員和出納員。由於厭惡自己的工作，他也把猶太人變成他鄙夷的投射對象，將滿腔怨懟都發洩到他們身上。 [124]

直到一八二二年，他才籌到錢，以相當寒酸的形式出版他的鉅著，也就是十二冊的《論家庭農業協會》（*Traité de l'association domestique agricole*）。不久後又出版了兩冊的《普世統一理論》（*Théorie de l'unité universelle*）。這兩部作品加起來差不多三千頁，透露了傅立葉以另一個社會的建築師自詡的雄心壯志。可是無師自通的他並不是個好作家。沒完沒了的前言和導論，加上附錄和 [125]

補述，反映了一種罕見的理論封閉性。從天體物理學到「法倫斯泰爾」的綱要，並沒有一條筆直的邏輯道路。

傅立葉更為人所知一點的是批評家的身分。他總是把當時工業化的法國的經濟現況當作負面的例證以及歧路亡羊。在《錯誤的工業》（*La fausse industrie*, 1835/1836）裡，他主張以英國人湯瑪士．史賓斯（Thomas Spence）為範本，規定一個無條件的基本工資。在現代文明裡，人們不能憑著採集漁獵謀生，因此社會必須保障每個人的生計所需。對於傅立葉而言，這個想法不證自明。如果說工業生產奪走了人們原本可以自由支配的土地和資源，那麼它就有義務以基本工資保障其生計，作為它掠奪的補償。

我們這位批評家和烏托邦主義者到了晚年終於有了一個知音。一八三二年，一個投資人真的在杭布葉附近一塊五百畝的空地上興建了第一個「法倫斯泰爾」，而我們的大師卻不得與聞，並為此感到憤怒不已。他對以羅伯．歐文（Robert Owen）為代表的英國競爭者也心存疑慮，認為歐文夢想的共產主義勞動公社陳義過高，必須從長計議。一八三七年十月，人們發現這位七十五歲的老人在他位於巴黎的公寓裡過世，那是他理想中的最後一個溫室，裡頭有綠意盎然的植物和飛來飛去的鸚鵡。

傅立葉生前默默無聞，最多只是被視為一個空想家，死後不久卻聲名大譟，短短幾年之間，他的名字被法國左派陣營掛在嘴上。就連文學家斯湯達爾、巴爾札克和聖伯夫（Charles-Augustin Sainte-Beuve, 1804-1869）也都受到他的啟發。馬克思在巴黎遇過他，恩格斯則讚美他的「天才世界觀」。[55]在美國，人們以傅立葉的藍圖建造了兩個「法倫斯泰爾」，在麻州的布魯克農場（Brook

Farm），以及紐澤西州雷德班克的北美法倫吉（North American Phalanx）。彌爾也意外邂逅了這位法國人對於基本工資的想法，七折八扣以後採用了這個觀念。而「人民合作社」的想法也在十九世紀中葉的法國流行起來，一般認為可以替代傳統的資本主義生產模式。傅立葉的忠實追隨者，來自瑞士的**畢克里**（Karl Bürkli, 1823-1901）在一八五一年成立蘇黎世消費合作社（Konsumverein Zürich）以平抑物價，杜絕中間商的暴利——這是一個永續發展的成功故事。畢克里也於一八五五年在德州建造一個「法倫斯泰爾」，卻沒有那麼成功。**烏托邦**計劃終究告吹，社會主義的烏托邦在一個以蓄奴為其經濟模式的國家裡難以盛行。建立整合的公社，讓人民住在一起，共同工作，共同照顧孩子和老人——這個觀念在二十世紀孕育出許多社會主義的替代方案，直到二十一世紀，仍舊不失其魅力。

社會的物理學

傅立葉在勃艮第撰寫他的《大論》時，年僅十七歲的孔德正在巴黎綜合理工學院（l'École polytechnique）讀書。當時拿破崙的百日政權垮台，開始了復辟時期。這個來自蒙貝利耶的年輕人被認為是個神童、數學天才，並就讀這所建校於一七九四年的科技大學，他是要在這裡接受訓練的新生，認為自己是未來的創造者。這些年輕的工程師不再把該校的競爭者，也就是巴黎高等師範學院（l'École normale supérieure）的文科生放在眼裡。從現在起，社會進步的責任由科技的夢想家們一肩扛起——這是一種永遠不死的信仰或傲慢。

可是孔德在綜合理工學院的日子並不長。他的個性衝動又自以為是，讓他得到了暫時的教訓。

這所崇尚進步的菁英學校沒多久就被路易十八下令關閉，學生也沒辦法復學。儘管如此，一八一六年夏天在家鄉蒙貝利耶，他的醫學基本知識還是派上了用場。一年後，孔德回到巴黎擔任課輔老師，並在那裡結識了年近古稀的聖西門。公爵不再是默默無聞的人了。他和許多學生一起構想若干大作品，根據他的「實業系統」撰寫了《實業家問答》（*Catechisme des industriels*, 1823/24）和《論社會組織》（*De l'organisation sociale*, 1824）。擔任聖西門的私人祕書的孔德參與了整個計畫。可是在成果豐碩的七年之後，他們的合作結束了。聖西門面無慚色地把他祕書的概述「科學工作的大膽計畫」，以自己的名義收錄在他的《實業家問答》裡。對於孔德而言，那是兩人決裂的開端。他很早就不認為自己只是個助手和祕書。他要著手撰寫自己的計畫，並且等待機會付諸實現。

一開始是冷靜的診斷。一七八九年的革命不可挽回地摧毀了舊有的關係，也解開了進步精神的枷鎖。可是革命也打破了若干世紀以來奏刀騞然的秩序，卻沒有以任何新秩序取代它。自由、主權在民以及權力分立，啟蒙運動者和革命者的這些理想作為對抗貴族和教會的鬥爭口號相當振奮人心，可是它們並沒有從口號式的戰爭機器變成生產機器，它們只會破壞而沒辦法建設。孔德從波納德和邁斯特那裡看到對於啟蒙運動的批評，因為它們沒有創造出新的社會黏著劑。個人的自由甚或人民的主權並沒辦法為所有人創造任何可觀的福祉；相反地，現在每個人只知道要自私自利。原本人民應該有個共同意志才對，現在卻是暴民充斥。就連孟德斯鳩的權力分立，孔德也附和波納德的主張而對它頗多微詞。真正的權力分立應該是指**屬靈國度**和**現實國度**之間的劃分畛域。然而中世紀和封建時代的成功模式，一個結合兩者的宗教意識型態，一邊是基督教，另一邊則是俗世的統治者以及他們的國家利益，現在卻沒辦法如法炮製。在這點上，孔德和傳統保守派的意見分歧。人類歷史沒辦法說回頭就回頭。當童話故事被戳破，基督教就被除魅了。無論未來還會有什麼宗教力量出現，那也不再會是天主教教會了。秩序和進步：這正是現在亟待重建的，而且是由孔德來進行！

對於孔德的計劃而言，他其實需要一個籌備處以及由白領和藍領階級組成的班底。可是他眼下什麼也沒有。重新開辦的理工學院拒絕他的教職申請。由於生活拮据，這個二十七歲的年輕人轉而在他位於巴黎蒙馬特市郊路的小公寓裡開設講座。一八二六年春天，他和妻子卡洛琳・梅桑（Caroline Massin，以前是個性工作者）在公寓裡接待前來聽課的人，其中包括著名的自然科學家洪堡。可是才講了三次就戛然而止。孔德精神崩潰了。他在剛成立不久的精神療養院裡住了半年，院方在這個躁鬱症病患「沒有痊癒」的情況下讓他出院。一八二七年四月，身心絕望的他跳到塞納河裡自盡，不過被人救了起來。他說唯有澈底地「清洗大腦」（他自己的說法），他才能理智清醒。

一八二九年，孔德在他位於聖雅各路的新公寓裡重新開課。在那期間，理工學院也聘請他擔任新生入學的主考官。對他而言，復辟的結束、一八三〇年的七月革命以及平民國王（le roi citoyen）❹，都只是背景音樂而已。他的野心是要成就一部永遠改變人類歷史的作品。孔德的雄心壯志絲毫不遜於傅立葉。從一八三〇年到一八四二年，他的六大冊《實證哲學教程》（*Cours de philosophie positive*）陸續出版，對於科學的信仰以及相信客觀知識可以改善人類的共同生活，促使他埋首寫作該部作品。這位私塾老師首先分析自己的時代。他顯然活在一個擁有兩種速度的年代。

❹ 指法國國王路易腓力一世（Louis-Philippe Ier）。

自然科學疾速前進，經濟技術日新月異，可是精神世界卻瞠乎其後。政黨、憲法、法官的世界完全不見科學的身影，一切都只是「廢話」。這也難怪，因為缺少了一個關於人類生活和共同生活的真正的科學。孔德自詡為第一個創造並且證明該門科學的燈塔。他起初稱之為「社會物理學」（physique sociale），可是在《實證哲學教程》第四冊裡，這個孩子有了個新名字：社會學。

這門新科學應該要取代至今所有「不科學的」哲學。孔德的這個觀點是沿襲自聖西門和特哈席的計劃。為此，人們必須澈底重整至今的知識和現存的科學。我們馬上就遇到孔德所謂的「百科全書法則」。隨著人類的歷史，知識的發展也是從抽象到具體、從簡單到複雜。數學是所有科學的開端，接著是天文學、物理、化學和生物學，一直到所有科學當中最具體且最複雜的：社會學。哲學因為欠缺科學性而不在其列。如果孔德讀過叔本華或齊克果的作品（幾乎所有法國人都沒讀過），應該會譏笑他的觀念是主觀的妄想。心理學也是如此。在這個方面，他的看法迥異於卡巴尼斯、德比洪和特哈席，他們都想以對人類心理的精確研究為基礎去打造未來的社會。孔德認為傾聽自己的內心以得出科學的推論並不是科學，而是一種騙術。對他而言，心理學是「神學的最後一次蛻變」。而邏輯也被他剔除了。它和人的常識有什麼差別嗎？

人類的思想是否可以恰當地把握客觀的世界，或者說究竟有沒有這種客觀世界的存在，孔德認為那根本不成問題。就此而論，這個把哲學現代化的大師根本就是反哲學。一直到二十一世紀，無數自然科學家都是他的信徒。對孔德而言，科學不容質疑。科學的漁網撈不到的根本不是魚，也就是說，那都是無用的東西。只要人們適當理解人類社會的整體構造，那麼任何社會衝突也都可以透過科學解決。

愛與效益

對於孔德而言，社會學源自於生物學。這並非偶然。十九世紀最初的三十年當中，著名的巴黎自然博物館培養了許多自一八〇〇年以來所謂的「生物學家」。以前的博物學現在成了一門「生命科學」，它嚴謹並且有一定的方法，和諸如卡魯斯之類的心理學家倡議的自然哲學形成強烈的對比。法國的學術明星如**拉馬克**（Jean-Baptiste de Lamarck, 1744-1829）、**聖夷雷**（Étienne Geoffroy Saint-Hilaire, 1772-1844），尤其是**居維葉**（Georges Cuvier, 1769-1832），他們都主張自己的作品是「科學」。那些作品象徵著科學的進步，被人們大量閱讀，並且啟發了其他學科的代表人物。巴爾札克以文學解剖社會的整體構造，就是把居維葉當作模範。

就像生物學一樣，孔德的社會學也有兩個向度，時間和空間的向度。居維葉對世界證明，每個動物物種的構造都是不同的「建築平面圖」。生物器官在適當的空間裡完美地互相配合，使生物的「功能正常」。所以說，在孔德眼裡，物理學的科學性就被導入生物學當中。至於時間的向度則是表現在演化裡。它的科學性仍然有待商榷，因為自然博物館的三巨頭意見分歧。拉馬克和聖夷雷相信的是「演變」（transmutation），也就是動物物種經歷數百萬年的漸進式改造。居維葉卻不以為然，他認為我們只能證明地球的多次災難造成無數物種滅絕，而誕生了新的物種。孔德和當時主流意見一樣，支持居維葉的說法。物種的界限不容跨越。但是這並不意味著我們這位自學者沒有從居維葉的對手那裡擷取什麼東西。他完全同意拉馬克所說的，環境會影響生物，並且促成進步。對於拉馬克而言，自然歷史是從簡單到複雜不斷拾級而上的歷程。例如雙殼綱（Bivalvia，蛤類）的簡單

[131]

生物會不斷誕生更複雜的雙殼綱生物。照這麼說，最古老的物種也會是最完美的，因為它保留了最久遠的軌跡，比如說猿猴和人類。

孔德根據這個（現在已知有誤的）模型，構想出他的「三階段法則」。正如每個物種都會隨著時間漸趨完善，人類的演化也會不斷向上提升，不管是個人或是整個社會。每個孩子一開始都是以巫術的方式去認知他的世界，接著會對於自己不明白的事物追根究柢，找到一個最後的原因，例如神，並且相信諸如正義或真理之類的原則。直到他完全成熟了，就會明白這類的形上學東西並不存在，而是只有事實和相互作用的關係。全體人類亦復如是。他們會從早期的**神學階段**清醒過來，進入找尋「第一因」和「究竟目的」的**形上學階段**。到了第三個階段，人會揮別那些東西，頭腦清醒地觀察各種現象，並且找到它們之間的關係。這個第三階段就是**實證主義**，一個意識狀態，不相信任何鬼扯淡，而是只相信事實。並且相信在啟蒙運動的一切必要的、卻是「否定性的」破壞之後，世界終究會復原。

[132]

為了建立社會學，孔德認為他必須宣揚這個關於社會的生物學新觀點。社會學是屋頂，而整棟房子以物理學為地基，以化學為地下室，樓上則是生物學。可是他必須費力解釋為什麼啟蒙運動者眼裡的人類歷史沒有一直向上演化。就連樂觀的孔多塞也認為，相較於熱愛自由的古代人，中世紀和封建時代是在開倒車。基於若干考量（令人訝異的是，它們很接近黑格爾的說法，雖然孔德不認識他），孔德修正了這個看法。這位思想的工程師真心讚美基督教封建時代秩序的強大穩定性。保存了一千年的東西，不會只是黑暗低劣的。就社會技術層面來看，屬靈和屬血肉的力量的二元性是個巨大的成功模式，因而也是一種進步。基督教或許是形上學的鬼扯淡，但是對於社會而言，它仍

[133]

然是人類的一個成就。就此而論，它完全符合進步的模式。

但是難道人類的歷史都不會遭遇到暫時的倒退嗎？自從一七八九年法國大革命以後的時代動盪，不正是最清楚的寫照嗎？孔德以辯證的方式反駁了這個質疑。不管是蓄奴者、國王、教會，他們對於歷史的推動都有各自的貢獻，儘管是因為推翻了他們的秩序才使得人類提升到另一個新的階段。黑格爾所謂的辯證法以及聽任「理性的狡慧」（List der Vernunft）擺布的東西，對於孔德而言，卻是透過嘗試和錯誤的必然的「物種演化」。

可是把社會學比擬作人類的生物學畢竟有其限制。究竟是什麼力量或能量促使智人這個物種努力實現整個族群的普遍和諧？我們知道其他動物並不會追求他者的福祉或是世界和平。可是孔德對於這點也有他的出路。孔德在《實證哲學教程》第五冊裡指出，「愛」就是我們在找尋的那個自然力量。科學的進步和技術不足以創造一個正義的世界秩序。如果沒有博愛，就什麼也不是。因此，就像以前的天主教一樣，我們需要心靈的力量，才能把博愛的觀念以及道德灌注到社會裡。唯有愛和道德才能夠克制私欲。如果人類的整個有機體都依據居維葉的建築平面圖在運作的話，那麼它應該會「打造一個龐大而且永久的社會整體，透過一種內心的、而且無所不包的凝聚力，不斷把形形色色的個人和民族的器官連接起來。」[56]而且唯有這個凝聚力達到一個社會的層次，才可以在一個新的宗教裡把愛和道德結合起來。唯有在情緒以及道德方面和自己和平相處的人，才能推動整個物種大步前進。沒有社會成員的內在秩序，就不會有外在秩序。因此，在眾善當中，**社會情感**（sentiment social）是其核心。

孔德的《實證哲學教程》最後一冊出版於一八四二年。那時候他剛和他的太太離婚不久，之後

[134]

就認識了克洛蒂爾德．德沃（Clotilde de Vaux），他對她百依百順，相當尊敬她。可是在兩年的柏拉圖式和浪漫主義的戀愛之後，他的心上人就過世了。他們的關係也在孔德後來的作品裡留下很深的痕跡。他的《實證政治學體系》（*Système de politique positive*）原本應該言簡意賅地強調社會學如何轉化為一個現實的社會秩序。可是這部於一八五一年到五四年出版的四大冊作品，卻透露了孔德心裡的兩個靈魂。相較於早期作品，信仰和愛的面向越來越彰明較著，而工程師的冷靜觀察則退居幕後。

以實證主義作為「心靈的新主宰」，乃至於「無所不包的愛」，起初並不在其計劃裡。[57]孔德沿襲了十七世紀著名的哲學家和數學家**巴斯卡**（Blaise Pascal, 1623-1662）的說法，以「心靈的秩序」作為其未來社會的核心。其主張和一個層層規定的政府形成奇怪的對比，它規定學者的功能是「思考」、婦女的功能是「感覺」、無產階級者的功能則是「行動」。至於兩性的平權則和工人的解放一樣不在考慮之列。就像以前的波納德和邁斯特一樣，重點不在於權利，只在於義務。

而最高義務則是要適應恆久存在的實證主義秩序並且運作順暢，至於個人則沒有太多的揮灑空間。秩序決定了角色，而社會角色的演變無法預定，正如自然歷史裡的物種界限是無法跨越的。可是對於每天在工作條件極為悲慘的紡織廠裡工作十二到十六小時的工人而言，「無所不包的愛」的甜美蜂蜜到底有什麼意義可言？就連傅立葉所謂終極的群居社會，也欠缺演化的可能性。理想軌跡的認定相當獨斷，就像自由的自我開展，卻被迫要在極為有限的時間裡有效率地工作。而孔德的實證主義式的理想社會更獨斷得多了。那個社會規定每個人要永遠為更大的整體服務。可以演化，但是不可以改變社會！工人一輩子都是工人，就像居維葉所言，物種在演化當中沒辦法改變自己。社會和個人是動態的，但是階級卻是靜態的。企業主和銀行家，也就是「貴族階級」，他們的經濟力量不會被撼動。至於「無產階級」，則只能工作並且服從基於生產效率的種種規定。人不可以相信自己想要相信的東西。啟蒙運動者主張信仰自由，孔德卻規定實證主義要變成國家宗教，也就是人類宗教（la religion de l'humanité）。

人類宗教

實證主義該如何實踐並且支配世界？其實它在演化上的凱旋遊行早就有所預定，並且也是根據三階段法則。另一方面，人也有義務積極推動這個演化。和素昧平生的馬克思一樣，孔德也絞盡腦汁地解釋社會如何合乎邏輯地朝著特定的方向繼續演化，另一方面卻又需要人們具體地為它奮鬥。更令人訝異的是，這兩位淑世者也都不約而同地主張需要有個暫時的「獨裁政權」。馬克思說的是無產階級專政，而孔德則是指「實證主義的三巨頭」執政。

不同於後來以其胸像、海報、油畫和雕像妝點了半個地球的馬克思，孔德生前就汲汲營營於身後的適當形象。實證主義宗教及其對於創教者的領袖崇拜，其實就是一種拜偶像的宗教。共產主義者是紅色旗幟，而實證主義者則是綠色。孔德找來藝術家替他製作畫像、胸像和徽章。凡是掛上他的畫像或豎立他的胸像的人，就證明他是實證主義運動的追隨者。這位大師事必躬親地張羅一切：家庭和國家的祭祀、儀式、習俗、禱告、慶典和聖事。值得人們膜拜的人物取代了天主教裡的聖人。這位創教者更親手繪製了實證主義神殿的平面圖，以膜拜那「偉大的存有者」（Grand-Être），也就是人類自己！浸禮、婚禮和追思禮，都以偉大的人類之名進行。巴黎被選定為整個歐洲的首都，猶如「東方國家」的麥加。所有神殿都必須依據以前的法國以及未來的世界首都為模型去興建。所有街道都要改名字，巴黎要清除所有廢棄物，並且鋪設通衢大道——這個規劃甚至早於都市計劃師奧斯曼（Georges-Eugène Haussmann）的設計，而它也是希特勒的建築師史佩爾（Albert Speer）的夢想。基督教的曆法必須以「實證主義曆法」以及另一種紀年取而代之。形象和符號的權力在二十世紀成為左派和右派的極權主義的支柱，可是在十九世紀中葉，它就在巴黎的一間小公寓裡被預想到了。偉人的情操、社會的漸趨完善、整體的和諧、對於領袖和意識型態的膜拜，孔德好意地在其大雜燴裡加了佐料，也就是新時代裡唯一能夠救世的獨裁政權。就像羅曼·波蘭斯基（Roman Polanski）的《吸血鬼之舞》（*Tanz der Vampire*）裡的阿布隆修斯教授（Abronsius）一樣，他讓他一生對抗的死敵邪惡傳遍全世界。

可是，要上溯到孔德的偶像和觀念軍火庫的不僅僅是極權主義而已。他的主要觀念，也就是認為人類的第三個階段已經在歐洲（法國和英國）成形，它為整個人類指引了一個未來，其力量不容小覷。「紐西蘭的野人」還在第一個階段裡打瞌睡，西歐卻已經接近「最終政府」（régime final）的階段。世界會在西歐國家重獲生機，而孔德也確信「東方國家」會逐步變成一個世界政府。未來是屬於西方國家啟蒙原則的，也就是資本主義、科學進步和社會共感（Gemeinsinn）的混合體，或者是「西方價值」。儘管孔德的價值規範裡沒有「主權在民」這種東西，但這位實證主義的使者還是闡述了西方社會模式的這個持續到現在的主張。

在孔德之後，作為科學的社會學，仍舊不厭其煩地一再闡揚其創立者在歷史哲學上的樂觀主義。二十世紀的社會學家們，例如**帕深思**（Talcott Parsons, 1902-1979）和德國的**盧曼**（Niklas

Luhmann, 1927-1998）都在其作品裡描述一個不斷拾級而上的社會演化，而其終點也相當明確，那無疑就是以西方為模型的功能分化的社會。二十世紀下半葉的公民社會因而成了完美社會的化身。[138] 如果說它要「協助發展」其他社會的話，也只是讓它們從一個比較低的階段演化到一個符合現代世界的更高階段。

「西方」國家至今仍舊以這個精神（它往往也是個野蠻的想法）為藉口去正當化它們在世界各地的侵略戰爭。如果說軍事上的人道主義者想要在越南或是阿拉伯世界捍衛「自由」、在沒有對應的傳統國家裡建立民主的話，那應該是十九世紀的延續而已。現在的「國族構建」（nation building）在哲學上和孔德以及接下來的殖民時代脫不了關係：西方人的任務是以自由主義和資本主義的民主永久有效的藍圖，在世界各地創造秩序和進步。就像孔德的實證主義，他們認為對於地球上的任何民族而言，自己是所有可能世界當中最好的，而不管所有的文化差異和傳統。

或許正是這點，使得現在西方人的自信心江河日下。川普政府的美國真的是預言裡的「歷史的終點」嗎？是人類進步的巔峰嗎？獨裁、神話和謊言大規模地死灰復燃，使得人們信心動搖。那些現在叫做歐盟的「東方國家」也四分五裂。他們真的成功建立價值共同體了嗎？孔德認為，如果要創立一個沒有神的天主教，那是至關重要的事。只不過看起來資本主義似乎是歐盟唯一的宗教。可是它夠資格作為「思想的力量」嗎？

或許資本主義經濟加上啟蒙運動的價值觀，並不是如孔德所說的人類演化的邏輯終點。或許它們倆只是暫時的夥伴。在拉馬克從簡單到複雜的演化模型裡不會有開倒車這種事；可是人類的社會[139] 演化卻是有可能的。誰曉得矽谷那群像孔德一樣膜拜進步的實證主義者，會不會以社會技術系統蠶食鯨吞地取代西方的民主？換個優雅一點的說法，接下來就是一條通往自動機械化的獨裁政權的道路，那正是現在中國大張旗鼓而肆無忌憚的做法。在他們的「人類改善計畫」裡（這個語詞可能也是源自孔德），只有權利而沒有義務，只有服從而沒有自由的個體性，只有巨大的全體而沒有個人。共產主義是其思想的力量，而**工業**則是其現實世界的力量。在歷史上所有國家當中最接近實證主義精神的不是法國或巴西，而是中國。孔德所說的「全民政治」（sociocratie）的盡頭不是自由，而是全面控制。

西方人在全球政治和侵略戰爭裡的優越感、在蘋果專賣店的神殿裡的科技崇拜、對於人類無限制的進步的信仰、東方和西方規格的數位權力機器，這些都是孔德的思想遺產。可是現在還有誰知道呢？這位大師死於一八五七年，安葬於巴黎拉雪茲神父公墓（Père-Lachaise），他的墳墓有柵欄圍著，墓碑前面放了三部主要著名的雕塑作為裝飾物。他在巴黎的公寓舊址現在變成孔德博物館，由巴西人照管。巴黎人，新麥加的居民，直到十九世紀末才真正認識他。一九〇二年，他們在索邦廣場（Place de la Sorbonne）為他立碑。左側是手裡抱著聖嬰的聖母，右側是打扮成希臘少年阿多尼斯（Adonis）的年輕時的孔德，中間最高的座台上是一位成熟而堅毅的思想家——三階段法則如石頭一般冷硬地紀念它的創作者。

最大多數人的幸福

- 極為偏激的丑角
- 社會主義的幼苗
- 人的解放
- 烏托邦和現實

極為偏激的丑角

對於像孔德那樣的紀念碑，**邊沁**（Jeremy Bentham, 1748-1832）一點興趣也沒有，他寧可把自己僅有的一切都留給後世。[140] 據說他生前就把預備嵌在他自己木乃伊上面的玻璃眼珠子隨身放在口袋裡。可是在十九世紀末，製作木乃伊的技術並沒有比古代埃及人進步到哪裡去，所以那對人造眼珠其實幾乎派不上用場。而且邊沁心裡想的紐西蘭毛利人的保存技術，標本製作師也不怎麼擅長。他們用乾草充填的屍體，活像一隻腐爛的黑猩猩。儘管看起來相當怪誕，哲學家乾燥處理過的頭顱已經漫遊到地下室的層櫃裡了。倫敦大學學院（University College London）壁櫥裡的木乃伊，只有身 [141] 體、花領襯衫、禮服和草帽是真的，頭部是後來用蠟仿做的。雖然在生物學上他是沒有頭顱的，但是這位創校人還是出席了學校的每一次校慶。他的每次出席都有特別記載下來，他們也都為他保留投票權，儘管他始終默默不語。❶

作為他自稱的「自我偶像」（Auto-icon）而遺惠後世，完全符合邊沁一生的古怪思想。這位來自倫敦斯皮塔佛德區博學多聞的法學家並不想造成任何挑釁，卻也喚醒了英國社會。邊沁的父親是個律師，他家境富裕，七歲時就被送到著名的西敏公校（Westminster School）就讀，十五歲就從牛津皇后學院（Queen's College）畢業。他對法律系沒什麼興趣。英國的司法體系以及它的普通法

❶ 邊沁在死前寫了一本小書《自我偶像》（*Auto-Icon; or, Farther Uses of the Dead to the Living*），主張基於效益主義的原則，他要把自己作成一個偶像。他捐贈自己的大體供作教學解剖，然後製成木乃伊展示，如此就可以省下畫像、雕像和其他紀念碑的費用。可是頭顱部分的處理失敗，臉上的皮膚掉色僵硬，於是用蠟仿作頭部代替之。

（common law）是一棟充滿矛盾又笨重的大廈。邊沁剛開始鑽研它不久，就很想讓它簡單優雅一點。出於好奇心，他也研究各種科學、牛頓的物理學以及瑞典人林奈（Carl von Linné）的生物分類系統。此外他也大量閱讀啟蒙運動者休姆、伏爾泰和艾爾維修的作品。

邊沁二十一歲時就通過律師考試，但是他並沒有執業。他一出生就不愁吃穿，一生矢志以淑世為己任。他以休姆的《人性論》（*A Treatise of Human Nature*）為起點，這位十八世紀的前輩把道德放在一個全新的基座上。行為和規範都必須取決於它們是否對人類和社會的幸福有**效益**。休姆的朋友亞當．斯密（Adam Smith）甚至以此為根據為資本主義辯護。一個商人是否擁有高貴的動機並不重要，重點在於他的成就是否增長了全民的福祉。效益原則？邊沁對它深深著迷。我們難道不應該把它應用在每個個人以及社會的問題上嗎？

這位年輕哲學家興奮不已。他要建立一個新思想，也就是**效益主義**（Utilitarianism），一種再也不探討理由和行為動機的哲學。唯一相關的問題就只是一個措施或規範是否可以增進幸福。那是一個有如自然科學的公式一般簡單而優雅的判準：幸福是善，痛苦是惡。唯一有意義的道德問題是：我應該怎麼做，才可以促進最大多數人的最大幸福？

邊沁沉浸在這個工作裡。他為司法體系創造了一個新的基礎，寫作探討為政之道，也依據效益原則的判準討論刑罰。對於效益主義者而已，並不存在「天賦人權」。人類定義為正義和不義的事物都是人類自己的規定，而不是出自於神或是自然。於是邊沁建立了「法實證主義」（Rechtspositivismus）。在法律裡，道德的問題再也不是重點所在。有意義的規定不在於其他，就只在於盡可能讓社會運作順暢。

以這個立場為起點，邊沁認為一七八九年的人權宣言是「踩在高蹺上的胡言亂語」（nonsense upon stilts）。「人權」不是天生就存在，而是被賦予人們的，好讓他們在司法上受到保護。所有能夠感受到快樂和痛苦的生物如動物，當然也應該賦予同等的權利：「也許有一天人們會明白，腳的數量、皮膚上的毛髮或是薦椎（os sacrum）的末端，都不足以證明為什麼要任由有情生物遭受相同的命運。為什麼這裡會有一條無法跨越的界限？是因為推理能力或是語言能力嗎？可是一匹成年的馬或是一隻狗，相較於出生一週或一個月的嬰孩，牠們其實是更理性且容易溝通的動物。但是就算假定牠們不是，那又有什麼用呢？其實問題不在於『牠們是否會推理？』或『牠們是否會說話？』，而是在於**『牠們是否會感到痛苦？』**。」58

我們當然不會因為動物會感到痛苦，就禁止讓牠們沒有痛苦地死去並且吃牠們。因為不明所以的或是沒有痛苦的死去，就不算是受苦。這個論證也可以用來證明害死一個大家都討厭的人的正當性，可是邊沁似乎沒有注意到這點。這位大膽的創新者沉浸在自己的道德解答公式裡，而不想理會這些可以想像得到的矛盾。相反地，他以改革整個刑法體系為職志。對他而言，那似乎只是從不必要的、虛假的道德滴下來的東西。邊沁認為，刑罰並不是要誰為了什麼而贖罪。刑罰唯一的作用只在於嚇阻犯罪。就像在他之前的刑法學家**貝卡利亞**（Cesare Beccaria, 1738-1794）一樣，他認為刑罰只是預防的工具。嚴刑重罰會讓人們考慮一下鋌而走險的代價。

不同於以前的啟蒙運動者，邊沁並不想讓人更有道德。在他的《道德及立法原理導論》（*Introduction to the Principles of Morals and Legislation*）裡，他直截了當地主張成本效益的計算。我該遵循的既不是「德行」，也不是康德所說的「我心中的道德法則」。它們應該以靈活的自我管理以及聰明的效應評估取而代之。對於邊沁而言，相較於人的善意，個人錙銖必較的自私自利要可靠得多。以快樂公式的明智法則加以規範，使得個人在追求利益時也可以增進公共福祉。

一七八一年，計劃中的主要著作終於大功告成。可是邊沁拖了八年才出版它。自一七七〇年代後期，這位匠心獨運的思想家出入於英國和法國的達官顯要之間。一七八五年到八七年間，他住在弟弟位於白俄羅斯克里切夫的家裡。塞繆爾．邊沁（Samuel Bentham）不是到沙皇俄國去遊玩的，他是現代監獄的建築師。他的哥哥傑瑞米對於他的想法相當感興趣。充滿使命感的他著手設計了一座現代化的監獄。而如果他沒有找到一個引人入勝的極端解答，他也不會是現在的他了。他的監獄是個全景監獄（Panopticon），一座環狀建築，其亮點在於可以看見每一間牢房，只要一個獄吏駐守在建築的中心點，隨時都可以監視每個囚犯。井然有序、整齊清潔，尤其是完全透明！只不過當時的環境不利於真的在英國建造一座「老大哥式的」監獄，而原本興致勃勃的法國人，到頭來也沒有兌現他的計劃。

可是邊沁並沒有放棄。「以全面透明預防犯罪」的這個天才觀念不能就此埋沒。於是他從全景監獄的概念推論出全景監視建築的社會模型。在囚犯之後，這位聰明的哲學家又找到了窮人和乞丐作為他的目標族群。何不把整個國家當作一家股份有限公司，既可以減輕國內窮人的痛苦，又可以讓股東致富？為此就必須大量建造全景監視建築，讓窮人和乞丐在持續監視下工作。他們的工作所得馬上可以補貼建築成本和維護費用，並且創造大量盈餘。這是多麼天才的點子！被強制安置的窮人到頭來有個棲身之處、一份有意義的工作，以及乾淨衛生的生活。而股東更可以一本萬利。這不就是最大多數人的最大幸福嗎？冷靜的成本效益計算，既追求利潤又能造福且拯救他人，是全面的

[144]

透明性而不是個人的保護區，是社會技術的解答而不是傳統的道德模式。如果邊沁生在二十世紀下半葉，而不是十八世紀中葉，他應該會在矽谷大顯身手吧。

令人訝異的是，就連全景監視的生產模式也乏人問津。可是這位天才觀念的創造者，至少因為他對於進步的努力而獲得了共計兩萬三千英鎊的酬勞。❷一七九二年，法國的革命者授予他榮譽市民的頭銜，其他獲贈者包括華盛頓、席勒和裴斯塔洛齊。可是邊沁捍衛的自由，並不是人權意義底下的自由，而是被限縮在無條件的經濟自由裡。相反地，他對於國家的理解深受全景監獄概念的影響。至於個人嗜好問題，他認為公民有充分的自由，包括同性戀以及戀童癖。可是他們不可以踰越國家為他們設定的狹小空間。只要是為了公益著想，任何強制都可以被正當化。在全面監視建築裡強制工作的乞丐並不是唯一的受害者。在邊沁的理想國裡，每個人從出生到死亡都會被監視和偵查。因為只有全面的控制才能創造全面的安全，而只有全面的安全才能保障自由。每個人都必須預見且防範任何想得到的傷害、犯罪行為以及越界。從加州到中國的安全狂熱者以及肆無忌憚的社會技術工程師，到處設置攝影機和感測器；而欠缺相關技術的邊沁，則是主張設置臥底和線民。由於當時沒有可讀取的晶片身分證，於是他想到一個點子，那就是要求所有人民都必須強迫紋身，以便查核身分。

想要盡可能免除外在強制的人，就必須學習自制。邊沁從一八一四年開始撰寫的作品《義務論》（*Deontology: Or, The Science of Morality: in which the Harmony and Co-incidence of Duty and Self-*

❷ 邊沁和當時英國首相威廉．彼得（William Pitt）通信，說服首相重啟擱置多年的國家監獄計畫，可是該計劃一波三折，到了一八一二年，經過討價還價之後，政府支付了邊沁一筆兩萬三千英鎊作為未完成的計畫的酬勞。

[145]

interest, Virtue and Felicity, Prudence and Benevolence, are Explained and Exemplified），就是肩負著這個任務。就像林奈創造生物分類系統一樣，邊沁也想當「倫理學的林奈」，把所有德行和惡習加以體系化。他闡述了自創的「義務論」（deontology，本務論）的突進方向。對於人類而言，沒有什麼是命定的，也沒有任何東西是「在存有學上」（ontological）預定的。而且沒有任何事物本身就是「德行」或「惡習」（如亞里斯多德所言）。任何是「德行」或「惡習」的事物是**取決於**其他人或公共利益。道德無關乎常數，而是和它的函數值有關。任何行動或習性「就其本身而言」並沒有價值，沒有什麼東西是神聖的，也沒有什麼永遠有效。

就像林奈探索用以為動植物分類的種種特徵，邊沁也很冷靜地為道德爬搔梳櫛，將人類的每個間距都予以丈量和分類。這個間距有助於促進最大多數人的幸福，或是使人失去它？於是，我們這位哲學家成了「結果論」（consequentialism）最重要的思想先驅之一。重點不在於動機，只有結果才算數。邊沁為中學課程設計了完全以科學和技術為主的教學計畫，他就連國家也澈底重新思想一遍。一八二三年成立的激進黨（radicals）介入了英國政治，作為政治的傳聲筒，旨在為人民發聲。他們主張所有人都有普通選舉權（universal suffrage），包括婦女在內。在邊沁那個時代的英國裡，只有擁有相當程度財產的男性才有選舉權，在七百五十萬個居民裡，大概佔了二十五萬人。他要改變這個現況，必須有更多人擁有選舉權。他更主張廢除死刑！國家的監控必須更加民主透明！更多的新聞自由！邊沁於一八三〇年出版的「憲法典」（Constitutional Code），現在成了自由民主派憲法理論的經典。接下來的兩年間，他的理念真的在政治上成功實現。他提出的法案對於一八三二年的選舉權改革厥功甚偉。

[146]

相反地，這個英國人在德國卻不怎麼受歡迎。和邊沁的生卒年代幾乎重疊的歌德說他是一個「極為偏激的丑角」。[59]這位詩人認為效益主義完全悖離了人情事理，以快樂和痛苦的數學等式去取代人性的東西一定會有誤解感受的問題。可是邊沁幾乎不關心感受的問題。生物學家往往會說邊沁有自閉症，他想用一個公式解決那些無解的人際關係問題。而其中最憤慨的就是馬克思，他認為「傑瑞米先生是資產階級蠢材中的一個天才」。[60]對於不諳人情世故的邊沁而言，「每個人都是個英國市儈」，眼裡只有成本和效益，「沾沾自喜地談論這些庸俗不堪的東西」。[61]❸

[147]

社會主義的幼苗

馬克思不知道邊沁除了他那些不近人情的想法以外，其實還有一件值得稱道的事。那就是他轉而加入**羅伯・歐文**（Robert Owen, 1771-1858）在蘇格蘭新拉納克的計劃。這個年輕人在曼徹斯特的一家紡織廠當廠長，而且頗受好評。接著他找了一堆投資人來支持他在新拉納克的新事業。當時主流的經濟理論認為，企業如果要有競爭力，就必須無所不用其極地剝削勞工，可是他卻將之斥為無稽之談。而歐文也真的把他的想法付諸實現。在當時以盜賊橫行、蓄意破壞、臨時工酗酒以及對剝削鄰近孤兒院的兒童而惡名昭彰的新拉納克興建的工廠，成了全新勞動型態的模範工廠。工人不再每天工作十四個鐘頭，而只做十個半鐘頭。自一八一〇年起，歐文認為每天工作八個小時就夠了。受雇者也可以更低的租金得到條件更好的住宿。他認為這一切都會提高他們的工作動機。這位

[148]

❸引文中譯見：馬克思《資本論》卷一，頁586，中共中央馬克思恩格斯列寧斯大林著作編譯局譯，聯經出版，2017。

工廠廠長反對僱用童工，主張所有孩子都要接受學校教育。此外，他更讓他的工人投保醫療險，並且為他們準備了一筆退休金。

這一切措施背後都有個哲學理論。歐文相信環境（milieu）會形塑並且陶冶一個人。存有決定意識。這個思想具有劃時代的創新意義。而歐文於一八一三年出版的《新社會觀，或論人類性格的形成》（*A New View of Society:or, Essays on the Principle of the Formation of the Human Character*）以及一八一七年的《製造系統效果觀察》（*Observations on the Effect of the Manufacturing System: With Hints for the Improvement of Those Parts of it Which are Most Injurious to Health and Morals*），也成了社會樂觀主義的宣言。

歐文在新拉納克的創舉，在十九世紀初的英國是史無前例的事。值得慶幸的是（對邊沁亦然），他們居然有了好結果。這位工廠廠長不僅改善工人們的生計，更押注在科技的新發展，並且努力使生產流程更有效率。為了提高工作動機，他引進一個考核系統以取代體罰，在工作台上以不同的顏色標示工人的績效。在新拉納克的工廠得到豐碩的獲利，世界各地的名人都跑來一睹這個新勞動世界的「奇蹟」，就連沙皇尼古拉一世與其他歐洲君王也都聞訊來到蘇格蘭，或者是派員考察。

只要比較一下英國其他的工廠，就會知道歐文的工廠有多麼不同凡響。機器的引進使工人的生產條件和生活處境江河日下，他們的平均壽命從三十五歲降至三十一歲，而貧窮的農民和傳統工匠也漸漸成了輾轉溝壑的無產階級。英國醫生**查爾斯・霍爾**（Charles Hall, 1740-1825）於一八〇五年出版了振聾發聵的《文明對於歐洲國家人民之作用》（*The Effects of Civilization on the People in*

[149]

European States）。資本主義的經濟模式很可惜地並沒有減少貧窮，反而使它雪上加霜。生產的銷售對象只是那些有錢人，而不是基於人們的現實需求，尤其是糧食。難怪糧食價格不斷攀升，窮人因而也更加經濟拮据。自由市場顯然沒有促成社會平衡，只會導致大規模貧窮。一個人的富足意味著另一個人的窮困。

霍爾是個對於新興資本主義的尖銳觀察者。他的觀點和英國國民經濟學者大相逕庭，後來卻直接催生了馬克思的思想。一個人工作了十六個鐘頭，只掙得一份工的工資，這就是**剝削**（exploitation），而資本家則把**剩餘價值**（surplus value）扣了下來。霍爾對於「財產」的定義也被馬克思原封不動地借用了：財富不在於誰佔有了許多東西，而在於誰有權力支配其他人的勞力。

霍爾在德文郡塔維斯托克當醫生的時候，見證了老百姓的貧窮而感到深惡痛絕。他每天都要面對農場工人的困境。為了幫助他們，他想出了一整個措施清單。土地必須公平分配，有錢的大地主子女不得彼此通婚而擴大其財富。國家必須依據收入多寡採累進稅率（就像是現在的工業國家），以促成社會平衡。奢侈品應該禁止生產，或者是盡可能課徵重稅。霍爾的大膽主張到處碰壁是可想而知的事。一八一六年，他因為積欠債務未還而被判刑九年，出獄不久就過世了。

霍爾不認為他的建議是烏托邦主義式的，反而相當務實。而他的理論使他和他的朋友**湯瑪士・史賓斯**（Thomas Spence, 1750-1814）成為最早的社會主義者。這位來自新堡的書商比霍爾年輕十歲，卻比他更堅定立場而不妥協。他出版了冒險家和社會革命者**潘恩**（Thomas Paine, 1736-1809）的戰爭文宣，自己也受到啟發。潘恩極力鼓吹北美殖民地脫離英國獨立，並且夢想建立一個以人權為基礎的國家。可是史賓斯尤有甚者。在法國人頒布人權宣言的十四年前，他就於一七七五年倡議立法為每個人提供基本保障，但是法國的革命者卻置若罔聞。

正如史賓斯在其演講《論土地國有化》（*Nationalization of the Land*）裡所言，他的想法是：既然人沒有土地收成就無法活下去，那麼他對於土地就應該擁有自然主張權：「顯然，任何國家或地區的農地或土地及其地上物，永遠平等屬於該國家或地區的居民。因為……如果沒有土地及其作物，人就不可能存活，職是之故，對於生存必需的事物，就像我們的生命一樣，我們都擁有同樣的財產權。」62

史賓斯把他的想法形諸具體的概念。國家應該徵收田賦，讓每個人按季得到一份基本收入。最好是所有土地都成為公有財產，並且在使用者團體上拍賣。那些若干世紀以來把公有地圈起來變成私人財產的籬笆，必須全部撤除。史賓斯的建議後來開展成「無條件基本收入」的觀念。而他的「公有財產制」至今仍然鼓舞著許多公共利益經濟學家，他們認為未來的經濟會是「公共生產」：不管是實體的草地或是數值地形，都是共同耕作的公有地。其原理則是相同的：每個人都要為眾人的盈利而工作。

「基本收入」是史賓斯畢生心血的成果。他在其演講的許多個版本裡以各種新標題不斷重複這個想法。和霍爾一樣，他也因為其理念而坐過兩次牢，不過刑期比較短。❹無論如何，他畢竟讓當時人在法國而且頗有名望的潘恩注意到他的思想。潘恩後來也主張「基本收入」的措施，不過「一次給付」的做法既奇怪而又不可行。他於一七九七年出版的《土地正義》（*Agrarian Justice*）比史

[151]

❹ 史賓斯於一七八四年和一八〇一年因其著作觸怒當局而以誹謗政府罪先後被判刑六個月和一年。

賓斯的建言著名得多。我們這個倒楣書商的第二個創舉也就是婦女解放，它的下場也沒什麼不同。史賓斯主張也要對婦女支付「基本收入」，並且倡議兩性平權，這使得他和法國人艾爾維修一樣成為女權運動重要的開路先鋒。不過，作為解放運動的代言人，他的光芒至今一直被英國社會主義的第三個先驅遮翳了：那就是**威廉．戈德溫**（William Godwin, 1756-1836）。

人的解放

戈德溫是個博學多聞的人，而他的作品也比霍爾與史賓斯更有深度。正因為如此，他倖免於牢獄之災。英國首相小威廉．彼得（William Pit the Younger）讀了戈德溫兩大冊的《論政治正義及其對於德行和幸福的影響》（*Enquiry concerning Political Justice, and its Influence on General Virtue and Happiness*, 1793）以後，認為它對政治無傷大雅。一來書太貴了，二來工人反正也讀不懂。

戈德溫被按立成為牧師，同時也是當時最重要的社會革命作家。在邊沁的《道德及立法原理導論》問世四年後，他在其主要著作裡同樣主張效益主義。所有道德行為都必須被審視是否對社會有好處或有效益。就像邊沁一樣，審視的標準在於大多數人的幸福。如果不是追求幸福，人還有什麼別的好追求的？

為了促進多數人的幸福，我們需要一個不受任何外力影響的理性政治。可是哪一種統治形式適合讓理性發揮作用並且增進幸福？如果統治者不以神的律法為依歸，就像君主專制或貴族政治一樣，那就沒有理性或者大多數人的幸福可言。十七世紀的霍布斯倡言的中央集權的專制統治只是揚湯止沸，因為那一定會導致權力的濫用；此外還有諸如洛克和盧梭的契約論。可是戈德溫同樣對它不假辭色。即使人民得以選出他們想要的政府，人們還是得放棄許多權利才能獲致真正的幸福。盧梭所謂的「共同意志」並不存在。把理性交付給國家意味著要放棄自己的理性。到頭來必然會導致高壓統治。

結論是什麼呢？很簡單。國家必須被廢除。我們不能把理性和道德交付給任何更高的主管機關。人類必須自我治理，最好是史賓斯夢想中的那種合作社。替代國家的另一種形式或許是合作社 [153] 式的自治。於是戈德溫想到了傅立葉的「法倫斯泰爾」。沒有自治，就沒有自我實現。只有在透明、自決的團體裡，人們才能互依互恃。邊沁用以證成對於乞丐有系統的剝削的效益主義，到了戈德溫那裡成了所有人的平等權利。他主張承認私有財產，但是所有生活必需品則必須公平分配。

不同於霍爾和史賓斯，戈德溫認為世界的惡並非來自資本主義的工業生產。這位「合作社」的思想之父當然也譴責社會分裂為有錢人和窮人的階級，也抱怨不人道的工作條件。但是正如後來的傅立葉，對戈德溫而言，問題的徵結在於結構層次。唯有讓機器歸合作社所有，工人才不會被剝削。不同於霍爾和史賓斯，戈德溫的主題不再是土地的分配。面對方興未艾的工業化，他提出一個問題：機器是屬於誰的？由誰來決定政策？

就機器的問題而言，戈德溫相當樂觀。他預言機器會逐漸取代所有低階的人工。遲早有一天，所有人每天都只要工作半個鐘頭就行了。機器可以替人們省下長時間的無聊工作，也使人們擺脫片面的活動和千篇一律的日常工作。在工業革命初期，人們變成了機器的雜役，從事極為單調的工作，可是總有一天，他們會從這個困境解放出來。十八世紀末的人們被剝奪了的時間，有一天會還給他們。到了二十一世紀，工業國家裡的人們透過人工智慧免除了單調乏味的工作，回想起來，戈 [154]

德溫的話語宛如黑暗時代裡前程似錦的預言。可是二十一世紀是否真的有那麼幸運，那還要看看戈德溫的第二個預言是否也會實現。

戈德溫認為，如果有個自治的合作社來安排人們的生活，那麼他們應該會找到謀求大多數人幸福的規則。基於這個理由，它們應該是民主的。民主政治當然是很棘手的事。我們往往會看到多數的無知者否決了少數智者的意見。然而民主畢竟讓人們意識到自己的價值，而這才是重點所在。唯有覺得自己在社會上有價值的人才會真正成熟長大。誰曉得未來的人可以擁有什麼樣的理想共同生活以及博雅教育？當人類的環境漸漸改善，相較於十八世紀末，他們的未來更加不可限量。因為以當時人們的境況去預想他們的未來願景，那是相當不理性的事。

戈德溫是個無政府主義者，但不是個革命者。他的合作社不需要武裝暴動這種東西。正如受到他啟發的傅立葉，他相信一種自然而然的社會演化：從貴族的威權統治演化到由小團體組成的民主自治。而其中的槓桿不在於暴動，而是教養。以暴力推翻某個東西的人只會助長各種狂熱，而理性往往是它的第一個受害者。他的一席話無意間成了未來的革命者和極權主義社會主義者的當頭棒喝：「我們的判斷總是會懷疑雙方會動用什麼樣的武器，因此我們必須厭惡任何暴力。」[63]

為了真正改變社會，人們必須防微杜漸，否則就會產生鎮壓、過度擴張或者慌不擇路的情況。正因為如此，教養是唯一正確的道路。人類天生就知道怎麼適應他們的生活環境。不理性的社會只會產生不理性的人；理性的社會則會創造出大量理性的人。就此而論，教育人們，讓他們按部就班地捍衛美好的社會。職是之故，革命也是持續演化當中的一個環節——這個想法也鼓舞了馬克思，儘管他嘖有煩言。戈德溫認為只要消極抵抗、同心協力，就可以擺脫不理性的國家，馬克思卻認為那只是一廂情願的幻想。甘地（Mahatma Gandhi）以「堅守真理」（satyagraha，非暴力抵抗和不合作運動）的道路對抗英國在印度的殖民統治，但是那不會是任何革命者的藍圖。如果十九世紀初期英國紡織廠的工人也以消極抵抗的手段擺脫資本主義的話，很可能會導致可怕的暴力、貧窮和饑荒，而沒有任何成功的機會。戈德溫主張的透過教育的演化模式需要相當不近人情的持久耐性。

暴力革命牴觸了效益主義的原則，因為它會造成世界的種種苦難以及失序。在這點上，戈德溫和邊沁意見一致。可是這兩位思想家在刑罰的問題上則是意見相左。邊沁對於他全面監控的「全景監獄」沾沾自喜，而戈德溫則是投入現在普遍認可的「再社會化」（resocialization）原則。這兩位激進的社會改革者在人性觀方面可以說南轅北轍。

不過他們在一個重要的主張上重新匯流，那就是女性平權。一七九七年，戈德溫和他的女朋友結婚，也就是時年三十六歲的**瑪麗．沃史東克拉芙特**（Mary Wollstonecraft, 1759-1797）。她寫了第一部也是最重要的女性主義著作：《為女權辯護：關於政治及道德問題的批判》（*A Vindication of the Rights of Woman: With Strictures on Political and Moral Subjects*），該書於一七九二年問世，對於啟蒙運動極盡嘲諷挖苦之能事。除了少數例外，哲學家們往往都把平等和自由的崇高理想預留給男人。

瑪麗和戈德溫的婚姻只維持了半年。在他們的女兒（也叫作瑪麗）出生後，瑪麗因為產褥熱（puerperal fever）而不幸過世。自此之後，戈德溫就單槍匹馬為了解放運動而奔走。在他妻子死後不久，他為她寫了一部相當坦率的傳記。讀者們在書裡讀到這位偉大的女權運動者令人咋舌的私密生活細節。在戈德溫筆下，瑪麗是個獨立的、敏銳的、但時常感到絕望的女性，不僅離經叛道，甚至自戕過兩次。可是深愛她的未亡人所主張的自由女性的理想，在當時的英國卻招來一片撻伐。對於保守派人士而言，瑪麗的言行當然不足為訓，那只是一個煽惑人心的、因而註定要失敗的女性的人生。戈德溫雖然和瑪麗結褵，卻譴責婚姻違反人性，因為它讓女性變成男人的財產而處處受到壓迫，這使得他的矛盾又多了一筆。無論如何，傅立葉在這點上也受到他的影響。他認為女性被男性壓迫，是一種經濟上而非心理上的原罪。

戈德溫的下半輩子不斷地換工作、再婚、寫書，其中包括一七九九年的驚悚小說《聖里昂》（*St. Leon*）。雖然這部作品乏人問津，卻深深吸引他的女兒**瑪麗・雪萊**（Mary Wollstonecraft Shelly, 1797-1851），促使她嘗試相同文類的創作。在她自己的作品，她把父親對於進步的信仰、對於機器的熱情以及陰森恐怖的前景雜揉在一起。不同於她父親的小說，《科學怪人》（*Frankenstein; or the Modern Prometheus*, 1818）成了家喻戶曉的作品。然而，當戈德溫於一八三六年以八十高齡過世的時候，他早就是個被世人遺忘的男人了。

烏托邦和現實

戈德溫生前遭受到的最猛烈批評，並非來自工廠主人或是捍衛天主教婚姻的保守人士，而是來自一位牧師：**托馬斯・馬爾薩斯**（Thomas Robert Malthus, 1766-1834）。他在一七九八年寫了一部作品批評戈德溫而聲名大譟，可是現在幾乎沒有人知道他原本的批評對象是誰了：《人口論》（*An Essay on the Principle of Population*）。馬爾薩斯的作品冷靜地駁斥了任何歷史樂觀主義。在馬爾薩斯筆下的戈德溫與孔多塞都只是狂熱的空想家而已。英國人馬爾薩斯根據美國的人口統計得出一個算式，當所有人的生活條件都符合理想時，人口就會以指數成長。戈德溫嚮往的盡善盡美勞動條件、合作社、環境衛生以及最好的醫療照護，會迅速招致一場災難。人的壽命變長，孩子的存活率也提高，可是糧食的生產會不敷需求。到頭來，人們看到的不是樂園，而是一個驚悚的景象。「生存競爭」（struggle for life）並沒有被廢除，而是演變為「所有人對所有人的戰爭」（bellum omnium contra omnes）。

馬爾薩斯的理論並非史無前例。在十八世紀中葉，來自愛丁堡的牧師**華萊士**（Robert Wallace, 1697-1771）就提出過這個論證。但是馬爾薩斯借助於統計，使得他的觀點更有說服力。華萊士很感慨地認為，基於人口學的理由，共產主義是行不通的。而我們這位後繼者則是幸災樂禍地在所有淑世理想上頭澆冷水，就像不久後穿梭在聖彼得堡社交晚會上的邁斯特一樣，他把種種弊病與大多數人的困境解釋成神意的命運而沒有其他選擇。

[158]

這位憤世嫉俗的人之所以聲名不墜，是因為數十年之後有個叫達爾文的傢伙對於他的作品手不釋卷。他的統計學促使這位生物學家認真思考「天擇」的法則，並且以科學的方法解釋「生存競爭」。不過被罵得一文不值的戈德溫早在一八二〇年的作品《論人口》（*Of Population: An Enquiry Concerning the Power of Increase in the Numbers of Mankind*）裡炮聲隆隆地反擊批評他的馬爾薩斯，他認為馬爾薩斯提出的數據毫無根據可言。從美國以前的人口統計推論到整個人類，欠缺科學的正當性而純屬臆斷。戈德溫說，依據對方的說法，平均每個母親要生八個孩子，可是在美國以外的其他地方並非如此。如果說他的淑世理想牴觸了什麼東西，那無論如何都不會是「幾何學的理性」。其他真正思考過他的理念的人，例如歐文以及**威廉．湯普生**（William Thompson, 1775-1833）則對

[159]

戈德溫提出比較善意的批評。他們都懷疑無政府主義的個人主義是否真的像戈德溫所主張的那樣順理成章地增進全體福祉。湯普生是愛爾蘭的有錢地主。他一直在思考合作經濟的原則如何盡可能充分地實現。就像邊沁和戈德溫一樣，他同樣主張效益主義，因而承襲了這兩位思想領袖南轅北轍的理論。他年輕的時候也相當心儀法國大革命與孔多塞。他無視自己的社會階級，為了普遍而自由的選舉大聲疾呼，主張基督新教徒和天主教徒的平權。

戈德溫和馬爾薩斯的論戰也激勵了這位地主以科學的方法探究人口成長的問題。這個問題應該由一種「社會科學」（social science）來回答，而不是主觀意見。一八二四年，他出版了《最有助於人類幸福的財富分配原則之研究》（*An Inquiry into the Principles of the Distribution of Wealth Most Conductive to Human Happiness; Applied to the Newly Proposed System of Voluntary Equality of Wealth*）。湯普生陳義甚高。他要寫一本書，以堅實的經濟學為基礎，闡述戈德溫的福利公平分配的目標。哲學和經濟學不應該相互矛盾。為此，他分析了馬爾薩斯的好友，當時最著名的經濟學家**李嘉圖**（David Ricardo, 1772-1823）的代表作。諸如霍爾和史賓斯之流的社會批評家猛烈抨擊的，正是李嘉圖在《政治經濟學及賦稅之原理》（*On the Principles of Political Economy and Taxation*, 1817）所要辯護的：工廠主人為自己賺到的「剩餘價值」，只不過是應付的工資。可是李嘉圖認為推動經濟的正是這個剩餘價值，把剩餘價值轉增資會提高生產力。相反地，工資提高會限縮生產力，因而損害到競爭優勢，如此日積月累，也會使工人的處境更困窘。

[160]

湯普生對此大加撻伐。他支持霍爾、史賓斯和戈德溫的主張，為了增進最大多數人的幸福，李嘉圖一面倒地偏袒工廠主人並不是明智的結論。湯普生以「能力」（competition）取代李嘉圖的

「比較優勢」，因而剔除了它的生物學元素。競爭裡的重點不在於盡可能壓低生產成本，還包括了替商品找到足夠的買家。工人的工資越優渥，他們的購買力就越高。為了增進在最大多數人的最大幸福的意義下的福祉，我們必須提高工資。工人賺到的一切都應該屬於他們，即使沒有全部支付，而是有一大部分轉投資。而決定商品的全面性分配的不是市場，而是一個考慮周詳的國家，它保障每個人公平地分享一切生活所需。

湯普生的合作經濟模式的共產主義，超越了戈德溫過於理想化的觀念。至於馬爾薩斯擔心的人口膨脹，他也有個解答：避孕！人不同於動物，當他們在生兒育女時，他們會意識到自己在做什麼，因此他們可以有計畫地生育，並且透過教育培養這個意識。只有沒有受教育的人才會滿不在乎地繁殖；受過良好教育的人，會考慮他們到底想要多少個孩子。

湯普生在思考合作經濟的問題時，就已經有辦法引用法國早期社會主義者的作品。他熟諳傅立葉的著作，而後者又是受到霍爾、史賓斯和戈德溫的啟發。而湯普生也認識歐文，雖然對他越來越不假辭色，因為湯普生不認為新拉納克的計畫是未來的典範。如果少數利欲薰心的有錢人投資合作經濟模式而操奇計贏，我們又怎麼促進社會均衡呢？而有歐文這樣的先驅貫徹實踐合作經濟的結構，那當然是一件好事——可是推動者不應該是工廠主人，而是工人才對。

因為聲援合作社而遭到指摘的歐文，因為一次重要的經歷而更加富有。一八二四年，歐文失去他為了工人子女在新拉納克成立的學校的主導權。在學校裡實行的宗教寬容，對許多人而言是個眼中釘，尤其是有權有勢的教會。和合夥人的齟齬以及當局對他的敵意，使歐文漸漸萌生退意。在不對的社會裡不會有對的工作！他的新夢想是一個類似傅立葉的「法倫斯泰爾」的模範社區。可是為此他必須離開英國。他和八百個自願移民者搭船到美國的印地安納州，在那裡建立了新和諧村（New Harmony），它成了其後許多歐洲移民在美國打造的理念聚落的原型。這個由美國政府核准的計畫終究只撐了兩年，挫敗的原因有很多。隊友的組成太複雜，他們的動機則又南轅北轍，其中的理想主義者更是屈指可數，有些人就只是孤注一擲的投機者而已。自給自足在那裡滯礙難行，就連工作倫理也淪為空想，不同的團體之間為此爭吵不斷。歐文自己則一再搭船回到英國，處理他在新拉納克撤資的事。他的四個兒子和一個女兒一直住在新和諧村，但是嚴重水土不服，他們也眼見在美國、愛爾蘭、蘇格蘭和英格蘭群起仿效的合作社逐一早夭。

歐文在美國不僅有志難伸，而且幾乎損失了所有財產。身為思想先驅，他在倫敦成為合作社和工會運動的領袖。為工人階級代言的律師不僅要爭取工作條件和工作權，更呼籲全國各地禁止雇用童工，並為了全民教育、公共圖書館以及女權而奮鬥。一八三二年，他和湯普生的關係決裂。在印地安納州的經驗讓他學會了採取現實政治的路線。沒有政府或金融資本，就沒辦法建立一個國家。相反地，湯普生仍舊夢想著戈德溫和傅立葉意義下的自治合作社。對他而言，國家是個問題，而不是解答的一部分。

歐文的創造力始終源源不絕。一八三二年，他提出商品交易所的構想。人們可以在那裡以特定的工資交換商品，那是一種虛擬貨幣，不過不管是在英格蘭或伯明罕都很短命。到了晚年，他的政治觀點再度轉為激進，儘管聲望大不如從前。他越來越剛愎自用。到頭來，他自詡在思想上踵武富蘭克林（Benjamin Franklin）、傑佛遜（Thomas Jefferson）以及英美其他偉人，以他們的精神拯救人類於水火之中，迎向前程似錦的未來，並夢想著一個由「優越的男人和女人的靈魂」引導的「偉大的、顯赫的、未來的革命」[64]。他在逝世前一年出版了他的回憶錄。一八五八年，這位極一生無可如何之遇的革命家，在他位於威爾斯的家鄉新鎮以高齡逝世。

經驗的科學

- 庭訓嚴峻的孩子
- 平等的暴政
- 道德的科學
- 政治經濟學

庭訓嚴峻的孩子

一八五八年，在歐文逝世的那一年，兩百五十年的東印度公司時期也告終。在它終於解體的十 [163] 六年前，它在印度的資產都讓渡為英國殖民地的財產。其中一個在公司裡忠實服務了三十五年的主管也被解聘。我們談的是十九世紀最重要的英國哲學家**約翰．史都華．彌爾**（John Stuart Mill, 1806-1873）。

就像齊克果一樣，年輕時的彌爾也是一個教育實驗的受害者。他的父親**詹姆士．彌爾**（James [164] Mill, 1773-1836）要在他的大兒子身上從事一個大計畫。這位蘇格蘭記者和邊沁過從甚密，而他也意圖栽培約翰成為未來國會「激進派」（Radicals）的代言人。詹姆士和戈德溫以及歐文一樣，都相信環境會形塑一個人，這個觀點以「聯想心理學」著稱，和赫爾巴特有點類似。父親的意圖再虛榮不過了。他拿自己的兒子當作實驗兔子，首尾一貫地設計成一個沒有自我卻又優秀的靈魂。就像齊克果一樣，這個父親不讓他接觸同年齡的孩子以及其他有害的影響，獨自教育他的兒子，使他和社會孤立，像一部電腦似的灌輸他各種教材。他三歲就要學算術和古希臘文；八歲學習幾何和拉丁文。在他的休閒時間裡，則有休姆的著作、狄福（Daniel Defoe）的《魯賓遜漂流記》和吉朋（Edward Gibbon）的曠世鉅著《羅馬帝國衰亡史》（*The History of the Decline and Fall of the Roman Empire*）在等著他。

這孩子十一歲的時候，他的父親正在埋首撰寫他的《英屬印度史》（*History of British India*）。他則忙於父親從東印度公司帶回家的一大堆差事。父親的政治立場和邊沁很接近。對他而言，作為

「激進派」的成員，就是要以理性主義的角度衡量利弊得失。他認為社會主義是無病呻吟的東西，因為自私的人性根本不吃這一套。趨炎附勢的詹姆士和家財萬貫的邊沁一樣，把財產的保護視為至高善。他的兒子十三歲就要讀霍布斯和李嘉圖心腸冷硬的作品。讀書、做筆記、寫書摘、跟父親報告，這就是這個孩子的例行工作。為了讓他的弟弟、妹妹跟上進度，約翰還必須替他們上課。

在十四歲生日的前幾天，這個善解人意的孩子第一次到法國見識一下開闊的世界，寄宿在邊沁的弟弟塞繆爾（Samuel Bentham）位於土魯斯附近的家裡。他沒幾個禮拜就學會法語。當大人不再讓他看書，要他接觸其他思想時，他自己發現了法國南部的旖旎風光，一種對於生命的熱愛。他在大自然裡盡情漫步幾個小時，小心翼翼地找尋各種植物，確定它們的名字和分類。

回到英國以後，彌爾開始研究邊沁的作品。種子萌芽了：這個十五歲的孩子當下就被說服了，成為效益主義的熱情擁護者。父親為他安排的下一個訓練是學習法律，替他找了最好的老師**約翰・奧斯汀**（John Austin, 1790-1859），和邊沁一樣是法實證主義者。此外他還跟奧斯丁的太太莎拉學習德文，要不然他要怎麼讀康德的原文著作呢？這孩子的表現完全按部就班，準備要成為「世界的改革者」。一八二二年冬天，他召集朋友們成立一個效益主義學會。一八二三年，他到東印度公司上班。接著，「激進派」期刊《西敏寺評論》（*Westminster Review*）創刊。一八二五年，他成立了「倫敦辯論社」（London Debating Society）。❶彌爾當上邊沁的祕書❷，和英國新生代菁英們往來討論，也和歐文的信徒唇槍舌劍，其中包括湯普生，「一位相當難能可貴的先生」，他對彌爾讚

❶ 見：彌爾《約翰・彌爾自傳》，頁106-109，陳蒼多譯，新雨出版，2001。
❷ 邊沁請彌爾替他編輯其著作《審判證據的原理》，見：《約翰・彌爾自傳》，頁98-99。

[165]

譽有加。[65]

可是打擊也緊跟著來了！一八二六年冬天，一股巨大的空虛襲上這個年輕人心頭。他突然抽離開來，覺得自己只是一部設計完美的機器。他所做的每一件事，看起來對他都不再重要。沒有任何東西可以讓他快樂：「似乎沒有任何東西值得我為它而活。」[66]他漸漸察覺到自己為什麼感到苦惱，那就是「事實上，如果沒有養成其他心智習慣的話，分析的習慣很容易磨損感情，並且，分析的精神縱使沒有自然的補足物和矯正物也會持續著。」[67]❸

由於他欠缺心靈的教養，彌爾決定自己去培養它。不是透過豐富的生活歷練，而是透過他熟悉的書本。彌爾沉醉在浪漫主義的文學裡！❹他推翻了父親的看法，認為就算人們的行為舉止合乎理性和道德，幸福和快樂也不會以邏輯的方式來臨。效益主義不是數學演算，而是和有感情的生命有關，那是由思想和感情定義的生命。每個個體都有「內在的教養」，渴望自我開展，不管理性與否。於是，彌爾在這點和邊沁甚至是他父親分道揚鑣。這個兒子被設計成「思考機器」，從來沒有感受到愛、信任或融入。

一八三〇年，彌爾認識了蕙質蘭心又美麗動人的**海麗葉·泰勒**（Harriet Taylor, 1807-1858），才明白什麼是喜歡和愛情。當時二十二歲的海麗葉是一位倫敦富商的妻子。兩人迅即滋長愛苗，可是僅限於柏拉圖式的愛情——儘管如此，卻也成了醜聞。❺這段關係使得彌爾和他的家庭以及社交圈

❸ 引文中譯見：《約翰·彌爾自傳》，頁119。
❹ 指華滋華斯（William Wordsworth）的詩。
❺ 他們兩人相識二十年之後才結婚。

漸漸疏遠。和女朋友的思想交流是他唯一的慰藉。除了東印度公司的工作之外，他也筆耕不輟，寫了許多論文和評論。一八三一年，他替一份期刊《檢驗者》（*Examiner*）撰寫了一系列名為「時代精神」的文章，他對於當時「時代精神」這個流行語感到興味盎然。它難道不是意味著一種普遍的困惑嗎？「時代精神」顯然總是出現在重大變革的山雨欲來以及公共秩序的淪喪。就像其他人一樣，彌爾也覺得他的時代已經脫軌了——這個想法和剛剛出版《實證哲學教程》的孔德的意見不謀而合。

可是他要怎麼醫治他的時代？彌爾讀了聖西門主義者的著作，特別是孔德，並且對於他們的「大膽」以及「沒有偏見」印象深刻。[68]❻他在一八三〇年的革命期間到了巴黎而深受感動。他從聖西門主義者那裡「最大的獲益」是他們對於歷史進步的無條件信仰。他和孔德一樣，都認為人類歷史是一部進步的歷史，也把歷史劃分為穩定的時期和變革的時期。可是他對於社會主義的態度如何？他父親與邊沁都對社會主義嗤之以鼻，並且擁護經濟自由的不可讓渡的權利，邊沁甚至認為高利貸完全沒有問題。可是彌爾在聖西門的學生那裡讀到，「社會的勞力和資本應該利用於社會的全體利益。」[69]國家應該根據每個人的能力加以劃分階級，每個人也應該依據其產出獲得報酬。這兩者孰是孰非？追求直接效益的自由主義，抑或是重視「人類生活的至高理想」的社會主義？這個問題成了彌爾一生懸命的主題！

❻ 見：《約翰·彌爾自傳》，頁 138-141。

[167]

平等的暴政

一八三五年，一本對於彌爾的思想轉折影響甚巨的書從他手裡滑落，但是他的思考歷程卻並沒有劃下句點。那本書是**托克維爾**（Alexis de Tocqueville, 1805-1859）寫的，他是和彌爾同年的一位法國貴族。這位二十一歲的實習法官受政府委託赴美國考察，研擬種種改善法國司法體系以及獄政的觀點和措施。不過托克維爾不只撰寫了官方要求的關於刑罰系統的報告，還寫了一部包羅萬象的重量級作品，於一八三五年出版了第一卷：《民主在美國》（*De la démocratie en Amérique*）。

這個年輕的貴族在他書裡的一開頭就提出了一個振聾發聵的口號：「**新的世界需要新的政治科學**。」而托克維爾也打算這麼做。他想要擺脫種種成見，分析美國民主政治的優缺點，因為他認為美國可以告訴歐洲這個舊大陸要面對什麼樣的未來。托克維爾和孔多塞、聖西門主義者以及孔德一樣，都認為未來是預定了的：由一個迎向不斷進步的社會的世界歷程決定了。而這趟美國之行也的確讓他印象深刻。民主並非紙上談兵，它其實是個形諸法律正義理論的信念。唯有人們把民主內化，它才會順暢運作。民主文化體現在「民風」（mœurs）裡，亦即公民的態度、信念和互動模式也體現在生氣蓬勃的政治實踐之中。

彌爾讀了托克維爾的書後久久不能自已。托克維爾不正是展現了邊沁的冷酷理論所欠缺的東西：正義的實踐不只是原理以及數學加法的問題而已？在一個運作順暢的國家裡，心理和文化也是關鍵所在。而托克維爾關於適當的民主下層結構的看法也讓人耳目一新。他詳盡地讚揚美國的聯邦制度、地方自治，以及教會角色的自我克制；然而這和彌爾當時嚮往的聖西門主義精神正好背道而

[168]

馳。富強的國家並不能規範或確保民主，公民必須為他們自己的命運負起大部分的責任。

替這本書以及一八四〇年出版的第二卷撰寫書評的彌爾體認到：國家不可以壓抑公民的自主權！因為，托克維爾依據盧梭和孟德斯鳩的理路分析說，那是民主政治裡不可避免的結果。就連聯邦制之下的美國人民也太過信任國家了。他們並沒有到處積極行使其自由權，而是更加關心他們的經濟成就。聯邦結構對於自由的貢獻都被卑鄙的物質貪欲以及政治冷漠侵蝕掉了。國家公民變成了消費者，個人私利取代了共同感而甚囂塵上。可是當數百萬人民放棄了他們的政治意識，管理這個國家的就不再是他們，而是一個獨裁政權。自主權越是遭到限縮，官僚主義就越猖獗。任何事物都有繁複的規定和層層管理，到頭來就演變成「平等的暴政」，再也沒有人敢悖離規定。他們所謂的個人主義也只不過是在不同商品之間的個人選擇。公民喪失了讓國家運作順暢的東西，也就是自我管理的能力！他們再也沒有足夠的反省能力，也沒無法開展出任何理念或是政治動力。連自己都管不好的人，該怎麼正確選擇、管理他們的政府呢？在十九世紀初期提出的這個問題，過了一百八十年後，在川普的任期裡成了令人咋舌的現實情況。

一個自我節制的聯邦國家，最高標準的自主權和個體性，朝氣蓬勃的「政治文化」，沒有任何官僚主義，自由的公民參與而非強迫：托克維爾推薦的未來民主政治的藍圖和聖西門主義者大唱反調。如果說彌爾以前心儀孔德的威權國家的處方，那麼他現在則是完全厭棄了這個解決模式。在自由和平等的天秤上，他起初和父親與邊沁相反，堅決站在平等的這一邊，但現在則是在自由那一邊加上了砝碼。他和孔德魚雁往返的筆友關係結束了。彌爾後來讀到他的《實證政治學體系》並且想要驗證它。他駭然地發現這個「人類宗教」的佈道者眼裡的哲學家，其實扮演著中世紀教會的角

[169] [170]

色。他們不僅規定人們該怎麼思考，更規定人要信仰什麼。「這部著作代表了對社會和政治思想家的一種歷史性警告：一旦人們在思考中昧於『自由』和『個體性』的價值，就會有什麼後果發生。」[70] ❼

彌爾對於值得想望的政治文化的許多觀點都受惠於托克維爾，可是托克維爾對於自由與個體性價值的態度搖擺不定，這讓彌爾相當不解。身為法國的政治人物，這位民主之友對於政治的澈底經濟化相當不以為然，路易腓力政府裡的強人，法國首相**基佐**（François Guizot, 1787-1874）就是其中的代表人物。基佐反對普選權，並主張只有百分之二的人民擁有選舉權，卻致力促進人民的經濟富庶。就像他對於美國的評論，托克維爾憂心忡忡地說：凡事只知道要追求富裕的人，都怠忽了身為國家公民的任務和責任！可是這位貴族一踏上殖民地的土地，他的看法瞬間丕變。他大言不慚地引述洛克的話說，美洲印地安人固然定居在他們的土地上，卻沒有佔有它，因為他們沒有適度地開墾它。更不堪的是，他不斷鼓吹要不擇手段地從奧斯曼人手裡奪走阿爾及利亞，把它變成法國的殖民地：「在法國，有些我尊重但不贊同的人跟我說，燒掉農作物、洗劫糧倉，最後甚至關押手無寸鐵的人、婦女和孩子，是相當惡劣的行徑。然而我認為，任何民族如果要跟阿拉伯人打仗，那只是必要手段而已。」[71] 他主張在阿爾及利亞扶植種族隔離的政權，殘忍地鎮壓和剝削人民，至於自由、個體性和政治文化都只是空談而已。托克維爾在美國和法國倡言「民風」，卻認為阿爾及利亞的殖民者大可以把這個玩意兒拋在腦後。

[171]

❼ 引文中譯見：《約翰・彌爾自傳》，頁175-76。

彌爾這位筆友的帝國主義觀點讓他相當憤慨，在一八四一年他甚至和托克維爾斷絕往來。對人的雙重標準，因對方是歐洲人或阿拉伯人和印度人而異，這嚴重牴觸了他的信念。他對於民主黨主張的平等與共和黨主張的自由信念使得他形隻影單，就連議會裡的「激進派」也不願意對他伸出援手。彌爾支持他們，卻認為他們只是泛泛之輩。他父親為《西敏寺評論》這份季刊寫了許多文章，一八三六年，他在父親死後接手擔任發行人，卻對於刊載的文章頗有微詞。一八四〇年，就連他也揮白旗了。[8]他需要時間撰寫兩部醞釀已久的作品。第一部作品意欲闡釋，人對於世界和社會如何獲得確切的知識。第二部作品則是把政治學和經濟學熔於一爐，說明如何盡善盡美地建構和管理一個自由社會。

道德的科學

彌爾是個小心謹慎的思想家，他會反覆檢驗自己的觀點。他花了十年的時間才寫成他的第一本書。《邏輯體系》（*A System of Logic*）一直到一八四三年才終於問世。這個主題乍看之下或許讓人訝異，但是彌爾的興趣並不在邏輯本身。就像以前的哲學家一樣，他也要把盤子擦乾淨，揩掉他認為前人留下的灰塵。他認為哲學是所有自然科學當中最高等的科學。礦物學家和道德哲學家**休爾**（William Whewell, 1794-1866）也如此主張。這位博學多聞的劍橋大學教授於一八三四年時，破天荒地創造了「scientist」這個語詞。當彌爾還在醞釀他的《邏輯體系》的時候，休爾先後出版了兩

[8] 彌爾於該年把雜誌轉讓給希克遜（Hickson）。

本大部頭的著作：一八三七年的《歸納法科學的歷史》（*History of the Inductive Science: From the Earliest to the Present Times*），以及一八四〇年的《歸納法科學的哲學》（*The Philosophy of the Inductive Science, Founded Upon Their History*）。

在一八三〇年到四〇年間，各種自然科學突飛猛進。一八三一年，英國實驗物理學家**法拉第**（Michael Faraday, 1791-1867）在倫敦發現了「電磁感應」現象，為蘇格蘭物理學家**麥克斯威爾**（James Clerk Maxwell, 1831-1879）於一八六四年提出的電磁學理論奠定了基礎。海爾布隆的**馮邁爾**（Julius Robert von Mayer, 1814-1878）提出了熱力學第一定律。基森的**利比希**（Justus von Liebig, 1803-1873）主導了食品和農業化學的革命，創立了有機化學。各種自然科學的學會往來熱絡，各大城市競相建造自然歷史博物館，而各地的研究所也如雨後春筍般地成立。

意圖推動人類進步的人莫不鑽研**科學**（science）。正如以前對於自然的探究，現在人們也開始探究人類自身。可是**科學**唯有以科學的方法按部就班思考它的基礎，它才會是一門哲學。可是方法有哪些呢？哲學如何獲致不容置疑的真理？彌爾感覺自己的政治觀點正進退維谷，亟需一塊堅固的基石。他並不想成為一個大哲學家。可是如果沒有像霍布斯、洛克或休姆那樣大破大立地開展建立一個知識論，終究也只是街談巷議而已。知識論裡有兩個典型的問題：第一，**我怎麼知道我知道什麼**？第二，**真實究竟有多麼真實**？彌爾只對第一個問題有興趣，至於洛克、休姆、特別是柏克萊都搜剔枯腸地探究的第二個問題，他則是興趣缺缺。

[173]

彌爾以《邏輯體系》打敗的對手是眾多以**直觀確定性**為基礎打造其知識論的哲學家們。將近兩千年以來，這個直觀確定性多少都和「上帝存在的證明」有關。在十七世紀，它則和數學扯上關係。笛卡兒、斯賓諾莎和萊布尼茲相繼探討「上帝存在的證明」以及數學問題，並且以數學方面的見解推論出他們的「理性主義」體系，而十七、八世紀英國的「經驗論者」則是強烈反對這個取徑。對於洛克、柏克萊和休姆而言，絕大多數的知識都源自於經驗。可是爭點就在於這個「絕大多數」。因為數學自始至終都是個無解的難題。數學命題難道不具有直觀確定性嗎？當康德在《純粹理性批判》裡，匠心獨運地在理性主義以及經驗論之間劈腿時，他把數學的確定性解釋為「先天判斷」，一種既是**直觀的**而又**恆真的**知識。它們不必在經驗世界裡被驗證。

在這個問題上，彌爾堅決持反對立場。他把支持直觀確定性的各種論證一股腦地丟進一只鍋子裡。其中的細膩差別對他並不重要，他自始至終重視的就只是社會秩序和政治的問題。對他而言，直觀真理的信徒是相當明確的假想敵。他們要不是英國議會裡的保守派，就是意圖以無法證明的命題與成見阻撓社會進步的人。「主張人可以以內在直觀或者意識認識到外在真理，而不必依靠觀察和經驗，我認為這種觀念正是時下種種秕言謬說以及邪曲制度的思想支柱。有了這種理論為其奧援，任何根深柢固的信念與來源不明的強烈感覺都豁免了以理性加以辯護的義務，誑稱它本身就是足夠的保證和辯護。從來沒有人發明這麼順手的工具，居然可以把所有積重難反的成見都神聖化。」[72][9]

如果說直觀的確定性以及先天判斷都不存在的話，那麼經驗就成了知識的唯一來源。所有知識最初都源自於感官經驗。我們依據這些經驗做出各種推論，而不是依據我們在心裡透過反省找到的

❾ 引文中譯另見：《約翰・彌爾自傳》，頁186：「intuitive」宜譯為「直觀的」而不是「直覺的」。

法則。彌爾以此為基礎構畫了一種邏輯，我們在下文會詳盡地論述它。在《邏輯體系》裡，只有最後一部「論道德科學的邏輯」（On the Logic of the Moral Sciences）和他的政治意圖有關。

道德科學（moral sciences，彌爾的這個術語在德國被譯為「Geisteswissenschaften」）應該依據什麼邏輯去推演？它和自然科學並無二致，因為人類也是自然的一份子。就像孔德一樣，彌爾認為道德科學也是自然科學。而**歸納法**則是它最重要的知識方法，也就是從殊相推論出共相的方法。可是不同於孔德，彌爾並不求助於生物學，他認為更重要的是普遍的科學方法學。

他要為道德科學解決的首要難題，就是意志自由的問題。因為人之所以異於禽獸，難道不就是在於他擁有自由意志嗎？如果說人的行動是自由的，而非依據固定的自然法則，那麼自然科學的方法如何適用於人類？這個問題必須上溯到古代。就像叔本華一樣，彌爾尤其沿襲了休姆的思想。後者這位英國最重要的啟蒙運動哲學家，否認有自由意志這種東西。在一個凡事都以「原因」和「結果」的因果律模式去思考的世界裡，自由是無法經驗到的。驅動人類的是一種動機，而它則又是另一個動機的作用。我的整個心理就是一個接一個相生不斷的動機序列，而決定我的行為的始終是那個最強烈的動機。叔本華由此推論，意志是種隱晦不明的形上力量，一個神祕的自然必然性：我無法意欲我所意欲的東西。

可是彌爾卻依據休姆的說法得出迥然不同的推論。如果說任何動機和行為都只是前面的動機和行為的結果，那麼重點就在於盡可能探究那些促使人從事特定行為的種種環境。在休姆的定義下，意志或許沒有自由可言。但是這並不意味著人沒辦法影響相續不斷的動機序列。一個在愛的呵護下成長的孩子，他的行為會完全不同於一個沒有愛的孩子，儘管他們的行為動機都是建築在前面的行為動機之上。

意志的不自由以及因為心理條件而改變行為的可能性，這兩者並不互斥——這是彌爾對於意志問題的看法。困難之處在於人心深微窈冥而錯綜複雜。那麼由數百萬個這種深不可測的人心組成的社會，豈不是更加複雜嗎？彌爾和孔德一樣，認為道德科學和社會科學是所有自然科學當中最困難的。天文學和礦物學也已經面對了大量難以準確預測的數據難題。而社會則更是捉摸不定，許多社會事件和演變就像天氣一樣測不準。

那麼**道德科學家**到底能有什麼**具體**作為呢？他必須從事動物行為學的研究，也就是探究人的性格及其行為的科學。從前的「人類學」以及在彌爾的時代所謂的「心理學」，必須成為精確的科學。「心理學」（psychology）一詞在一八三〇年代於英國蔚為流行，當時呼風喚雨的蘇格蘭哲學家**漢彌爾頓**（William Hamilton, 1788-1856）把這個名詞普及化。以心理學為基礎的動物行為學必須發展成**政治行為學**，並且成為一個盡可能精確研究人在社會與國家裡的行為科學。不過顯然道德科學家沒辦法完全以歸納法進行研究，因為他為此必須對團體和族群的行為進行實驗（正如現在的心理學的大量實驗）。可是在彌爾的實時代，這種實驗幾乎是不可能的事，尤其是涉及政治的問題。於是，由共相逐步推論到殊相的**演繹法**也佔有了一席之地。歸納法有助於建立**行為模式**，而演繹法則是旨在釐清行為的**原因**。

整體來說，彌爾為道德科學家區分了四種方法：化學的、幾何學的、物理的和歷史的。前兩種不是很實用，要不是得不出什麼結論，就是推論錯誤。如果我們像化學家一樣研究人類，到頭來只會是單純的個別觀察。他會看到洞機和行為的大雜燴，卻沒辦法得到深遠廣泛的知識。因為化學家

[176]

並不會從觀察中得到更進一步的推論，他所觀察的層次也就是他所解釋的層次，一切都停留在經驗上。幾何學家則大異其趣，他會以一個定義為起點，由此推論出其他所有定理。彌爾這麼寫的時候，他心裡想到的是父親探討政府的一篇論文。就像邊沁一樣，詹姆士．彌爾也把人類定義為利己主義者，其意欲和行為始終是針對有利於自己的事物。任何政治正確的進一步推論都是以這個定義為基礎。可是誰說那是正確的呢？幾何學家到頭來也只是證明了他已經知道的事。對於一個新的社會科學而言，這個方法並不合適，因為裡頭有太多成見了。

接下來還有第三和第四個方法。不同於幾何學家，物理學家（尤其是天文學家）看到各種不同相互作用的力。相較於任何說明人類驅力的明確定義，這個想像更接近人的心理。赫爾巴特（彌爾沒有讀過他的作品）應該會覺得心有戚戚焉。可是彌爾所謂的天文學家頂多只是看到原因而探究其作用。相反地，**道德科學家**差不多都是在探討各種作用的原因。在特定情況下，為什麼人會那麼做？其潛在的行為模式和規律是什麼？如果我想要讓社會變得更好，我就必須認識它。究其極，只有第四個方法才能回答這個問題。它必須「以歷史的觀點」加以考察，才能從人的行為推論出推動它的理由。就像那個法國人一樣，彌爾也意圖明確地定義了人類行為的種種規律，以作為打造理想社會的基礎。

可是彌爾並沒有實現他的研究計畫。他並沒有孔德那種一意孤行的義憤和使命感。除了他在東印度公司賴以為生的工作以外，他沒有什麼時間深入研究動物行為學。由於時間有限，他必須盡快解決經濟和社會的問題，而沒辦法對人類性格的每個成因從事經驗性的研究。不諳現實政治的孔德建築了他的童話城堡，在書桌前指派哲學家擔任傳教士，把教會變成人類宗教；彌爾卻是致力於現

[177] [178]

實事務的種種建言。在海麗葉的大力協助之下，他寫了一部理論清晰而又建言務實的作品：《政治經濟學原理》（*Principles of Political Economy*）。

政治經濟學

一八三六年，彌爾思考著如何在孔德和托克維爾之外另闢蹊徑以正確地實現效益主義。他寫了一篇短文：〈政治經濟學的定義和方法〉（*Definition and Method of Political Economy*）。**政治經濟學**（political economy），在「道德科學」之外，這個神童又為英美哲學創造了另一個流行概念。政治和經濟（和現代的政治學以及經濟學不盡相同）不應該那麼涇渭分明，而是要相互參照地思考。因為從事經驗性研究的經濟學家並沒辦法臧否經濟政策的優劣，經濟政策的好壞和它們的**目標**有關。經濟政策的重點不僅僅在於如何提高生產力或分配商品，更是取決於我認為它是否**公平**及其理由。它提出了一個根本的問題，也就是自由和平等的可能性和界限。簡言之，所有重要的經濟學問題都不只是經濟上的問題而已。它們也是心理的問題、文化的問題，更是哲學的問題！

彌爾於一八四八年出版的《政治經濟學原理》正是沿著這個途徑思考。不同於他父親以及邊沁，彌爾不想對人性問題提出任何確切的答案。邊沁認為人是自私自利的，那對於彌爾而言只是片面的看法。畢竟不是所有人都只知道追求財富而已。許多人耽於安逸，喜歡揮霍和享樂，尤其是心靈資糧。人渴望的東西不只有一個，而是包羅萬象的。而**自由**和**權力**無疑是其中最強烈的需求。我需要有依據我的意志而作為和不作為的自由，我也需要擁有依據我自己的想像去打造世界的權力。如果人們的自由受到威脅，他們往往會不惜為了它犧牲物質的利益，這點更加確定證明了不是每個人都只知道要追求財富。如果說彌爾那個時代的工廠老闆以及金融騙子自己什麼好處也沒有，而把所有資本都拿去轉投資，他們豈不是喪失了對於享樂的興致，進而違反了自己的本性嗎？

傳統裡，把人當作天生的商人抑或是英國自十七世紀以來流行的「商務人」（homo mercatorius）⑩，彌爾認為那太短視了。洛克和亞當．斯密的人性觀亟需修正。儘管彌爾在其著作的前言裡稱讚亞當．斯密為楷模，卻也認為有必要以「時下拓展的知識與進步的觀念」改寫這位偉大的國民經濟學家的想法。「國民經濟必須走出它的年幼無知」，適應道德科學裡的新氣象。[73]

對於彌爾而言，「當下最好的社會觀念」和十八世紀末亞當．斯密的那個年代再也不一樣了。依據社會裡的勞動和生活水準加以分配的這種邏輯，不能僅僅以經濟學為其依據。亞當．斯密強調市場中那「看不見的手」，而彌爾卻更重視國家這隻看得見的手。此外，亞當．斯密也沒有在**生產法則**和**分配法則**之間做區分。如果說生產效率的提升會導致利益分配的極不公平，那也只好如此。相反地，彌爾則不明白亞當．斯密為什麼把分配的問題都交給經濟去解決，而不求助於國家。他和亞當．斯密都盡量不想限制企業家的自由以盡量提高生產效率，可是他也相當關心每個工作者都應該分到他應有的獲利。

彌爾和馬爾薩斯都認為人口過剩是個嚴重的危險，因為「相較於比較少的人口」，「人口比較多的時候，供給就沒有那麼充分」。[74]不過這個擔憂不能成為財富分配不均而致使野有餓莩的理由。彌爾也不同意戈德溫認為財富的公平分配是解決人口過剩問題的最佳手段。對於彌爾而言，人

⑩是英國商人約翰．惠勒（John Wheeler）在其著作《論貿易》（*A Treatise of Commerce*, 1601）裡提出的。

口過剩一直是個難題，即使「生產工具被當作共同財產為整體人民所佔有，而收益也完全公平地分配」。75

財富分配得宜可以降低出生率，戈德溫的這個假設在二十世紀的歐洲得到明確的證實，不過彌爾並沒有看到這點。他認為大眾的福祉取決於人口沒有成長過快。他不知道富裕會反過來影響人口的增加。由於他在這個關鍵上的錯誤，使得他不得不採用連自己都不相信的手段來解決人口成長的問題：增加外國農產品的進口，由政府管控人口外移比率。

至於生產法則，彌爾則是站在著名的前輩亞當・斯密和李嘉圖的肩膀上，認為土地、勞動和資本是三個決定性因素。他闡述分工的優點以及增加資本的必要性，不過也根據歐文在新拉納克的經驗，認識到工作動機的心理學也是重要的生產因素之一。彌爾夢想著教育英國工人，卻又擔心所有人「平等」的想法會使他們好逸惡勞又叛逆。亞當・斯密和李嘉圖竭力擁護的自由貿易，在彌爾眼裡也是憂喜參半。對於國際市場自由放任**總是**有好處的嗎？不同於他的前輩們，彌爾不認為那是什麼自然法則，也沒有邏輯上的必然性。我們不需要關稅保護以扶植若干領域的國內經濟，加強它們的競爭力嗎？

[181]

即使是土地的有效利用，苦思冥想的彌爾也不無疑慮。他在《政治經濟學原理》第四卷裡提出的質疑，是除了傅立葉以外，以經濟學角度對於資本主義的最早批評之一。「我也不樂見人們在思考世界時沒有為大自然保留任何休養生息的空間，每一塊可以種植糧食作物的土地都要加以開墾，每一片花海或是草地都要掘翻，所有沒辦法馴化而且會破壞作物的鳥獸都要消滅殆盡，所有灌木叢或蔓生的樹木都要連根拔除，就算不是為了改良耕作而除草，也不能讓任何一株野草或野花有生長的地方。如果因為財富和人口的無限制增加使得地球必須失去它大部分的優雅，僅僅是為了養活不斷增加卻沒有更快樂的人口，那麼我衷心盼望，為了後代子孫著想，在他們被情勢所逼之前，他們可以安於停滯狀態。」[76]

[182]

「停滯狀態」（stationary）是彌爾自創的概念。為了生產更多的財富並且公平地分配它，經濟當然必須成長；但是它不可以**無限制地**成長，否則它會毀掉整個大自然。所以說，資本主義經濟必須內建一個內在界限。而且並非只是出於經濟學上的理由，還有心理學上的原因：「我不知道那算什麼值得慶賀的事，如果一個人的財富超過任何人的生活所需，卻又要加倍他們消費事物的工具，除了作為財富的象徵之外，它們並不會讓他更快樂。」[77]

可是他怎麼會認為財富以及剝削應該有個限度？彌爾並不主張任何形式的革命。即使現二十一世紀迫在眉睫的問題正是他提出來的：如果所有資本主義的經濟就其系統而言都是為了成長而打造的，那麼我為什麼會來到一個「停滯狀態」？現在所謂的後成長社會（post-growth society）究竟是什麼樣子，它是如何運作的？人們又該如何應對？除了依賴「聰明和節制」之外，彌爾想不出別的辦法。而成長會不會是系統的必然要求，而不是個別投機者貪求無饜的自然結果呢？

彌爾在十九世紀中葉提出許多正確的問題，可是找不到答案。財產和公平分配的問題亦復如是。在這裡，他不是約翰．彌爾，而只是個探索者。在海麗葉的影響之下，彌爾兩次大幅度修改了《政治經濟學原理》，每一次改版都更加肯定社會主義的重要地位。然而到了晚年，他卻又和它漸行漸遠。對於彌爾而言，人不會因為對於財產擁有自然權利，財產就應該屬於他。在這點上，他和洛克、亞當．斯密以及李嘉圖的意見大相逕庭。擁有財產之所以是好的並且正當的原因是在於他知

[183]

道怎麼**利用**。所以說，工廠主人擁有機器為其財產，其正當性在於他可以藉此增加生產效率。因此，財產分配的不公平不一定是錯的。就此而論，彌爾的看法和傅立葉很接近，並且認為他除了若干不切實際的期待以外，「自成一格地證明他是個天才」。[78]反正沒有人會妄想有完全公平的財產分配規定。如果要真的實行完全公平的財產分配，就必須先改變人的生存條件並且推動教育。彌爾在這點上支持戈德溫和歐文的看法。社會主義一直是個美好的願景，但是如果人們在共同感、教育和文化方面沒有按部就班地發展，它就不可能實現。

基於這個理由，彌爾認為在他的時代裡找不到資本主義的替代品。但是這並不意味著更美好的明天的大門就此深鎖。或許哪一天經濟學真的會變成一種福利經濟學也說不定？或許戈德溫和傅立葉的合作社真的比彌爾那個時代的工業生產更有效率？再怎麼說，它們會公平一點。可是我們有辦法想像一個沒有真正競爭的經濟嗎？人們如何在合作經濟底下維持競爭力呢？我們該如何像傅立葉的想像以及聖西門主義者的救贖計畫一樣，阻止一個剝奪個人自由的幸福體系（Beglückungssystem）的獨裁？

這麼多一針見血的問題，這麼多鞭辟入裡的思考！正如在彌爾之前的許多哲學家一樣，他宛如一個獨弈的棋士，而黑子總是獲勝。沒有棋鼓相當的對手就不會激發出好的點子！無可奈何的他，幾乎總是選擇折衷的立場。聖西門主義者主張的廢除繼承權有其道理，然而什麼也不留給自己的孩子則有待商榷，因為那會扼殺了動機。提高工人的待遇是對的，可是所有人的工資都相同則是錯的，因為這樣偷懶的人的工資會和能幹的人一樣。史賓斯和傅立葉主張支付每個人「基本收入」是對的，雖然只是對於最貧窮的人的最低基本保障。彌爾也和歐文一樣反對童工，卻不主張全面禁止。

彌爾致力於更公平地分配經濟收益，因而被當時的英國人叫作「激進派」和「社會主義者」。他終其一生都不確定究竟哪個標籤適合他。無論如何，他認為長遠地看，資本主義沒有任何可行的替代方案，也深信競爭和競爭力具有正面的效果。彌爾心目中的政府不是不受限制的推動者，就像聖西門所主張的一樣，但是他也不同意戈德溫和傅立葉廢除政府的看法。

這也難怪他的政治經濟學儘管都只是些溫和的改革意見，卻讓一個年輕人相當反感，這個年輕人在《政治經濟學原理》剛出版的時候搬到倫敦。對於這個日耳曼年輕移民而言，彌爾是個「資產階級的經濟學家」，一個過時的人物。彌爾眼裡的人性及其需求，其實都只是生存條件的問題。這個資產階級的經濟學家沒有以階級和歷史歷程的角度去思考，而是把他的社會當作唯一的社會，把當時英國人的需求當作人類的需求。關於人們真正面對的未來是什麼，這個德國年輕人在彌爾的作品出版同時寫了一本既不容妥協又立場鮮明的檄文。我們說的是**馬克思**（Karl Marx, 1818-1883），以及他的《共產主義宣言》（*The Communist Manifesto*）。

唯一真正的共產主義

歷史還要走下去

一八一八年三月，叔本華在他位於德勒斯登的旅館房間裡完成其《作為意志與表象的世界》的[186]手稿，一份探討不自由的意志以及對於世界歷史的悲觀主義的手稿。兩個月後，一八一八年五月五日，距離德國拼布地毯西邊兩百公里，一個男人在特里爾出生了，他會以其意志和想像力、以自柏拉圖以降的哲學家們都力有未逮的方式改變整個世界，這個人就是卡爾·馬克思。他的哲學也會是對於世界歷史的樂觀主義，並且相信有為者的自由意志隨時都可以改造世界。在馬克思那裡，人固[187]然是自然以及世界事件的一部分，它猶如一部冷酷的機器推動著世界的運轉，把一切都拖著一起跑。可是操縱世界歷史的動力機器的卻不是什麼神祕莫測的意志，而是人類。

這位現代最具影響力的思想家出生的城市特里爾，其實只是個大一點的村子，或者說是一個居民只有一萬兩千人的小鎮。馬克思出身於一個古老的拉比家庭，他父親在他出生前不久歸信基督教，因為唯有如此，他才可以在普魯士政府底下擔任律師。他那後來聞名遐邇的兒子是家裡唯一的男孩，有若干姐妹。❶馬克思家境不虞匱乏，加上父母的悉心呵護，才智出眾的他成了中學班上最年輕的男孩。他其中一個姐姐的摯友的父親是他的思想導師：**路德維希·威斯特法倫**（Ludwig von Westphalen, 1770-1842）❷。這位貴族在普魯士樞密院任職，比馬克思的父親更加熱中政治。他父

❶ 馬克思家裡一共九個小孩，他排行老三，有個哥哥莫里茲（Moritz）早夭，他因而成為長子。
❷ 他後來成了馬克思的丈人。

親為人謙遜低調，而路德維希則會和年輕的馬克思熱情地談論聖西門。可是這位導師不是僅喚起了馬克思對政治的興趣以及革命的理念而已。這個孩子自小就展現倨傲不遜的野心，想在這個動蕩不安又充滿各種烏托邦的世界裡扮演要角。可是那會是什麼樣的角色？

如他父親所願，馬克思高中畢業就到波昂了無生趣地唸了兩個學期的法律，不過他倒是很喜歡當時年近古稀的**席列格**（August Wilhelm Schlegel, 1767-1845）開設的講演課。這位馬克思心儀已久的浪漫主義者在大學裡擔任「印度學」的教席，教授比較文學和語言學。不過馬克思一逮到機會，立即於一八三六年搬到在當時德國地位扶搖直上的大城市柏林。馬克思覺得在波昂成不了什麼氣候，柏林才是他的正確選擇。一八〇九年在洪堡奔走之下成立的大學，也成了當時德語區的學術重鎮。在法學家當中，**薩維尼**（Friedrich Carl von Savigny, 1779-1861）堪稱學界泰斗。馬克思跟著**甘斯**（Eduard Gans, 1797-1839）攻讀刑法和普魯士民法，甘斯是德國思想之父黑格爾在柏林大學逝世前幾年的學生。馬克思剛到普魯士首都時，每個人都在談這位大哲學家。黑格爾的一大堆學生佔據了教席，他們像黑格爾一樣擁護普魯士，認為它是理想的國家，在那個社會裡，在正確的體制裡自我開顯的人類精神終於可以回到它自身。因此，他們來到了「歷史的終點」。

可是歷史並沒有停下腳步，它在柏林洶湧澎湃而沸騰。不是只有顛覆、動盪和變革的法國和英國才是時代的象徵，工業化也正在席捲普魯士，他們也聞到了經濟變革的煙硝味。學生會的成員對於時代精神作出了回應，要求一個統一的德意志。「革命」一詞的耳語不脛而走。不同於為現狀辯護的所謂右派黑格爾主義者（Rechtshegelianer），馬克思的老師甘斯認知到社會巨大變革的需要。他看到普魯士境內有四分之三的人家無儋石。他痛批政治一點用處也沒有，而人民也無法與聞國是，他更指責專制政府以審查和拘禁凌虐批評它的公民。對於甘斯而言，這一切都不可能是「歷史的終點」。這位黑格爾的學生不同於他的老師，他認為一八三〇年的法國七月革命並不是違法犯禁，而是歷史朝向自由的進步。也許他不像學生會的成員那樣夢想著「民主」和「共和國」。身為忠誠的公僕，甘斯堅持主張君主立憲國家。可是他也衷心盼望各個民族國家的大融合。他的理想是一個自由主義的、社會主義的、統一的歐洲。

甘斯的政治觀點反而沒有他對於經濟的看法那麼激進。「如果我們把人類當作畜牲一樣剝削他們」，他寫道，那麼那不是自由，而是「奴役」。[79]比主張成立各種「公會」的黑格爾立場更一貫的他說，「公有化」是對抗剝削的利器。甘斯對於種種剝削的大加撻伐，讓馬克思聽了有如醍醐灌頂。可是他才到柏林不到兩年，他的恩師就因為中風而溘然長逝。

在馬克思下一個重要的思想成長過程裡，他遇到了年輕的神學講師**布魯諾・鮑爾**（Bruno Bauer, 1809-1882）。他以作為右派黑格爾主義者起步，沒多久就和原本是對手的基督新教神學家**史特勞斯**（David Friedrich Strauß, 1808-1874）引為同調。史特勞斯在杜賓根埋首鑽研關於耶穌生平的文獻，寫成了《耶穌傳》（*Das Leben Jesu, kritisch bearbeitet*, 1835），在神學界引起大地震。我們認識的歷史裡的耶穌的一切，其實都不算數。史特勞斯認為這個出身拿撒勒的男子是個「神話」。因為基督徒對於「基督」的任何想像，都和這個歷史裡真實存在的人無關。

鮑爾立刻被說服了。他和其他左派黑格爾主義者（Linkshegelianer）組成一個年齡相仿的批評者圈子，其中也包括比他年輕九歲的馬克思。馬克思為了加入學圈裡的討論，囫圇吞棗地讀了若干關於黑格爾的基本知識。而他也在史特拉勞半島找了一家旅館投宿，因為鮑爾的「博士俱樂部」夏天都會在那裡聚會。他們在城裡法國人街的一家咖啡店碰面，馬克思也在其中。不過他還不是他們[190]的代言人。當「博士們」在討論黑格爾以後或超越黑格爾世界歷史的進展時，都會由年長者設定議題。他們熱烈地討論一個人的思想，但是那個人卻不在場，那是一個在當時屬於法國的布魯克堡依靠股息生活的傢伙。

費爾巴哈

費爾巴哈（Ludwig Feuerbach, 1804-1872）其實前途不可限量。他的父親是聲名顯赫的法學家、現代刑法的創建者，而他和七個兄弟姐妹在書香門第之下成長。費爾巴哈的大哥約瑟（Joseph Anselm Feuerbach）是古典語言學和考古學教授，約瑟的兒子他和同名，是個畫家。二哥卡爾在二十二歲時就拿到了數學博士，證明了關於三角形內切圓的「費爾巴哈定理」。三哥艾德華在慕尼黑和埃朗根擔任法學教授；弟弟腓特烈則是語言學教授。

費爾巴哈童年時住過慕尼黑、班堡和安斯巴赫，他是個相當勇敢、安靜而勤奮的孩子。他的信仰是唯一與眾不同的地方，雖然和基督新教格格不入，但是在一個特別世俗化的家庭倒是挺合適的。他小時候就和拉比學習希伯來文，往後想要成為一個神學家。可是費爾巴哈的信仰並沒有妨礙他對意圖拯救「臥病在療養院裡的祖國」的自由批判運動的同情。[80]此外他也受到三個哥哥的鼓勵，他們都在學生會裡相當活躍，為了建立新德國的問題和人唇槍舌劍：一個統一而自由的共和國。日耳曼邦聯議會通過卡爾斯巴德決議之後，三個哥哥都和政府當局起了衝突，而被控叛國罪。[191]所幸巴伐利亞國王的懷柔主張使他們免於身陷囹圄。

一八二三年春天，費爾巴哈獲得皇家獎學金到海德堡求學，主修基督新教神學。可是他心裡最景仰的不是父親的朋友、自由派的志同道合之友海因利希．保羅（Heinrich Eberhard Gottlob Paulus），而是保守派的卡爾．島布（Karl Daub）。島布是黑格爾的朋友，熟諳他的哲學，於是費爾巴哈立即認識了這位大名鼎鼎的德國哲學家的重要性。他在海德堡只唸了兩個學期，接著就到柏林去上這位大師的課。現在他改唸哲學，盡情啜飲黑格爾的講演課，黑格爾也對他讚譽有加。

可是費爾巴哈必須回到巴伐利亞完成他的學業。一八二六年，他心不甘情不願地搬到安斯巴赫，接著又到埃朗根攻讀解剖學，可是他更熱中於古代哲學的研究。一八二八年，他以論文《理性的無限性、統一性以及普遍性》（*Die Unendlichkeit, Einheit und Allgemeinheit der Vernunft*）拿到博士學位，並且仍以遵循黑格爾路線的年輕哲學家自居。他在理性裡看到比個別人類更浩瀚無垠的東西，然而它卻又和人類互依互恃：「我思考，故我是所有人。」[81]無論如何，費爾巴哈在一個重要的問題上超越了黑格爾。因為對他而言，自從理性獨裁的時代降臨以來（黑格爾認為是在十九世紀初），就開啟了「歷史新頁」。黑格爾認為那是永恆的終點，但是這個野心勃勃的年輕思想家卻認為這是巨變的開端。

費爾巴哈二十五歲就在埃朗根大學擔任講師，費希特和謝林也在那裡教過書。可是他沒辦法以那些著名前輩的思想為起點，因為他並不認同觀念論的主體哲學以及它的「自我」和「自身」的開端。他的哲學追求的是比人類更大的東西，那是他以前念茲在茲的深層渴望。正因如此，費爾巴哈才會如此推崇黑格爾，又想要擴建黑格爾的思想大廈。於是他一頭鑽進被黑格爾嗤之以鼻的心理學，更自我充實自然科學的知識，而那也是黑格爾不怎麼重視的領域。

但是費爾巴哈之所以背叛黑格爾，並不是因為擴建了他的大廈，而是因為政治的緣故。一八三〇年七月，巴黎公民又築起街壘以抵擋政府當局的攻堅。黑格爾遺憾地看到歷史其實還是在走下去，革命的浪潮同樣席捲了日耳曼。不只是學生們，還有學生會和工會，他們的夢想總算要實現了嗎？還有一些小市民、牧師、農民和工匠，都渴望終結專橫的貴族政治，迎向一個統一個共和國。有些人甚至鼓吹財產關係的革命，例如年輕的醫學系學生畢希納（Georg Büchner）的《黑森快報》（*Der Hessische Landbote*）。而一八三二年五月二十七日，漢巴哈集會（Hambacher Fest）❸的高潮更是催生了各地各種政治示威活動。

費爾巴哈的熱情也被點燃了。就在法國七月革命不久之後，他出版了一本書名很長的作品：《論死亡與不朽》（*Gedanken über Tod und Unsterblichkeit aus den Papieren eines Denkers: nebst einem Anhang theologisch-satyrischer Xenien*）。這本書是他拋棄自己信仰的個人解放。費爾巴哈跳脫了自我，以犀利的語詞和生動的語言，闡述從頭腦冷靜的羅馬人到喜歡說教的基督新教，歐洲人是如何逐步打造一個理想的彼岸。以心理學觀之，這一切都是可以理解的。然而令人不耐的是源自神的自我中心形象。神怎麼會以自己的形象造一個人，卻讓他擁有人的所有屬性呢？基督教的神是個「父親、警官和更夫」，是依據一個渴望長大的卑微自我的需求虛構而來。如果人在心裡感受到的是真正的靈性而不是自我主義，他應該會不喜歡這種位格神。只有泛神論（Pantheismus）才是真正屬靈的。基督徒以神為名的理想化的人，在費爾巴哈眼裡其實是「愛」和「自然」。

❸ 在那天，巴伐利亞的漢巴哈城堡聚集了三萬多人，包括學生和公民，為了爭取公民權、宗教自由和國家統一而示威並且輪流發表演說，並且製作了後來的德國國旗。

現世報來得真快。這本書遭到查禁，學生們被警告不要跟隨他們的老師，他也沒辦法在保守的埃朗根繼續任教。一夕之間，費爾巴哈的學術生涯美夢就幻滅了，甚至成了過街老鼠人人喊打。可是他堅定不移的自我意識卻不以為意。他是個相當敏感而害羞的人，卻又恃才傲物。他何必待在埃朗根呢？也許他應該到巴黎去才對？前三月時期（Vormärz）❹的詩人海涅（Heinrich Heine）和波涅（Ludwig Börne）也在那裡。可是巴黎的黑格爾專家庫山（Victor Cousin），卻遲遲沒有回費爾巴哈的信。他現在該何去何從？美國？希臘？這個丟掉大學教職的講師散盡了錢財。儘管生活拮据，他卻更加勤奮地埋首寫作，他想寫一部哲學史。但是黑格爾率先出版了一部哲學史講演錄，想要證明自己的哲學超越哲學史裡的所有其他哲學。費爾巴哈的意圖也沒有那麼中立。他在第一冊裡就談到培根和**斯賓諾莎**，極力讚美泛神論的自然哲學，在第二冊裡談到萊布尼茲時亦復如是。

一八三六年，這個以股息為生的人僻居安斯巴赫附近的布魯克堡，然而僅靠他的著作以及零星的報紙評論無法養活他自己。多虧了費爾巴哈有個情人貝爾塔・勒夫（Bertha Löw），她繼承了一個瓷器工廠老闆的大筆遺產。後來她下嫁費爾巴哈，小工廠的收入保障了他們的生計。在馬克思沉醉於柏林百家爭鳴的大學世界的同時，費爾巴哈卻漸漸遠離它。他每天在美不勝收的郊外散步，還成立了養蜂協會，偶爾會應瓷器工廠工人、農夫和工匠之邀在酒館裡講課。他喜歡和和樸素真誠的人為伍，於是他漸漸轉向為了他們而寫作，而不是為了學術界。

一八三七年秋天，他和生性叛逆的**阿諾德・盧格**（Arnold Ruge, 1802-1880）合辦了《哈勒德國

❹ 指日耳曼邦聯一八四八年三月革命爆發之前的政治思潮，其起點則大概是在拿破崙政權垮台以及一八一五年德意志邦聯成立的時候。

[194]

科學及藝術年鑑》（*Hallische Jahrbücher für deutsche Wissenschaft und Kunst*），這是一份屬於青年黑格爾學派以及前三月時期思想家的評論刊物。這位被大學冷凍的哲學家是該刊物的靈魂人物，他不僅在一篇篇的書評裡和黑格爾漸行漸遠，更質疑這位大思想家的整個思想體系：「我們不需要體系，但是對我們而言，研究，自由而批判性的研究，卻是不可或缺的。」[82]費爾巴哈對於自己從前熱情擁護的理性主義哲學的猛烈批判讓《哈勒年報》（*Hallischen Jahrbücher*）的編輯和讀者大感震撼。你們瞧：一個永遠沒有預設立場的人就是這麼思考的。除了不講情面的宗教批判以外，他也對其他世界觀提出「意識型態的批判」。謝林的觀念論哲學突然間成了鄙陋不堪的枝詞蔓語。然而就算是時下流行把思考視為「大腦活動」（Hirnakt）的唯物論思潮，在這位思想家眼裡也不值一哂。❺沒有任何生理學的程序可以解釋思考者的思考究竟是什麼東西。

費爾巴哈對哲學和神學的興趣是建立在人類學之上的。人類為什麼會思考他們正在思考的那些事物？他們為什麼要打造各種體系？他們為什麼重視理性甚於感性？以及一個反覆出現的問題：他們為什麼要虛構一個位格神？他對於睿智界的態度相當模稜兩可。可是他卻也掌握了德國的時代脈動。因為他的思考超越了各種思考體系的界限，堅定不移地朝著萬里無寸草處走去！費爾巴哈再也不是什麼爆冷門的人物。在青年黑格爾學派當中，他漸漸成為黑格爾之後最具代表性的哲學家。

一八四一年，費爾巴哈出版了他在宗教批判方面的鉅著：《基督教的本質》（*Das Wesen des Christentums*）。這位布魯克堡的哲學家揭竿而起，大加撻伐當時的基督教。他心裡的宗教只是人

❺見：Ludwig Feuerbach, *Kleinere Schriften I (1835-1839)* (Walter de Gruyter, 1989), p. 151。

類對於偶像的需求，而沒有什麼信仰內容可言。身為人類學家，他關心的是人類如何並且為什麼要杜撰出一個位格神？基督教是怎麼興起的？「如果那個鬼魅不是個有血肉的生命，它又是什麼東西呢？」[83]他以「屬靈的自然科學家」自居，分析宗教的**功能**。他認為以下的現象再清楚不過了：人類把他們所有的意志、思考，尤其是愛，都投射到神裡頭。其中沒有透露任何關於神的事物，而是只有人類自己。在宗教裡，人類面對的是他自己，並且顯露了自己的人性。重點在於如何重拾這個人性潛力。我們省思自己的善良天性以及我們合理的感性和思想的活動，而一個沒有神住在天上的世界，更像是個天堂，至少是個比現在更美好的地方。

這部著作的書寫沉博絕麗、條分縷析而且老嫗能解。費爾巴哈和叔本華一樣，找到了一個新的角色模型。他現在是個公共知識份子。既不故弄玄虛，更要讓販夫走卒也心悅誠服。十八世紀的哲學不多不少就是大學的哲學，現在兩者再度分道揚鑣。任何想要在政治和社會裡有所作為的人，都必須捨棄大學哲學家的語言。基於這個立場，費爾巴哈於一八四二年寫成了他的《哲學改革芻議》（*Vorläufige Thesen zur Reform der Philosophie*）。哲學家不應該建築概念的空中樓閣，並且必須把神趕出場。我們必須讓哲學從神學當中除魅，轉而探究諸如思考和知性的真正奧祕。那裡沒有什麼好挖掘的。因為如果不就物質層面去思考，就無法理解任何心靈活動。「作為哲學的開端的存有，和意識是不可分的，而意識也和存有不可分。」[84]再怎麼懷有惡意的人，應該都不會認為這句話是馬克思最著名的「存在決定意識」的原型。

柏林、科隆、巴黎

一八四三年十月，人在巴黎的費爾巴哈收到馬克思的一封信。流亡到巴黎不久的馬克思計劃和盧格合辦一份新的刊物：《德法年鑑》（*Deutsch-Französische Jahrbücher*）。他打算邀請心儀已久的費爾巴哈撰寫一系列的謝林批判。馬克思自一八四一年大學畢業以後，就一直擔任記者的工作。他在耶拿以德謨克利特（Demokrit）和伊比鳩魯（Epikur）的自然哲學為題獲得博士學位，探討在物理世界裡的人類如何同時擁有自由。物理的偶然性為自由賦予了一個基礎。在自然裡，並非一切都按照計畫進行，有時候也會偶然製造出什麼新事物。以下是馬克思終其一生都在探究的問題：我們如何能夠既是個「唯物論者」，卻又相信人擁有主動塑造世界的自由？因為無論馬克思如何從事哲學思考，都不應該牴觸自然科學。

馬克思沒辦法憑著他的博士論文在任何大學找到正式差事。一八四一年秋天，他的死黨布魯諾・鮑爾因為政治顛覆活動而丟掉了在柏林大學的教職。馬克思又少了一條出路。幸好他不久後就遇到了一個對他推心置腹的人：**摩西・赫斯**（Moses Hess, 1812-1875）。這個出身波昂富裕家庭的猶太人以前就相當憧憬法國社會主義。他在一八三七年出版的《人類的神聖歷史》（*Die heilige Geschichte der Menschheit. Von einem Jünger Spinozas*）史無前例地把烏托邦社會主義者的主張套用在日耳曼地區的現況上。赫斯主張廢除階級差別、男女平權，以及消弭貧窮的社會主義福利國家。馬克思遇到赫斯的時候，赫斯正在寫他的第二本書：《歐洲三頭政治》（*Die europäische Triarchie*）。序言一開頭就寫著：「德國哲學實踐了它的使命，引領我們走進一切真理。現在我們必須搭起從天國到地上的橋樑。」85

赫斯認為馬克思就是準備要成就這件大事的人。為了讓哲學走到終點，並且指出充斥日耳曼境內的諸多弊病，馬克思的新導師籌辦了《萊茵報》（*Rheinische Zeitung*）。❻馬克思則是在報社擔任編輯，並於一八四二年十月當上主編。年僅二十四歲的他儼然是個幹練的主事者和筆墨酣暢的作家，他大膽抨擊政府當局，指摘諸如箝制言論自由之類的弊端。「他是個厲害角色，」一個報社投資人回憶說：「臉頰、手臂、鼻子和耳朵，到處都是濃密的毛髮，傲慢、狂暴、熱情、自信滿滿，卻又真誠而且博學多聞。」86可是半年後報紙就停刊了。報社被查禁，馬克思和他的新婚妻子燕妮．威斯特法倫（Jenny Westphalen），以前的思想導師的女兒，一起逃到巴黎去。

現在他的前途都握在盧格手裡。盧格的《哈勒年鑑》（費爾巴哈也曾經為它撰稿）因為新聞審查的壓力而被迫停刊，現在他則想要籌辦《德法年鑑》，由馬克思擔任主編。這看起是個千載難逢的機會。日耳曼前三月時期的各個社會運動的活躍份子，現在都齊聚在布魯塞爾和巴黎。在法國的社會主義知識圈也呈現百家爭鳴的場景。巴黎人口有一百萬，正如後來的班雅明（Walter Benjamin）所言，它是「十九世紀的首都」。它有柏林的三倍大，咖啡廳和餐館、聚會場所、歌劇院、戲院和演奏廳、沙龍，以及數不清的報紙和雜誌，處處洶湧翻騰著蓬勃的生機。一八三〇年代，法國總算獲得了經濟繁榮的大禮，而英國早在十八世紀就得到了。工業化的腳步大步邁進，尤其是紡織業。可是隨著它的演進，正如在英國以及日耳曼諸國，社會的不平等以及被剝奪權利並且

❻ 該報於科隆發行，是故本章標題有「科隆」一詞。

陷入貧窮的工人數量也急遽增加。他們每週必須在環境惡劣的工廠裡辛苦工作八十個鐘頭。

一八四三年，馬克思來到巴黎，同行者還有盧格夫婦以及詩人**海維格**（Georg Herwegh, 1817-1875）和他的妻子。盧格張羅了所有人的生計，馬克思則寫了一封邀稿信給費爾巴哈。他和這位偉大的思想領袖素昧平生。邀請費爾巴哈為《德法年鑑》撰稿的想法也告吹了，因為費爾巴哈正廢寢忘食地為了他的宗教批判建構論證，沒興趣和謝林打交道。不過費爾巴哈倒是對一個令人拍案叫絕的想法感到興奮莫名，它挾帶著人們引頸而望的「真理的巨大魅力」——那就是「共產主義」！[87]在一八四四年的夏天，一個正直的年輕市民點燃了這位偉大的宗教批判者對於共產主義的興趣，可是這只不過是即將在巴黎上演的社會主義革命大戲的一個小註腳而已……

[199]

社會主義的世界首都

不同於費爾巴哈，馬克思處身於熙熙攘攘的法國首都裡到處奔走。孔德在一年前完成了他的《實證哲學教程》，正著手提出他的「人類宗教」。以高瞻遠矚的思想家姿態現身於公眾，在科隆、柏林以及法蘭克人的眼裡是個醜聞，在巴黎卻成了流行時尚。「社會主義」、「共產主義」、「革命」，這些語詞宛如從柏油路底下冒出來的草葉般浮上檯面。煙囪對著天空排放黑煙，蒸汽船和火車在河裡和田野裡呼嘯而過，新聞快報追著地球儀跑，滿身灰塵的工人湧進入工廠，生活越是因為工業革命而不斷加速，對於另一個社會的想像就越加多采多姿，批判者的語詞就越加不著邊際、馳騁想像、大膽而執拗。資本主義摧枯拉朽的動力也讓它的對手看到機不可失。如果說資本有辦法讓世界經歷一場革命，正義世界的使徒為什麼不可以呢？每天見證著新時代即將降臨的人，他所夢想的新世界當然也可以不同於資產階級所企求的投資回報。

在巴黎的馬克思宛若置身於社會主義者的天堂。聖西門和傅立葉播下的種子，如今枝繁葉茂。他們的學生和門徒在沙龍裡宣道，卻又相互猛烈攻訐。經濟學家**孔西德杭**（Victor Considerant, 1808-1893）是傅立業的門徒，他創辦的雜誌《和平的民主》（*La Démocratie pacifique*）頗受歡迎，他也藉此推廣老師的理念。他和傅立葉一樣主張「工作權」，創造了「直接民主」的概念，並且鼓吹婦女選舉權。

聖西門的徒眾為數更多，包括詩人喬治桑（George Sand）和海涅。期間**安凡丹**（Barthélemy Prosper Enfantin, 1796-1864）接管了大師的角色，他的學說也形成了一個祕教教派。他宣揚一個宇宙兩性原欲的靈性學說，闡述了一個充滿愛的有機時代的遠景。安凡丹自詡為「活的律法」，讓徒眾稱呼他「父親」。這位大師在遭到警方逮捕監禁數月之後跑到埃及和阿爾及利亞。最後，夢想破滅了的他回到法國當郵差。晚年則在里昂擔任鐵路員工，過著沒有那麼「宇宙性的」生活。

他早期有個戰友，是經濟學家和工程師**謝瓦禮**（Michel Chevalier, 1806-1879）。他和安凡丹一起被捕入獄，後來遠赴美國。回到法國以後，對於社會主義進步理念的信仰不再，只剩下對於科技的信仰。就像孔德一樣，謝瓦禮認為科學和工程技術是萬靈丹。他的好高騖遠計畫包括安凡丹的「自由的愛」、建造蘇伊士運河以及亞斯文水壩。在這兩個法國人的影響之下，運河真的完成了，雖然是在安凡丹和謝瓦禮傳教的二十年之後。他們的淑世理想成了打造更好的全球基礎建設的夢想。謝瓦禮也草擬了巴拿馬運河的計畫，並且夢想著一個讓物流和金流暢行無阻的鐵路網。追隨傅立葉的巴黎公社社員渴望「自由的愛」以及農民公社，而聖西門主義的謝瓦禮則是幻想著科技和資本四海一家的力量。

另外還有第三個陣營，那就是革命行動主義者。著名的花花公子**腓立波**（Filippo Buonarroti, 1761-1837）是他們的偶像。這個托斯卡尼的貴族子弟在二十三歲時就加入「平等會」（Societé des égaux），這原本是由**巴貝夫**（François Noël Babeuf, 1760-1797）策劃的武裝起義。這位「格拉古斯」巴貝夫（Gracchus Babeuf）❼究竟是何方神聖，而他揭竿而起的叛亂影響有多麼重大，一八三○年代的人們已經不是很清楚了。但是有一點很確定，他是真實存在的人，革命失敗之後，他再度企圖伺機而動。他夥同人數不明的盟友，在一七九三年提出了激進民主的憲法草案。腓立波為這位激進份子與他自己在一八二八年寫了一部經典著作：《巴貝夫的平等密謀》（*Conspiration pour l'égalité, dite de Babeuf*），並且以他的接班人自居。其目標是成立巴貝夫所說的「大公社」（grande communauté），一個全國性的共同財產制度。不同於聖西門和傅立葉，腓立波的使命有個明確的革命綱領：武裝起義、成立獨裁的「委員會」、所有財產收歸國有、廢除私有財產、所有公民依據能力和職業被歸類在一個效益性的體系裡。農夫和工匠在上層，游手好閒的人要被判處強迫勞動。世界會回復到少欲知足的簡單生活。以農村生活取代都市惡習，以制服取代華麗衣著。所有藝術和文化都只是為政治服務。那簡直是一八二八年版的毛澤東文化大革命！腓立波於一八三七年在巴黎逝世，後來由律師**布朗基**（Louis-Auguste Blanqui, 1805-1881）踵武他的志業。這位夙夜匪懈的革命家後來也成為巴黎公社最重要的推動者之一，著名的口號「無產階級專政」就是他提出來

❼「格拉古斯」是巴貝夫的外號。影射羅馬的護民官（Tribunus plebis）格拉古斯兄弟，提貝留斯（Tiberius, 163-133 B.C.）和加烏斯（Gaius, 154-121 B.C.），他們主張土地改革，重新分配貴族的土地。

的。

其他左派領袖也同樣赫赫有名：**卡貝**（Étienne Cabet, 1788-1856），一個因為創建他的烏托邦而自食惡果的革命家。❽這位法學家是七月革命的領導人物之一。可是平民國王路易腓力的復辟（他也幫助國王即位）並不是他的初衷。卡貝想要推動歷史的巨輪繼續前進，改變統治和財產關係，幫助共產主義破繭而出。他的《人民報》（*Le Populaire*）使他名重當時，而報紙也真的銷量驚人。馬克思於一八四三年到巴黎的時候，卡貝已經結束被迫在倫敦流亡五年的生活，寫了一部在巴黎知識圈傳誦不絕的烏托邦小說：《伊加利亞遊記》（*Voyage en Icarie*），眺望遠方由伊加魯斯建立的公社。工業化排山倒海而來，經濟的超高效能如火如荼，工人也擺脫了從前的苦差事。由於工廠和機器為眾人共有，大家的生活水準也跟著提高。而偉大的解放者伊加魯斯主張威權國家以及言論和文化的審查制度，則有些美中不足，尤其是自二十世紀的經驗觀之。從現在的角度去看，卡貝真的實現了他的烏托邦，無異為史達林主義提供了一種藍圖；儘管不是在法國，卡貝原本認為法國在三十年到一百年之內就會施行共產主義，因為它是最具說服力的社會理想。[88]然而雖然「卡貝爸爸」（他的朋友和對手都如此稱呼他）在中產階級圈子裡鼓吹共產主義，卻是言者諄諄，聽者藐藐。相反地，工人組織越是強大，資產階級的反撲也越加堅決。心灰意冷的卡貝於是在一八四八年號召「大移民」。他以為會有一兩萬個徒眾跟著他遠渡重洋到「伊加利亞」，隨後而來的還會有「數十萬甚或數百萬人」，[89]但其實跟著他走的人寥寥無幾。起初有一群人移居到德州紅河谷的不

---

❽ 指卡貝後來建立的殖民地內鬨不斷而四分五裂。

毛之地，接著卡貝才來到伊利諾州位於密西西比河畔的小巢：諾伍鎮。正如真實上演的生活，在那裡的伊卡魯斯也不是展翅翱翔的英雄。就連讓夢寐以求的伊卡魯斯致富、讓人們自由的偉大的機器也有它的缺陷。相反地，這位人類使者建立了一個喀爾文教派的厭世王國，到頭來卻被迫遜位。不久之後，卡貝就於一八五六年在聖路易逝世。而他的伊卡利亞殖民地也旋即四分五裂。

在社會主義的光譜裡還有其他許多要角。**拉梅內**（Hugues Félicité Robert de Lamennais, 1782-1854）原本應該是波納德所謂的那種保守派教士，成為另一個邁斯特。可是正好相反，仰慕盧梭的他主張政教分離。教會必須和俗世政權劃分畛域，才能讓他們的屬靈權柄在道德上保持純潔。拉梅內也主張教宗至上論，認為教宗擁有至高權威——當然只是在信仰的問題方面！在他眼裡的天主教應該維護聖秩，但是不應該像波納德和邁斯特所說的成為國教。他的自由主義刊物《未來》（*L'Avenir*）使得法國主教對他相當惱火，而教宗額我略十六世也在兩次通諭裡懲斥他。❾對梵諦岡心灰意冷的拉梅內在一八三〇年代成為忠誠的基督教社會主義者。他的著作《一位信徒的話》（*Paroles d'un croyant*, 1837）、《人民之書》（*Le livre du peuple*, 1837）以及《現代的奴隸制度》（*De l'esclavage moderne*, 1839）都相當暢銷，使得馬克思在其《共產主義宣言》裡都不得不引用並且痛批這個「僧侶的社會主義」（pfäffischer Sozialismus）❿。

一八四〇年初期，兩位熠熠新星展開了激烈的論戰，他們也各自出版了綱領作品。第一個人是**路易・白朗**（Louis Blanc, 1811-1882），他是三份社會批判刊物的主編。他的綱領性的作品《勞動

[203]

❾ 指一八三二年的《驚奇的你們》（*Mirari vos*）以及一八三四年的《孤獨的我們》（*Singulari nos*）兩次通諭。

❿ 「正如僧侶總是同封建主攜手同行一樣，僧侶的社會主義也總是同封建的社會主義攜手同行的。」

的組織》（*L'organisation du travail*）在一八三九年很快就再版了五次，被視為社會民主黨的建黨文件。不同於腓立波和布朗基，白朗不僅主張暴力顛覆，更認為只要改善勞動條件就可以一舉從資本主義過渡到社會主義。他和孔西德杭一樣，都致力於推動傅立葉所謂的「工作權」的立法和實行。

而**蒲魯東**（Pierre-Joseph Proudhon, 1809-1865）於一八四〇年出版的《什麼是財產？》（*Qu'est-ce que la propriéte?*）的調性就溫和許多。這個來自貝桑松的印刷廠工人堅決反對任何形式的嚴峻主義（Rigorismus）。如果說人要被解放，那也不應該是透過諸如盧梭所謂「絕對意志」之類的崇高理念的暴力。唯有每個個人都可以自由發展，才有所謂的全民幸福。聖西門主義者主張的立法規定成立工會以及以強勢政府作為經濟推手，蒲魯東認為那並不屬於人權的範圍。他認為資本主義真正的問題自在於「財產」的取得方式。對於蒲魯東而言，每個人都有權「占有」，也就是擁有自己努力掙來的東西。蒲魯東沿襲了霍爾和史賓斯的看法，認為資本家的財產不是他自己賺來的，而是自他人的分工勞動當中漁利。依據蒲魯東的說法，以這種方式獲得財產根本就是「偷竊」。那麼資本家的獲利如果不是來自工資還會是什麼？因此資本家透過經營所得的剩餘價值並不屬於他，而是平等歸於所有人。可是這個「歸於所有人」的意思和共產主義的主張並不相同：「共產主義是不平等，不過和財產的意思正好相反。財產是強者剝削弱者，共產主義則是弱者剝削強者。」[90]

馬克思於一八四三年搬到巴黎時，社會主義者和共產主義者都已經在那裡實驗過各種可能的思想變體：從指令型政府到農村公社，從載浮載沉於祕教學說翻轉到對於科技進步的絕對信仰，從「毛澤東式的」吃大鍋飯的平均主義，以及依據人們的經濟效益階級劃分到預謀的領袖崇拜。大革

[204] [205]

命的路線也不一而足，從以獨裁政權從事暴力顛覆到漸進式的「社會民主」轉型。

在法國首都的思想領袖冠蓋雲集，包括孔西德杭、布朗基、卡貝、拉梅內、白朗和蒲魯東，使得馬克思乏人問津。如果馬克思不遷怒於他們，他也就不是馬克思了。在德國，他就像其他志趣相投的人一樣，都是叛亂活動的局外人，他們除了創辦報刊雜誌以外沒有其他的武器。馬克思在先後流亡法國、比利時和英國期間，一直是個邊緣角色。他沒多久就認識到，如果共產主義沒有更新的指導原則，它就會難以為繼。可是他也很清楚，社會主義和共產主義共享的思想平台已經人滿為患，各據山頭，現在只是在搶奪殘羹剩飯而已。當個「社會主義者」或「共產主義者」沒那麼簡單，他們必須有自己的理論，擁護某個陣營，有個訴求，以及準備投入的手段。可是法國人對日耳曼人沒什麼興趣。對於經歷了兩次革命的鍛鍊的法國知識份子而言，日耳曼人是守舊落後的鄉巴老，蕞爾小國的人民，既沒什麼見識，也不是什麼登上世界歷史舞台的民族。難怪沒有什麼人要理會《德法年鑑》，只出刊了幾期就收攤，因為法國人完全不感興趣。

日耳曼共產主義沒有任何綱領性的作品，也沒有哲學基礎。它是法國的舶來品，就像是聖西門主義者摩西·赫斯；或者是源自跨德語區的「幫工之歌」（Gesellenlied）傳統，在海涅、海維格或弗來利格拉特（Ferdinand Freiligrath, 1810-1875）的詩裡開花結果。其中有個沒有受過什麼哲學教育的人在日耳曼工人和工匠當中脫穎而出：勇敢且臨事果斷的裁縫匠**魏特林**（Wilhelm Weitling, 1808-1871），《現實的人類和理想的人類》（*Die Menschheit, wie sie ist und wie sie sein sollte*）的作者，馬克思起初對他讚不絕口，雖然後來也和他翻臉了。

只有一個志趣相投的人才受得了這個在未來要改變世界的傢伙，而且這個人是他的死黨！出生於巴門的工廠主人的兒子**恩格斯**（Friedrich Engels, 1820-1895），於一八四四年八月到巴黎找馬克思，這是他們一生友誼與創造力源源不絕的共生關係的開端。恩格思的論文《政治經濟學批判大綱》（*Umrisse zu einer Kritik der Nationalökonomie*）讓馬克思大開眼界，他在文中指責經濟學家們打造了一個「合法詐騙的體系」。這樣的古典政治經濟學（國民經濟學）與「致富經濟學」何異？

這個烏帕塔[11]的紡織工廠主人的兒子知道自己在說什麼。他們家的工廠位於山區，後來父親又在曼徹斯特設置分廠，當時的敬虔派（pietistisch）氛圍以及他們家庭的信仰，和剝削工人形成了一種偽善的關係。恩格斯於一八四四到四五年間對於社會現況的報導再清楚不過了，它在和馬克思結識不久之後出版，是現代社會報導的濫觴：《英國工人階級狀況》（*Die Lage der arbeitenden Klasse in England*）。和馬克思相反，比他小兩歲的恩格斯相當熟諳經濟學的基本知識。這位新朋友希望馬克思從黑格爾主義者變成一個經濟學家，反正恩格斯也不怎麼喜歡黑格爾以及他的學生們。他在一八四一年到柏林大學念書，那對他只是一種消遣，因為他不想入伍從軍。他上了謝林的講演課，和齊克果以及巴枯寧一樣厭惡這種天馬行空的哲學。正如在他之前的赫斯，恩格斯也對馬克思推心置腹。難怪他會傾力幫助這位推誠相與的朋友讓上一個世代裡唯一的哲學家對他另眼相看——那個哲學家就是費爾巴哈。

[11] 舊時的巴門位於現在的烏帕塔（於一九二九年建立的城市）。

問題在於「改變」世界！

馬克思對於費爾巴哈的觀感如何，他一輩子都會不知道。一直到一八八八年，這位來自布魯克堡的人逝世了十六年之後，恩格斯才在馬克斯的巴黎遺稿當中找到以「論費爾巴哈」（ad Feuerbach）為題的兩頁斷片。在上頭筆記了十一個題綱，其中最後一個題綱可以說是哲學史裡最著名的句子之一：「哲學家們只是用不同的方式**解釋**世界，而問題在於**改變**世界。」[12]馬克思自己顯然對於這些札記不是很在意，也沒有想要出版它們。然而再怎麼桀驁不馴的他，也不會想到有一天洪堡大學大廳階梯的一塊紅色大理石上頭居然會刻上這第十一個題綱。黑格爾在那所大學任教過，而當時的馬克思也只是個籍籍無名的學生而已。

可是儘管大學裡的這些金色字母亙古長存，馬克思的這句話卻沒有永恆的意思。當然，哲學史裡意欲改變世界的哲學家如過江之鯽，從柏拉圖、早期斯多噶學派、中世紀許多哲學家們，到培根、洛克、百科全書學派、盧梭、孔多塞、邊沁、聖西門和孔德。馬克思筆下的「哲學家們」不是指哲學史裡的人物，他心裡想的是黑格爾及其學生，他那個時代的德國哲學。他想到他的戰友鮑爾以及不久前絕交的**馬克斯・史提納**（Max Stirner, 1806-1856）。他也意指自己一直相當景仰的費爾巴哈，儘管在一八四五年寫了這些題綱反駁他的看法，他還是相當敬重他。但是在馬克思眼裡，沒有人可以超越自己甚至和自己並駕齊驅，就連費爾巴哈也瞠乎其後。正如他後來寫道，就是因為如

[12] 引文中譯見：《關於費爾巴哈的題綱》，《馬克思恩格斯全集》第三卷，頁8，中共中央馬克思恩格斯列寧斯大林著作編譯局譯，人民出版社，2006。

此，他要「和以前的哲學良知決裂」。[91]

馬克思挖空心思地對於費爾巴哈的哲學抵瑕蹈隙。左派黑格爾主義陣營裡的怪胎史提納找到了費爾巴哈的致命傷，恩格斯寫信把他的見解告訴了馬克思。費爾巴哈認為，人把自己高貴優雅而「神聖的」特質轉移到神的身上。現在問題是如何把那些特質從天上拿回來，放在人類自己身上。然而史提納認為費爾巴哈不僅把神除魅了，也把人加以神學化。換言之，費爾巴哈只是個對於宗教意識型態明若觀火的批判者。他其實一直是個虔誠的人，他在人的「本質」裡探索神學的魅力以拯救它。但是對於人性的狂熱評價，史提納、馬克思和恩格斯卻各持己見。

那十一條題綱就是據此管窺蠡測。詆稱人類具有某個普遍的「本質」完全是大謬特謬，因為人類不是存在於真空之中。他們生活在一個文化和社會裡，而他們儘管性格各異，卻始終是環境影響下的產物。**人類的任何特質都不會存在於社會之外，而是會和社會交織在一起**。馬克思在第六條題綱裡以黑格爾的術語表述說：「人的本質並不是單個人所固有的抽象物，實際上，它是一切社會關係的總和。」[92]⓭費爾巴哈所謂的人類「本質」，其實是個人透過社會的闡明和塑造的歷程。世上沒有不變的本質，只有馬克思所說的「實踐」。

把人定義成社會的產物，這是戈德溫和歐文的想法。可是我們該怎麼想像這個塑造過程的細節？它有什麼規則和定律嗎？我們如何據此認識並解釋目前與未來的世界運作的經濟以及財產關係？馬克思在位於巴黎的公寓裡焚膏繼晷，他什麼書都讀，為彌爾的《邏輯體系》作摘要，大量閱

⓭ 引文中譯同前揭：頁7。

[209]

讀歐文以及當時其他人的作品，對以前在柏林志同道合的夥伴口誅筆伐。

他自己的早期理論架構也漸漸成形了，更確切地說，是他的整個理論，他必須讓它們環環相扣且匯流，並且對它們進行評估。馬克思想要闡述歷史的進程、社會的現況以及在它背後運作的隱藏法則。世界必須被改變，對於這個共產主義的新手而言，這是天經地義的事。問題是要怎麼改變，以及藉由什麼手段？直到今天，人們往往認為共產主義預設了人性本善，因而到處碰壁。然而馬克思其實並不喜歡當時法國社會主義者和共產主義者的「性善」想法，他批評費爾巴哈的正是這個「性善」的主張。因為對於馬克思的思想與他的淑世理想而言，他需要的不是「性善」的假設，而是一個比個人更大、更永久的東西。他要揭露**社會的種種運動定律**，就像自然律定義了自然一樣，這些定律定義了社會是什麼。他不需要探究心理學的東西，他對經驗心理學的厭惡至少和黑格爾一樣溢於言表。

對於個人心理的研究有辦法闡明世界歷史的運作嗎？心理學家們對於一個社會的財產和支配關係有辦法說什麼嗎？他們如何理解商品交換的問題？換個現代的說法：我們的大腦是由蛋白質構成，這個事實並沒有辦法說明他在想什麼以及為什麼那麼想。關於大腦的化學也無法解釋為什麼一個人會成為共產主義者、納粹黨徒或是自由主義者。為此他必須觀察各種功能、交互作用和系統：也就是整體。馬克思和孔德在這點上的想法一致。他不是以個人為起點去探討社會（例如霍布斯、洛克或盧梭），而是從整體著手。他也不必像赫爾巴特那樣窮究個人的「可塑性」。對於馬克思而言，回到自身意味著改變社會關係，俾使人類在社會裡適性地生活，而免於不義的宰制以及不當的脅迫。在赫爾巴特以及許多其他哲學家的思想裡幾乎完全欠缺了這個向度。對於他們而言，每個人都是鑄造其個人幸福的鐵匠，至於社會和政治則是次要的東西，而經濟則根本不見蹤影。

儘管如此，現代仍然有許多人不清楚馬克思的出發點是什麼：究竟是科學或是大眾媒體？沒有任何個人或社會的事件不涉及心理！心理學和社會心理學為每個人類行為建立了解釋模型，以經驗性的研究去證明和預測它。社會性「存有」不是出發點，而是每個人的「意識」。而且由於我們沒辦法治療整個社會，於是心理學主要著眼於個人。當心理學在觀察社會時，例如集體歇斯底里或集體智慧，它會假設人在群體裡的行為不同於單獨的個人。經濟心理學與行為經濟學的進路也如出一轍。資本主義社會不會因此被心理學化，只探究社會裡的人的行為。相反地，社會批判的心理學以病理學的角度探討作為一個體系的資本主義，那只是距今僅僅數十年的短暫間奏，也就是從二次大戰期間及戰後以**佛洛姆**（Erik Fromm, 1900-1980）和**馬庫色**（Herbert Marcuse, 1898-1979）為代表的批判理論（Kritische Theorie），到手持心理學解剖刀的**德勒茲**（Gilles Deleuze, 1925-1995）、**布迪厄**（Pierre Bourdieu, 1930-2002）和**洪席耶**（Jacques Rancière, 1940-）的法國後結構主義（post-structuralisme）。

即使馬克思使用諸如「**異化**」（Entfremdung）之類的心理學概念，但是他的學說並不是心理學。其實他是回歸到自亞里斯多德以降的哲學史。早在馬克思來到巴黎的幾年前，赫斯就把這個概念應用在資本主義的經濟上。馬克思則是依據一切藝術規則加以擴建。他分析了**異化的四重規定**：生產者製造出產品。儘管產品是他自己製造出來的，它卻不只是他自身的一部分。它是世界裡的客體，因而從它的生產者那裡異化出來。這種客體可以買賣。它的擁有者把異化了的所有物當作「商品」去交換，這個所有物就屬於他人。這是第一重異化！在分工的社會裡，許多人根本就不再生產整個商品，而只是製造其中的一部分，於是異化的歷程又向前推進。工人辛勤地從事單調乏味的工作，漸漸和自己異化，於是他不再是和其本質對應的創造者，而成了受僱者，再也無法「順性自然」（bei sich），想做什麼就做什麼。這是第二重異化！由於資本主義社會裡大多數人的工作都不是為了自己，而是為了一個他者——資本家、公司——，於是他們的身體和心靈都成了他者的財產。這是第三重異化！人們因為異化了的勞動世界而和他自身異化，也因而喪失了對於族群的本能。他不再有血濃於水的情感，認為自己和他人處於生存競爭關係。第四重異化發揮作用了：經歷了三重異化的工人開始產生反社會和自我孤立的行為！[14]

馬克思這個把異化區分成四個階段的想法抄襲自費爾巴哈。費爾巴哈以四階段說闡述了人類如何把自身的善轉移出去，變成以神為名的客體或主體，然後對著祂膜拜，最後臣服於一個宗教；而馬克思則是拿來描述工人的自我異化。這個年輕思想家別出心裁的地方就在這裡。他把透視結構的方法轉移到另一個脈絡，而獲得了意想不到的豐碩成果！

[212]

如果說馬克思沒有轉移結構，那麼他也只是剪剪貼貼地抄襲其他思想家的建材而已。「剝削」（Ausbeutung）的概念可見於霍爾、戈德溫和湯普生，而馬克思更是把赫斯的思想發揮得淋漓盡致。他不僅把赫斯的概念應用至共產主義，更在原本要在一八四三年刊載於《德法年鑑》的文章裡引用他匠心獨具的貨幣理論。赫斯的《論貨幣的本質》（*Über das Geldwesen*）具有劃時代的意義。貨幣讓製造出來的產品變成了商品，可以在各地買賣。以前人們的創造表現，現在成了交易對象。

[14] 見《一八四四年經濟學哲學手稿》，《馬克思恩格斯全集》第四十二卷，頁89-103。

當貨幣支配一切的時候，人就成了抽象物。一個沒有自身實體價值的怪異第三方，現在卻為所有價值規定價值。所有東西都有它的價格，所有價值都可以用數字表示。俗世的貨幣否定了一切無法以金錢衡量的價值。當或多或寡的「量」成了萬物的尺度時，任何社會性的「質」，任何原本屬於人性的意義，現在都灰飛煙滅了。

馬克思受惠於赫斯甚多，雖然他沒有讓別人看出來。相較於「異化」的概念以及貨幣理論，更著名的是**上層結構和下層結構**（Bau und Unterbau）的說法。「上層結構」是支配者以及他們的指導思想，而經濟則是「下層結構」。可是馬克思以獨創的方式拆解了下層結構：**生產力**（工人和機器）以及**生產關係**（對於生產力的支配模式）。如果下層結構改變（例如從農業社會過渡到工業生產），所有權的關係也會改變（例如從貴族階級到資產階級）。上層結構會跟著下層結構改變：從諸侯的君權神授說到資產階級的自由主義。馬克思引用費爾巴哈的「存有決定意識」雖然是晚期才出現的，但是這個說法一直都存在：當經濟改變，支配關係乃至於時代的自我認知以及指導思想也會跟著改變。

此外我們還漏掉了使一切都變成世界舞台上一個邏輯和動力歷程的哲學史觀。這個觀念是馬克思從黑格爾那裡挖到的寶藏。他接收了黑格爾的《精神現象學》裡「主奴關係」的意象，把它解釋成資本家和無產階級的關係。這位偉大的超人哲學家的每一句話，都是他取之不盡用之不竭的採石礦。不過最重要的是，馬克思贊同黑格爾的歷史哲學。人類歷史是以辯證方式拾級而上的演進。黑格爾認為那是精神回到它自身的歷程，而馬克思則是要讓人們在一個終於符合人性的社會裡回到他們自身。他們的「歷史終點」當然也因而不盡相同：對於黑格爾而言，就是腓特烈·威廉三世的普魯士官僚國家，而且就在他的那個時代；對於馬克思而言，那會是個「無階級的社會」，而且就如聖西門、傅立葉和卡貝，他認為那是未來的事。

馬克思也在英國政治經濟學經典作品裡擷取了更多的建材，也就是他於一八四五年在曼徹斯特圖書館裡讀到的經濟學家。尤其是亞當．斯密。這位十八世紀蘇格蘭偉大的政治經濟學家當然不是共產主義者，而是忠實的自由主義者。可是馬克思很欣賞亞當．斯密鞭辟入裡地描述資本主義並且揭露其規律性。他認為亞當．斯密有其時代的侷限，把經濟成就置於正義問題之上，因而美化了現況。亞當．斯密說，資本主義經濟到頭來會造福所有人（或是大多數人），但是他的預言並沒有在七十年後應驗。當馬克思在曼徹斯特的圖書館讀亞當．斯密的《國富論》時，那座城市正充斥著恩格斯筆下痛陳的貧窮工業無產階級。在這種情勢下宣揚所有信徒的幸福臨到的樂觀主義福音，應該是傻瓜一個。資本主義的盡頭不是所有人的福祉，而是如蒲魯東所說的**大規模貧窮化**！

[214]

馬克思和恩格斯為了研究當時的無產階級以及死去的政治經濟學而羈旅曼徹斯特，在這之前，他已經從巴黎逃到布魯塞爾。他隨身攜帶的許多手稿幾乎開展了他所有的西方思想。可是把它們都體系化的思想歷程還沒有完成，這個大工程一直到二十二年後才大功告成！馬克思認為當務之急（或者其實無此必要）是和恩格斯一起把競爭者咬出戰場：青年黑格爾學派的鮑爾以及史提納、偉大的費爾巴哈以及以蒲魯東為代表的法國對手。清理戰場之後，世界歷史才第一次到來⋯⋯

獵人、漁夫、牧人、批判者

其實只要一篇文章就夠了。可是恩格斯才交給馬克思的二十頁篇幅卻變成一本鉅著：《德意志

[215]

意識型態》（*Die deutsche Ideologie. Kritik der neuesten deutschen Philosophie und ihrer Repräsentanten Feuerbach, B. Bauer und Stirner*）。那是他們兩人的第二部共同著作。在更早之前的《神聖家族》（*Die heilige Familie, oder Kritik der kritischen Kritik*）裡，他們就單挑布魯諾・鮑爾，並狠狠修理了他一頓。這兩部作品的目的昭然若揭：把討厭的左派競爭者趕出場，並且驗證且鞏固他們自己的立場。

鮑爾的欠缺行動意志讓馬克思和恩格斯很反感。身為黑格爾的追隨者，這位以前的戰友似乎認為問題只在於意識的革命。只要思考模式經歷了革命，現實（指黑格爾的意義下的現實）也就難以維持現狀。但是對於馬克思和恩格斯而言，這個「批判性的批判」（kritische Kritik）未免陳義過高而不切實際。鮑爾認為所有革命事業都是由少數被揀選的哲學家揭竿而起，群眾只是扮演被動的角色。馬克思和恩格斯則是史無前例地翻轉了群眾的角色模型：主動的**無產階級**，在法國社會主義陣營裡方興未艾的概念。在馬克思和恩格斯眼裡，無產階級者是被異化者的原型。遭受剝削和不義的他們被賦予了一個歷史角色，他們要揚棄異化並且接管權力。改變世界的不是哲學家，而是未來所有國家裡的無產階級。

馬克思對於無產階級的同情並不是出於自身的經驗，但對恩格斯則正好相反，因為出身無產階級的女生對他特別有吸引力。[15]馬克思並不從人性的角度去研究工人，也不在乎他們的心理問題。他也對於個人興趣缺缺，只在意一個「階級」的動力。至於它的世界歷史角色，他認為在邏輯以及

[15] 指恩格斯的兩個人生伴侶，愛爾蘭人瑪麗（Mary Burns, 1821-1863）和莉迪亞・柏恩斯（Lidia Burns, 1827-1878）姐妹，她們是曼徹斯特工人階級，父親是棉花工廠的染工。

辯證上是早就預定了的。手裡握著無產階級這張祕密王牌，馬克思和恩格斯批評這位以前的同志，說他滿嘴「引起世界騷動的空話」。相反地，他們看到了這股力量，只要時機成熟，他們真的會在未來改造世界。

在這個意義下，《德意志意識型態》接續了《神聖家族》未竟的工作。左派黑格爾主義者所有推動世界的思想，其實都只是異想天開而已。既不接地氣也沒有現實感，只是哲學泡泡裡的「思想勇士」。對於現在的讀者而言，左派黑格爾主義者及其宣揚的概念世界，或許會讓他們想起一九六八年的革命者。因為馬克思和恩格斯所描繪的那些資產階級革命者的不通世故，正是對於他們的寫照。相反地，這兩位作者對讀者（或是對他們自己）訴說一個頭腦清醒的歷史，也就是經濟的歷史。有鑑於人類如何生產其生活所需，並且據此打造他們的社會，建立相對應的支配形式，他們為其理論找到了「純粹經驗性的」基礎。馬克思以它為起點，引用亞當·斯密的說法，分析經濟史以及自古代到當時的各個時期，不過當然是塗上「唯物論」的底漆。如果歷史（該怎麼說呢？）重來的話，我們現在還會處於資產階級和無產階級的階級對立當中嗎？那不是一個無法長久而必將被揚棄的難以忍受的狀態嗎？如果革命成功了，人們就得以自決而適性地生活。他們會像在太初的時候那樣為自己而生產，只不過多了日新月異的機器的幫助。而且他們再也不會被異化了。

[216]

這段話是整部作品最有名的部分。所有貧窮都肇因自分工、專業化和雇傭勞動：「原來，當分工一出現之後，每個人就有了自己一定的特殊的活動範圍，這個範圍是強加於他的，他不能超出這個範圍：他是一個獵人、漁夫或牧人，或者是一個批判的批判者，只要他不想失去生活資料，他就始終應該是這樣的人。而在共產主義社會裡，任何人都沒有特定的活動範圍，每個人都可以在任何

[217]

部門內發展，社會調節著整個生產，因而使我有可能隨我自己的心願今天幹這事，明天幹那事，上午打獵，下午捕魚，傍晚從事畜牧，晚飯後從事批判，但並不因此就使我成為一個獵人、漁夫、牧人或批判者。」[93]⑯

這正是共產主義的定義！共產主義的構成要件不在於廢除私有財產，也不在於任何平均主義，而是終結異化的勞動，回歸到自我決定的行動。人們應該會很想知道，在個人的自我實現的舞台上，「社會」如何暗地裡不餘遺力地「調節整個生產」。透過「生產工具的國有化」嗎？透過它的「共有化」嗎？透過自動化以及生產性能日增的機器嗎？兩位作者對此隻字不提。他們也沒有透露，明明看到一八四五年的工業煙囪，卻還在大談獵人、漁夫和牧人這種上古時代的職業形象，而不是獨立自主的礦工和鑄鋼工？未來這個工作會完全由「整個生產」調節而不需要人的介入嗎？一個現代的馬克思傳記作家認為這段話裡充滿了嘲諷：作者以牧羊人浪漫的職業諷刺「恥於勞動的英國貴族」！[94]然而那不可能是在嘲諷。這段話是忠實引用傅立葉的說法，也就是採集者、獵人、牧人和漁夫的原型活動。這裡的模特兒不是懶散的英國人，而是法國的「法倫斯泰爾」。而獵人、漁夫和牧人以及（再加上）批判者，則是影射馬克思和恩格斯在下文提到的烏托邦（空想）社會主義；那是一個美好的、自主的生活的永恆想像。

這種生活距離一八四五年間的日耳曼人太遠了。就連大多數左派思想家也很難想像。正因為如此，馬克思和恩格斯指責日耳曼社會批判者大多「目光短淺」：他們缺乏想像力！黑格爾主義者飽

⑯ 引文中譯見：《德意志意識形態》，《馬克思恩格斯全集》第三卷，頁37。

[218]

爾（再度成為箭靶）和那些為批評而批評的人有什麼兩樣？史提納剛出版的《唯一者及其所有物》（*Der Einzige und sein Eigentum*）又是什麼玩意兒？不過是一個小資產階級的無政府主義者對人們拋出「什麼都行」的口號，完全沒有歷史哲學在裡頭。史提納鼓勵每個人自私自利，到頭來沒有宗教、國家和其他規範約束也可以生活。可是馬克思和恩格斯批評「聖馬克斯」，說他沒有為社會提出任何未來願景。對於歷經風霜、在流亡中百煉成鋼的批判者而言，法國和英國的社會主義和共產主義實在太進步了！一邊是小資產階級和吟風弄月的文學，另一邊則是無產階級共產主義的工人運動。

由於篇幅過長而無法刊登的這篇文字一直藏諸名山，不過不同於恩格斯，馬克思倒是對此不以為意。他的下一部作品也不急於出版，那是要回應比德國左派份子更有名的、以蒲魯東為代表的法國人。馬克思於一八四四年在巴黎認識了這位溫文有禮而謙遜的同事，並且和他相談甚歡。他回憶說，（在徹夜辯論之後，）他讓蒲魯東「感染了黑格爾主義的遺毒」，那對蒲魯東而言應該不怎麼有用，因為他不懂德文。[95]

當客居布魯塞爾的馬克思沒辦法把法國人拉到他的陣營，又更是和對手左派記者**卡爾‧格林**（**Karl Grün, 1817-1887**）不斷較勁，他覺得受夠了。沒有百分之百支持馬克思的就是他的敵人！就連蒲魯東也被他批評為小資產階級。蒲魯東剛出版他的《經濟矛盾的體系，或貧困的哲學》（*Système des contradictions économiques ou philosophie de la misère*），多疑的馬克思立刻寫了《哲學的貧困》（*Misère de la philosophie*）嘲諷他。馬克思認為蒲魯東對於黑格爾的認識太膚淺了。因為不同於這個日耳曼人，這個法國人認為世界不是由必然把資本主義推向終點的社會運動決定的。

[219]

對於蒲魯東而言，有鑑於「教育壟斷」和「大規模貧窮化」，問題在於義和不義。相反地，馬克思認為那是必然的演進，宛如自然法則，無階級的社會必定會自被掏空的資本主義裡誕生。

馬克思的這部著作乏人問津，蒲魯東也不以為意。相較於這位聲譽卓著的法國左派思想家，默默無名的馬克思算什麼呢？可是馬克思在批判其對手時再一次擷取了對方的種種概念，「剩餘價值」、「教育壟斷」、「大規模貧窮化」，他馬上把它們內建到自己的體系裡。現在整個草圖差不多完成了：從人類種植及分配糧食的方式開始，經歷了若干階段之後，培養出了現代的資本主義。可是隨著分工的生產，異化也接踵而至，使得大多數人們成了薪資奴隸。他們的貧困正是資本家的剩餘價值，也就是沒有就其生產力支付他們應得的工資。教育壟斷以及大規模貧窮化使得整個系統越來越極端，直到生產力（工人和機器）和生產關係（所有權分配）陷入一個無法解決的衝突當中。在這個環節上，資產階級的資本主義傾覆了。就像以前的蓄奴社會或貴族政治，種種矛盾使得它疲於奔命。無產階級別無他法，只有起來反抗，建立暫時的「無產階級專政」，掃除腐敗的資本主義，打造一個無階級的社會。不過問題是：要怎麼做，以及為什麼？

一八四八年：幽靈的年代

一八四八年三月三日，馬克思被比利時政府驅逐出境。他還不到三十歲，卻註定要棲棲皇皇地過著流亡和放逐的生活。下一站要回到巴黎，那裡在一個禮拜前再次爆發革命。群情激憤的市民第三度築起街壘，共產主義者、社會主義者、擁護共和政體者、民族主義者、國際主義者以及歐洲其他為自由奮戰的鬥士，率皆興奮不已。那會是最終（偉大而畢其功於一役）的革命嗎？

在馬克思收到驅逐令的同一天，正好有一部小品著作付梓，那是倫敦的共產主義聯盟委託馬克思和恩格斯撰寫的；那個聯盟不是什麼大組織，只是一小撮流亡者組成的團體。這本小冊子題為：《共產主義宣言》（*Das Manifest der kommunistischen Partei*）；這部傳奇作品的成就震古爍今，其影響無遠弗屆，在西方文明裡或許僅次於聖經。它的主題是資本主義的崛起、現在和未來。在慷慨激昂的文字裡，我們讀到了資本的全球化和剝削的狂風巨浪、勢不可遏的工業革命，以及「資產階級」的權力、規模和力量如何把人類以前視為珍貴而神聖的東西掃地出門：「由於需要不斷擴大產品的銷路，資產階級就不得不奔走全球各地。它不得不到處鑽營，到處落戶，到處建立聯繫。資產階級既然榨取全世界的市場，這就使一切國家的生產和消費都成為世界性的了。」[96] ⑰

在一八四八年，世界距離全球化還很遙遠，資本主義也還沒有變成世界宗教，馬克思和恩格斯卻預言了這一切！當現在的數位資本主義的種種破壞行為打亂了國民經濟，消滅且取代國家的產業；當資本主義思考模式入侵我們僅存的社會空間；當「Uber」取代了讓人搭便車、「Airbnb」取代了讓人借宿，而使我們不再樂於助人；當商品的「物神性格」（Fetischcharakter）使我們沉淪在階級世界和廣告短片裡；當我們每天只會忙著研究各種價格，那麼他們的預言就應驗了：「舊的民族工業部門被消滅了，並且每天都還在被消滅著。它們被新的工業部門排擠掉了，因為建立新的工業部門已經成為一切文明民族攸關生命的問題；這些部門拿來加工製造的已經不是本地的原料，而是從地球上極其遙遠的地區運來的原料；它們所出產的產品已經不僅僅供本國內部消費，而是供世

⑰ 引文中譯見：《共產黨宣言》，《馬克思恩格斯全集》第四卷，頁469。

界各地消費了。」[97]任何人只要查看一下自己的手機就沒有什麼好說的了：美國設計、中國組裝，應用「Kobalt」、「Zinn」、「Tantal」和「Wolfram」等技術製造（他們曾經援助內戰和饑荒國家裡的孩子）。

作為關於資本主義鉤玄提要的短論，《共產主義宣言》至今仍不減其手采。而文中把歷史解釋成「階級鬥爭的歷史」，或許誇大其詞，卻不盡然有誤。然而共產主義究竟怎麼了？它一開始就被詛咒是個幽靈，在歐洲到處流竄，並且被歐洲列強「公認為一種勢力」嗎？[98] ⑱ 儘管他對於共產主義的分析鞭辟入裡，但是這個說法卻只是在捕風捉影。在若干國家裡的確有他所說的對共產主義的「獵巫」——可是真的有所謂的共產主義嗎？在《共產主義宣言》裡也澈底掃除了其他競爭對手，「正統主義者」（Legitmist）的「封建社會主義」，也就是諸如拉梅內之類的思想家，以及「小資產階級的社會主義」，他們只想修補資本主義而不要革命。馬克思和恩格斯心裡想的是瑞士經濟學家**西斯蒙第**（Jean-Charles-Léonard Simonde de Sismondi, 1773-1842），他擔心，如果企業主的工人沒有得到合理的工資而無法購買他們自己生產的商品，那麼企業主的長期利潤要從哪裡來。他們也抨擊魏特林的「德意志或真正的社會主義」以及「保守的或資產階級的社會主義」，包括「經濟學

⑱《共產主義宣言》原文中譯作：「一個怪影在歐洲遊蕩——共產主義的怪影。舊歐洲所有一切勢力：教皇和沙皇，梅特涅和基佐，法國的激進黨人和德國的警探，都為神聖地驅除這個怪影而聯合起來了。有哪一個反對黨不被它那些當權的敵人咒罵為共產黨呢？又有哪一個反對黨不拿共產主義這個罪名去罵更進步的反對黨人和自己的反動的敵人呢？從這個事實中可以得出兩個結論：共產主義已經被歐洲一切勢力公認為一種勢力了。」

家、慈善家、人道主義者，主張改善工人階級處境者，慈善機構組織者」等等。[19]最後還有聖西門、傅立葉、歐文和卡貝的「批判的空想的社會主義和共產主義」，因為他們只想著要形成各種教派，而無視於無產階級的歷史角色。

最後，只剩下馬克思和恩格斯以及他們一小撮共產主義聯盟了：開創歷史先河的共產主義，唯有他們才有辦法履行歷史任務，讓無產階級掌權。然而共產主義只是個「幽靈」，根本算不上什麼「勢力」。馬克思和恩格斯如果真的夢想著要呼風喚雨，那麼他們在巴黎很快就會醒悟，因為法國人從來不拿正眼瞧他們一眼，他們也沒有下定決心推動無產階級革命。新的臨時政府的組成份子不僅有路易·白朗之類的社會主義者，也包括自由派的民主黨以及保守黨。他們通過了男人的普選權，而且確定了「工作權」。可是革命政府對於生產工具的征收或共有化仍然舉棋不定。即使法國的二月革命在三月間席捲歐洲其他國家，也根本談不上什麼「所有國家的無產階級聯合起來」這種事。一人一把號，各吹各的調，每個人自行其是，就是沒有人要聽馬克思和恩格斯的。可是整個歐洲暴動蜂起：波蘭、義大利、波西米亞、匈牙利、奧地利、普魯士、巴登、巴伐利亞、薩克森和霍爾斯坦。

馬克思沒有待在巴黎。他不得不回到科隆。在三月三日那天，當馬克思收到驅逐令時，有兩千個起義者在議會前面集結示威爭取結社、集會和言論的自由，也主張保護國內經濟以對抗外來競爭

⑲《共產主義宣言》原文中譯作：「這一部分人中間有經濟學家，博愛主義者，人道主義者，勞動階級生活改進派，慈善事業組織者，動物保護會會員，禁酒運動協會發起人以及形形色色的微小改良主義者。這種資產階級的社會主義甚至被制定成一些完整的體系了。」

者，並且反對以機器合理化他們的工作。第二部分的要求正好牴觸了馬克思和恩格斯的世界觀：他們只要區域主義和民族主義，而不要國際團結；對於科技未來的恐懼，不信任「自動化」的改變社會的力量。沒多久這兩個來自布魯塞爾的日耳曼革命者就和科隆當地的起事者扯破臉。到頭來，不管是憑著自由派的資產階級或是工匠，或者是無產階級，都沒辦法打造任何一個國家。日耳曼地區的其他國家亦然。在巴黎的情勢也急轉直下。在四月二十三日的國民議會選舉當中，左派輸給了資產階級。「中產階級」再度抬頭，尤其得到了農民的支持。

人在科隆的馬克思既震驚又憤怒。他把《萊茵報》（*Rheinsche Zeitung*）改名為《新萊茵報》（*Neue Rheinsche Zeitung*）重新出刊，把個人微薄的身家財產都投資下去，為報紙撰文評論他所謂的巴黎工人六月革命，以及血流成河的慘敗——法國所有革命的希望都幻滅了。從此以後，資產階級和無產階級分道揚鑣。失望而又固執的馬克斯心裡點燃了一股革命的情操：「六月和十月的日子以後的無結果的屠殺，二月和三月以後的無止境的殘害，——僅僅這種反革命的殘酷野蠻行為就足以使人民相信，只有一個方法可以**縮短**、減少和限制舊社會的兇猛的垂死掙扎和新社會誕生的流血痛苦，這個**方法**就是實行**革命的恐怖主義**。這樣夠清楚了嗎，先生們？」99[20]

馬克思並不總是這麼堅定地號召暴力鬥爭。然而不僅僅是巴黎的大屠殺，就連日耳曼所謂的一八四八年革命，也都讓馬克思心生對抗「反革命階級」的「世界大戰」的夢想。在法蘭克福聖保羅教堂召開的國民議會裡的議員們（其中包括旁聽者費爾巴哈以及夢想破滅的「激進派」追隨者）無

⑳ 引文中譯見：〈反革命在維也納的勝利〉，《新萊茵報》第一三六號，一八四八年十一月七日，《馬克思恩格斯全集》第五卷，頁543。原文沒有最後一句話：「這樣夠清楚了嗎，先生們？」

[224]

計可施，只好提議普魯士國王腓特烈．威廉四世（Friedrich Wilhelm IV）接受德意志皇帝的稱號，卻被他拒絕了。㉑對義憤填膺的馬克思而言，這證明了在德國推動資產階級革命不會有什麼好下場。不是「社會主義和共和黨的革命」，要不就是「封建君主專制的革命」，在德國沒有其他可能了。

100 一八四八年十二月，拿破崙的侄子路易．拿破崙（Louis Napoleon Bonaparte）以四分之三的票數當選法國新任總統，最後的幻想也煙消雲散了。幽靈的年代已然告終。馬克思也只能以長篇評論抒憤，而成就了兩篇文學名作：〈一八四八年至一八五〇年的法蘭西階級鬥爭〉（*Die Klassenkämpfe in Frankreich 1848 bis 1850*）和〈路意．波拿巴的霧月十八日〉（*Der achtzehnte Brumaire des Louis Bonaparte*）。第一篇文章於一八五〇年刊載於《新萊茵報》，是專欄「政治經濟學評論」（Politisch-ökonomische Revue）的系列文章之一；第二篇則是在一八五二年刊登在紐約一家名不見經傳的月刊《革命》（*Die Revolution*），它的發行量才五百份。馬克思的主題是路易．拿破崙（後來叫作拿破崙三世）的奪權。在這位革命家眼裡，這個新君王是個可笑的人物，代表了資產階級社會的墮落。他的「小型政變」（Staatsstreich en miniature）和他的叔叔正好背道而馳！這篇字挾風霜的文章開頭的第一句話，在馬克思那個年代既沒有人讀過也沒有被引用，後來卻成了千古名言：「黑格爾在某個地方說過，一切偉大的世界歷史事變和人物，可以說都出現兩次。他忘記補充一點：第一次是作為悲劇出現，第二次是作為笑劇出現。」101

㉑ 腓特烈．威廉四世說他不願「拾取在溝渠裡的皇冠」而拒絕加冕，最後法蘭克福國民議會被迫解散。

為了生存的階級鬥爭

- 物種起源
- 沒有磷就沒有思想！
- 適者生存
- 資本
- 自由的公理
- 自由和國家

物種起源

在科普作家以及生物學家當中流行著一則有名的故事。故事是說，一個年輕的英國人在英國海軍的雙桅船「小獵犬號」（Beagles）的甲板上和船長費滋羅伊（Robert FitzRoy）談天說地，在加拉巴哥群島研究大型絕種動物的化石、巨大的烏龜以及鳥嘴相當獨特的燕雀❶，意圖以準確的觀察推論說自然界裡的物種是會改變的。

當時那個年僅二十二歲的研究員叫作**達爾文**（Charles Robert Darwin, 1809-1882）。如果說現代的演化論是這麼誕生的，那麼就可以證明科學裡的每個重大進展都要歸功於歸納法：由謹慎的經驗性觀察推論出概括性的原理。實證主義者和科學主義者的時代或許會昂首闊步、無往不利，而哲學家也只能無所事事地站在後頭。

只不過，這個故事只是個傳說。雖然我們確定達爾文真的登上了「小獵犬號」的甲板，也發現了化石以及新物種，並且仔細地記錄加拉巴哥群島上的鳥類為了適應其生存方式而形狀各異的鳥嘴，但是橫空出世的演化論是歸納法的推論則有待商榷。

達爾文於一八三一年到三六年間搭著「小獵犬號」環遊世界，都有翔實的記載，尤其都出自他自己的手筆。他對於鳥類的觀察也是如此，每座島嶼上的鳥類的鳥嘴形狀都不盡相同，而攝食方式也各異。可是達爾文怎麼知道這些鳥類都屬於燕雀科（Finch, Fringillidae）？光是要把英國的鳥類世

❶ 燕雀的鳥嘴上下末端彎曲且交錯，稱為「交嘴」。

界區分清楚就已經很困難了。而且這位年輕的旅行家也不確定加拉巴哥群島的鳥類是源自同一個祖先，因為生活空間孤立而會有不同的專化，並且產生變異。為了確認這點，他回到倫敦以後求教一個專家權威：鳥類學家約翰・古爾德（John Gould），而在這個時候，達爾文在演化論的探索途中已經有迥然不同的想法了。

達爾文出生於什魯斯伯里鎮，在愛丁堡攻讀醫學。可是他很討厭那個學科，反而比較喜歡生物學。一八二八年，他又到劍橋攻讀同樣索然無味的神學。住在神學家**威廉・培里**（William Paley, 1743-1805）七十年前也住過的同一間學生宿舍。培里的《自然神學》（*Natural Theology: or, Evidences of the Existence and Attributes of the Deity*, 1809）一直到達爾文的年代都還是暢銷書。他以其專業知識詳盡地闡釋神如何盡善盡美地設計了大自然的各種現象，鳥嘴、利爪、羽毛和魚鰭，使它們發揮最佳功能。就像鐘錶匠之於他的鐘錶，神也仔細地區分了所有物種。這部作品讓一直對生物學情有獨鍾的達爾文印象深刻。

他在劍橋畢業的半年後，獲邀隨著「小獵犬號」遍歷世界各地。當他於一八三六年秋天滿載而歸的時候，已經是個家喻戶曉的博物學家。他在無數的筆記本裡寫下關於大自然及其演化史的許多想法，可是他在裡頭借用的種種文獻和靈感卻很少來自生物學。達爾文的演化論其實主要是從哲學作品那裡開展出來的。他在《愛丁堡評論》（*Edinburgh Review*）讀到關於孔德甫出版的《實證哲學教程》第一冊長篇大論的書評，那個法國人讓他相信自然律必定是「普遍的」，卻不是（被神）預定的：「孔德先生反對任何關於計畫的說法，我也傾向如此。」[102]

基本上，亞當・斯密對達爾文的研究的影響更大。達爾文沒有讀過這位蘇格蘭哲學家和經濟學家本人的著作，而只是讀了杜嘉・史都華（Dugald Stewarts）的《論亞當・斯密的生平和著作》（*On the Life and Writings of Adam Smith*, 1829）。身為道德哲學家，亞當・斯密認為經濟循環的運作在於每個個人都會追求他的個人好處。相應而生的資本主義競爭和市場優勢乍看下雜亂無章而思慮不周，卻會導致經濟更加繁榮。由於強大而聰明的市場成員貫徹其意志，而弱者也被排擠且淘汰，使得生產力蒸蒸日上。而不斷提高的生產力則會反過來增進整個國家的福祉。不過那不是因為政府對於經濟有什麼聰明的規劃，而是因為自由市場競爭主導了一切。

達爾文有如醍醐灌頂，接著著手研究比利時天文學家和統計學家**凱特勒**（Adolphe Quetelet, 1796-1874）的學說。凱特勒以各種統計數字佐證亞當・斯密所說的競爭、資源和國家的問題。他的兩大冊代表作品《人類及其官能的發展，或論社會物理學》（*Sur l'homme et le développement de ses facultés, ou essai de physique sociale*, 1835）的英譯本於一八三八年出版，達爾文也搶著先睹為快。打開書第一頁就寫著：「人的出生、成長和死亡都是依據若干特定的法則，而至今還沒有任何人仔細探究過整個法則或是其相互關係。」[103] 凱特勒想要彌補這個缺點，於是在比利時進行人口動態的計算。因為人口成長太快而造成未來的糧食短缺，達爾文在馬爾薩斯的著作裡早就讀過這個說法。一八三八年九月，他又讀了一次馬爾薩斯關於人口成長的文章。蟄伏在他心裡的理論，現在總算成熟了。大自然和資本主義經濟其實沒什麼兩樣。所有人都要和所有人競爭，正如馬爾薩斯所說的「生存競爭」，到頭來會導向枝葉茂盛的生物多樣性以及穩定的生態系統。強者存活，弱者滅絕。這一切並沒有培里假設的那個神在規劃。如果說亞當・斯密的「看不見的手」是市場，那麼達爾文的「看不見的手」就是大自然。

狄德羅、拉馬克和聖夷雷都談過物種的演變，現在則是以全新的方式去證明。動物身上並沒有什麼要在演化過程中盡善盡美的內在「形構衝動」，演變是透過競爭而產生，也就是「天擇」（natural selection），而最適者在其中佔有最大的優勢。而且環境至少和市場一樣脆弱。達爾文從地質學家**查爾斯・萊爾**（Charles Lyell, 1797-1875）的著作中認識到，地球在數百萬年間不斷變化。就像新市場一樣，新環境也會創造新的挑戰。只不過浮雲朝露的東西，在大自然裡和經濟裡一樣都會停下腳步。

他這麼鹵莽地以經濟學附會大自然的做法合理嗎？達爾文讀了休爾的作品以後，覺得自己的想法被證實了。這個和彌爾唱反調的人，認為科學的進步不僅限於歸納法。相反地，他試圖說明大膽的假設到頭來如何推論出證明為真的知識。不管怎樣，演繹法和歸納法必須相互配合。當古爾德對他解釋了燕雀的特性，達爾文的理論得到了證明，正如加拉巴哥群島上的各種巨龜一樣。不過，他的曠世巨作《物種起源》（*On the Origin of Species by Means of Natural Selection*, 1859）還要等個二十幾年才會問世。以無數例證去證明他的理論的時候到了。

[230]

這本書引起了激烈的論戰。起初英國科學協會意見相當分歧，日耳曼也是；法國則是完全拒絕「天擇說」。一八六〇年十二月，我們看到馬克思在倫敦說：「在過去四個禮拜裡……我遍覽群籍，其中包括達爾文關於『天擇』的著作。儘管他的英文文筆拙劣，卻包含了我們的觀點在自然史方面的根據。」[104] ❷不管怎樣，馬克思沒多久就把達爾文的作品引伸在他關於古典政治經濟學的手稿裡：「值得注意的是，達爾文在動植物界中重新認識了他自己的英國社會及其分工、競爭、開闢

❷ 引文中譯另見：《馬克思恩格斯全集》第三十卷，頁130-131。

新市場、『發明』以及馬爾薩斯的『生存鬥爭』。這是霍布斯的一切人對一切人的戰爭，這使人想起黑格爾的《精神現象學》，那裡面把市民社會描寫為『精神動物的世界』，而達爾文則把動物世界描寫為市民社會。」[105] ❸

沒有磷就沒有思想！

如果說達爾文的適者生存的說法是對的，那麼馬克思應該會處境堪慮。馬克思讀到《物種起源》的時候，他已經在倫敦住了十年。他的生活捉襟見肘，如果沒有恩格斯的接濟，他一定撐不下去。革命的幽靈在歐洲杳無蹤跡，共產主義也大夢初醒。復辟政權把以前的鬥士用完即丟，資本主義到處風捲雲殘，沒有遭到任何值得一提的抵抗。即使馬克思鍥而不捨地和僅存的社會主義者與共產主義者通信，卻再也不是什麼重要的政治煽動者。相反地，他每天都要面對「生存競爭」。他從一八五二年開始再度為報社撰稿，不過不是戰時文宣，而是在當時發行量最大的《紐約每日論壇報》（*New York Daily Tribune*）擔任歐洲獨立通訊員。

如果馬克思沒有為《紐約每日論壇報》撰寫旁徵博引的分析或是汪洋宏肆的專欄文章，那麼他就不是馬克思了。他描寫資本主義風起雲湧的崛起、不斷加速且肆無忌憚的全球化，這些他在《共產主義宣言》裡都談過了。基本上，這一切都在計畫之中，因為資本主義應該會不斷擴張，直到它壞死。對於馬克思而言，世界社會的共產主義才是合乎邏輯的目標，而不是國家共產主義：「只有

❸ 引文中譯見：《馬克思恩格斯全集》第三十卷，頁251-252。

在偉大的社會革命支配了資產階級時代的成果，支配了世界市場和現代生產力，並且使這一切都服從於最先進的民族的共同監督的時候，人類的進步才會不再像可怕的異教神像那樣，只有用人頭做酒杯才能喝下甜美的酒漿。」106 ❹

馬克思每天都泡在大英圖書館的閱覽室裡。他在那裡找到他為報社撰寫的文章，也包括還在計劃當中的巨作。在那個期間，他對於人類以及社會的「唯物論」觀點已經不再那麼孤單了。當馬克思在倫敦浸淫在關於經濟問題的知識裡的時候，「唯物論論戰」在德國正甚囂塵上。

如果說一八三〇年代的博物學家和醫生都是諸如卡魯斯之流的浪漫主義者，那麼一八四〇年代的風氣就正好相反。越來越多的自然科學家對於靈魂和精神之類的觀念論概念嗤之以鼻。來自基森的化學家和生物學家**佛格特**（Carl Vogt, 1817-1895）是這個新唯物論的代表人物。他認識巴枯寧、蒲魯東和海維格，並且加入左派陣營。他的讀者可以從他的《生理學書信集》（*Physiologische Briefe*, 1845-1847）了解他所理解的唯物論自然觀是什麼。關於人類的事，沒有什麼是不能以生理學解釋的，包括所謂的心理和意識。「心理活動」只是「大腦物質的作用，都是從這些功能演變而來，也都會和它們一起消滅。沒有靈魂入胎這種事，正如不會有惡靈附身，那都是大腦發展的產物，正如膂力驚人達是肌肉發展的產物，分泌物是腺體發展的產物。」107

沒有神，沒有非物質的心靈，也沒有自由意志，這是十八世紀的休姆、拉美特里、霍爾巴赫、艾爾維修之流的啟蒙運動唯物論者的主張，到了十九世紀，更以醫學方法去證明它們。佛格特把這

[232]

❹ 引文中譯見：《馬克思恩格斯全集》第九卷，頁252。

個除魅應用到一個政治的創舉上，主張廢除日耳曼諸國的貴族政治，教會也必須讓出權力，這使得他喪失了動物學系的教席。然而這個潮流沛然莫可禦。一八五二年，荷蘭醫師**莫勒休特**（Jacob Moleschott, 1822-1893）出版了《生命的循環》（*Der Kreislauf des Lebens*）一書。他和佛格特一樣，主張沒有形上學的添加物，也沒有什麼理念的東西，更沒有神的作工。人澈頭徹尾是化學的。**李比希**（Justus Freiherr von Liebig, 1803-1873）在《化學書簡》（*Chemische Briefe*）中引述他那句特別有名的話：「沒有磷就沒有思想。」[108]

莫勒休特的書一時洛陽紙貴，當時只有**路德維希・有畢希納**（Ludwig Büchner, 1824-1899）的《力與物質》（*Kraft und Stoff*, 1855）在銷量上超越它。他是詩人格奧爾格・畢希納（Georg Büchner）的弟弟，他的書在五十年內再版了二十一次，是十九世紀下半葉最暢銷的非文學類著作。唯物論世界觀造成的回響聲勢相當浩大。繼英國和法國之後，日耳曼的資產階級也漸漸流行澈底唯物論的世界觀。

在一八五四年的第三十一屆自然科學會議上，科學家們展開了一場公開論戰。哥廷根的動物學教授**魯道夫・華格納**（Rudolf Wagner, 1805-1864）指控「唯物論者」在面對「山雨欲來的世界戰爭」時意圖擾亂社會秩序。他認為它既沒有證明意志是不自由的，也沒辦法以自然科學和醫學揭露靈魂的祕密。華格納主張必須將自然科學和世界觀、知識和信仰區分開來，他的作品在整個日耳曼地區傳誦不絕。可是持相反意見的著作也所在多有。佛格特的《盲信與科學》（*Köhlerglaube und Wissenschaft*）指摘這位對手在科學知識方面的平庸以及對於政治的冷漠。在一八四八年的那個關頭，不為統一而自由的德國奮鬥的人，沒有權利侈言其未來。

佛特格到處尋訪在政治上的戰友，在一八五九年遇到了這位住在倫敦的日耳曼移民。他透過弗來利格拉特的介紹讀了馬克思的作品。可是來自巴登的革命份子卡爾．布林德（Karl Blind）騙了馬克思，說佛格特是法國特務。而這位自然科學家也因為關於馬克思的謠傳指控而大感失望，痛斥他是妄想狂的理論家，是「流亡者集團」的首腦。而馬克思也以極盡嘲諷之能事的文章反擊佛格特。

其實他不僅輕蔑佛格特的人格，更對於整個哲學潮流感到不屑。馬克思是透過費爾巴哈認識唯物論的，而他認為自己的新理論，亦即恩格斯後來所謂的「歷史唯物論」更勝一籌。馬克思和佛格特、莫勒休特以及畢希納一樣，都認為心理在本質上是物質性的。不過除此之外，他更認為世界歷史的演進是被物質原因所決定，也就是人們生產生活資糧的方式。再者，黑格爾的辯證法猶如鋼鐵一般的法則，貫穿了自原始人類的開端到未來無階級的社會的整個歷程。

然而自然科學家們卻對這一切一無所知。難怪馬克思和恩格斯把這些日耳曼的成功作家當作不值一哂的對手。在一八五〇到六〇年代的日耳曼教師、醫師或法學家，他們家裡的櫻桃木書架上都會有畢希納和莫勒休特的書；而他們根本不知道馬克思是何方神聖。恩格斯後來談到一種「機械性的」唯物論，對於這些大眾科學家深感不屑，認為這是一種「外表膚淺庸俗」的唯物論，「畢希納、佛格特和莫勒休特在一八五〇年代到處巡迴傳教」。[109]恩格斯所謂「庸俗的巡迴傳教的唯物論」[110]，後來被唯物論者引伸為「庸俗唯物論」的貶語，一種無法認識到進步的歷史和經濟基礎的唯物論。

[234]

適者生存

當達爾文的《物種起源》於一八五九年出版的時候，佛格特、莫勒休特和畢希納覺得他們的理論得到證實了。讓他們的唯物論自然觀獲得歷史縱深的不是黑格爾，而是天擇理論。唯物論的「三巨頭」不遺餘力地在日耳曼到處宣揚達爾文的理論，然而人們很少從學術的角度去評論這個新的演化論。他們是否接受該理論，大多取決於其世界觀。一八六三年在史提汀的自然科學會議上，一個年輕的生物學家**海克爾**（Ernst Haeckel, 1834-1919）宣告說，達爾文的理論撼動了「整個科學學說大廈……的地基」，那是個「重塑整個世界觀的知識」。[111]隨著達爾文的演化說，神從生物學裡消失了，正如以前伽利略（Galileo Galilei）把神從物理學裡除名。就連人類居住的世界，也是依據機械性法則在運作。那麼現在我們為什麼要質疑一個統一的自然觀和人性觀呢？在海克爾、佛格特以及莫勒休特眼裡，華格納的說法簡直不堪一擊。

[235]

英國的許多哲學家也都這麼想。其中叱吒風雲的代表人物是**史賓塞**（Herbert Spencer, 1820-1903），在他的那個世紀裡，他就算不是最重要的英國哲學家，也應該是影響力最大的！他起初在鐵路公司擔任製圖技師和土木工程師，那是聖西門主義者的典型起跑點。他的生涯其實和孔德有過許多交集。在一八四八年到五三年之間，他擔任《經濟學人》（*Economist*）的編輯，並且寫了第一部作品《社會靜力學》（*Social Statics*）。他也和孔德一樣支持拉馬克的學說。對他而言，社會是一座有生命的大廈，一個「超級有機體」，不斷致力於盡善盡美。到頭來（他在這點上和孔德分道揚鑣），一切都會井然有序，經濟也不再需要國家。「進步」和「臻至完美」，拉馬克的這兩個演

[236]

化原理，史賓塞一生奉為圭臬。

《經濟學人》的社長安排了這位力爭上游的編輯進入倫敦的知識圈裡。史賓塞認識了彌爾，也愛上了女作家喬治．艾略特（George Eliot）。此外他也引薦年輕的船醫**湯瑪士．赫胥黎**（Thomas Henry Huxley, 1825-1895）進入那個社交圈。史賓塞在一八五三年繼承了大筆遺產，讓他得以潛心於他的科學作品之中。一八五五年，他出版了《心理學原理》（*Principles of Psychology*）。這本書只是他計畫中的曠世巨作中的一部分。正如亞里斯多德研究地自然的原理，用它們去解釋生物學，接著以生物學去解釋人類的心理，又以心理學為起點去解釋社會和倫理，史賓塞也如法炮製。他自詡為休爾所定義的那種**科學家**。社會科學應該也是一種自然科學，正如彌爾的主張以及孔德致力追求的：沒有思辨，沒有形上學的假設，只有定義清楚的概念。從心理學到自由貿易，他的哲學把一切都串接成一條巨大的有機體譜系。

而一八六〇年到一八九三年間，十一冊的《綜合哲學體系》（*System of Synthetic Philosophy*）就以這種方式誕生了。而貫穿整部作品的主要思想就是演化。生物依據大自然的原理和定律，演化出越來越複雜的心理結構，到了最高的階段則建構了人類社會及其倫理和道德。所以說，如果以這個第一原理為開端，闡述生物學的種種形構法則，再由這些法則推論出心理學，接著則開展出社會學和政治學的正確結論，這豈不是更好的哲學起點嗎？他的野心比孔德更大也更周詳，比馬克思更完備且更科學（他並不認識馬克思），他要揭露自然和社會的運動定律，那些到頭來一以貫之的定律！

史賓塞的建築設計對當時的人來說相當有說服力：以物理學為地下室，一樓是化學和生物學，

[237]

心理學則建立在二樓，社會學在三樓，頂樓則有倫理學。直到今天，他的「大樓管理員的夢想」仍然激勵著有哲學傾向的自然科學家：搭電梯從物理學的地下室一路暢通無阻地到達道德的閣樓！美國著名的演化生物學家**威爾森**（Edward O. Wilson, 1929-）到了一九九〇年代都還有相同的夢想。「思想最為宏大的計畫，始終是把自然科學和人文科學統一起來。現在碎片化的知識以及它所導致的哲學混亂，其實都是現實世界以及學術界文化產物的反映。」[112] 哲學所能做的只是附會自然科學，以它為組件校正自己的理論，並且清楚定義自己的概念。讀了這部哲學史的讀者們，會漸漸明白這個計畫在知識論上的童騃無知。齊克果的哲學會因為沒有以物理學原理為根據就是「錯誤的」嗎？

不過，在史賓塞的時代，這個夢想似乎可想而知。達爾文的演化論猶如萬有理論一般，使生物學如虎添翼，就像牛頓的作品之於十八世紀的物理學。不過史賓塞最重要的基本假設其實是擷取自拉馬克而不是達爾文，他把兩者的理論雜揉在一起，彷彿其中不會有任何矛盾。拉馬克相信生物內建著不斷使自己更完善的程式。就此而論，環境的影響有可能轉變成學習者的經驗，而改變一個有機體。達爾文則不認為有任何自我改良的內在程式。決定生物生死存亡的並不是學習者經驗，而是偶然。沒有任何生物會為了存活而適應良好；情況正好相反，那些存活下來的都是偶然地適應良好。

史賓塞相當離奇地把兩者的理論湊在一起。他認為社會的生存競爭和動物界一樣洶湧慘烈。每個人都意圖實現其內在程式，但是只有強者才有辦法遂行。適應不良的人或是社會裡的弱者，因而成了殘忍的進步的受害者。史賓塞認為讓不同的「人種」混處是特別危險的事，因為那會使人軟弱且退化。這個說法和達爾文並不一致，因為大規模的變異不會導致退化。史賓塞的種族主義是對拉馬克主義自導自演的恣意詮釋，他認為種族的混合會妨礙單一「種族」朝向盡善盡美演進的內在本性。可是史賓塞從拉馬克和達爾文那裡推論和總結出來的也就是種族純淨以及生存競爭，都和真正的科學理論判若雲泥。

而且發人深省的是，天擇說的公式偏偏不是出自達爾文，而是史賓塞提出來的：「適者生存」（the survival of the fittest）。那是出自一八六四年的《生物學原理》（*Principles of Biology*）第一冊第一六四段。儘管意見相左，達爾文仍然相當敬重史賓塞，更在一八六九年《物種起源》第五版裡引用了他的這個說法。這個概念的歷史影響不容小覷，特別是在德國，因為「適應」這個語詞很難翻譯。在一八六〇到七〇年代的德語作品裡，只看到「Überleben der Passendsten」（最適合者生存）這個說法，就像史賓塞的德文版本一樣。可是沒多久之後，各種說法蜂起：「Überleben der Angepassten, Geeignetsten, Tauglichsten, Tüchtigsten, Stärksten und Besten」（最適應者、最適當者、最有用者、最能幹者、最強者、最好者生存）。其中許多概念都含有強烈的評價意味。「能幹」是透過自己的努力得來的，而不是大自然的抽獎。人是否「有用」則是取決於特定的目的。而在演化當中，許多動物種類根本不算是「強者」。至於誰才是「最好的」，那更是完全不必要的價值判斷。於是，這個公式演變成世界觀的評價，而各種譯法其實只是透露了譯者自己的世界觀，和演化無關。

如果說達爾文聰明的演化論是受到一八三七年到一九〇一年維多利亞女王主政時期的時代精神影響，那麼史賓塞更是如此。那些以科學之名粉墨登場的，終究只是在替進步思想以及宛如脫韁野馬的資本主義和殖民時期的帝國主義搽脂抹粉而已，其中鮮少沒有種族主義的。而史賓塞則反過來正當化這些時代現象以及和它對應的文化，認為那合乎自然而且別無選擇。不過這背後隱藏著一個循環論證。演化論原本是受到英國政治經濟學的啟發，現在卻回頭把它的理論嫁接到社會上，意圖證明且正當化它的社會。一直到一九七〇年代，英國的演化生物學家**理查．道金斯**（Richard Dawkins, 1941-）神來一筆，把金融資本主義的概念搬到大自然。他寫道，人類在其孩子身上持有「百分之五十的基因股票」，在伴侶選擇上遵守著「風險策略」，並且在人際關係上進行「投資」。他在其著作《自私的基因》（*The Selfish Gene*）裡詆稱他不是把經濟學概念**轉抄**到大自然，而是在大自然裡面**遇見**它們，而從那裡回推到社會。其實，直到今天仍然有許多生物學家自陷於循環論證的窠臼。

我們越是窮究到底，就越加覺得史賓塞以天擇的歷程解釋文化和社會的歷史演進行不通。就連達爾文自己也很懷疑。人類現在這個物種根本不是透過天擇原理演化的。就像他在一八七一年的《人類原始與性擇》（*The Descent of Man*）裡所寫的，決定性因素不是自然選擇而是**性擇**。達爾文遍訪各地十二年之後，不只告訴他的讀者動植物從何而來，更提到英國人是怎麼來的。就像所有人類一樣，他們的祖先也來自動物界。不同於螞蟻或變形蟲，人類一般會謹慎選擇他們的性伴侶。所以說，決定誰或者什麼東西在演化當中勝出的因素是**伴侶選擇**，而不是**環境**。然而人們必須有美感、有能力去愛、有道德感，他才可能挑選他的性伴侶。對於達爾文而言，決定人類的演化的並不是環境，而是美感、愛、道德和倫理。

所以說，關於人類的演化或許談不上什麼冷酷無情的「社會達爾文主義」，而應該說是「最聰明者生存」（survival of the smartest）。對生物學有興趣的恩格斯也是如此猜想。馬克思從達爾文那裡認識到的關於生存競爭的那個「英文拙劣」的論證，只提到一個演化的元素：「在達爾文的學說中，我同意他的**演化論**，但是我認為達爾文的證明方法（生存鬥爭、自然選擇）只是對一種新發現事實所作的初步的、暫時的、不完善的說明。……自然界中物體——不論是死的物體或活的物體——的相互作用中既包含和諧，也包含衝突；既包含鬥爭，也包含合作。達爾文的全部生存競爭學說，不過是把霍布斯『**一切人對一切人的戰爭**』的學說、資產階級經濟學的競爭學說，以及馬爾薩斯的人口論從社會搬到生物界而已。……人類社會和動物社會的本質區別在於，動物最多是**採集**，而人則能從事**生產**。僅僅因為這個唯一卻基本的區別，就不可能把動物社會的規律直接搬到人類社會中來。」[113]

當恩格斯在一八七五年的信裡這麼寫的時候，德國也和英國一樣流行著「社會達爾文主義」。正如大自然的定律，在人群裡也是如此：人類天生就自私自利，為了生存競爭必須不計任何代價勝出，不管是個人或是整個民族。這個搬動不僅僅是基於一個「英文拙劣」而片面的生物學觀念，也就是視其為戰場；它也牴觸了休姆的著名法則，那就是**我們沒辦法從事實的認定推論出任何規範**。某個東西以某個方式存在，這並不意味著它應該或不應該如此存在。德國自二〇一五年來收容了一百萬難民，這也不意味著它收容太多了。有些人或許認為十萬人就太多了，或者是一個都不要，或許也有些人認為兩百萬都不嫌多。

演化的法則也是如此。即使真的存在著這些法則，那並不意味著它們**規定**個人（或是整個民族）應該怎麼做。我們用康德的一個著名的區分來說吧，自然法則是**強制性的**（bindend），但並

[241]

不是**義務性的**（verpflichtend）。換言之：重力的作用一直都在，不管我是否知道它，但是它不能告訴我應該如何生活。只有道德規範才可以告訴我，但是它的強制性和重力是兩回事。我可以抗拒或遵守它，但不是被迫的，而是出於理解或自我調適。史賓塞和他在德國與英國的同志，以哲學的方式對於世界的定義是錯誤的，而且悖離了人性。可是它的溫床卻再適合不過了。一八七〇到七一年的普法戰爭為社會達爾文主義推波助瀾。德國的大獲全勝豈不是證明了戰爭是「生存競爭」的正當工具嗎？優越的民族，例如德國，可以侵略其他國家，僅僅因為他們是優越的。戰爭不只是俾斯麥（Otto von Bismarck）眼裡的現實政治（Realpolitik）的工具，更具有相當於自然律的義務性。一八七八年，奧地利文化史家海爾瓦德（Friedrich von Hellwald）在其作品裡讓這個時代精神躍然紙上，他以贊同的語氣說：「在普魯士的領導下，德意志帝國誕生了，那並不是『以牙還牙』之類的倫理原則的勝利，而是強權就是公理的**體現**。」[114]就連相當叛逆的神學家史特勞斯（David Friedrich Strauß），在他晚年的作品《舊信仰和新信仰》（*Der alte und der neue Glaube*, 1872-1875）裡，他對於基督教的期望也因為社會達爾文主義而讓步：「在座諸位，你們什麼時候才會讓人類以和平協議解決紛爭？就在你們有辦法讓這群人只以理性對話的方式不斷繁衍的那一天。」[115]

資本

馬克思此後並沒有遇見史賓塞和達爾文，更和彌爾素昧平生，雖然這四個人同一時期都在倫敦工作。不過反正這個家徒四壁的德國流亡者沒認識什麼英國名人，就像他在巴黎也鮮少遇到什麼有影響力的法國共產主義者。在一八五〇到一八六〇年代初期，他在倫敦還只是個跑龍套的角色：滿臉于思，每天都坐在大英圖書館裡，猶如附魔一般地埋首苦讀、摘錄文句和寫作。而他事實上也於一八五九年在柏林出版了第一部真正的作品：《政治經濟學批判》（*Zur Kritik der politischen Ökonomie*），這個書名讓人不禁想起彌爾在十一年前出版的作品。或許馬克思也想要研究政治經濟學，認為經濟和社會必須放在一起思考。可是他也看到「資產階級經濟」裡的種種重大錯誤，尤其是他們會為事物本身賦予一個意義，彷彿商品或貨幣「本身」就具有價值。經濟學把它們視為猶如自然事物一般，但是馬克思認為那只不過是種種協議的結果而已。而人之所以會訂定協議，那是因為有利益可言。所以，重點在於認識這些利益並且揭穿各種「故弄玄虛的把戲」。馬克思使用了價值和交換價值去思考商品的價值，分析勞動的概念，建構他沿襲自赫斯的貨幣理論，並且闡述貨幣的流通以及積累。他也解釋了「下層結構」和「上層結構」的概念，並且詳盡說明生產和貿易危機的法則。

[243]

當馬克思奮筆疾書的時候，大不列顛正值景氣繁榮時期，也就是「維多利亞繁榮期」（Victorian boom）。即使在一八五七年和一八六六年遭逢經濟危機，情況也沒有絲毫變化，雖然馬克思每次都希望可以從結局看出它的開端。英國經濟擴張到歐洲、美國和印度。鋼鐵業和金融業發榮滋長，自由貿易盛行，倫敦人口也快速成長：十九世紀初期是一百萬人，到了世紀末則成長為六百七十萬人。一八四五年，特拉法加廣場（Trafalgar Square）及國家美術館（National Gallery）落成，馬克思正好在倫敦；一八五一年，第一屆世界博覽會在甫完工的水晶宮舉辦，那是一座以鋼鐵為骨架的大膽而創世紀的建築。幾近半數的展覽都在展示英國經濟的繁榮。城裡到處可見野心勃勃的建築計畫，石材和鋼鐵正是象徵著奮翅鼓翼的資本主義。一八七〇年，修復了數十年的國會大廈終於完工，一年之後，英國皇家亞伯音樂廳也落成。到了一八七四年，該城市有九座火車站、一條電車軌道、世界第一條地下鐵以及下水道系統。雖然有數十萬貧窮的愛爾蘭人湧入城裡，殖民地無數的貧窮難民也都到那裡試著碰碰運氣，但這並不意味著城市即將解體，或者是無產階級專政的時候到了。

倫敦是進步的城市，也是自由放任經濟的城市，而史賓塞則是那個時代裡的哲學家。一八六〇年代初期，在「資產階級」的主戰派對手陣營裡其實只剩下布朗基孤軍奮戰，他在被監禁多年之後，流亡到比利時從事宣傳活動。其他人不是死了就是轉向漸進改革派，也就是社會民主黨。在這個意義下，作家**拉薩爾**（Ferdinand Lassalle, 1825-1864）於一八六三年成立了全德意志工人聯合會（der Allgemeine Deutsche Arbeiterverein），那是日耳曼地區第一個社會民主政黨。馬克思雖然向拉薩爾毛遂自薦，卻也相當不屑這位躊躇滿志的戰友。

在這段時間裡，馬克思總算完成了他僅有的追隨者們翹首以盼的著作。一八六七年秋天，他口中那部「該死的書」（Saubuch，可咒的書）❺在漢堡出版了：《資本論》（*Das Kapital. Kritik der politischen Ökonomie*）。排字工人花了四個禮拜的時間，才把他那難以辨識的手稿變成一本八百多頁的大部頭著作。第一版印了一千本，比達爾文的作品少一點。不同於那部現在被視為世界遺產的自然科學家的作品，馬克思的著作並沒有引起太激烈的論辯。恩格斯是第一個對馬克思十五年辛苦

[244]

❺「我所有時間都花在英國博物館裡，而且直到月底都會是這樣，因為單單為了我的『肝臟』，我也必須盡可能避免聽到家裡人由於外部的壓力而必然發出的怨言。只要能有一個安靜的環境，我就一定著手謄清我那可咒的書，我想把它親自帶到德國去，並在那裡出版。做完這件事以後，才能有時間同巴黎和倫敦聯繫關於法文翻譯或英文修訂的問題。」（《馬克思恩格斯全集》第三十卷上，頁355。）

研究的成果感到失望的人。任何人像《資本論》的作者寫得這麼不知所云，應該不會期待他會多麼成功或者有什麼重大的影響。英國首相彼得當時對於戈德溫的《論政治正義及其對於德行和幸福的影響》的評語，用來形容《資本論》應該也很貼切：反正工人也讀不懂。

儘管如此，這部作品卻成了未來社會的底座和基石。它把經濟學、社會學和政治學結合在一 [245]
起，把全體都置於歷史的動力和進程中加以分類。正如《共產主義宣言》，書一開頭就詳盡分析了資本主義。為什麼經濟裡的商品有「價值」可言？馬克思借用李嘉圖的概念說，因為商品中包含為了生產它們而付出的一樣多的勞力。任何經濟價值都是以可以創造價值的東西去衡量的，也就是勞動。在資本主義經濟裡，每個完成的產物都變成市場上的商品，它不只是勞動的產物，也包括工人自身的勞動力。許多家徒四壁的工人把自己當作商品出售，資本家把他們製作成產品，再當作商品出售。如果支配者擁有「生產工具」，工廠主人支付他們的工人應得的工資，那麼也沒有什麼好反對的。可是他們支付工人的工資，只夠他們繼續把自己當作商品出賣。多出來的部分，也就是「剩餘價值」（霍爾、戈德溫和蒲魯東在這裡登場）則都歸於資本家，而他們會把它再投資以獲利。因此，整個資本主義的經濟都奠基於沒有支付的工資。「交換價值」（也就是勞工以其工作獲得的工資）並不等於他勞動力高出許多的「使用價值」（他所生產的商品的售價）。

交換價值和使用價值的區分並不是什麼創舉。亞當．斯密就做過了，李嘉圖也是。可是馬克思和在他之前的英國社會主義者一樣，指摘這種區分是不義的。他也認為剩餘價值是資本主義未來沒落的胚細胞，這個邏輯的推論如下：為了在不斷全球化的市場競爭裡撐下去，資本家必須增加他的
剩餘價值，才能從事更多的投資。工人的報酬也因而每況愈下。而資本家同時又採購更多原料、改 [246]

良機器設備。機器的工作效率遠勝於人類，未來會越來越不需要工人。李嘉圖也在這個脈絡下談到「工業的後備部隊」。不過不同於李嘉圖，馬克思不認為透過機器節省下來的資本必定會導致新的雇傭關係：「詹姆斯．彌爾、麥克庫洛赫（MacCulloch）、托倫斯（Torrens）、西尼爾（Senior）、約翰．史都華．彌爾等一整批資產階級經濟學家斷言，所有排擠工人的機器，總是同時且必然游離出相應的資本，去如數僱用這些被排擠的工人。」❻可是，「被經濟學上的樂觀主義歪曲的事實真相是：受機器排擠的工人從工廠被拋到勞動市場，增加了那裡已經存在供資本隨意剝削的勞動力數量。……他們的前途也是多麼渺茫！這些因為分工而變得畸形的窮人（arme Teufel），離開他們原來的勞動範圍就不值錢了，只能在少數低級的、因此始終是人員充斥和工資微薄的勞動部門找出路。」[116]❼

生產當中不斷增加的「自動化」使得工資降低，失業人口也不斷攀升，購買力也因此減弱。產量或許會提升，但是如果沒有足夠的人可以買他們的產品，那麼企業還是會倒閉——這是馬克思借用自西斯蒙第和湯普生的論證。我們這位預言資產階級的瓦解的先知，認為一八五七年和一八六六年的經濟危機是第一個徵兆，市場裡望塵莫及的競爭者一個個灰滅無餘，資本也越來越集中，到頭來市場也失靈了，只剩下少數壟斷者在操奇計贏。而此時整個體系也會毀在自身矛盾的手裡：「資本的壟斷成了與這種壟斷一起、並在這種壟斷之下繁盛起來的生產方式的桎梏。生產資料的集中和勞動的社會化，達到了同它們的資本主義外殼不能相容的地步。這個外殼就要炸毀了。資本主義私

❻ 引文中譯見：《資本論》，頁417-18，聯經出版，2017。

❼ 引文中譯見：《馬克思恩格斯全集》第二十三卷，頁483。另見：《資本論》，頁420。

有制的喪鐘就要響了。剝奪者就要被剝奪了。」117[8]

直到現在，那一天都還沒有到來，似乎牴觸了馬克思的預言。但是他也可以自吹自擂地說，現在的資本把他的預言引以為戒，而更明白其危險。他和其他的社會主義者也號召了其他人，他們在下一個世紀裡對資本主義做了必要的修正：整個歐洲的工人運動、工會以及社會民主政黨。儘管如此，二十一世紀面對的問題仍舊和十九世紀的問題如出一轍。第二次巨大的工業革命會造就什麼樣的社會？那是以「第二次機器年代」（Second Machine Age）為開端[9]，自動化不再只是在無數的職場裡取代體力工作，更擴及於人類心智的工作。它會成為後資本主義社會的一個預設嗎？畢竟在十九、二十世紀的條件下，它怎麼看都不可能實現。馬克思在「工業的後備部隊」以及澈底的壟斷裡看到的瓦解舊秩序的惡靈，現在又來敲門了；相反地，「無階級的社會」則一直只聞樓梯響，不見人下來。

撇開所有預言不談，馬克思在批判古典政治經濟學，以及世人對激進自由主義的意識型態偏見這個方面仍然功不可沒。馬克思不相信什麼**經濟鐵律**，宛如雇傭勞動、剝削或是剩餘價值都是不得不然的。相反地，他相信有**歷史鐵律**，相信一個永遠向前進的辯證運動，它的啟動取決於社會生產其產品、分配權力與財富的特質和方式。那不是馬爾薩斯、達爾文和史賓塞所說的那種「生存競爭」，或者是所有人對所有人的戰爭，而是一種為了生存的階級鬥爭，任何在其中在數量上佔優勢

[8] 引文中譯見：《資本論》，頁730。

[9] 艾瑞克・布林優夫森（Erik Brynjolfsson）和安德魯・麥克費（Andrew McAfee）在《第二次機器時代》（*The Second Machine Age: Work, Progress, and Prosperity in a Time of Brilliant Technologies*, 2014）裡提出的概念。

[248]

的新階級都會依據自然法則而排擠掉舊階級。為了證明這點，馬克思花了整整十五年的時間，在《資本論》裡塞了無數的證據、附論、案語以及注釋。而且接下來還計劃寫第二卷和第三卷……

自由的公理

馬克思在倫敦北區的麥特蘭公園路（Maitland Park Road）完成《資本論》的時候，彌爾正獨自坐在南方二十公里處的格林威治的布雷克希斯公園（Blackheath Park）附近的貴族別墅裡。他和海麗葉·泰勒於一八五一年遷居該地；她喪夫兩年後，他終於和她結為夫妻。可是他們朝思暮想的婚姻只持續了七年。一八五八年秋天，兩夫婦到法國南部旅遊。彌爾不得不辭掉在東印度公司服務多年的工作。因為他得了肺結核，兩人想要回到他年輕時住過的城市。可是到了十一月，海麗葉在亞維儂死於肺結核。彌爾哀慟欲絕。他把她辭世時住的飯店房間裡的家具都買了下來，把它們搬到臨近聖韋朗的一棟白色小屋裡，這裡後來成為他的第二個家。不久之後，他最令人津津樂道的著作《論自由》（*On Liberty*）在倫敦出版。

儘管只是薄薄的一本書，裡面卻包含了彌爾的政治思想精髓：每個人都渴望成功。為了成就事業，他必須能夠自由地自我開展，在美感方面是優游風雅，在道德方面則是自我陶冶。人唯有自由地自我開展，才可以適度地「愛自己」，並且恪守「生活的藝術」。所以說，自由是人類既強烈又自然的渴望。在基本需求都得到滿足之後，自由便成了幸福人生最堅定且重要的因素。沒有自由就沒有自我決定，沒有自我決定就不會適度地愛自己，如果不愛自己，那就談不上什麼生活藝術，也不會有成功的人生。

彌爾的基本觀念沒有什麼問題。可是我們也不能忽略他的批評者所指出的，也就是他的主張牴觸了《邏輯體系》裡的規則。根據那些規則，所有關於人類的假設都必須在經驗上可以證明。我們都記得彌爾以方法學的角度批評過邊沁與他父親認為人不為己、天誅地滅的人性觀：我們不能以無法就經驗加以確切證明的思辨性基本假設為起點！從一個公理（axiom）推論出所有其他定理的幾何學方法，他期期以為不可。可是他的做法也沒有多大差別，他同樣以他自己所見的人性本質為起點，推論出所有其他人性。

當人的基本需求得到滿足以後，他第一個渴望的是自由嗎？這個問題至今仍然爭論不休。或許端看他們要以什麼東西收買人類對於自由的渴望。有多少人只要可以致富，就算因而沒辦法離開家鄉也無所謂？有多少人會為了可以一輩子免費加油而放棄選舉權？生活舒適、安穩或者自由，何者才是至高善，這個問題並沒有共同的答案。

「一個人被允許割讓他的自由，這不叫自由。」彌爾在該著作後面寫道。118 ❿ 為什麼不呢？自由的公理對此並沒有很充足的理由。尤其是當愛自己會限制一個人的自由的時候，更是難以取捨。到底什麼比較重要？立竿見影地降低犯罪率，還是反對以攝影機或監視器密不透風地監控生活在「越來越聰明的」城市裡的人們？在數位集中營裡，人的一舉一動都被儲存在網路上，有人很反感，有人卻不以為意，因為他們「沒什麼好隱藏的」。人們會授權他們在虛擬世界裡窺探祕密嗎？或者是付費給他們——要多少酬謝呢？

❿ 引文中譯見：《論自由》，頁123，許寶騤譯，北京商務印書館，2007。

彌爾和亞里斯多德以及康德一樣，區分了**消極的**自由和**積極的**自由。消極的自由指的是不受國家侵擾糾纏的權利，是讓我得以開展我的積極自由的前提：陶冶我的感官和知性，並且盡情享受我的生活。消極的自由是著眼於**不被侵擾**，積極的自由則是旨在**分享**社會歷程。彌爾認為兩者密不可分：沒有消極的自由，就沒有積極的自由。不過其實兩者還是有所差別：一個國家可以讓每個公民有自由去做任何使他快樂的事（消費、追求他的興趣和性欲、力爭上游等等），卻不必因此就要授予他更多的政治自由權利。我們不妨以波斯灣伊斯蘭國家裡的男人為例。在這樣的國家裡鼓吹革命是極為不可能的事，雖然他們也沒有政治參與的機會。

我們不能苛責彌爾說他在十九世紀中葉沒有預見這一切，雖然托克維爾就這方面提醒過他：自由和參與、民主和個體性在邏輯上並不一定是那麼焦不離孟。可是彌爾沒有看到一個危險，那就是人是什麼都可以用消費收買的。他倒是預見了一個最大的危險，那就是專橫的輿論往往會一竿打翻一船人。他的敵意不同於托克維爾。這位貴族鄙視在民主政治裡如脫韁野馬般變得自私自利的公民的消費欲望，而資產階級的彌爾則是認為公民為了權利而和國家的抗爭仍未塵埃落定。保守派是彌爾在英國國會的對手，他們一直主張強勢的政府，大幅限縮公民的自由。對於彌爾的對手**湯瑪斯・卡萊爾**（Thomas Carlyle, 1795-1881）而言，整個效益主義都是為「豬玀」設計的。以「快樂」作為正確決定的判準的人，簡直是傷風敗俗。而這個批評可不是來自局外人。卡萊爾是若干歷史著作的作者，也不時評論時事，是維多利亞時期舉足輕重的思想家之一。他的著作銷量遠超過彌爾，是波納德所謂的保守派，雖然他在思想上的成就沒有波納德那麼耀眼。波納德懷念天主教會的秩序，而半個世紀後的卡萊爾則是歌頌歷史裡的「英雄」的偉大事蹟。

彌爾在一八五九年著論探討自由時，仍然必須為現在歐洲習以為常的觀念大聲疾呼。對他而言，權利屬於所有人，不只是歐洲白種男人。卡萊爾反對廢除殖民地的蓄奴，而彌爾則是力挺到底。對他而言，支配他人的權利不算是自然權利。英國政府的存在也不是為了執行權力，僅僅是要幫助人們盡情享受種種自由，保護他們不受其他人的侵犯。彌爾的概念原型是沿襲自康德以及洪堡的作品《試論國家功能之界限》（*Ideen zu einem Versuch, die Gränzen der Wirksamkeit des Staats zu bestimmen*）。洪堡在一七九二年有鑑於法國大革命而寫了這部作品，可是直到一八五一年，他的自由主義觀點才以遺作的形式出版。而彌爾在《論自由》的開頭就闡述了他對康德和洪堡的國家理論的理解：「人類之所以有理有權可以個別地或集體地對其中任何份子的行動自由進行干涉，唯一的目的只是自我防衛。這就是說，對於文明群體中任一成員，所以能夠施用一種權力以反其意志而不失為正當，唯一的目的只是要防止對他人的危害。」[119] [11]

彌爾在文中刻意提到「文明群體」，因為這個說法在不文明的群體裡根本不成立。他也不諱言，他認為歐洲的民主是最好的國家形式，並且在一八六一年的《論代議政府》（*Considerations on Representative Government*）裡詳論之。可是這樣的民主必須具備許多前提。彌爾很清楚他的主張只對西方國家有效，而不適用於非洲或亞洲國家。他和戈德溫一樣，相信更高的正義並非取徑於武力，而是以漸進式的文化發展和教養獲致的。他也和孔德一樣，認為每個國家的發展有高有低，

[252]

⓫ 引文中譯見：《論自由》，頁10。嚴復《群己權界論》：「今夫人類，所可以己干人者無他。曰吾以保吾之生云耳。其所謂己者，一人可也，一國可也；其所謂人者，一人可也，一國可也。干之云者，使不得惟所欲為。而生者，性命財產其最著也。然則反而觀之。凡國家所可禁制其民者，將必使之不得傷人而已。所據惟此，乃為至足。」

因為這個世界處在文化的不同時性裡。他反對文明進步的民族有義務以侵略戰爭的方式為文明落後的民族植入法律和文化。他在一八五九年的文章《論非侵略》（*A Few Words on Non-Intervention*）裡斬釘截鐵地說：法律、文化和民主並非一蹴可幾，不會一下子就在人們心裡萌芽。種種價值和成就必須耗時甚久才會自我開展。但是對於英國在印度的殖民統治（他多年來的謀生工作），他倒是樂見其成，只要是以和平的方式：作為對於印度的發展援助。

彌爾和戈德溫一樣，相信社會的漸進式發展。可是不同於史賓塞，他認為那並非民族或種族可以為之，也不是如馬克思所說的一個階級的任務。彌爾的思考一直著眼於個人，然而這正是馬克思質疑他的地方。對馬克思而言，並不存在什麼個人，只有在特定支配關係下的特定意識狀態。這兩個觀點的優缺點一目瞭然。馬克思壓根兒沒想到無產階級在獲得權力之後也可能會像所有其他掌權者一樣濫用它。彌爾基本上提醒人們說，自由和權力永遠處於一種衝突狀態當中。如果沒有防微杜漸，天秤永遠會往有權力的那一方傾斜，儘管它原本應該是傾向自由的。

至於彌爾對於另一個同樣人類學式的基本公理更加搖擺不定，也就是自由。想要把「愛自己」當作生活藝術去駕馭它的人，必須具備相當的處世智慧。根據他的理論，聰明多聞的人比愚夫愚婦更愛自由。可是他只要看一下現實人生就會明白，在為自由奮戰之前，不必先接受智力測驗。而且在歷史裡有多少高級知識份子為虎作倀，和不公不義的政權掛鉤？馬克思會問，即使我有鴻鵠之志，但是環境卻不允許，那又有什麼用呢……？

不過彌爾倒是盡心盡力地為某一群人爭取其權利。那就是女性們！他是否因為海麗葉的影響才如此大聲疾呼的，我們不得而知。無論如何，那算是他對於一生所愛的人的一點補償吧。他的父親詹姆士・彌爾堅持主張只有男人才能有選舉權。而彌爾自己也讓湯普生及其女友**安娜・惠勒**（Anna Doyle Wheeler, ca. 1780-1848）和他反目成仇。在她的協助下，湯普生於一八二五年完成了《為女性抗辯》（*Appeal of One Half of the Human Race, Women, Against the Pretensions of the Other Half, Men, to Retain Them in Political, and Thence in Civil and Domestic, Slavery*）。直到晚年，彌爾終於把婦女解放的問題當作他的主要論旨。這個以瑪麗・沃史東克拉芙特和戈德溫為起點的運動，經過湯普生和惠勒的鼓吹，到了彌爾這裡，則是在一八六九年完成了他的《女性的屈從地位》（*The Subjection of Women*）。

[254]

彌爾和戈德溫以及傅立葉一樣，認為女性掙脫男人的奴役是邁向更人性的社會、「更高貴的道德情操」的必經道路。[120]任何反對女性和男性平權的說法都站不住腳。這其中包括洛克主張男人天生就是佔優勢，或是其他漏洞百出的說詞，認為女性自願臣服於男人。兩性若要自由地各盡其才，女性就必須是自由的。由此觀之，兩性的平等完全符合男性的利益。因為男人也會因為「可以有雙倍的智力才能為人類更好地服務」而獲益。[121][12]彌爾當然也看到男女之間重要的心理差異：女性的職責是種族的繁衍，並且使社會上的往來更優雅；而男人天生在職場上就比較強勢。可是我們不能據此定義他們在法律上的角色，女性當然也可以從事醫生、律師或國會議員之類的工作。

英國真正決議通過婦女的選舉權，已經是五十年後的事了。就女權的演進而言，大不列顛不算是先驅者。彌爾也沒有機會為他的主張奮戰。在該書出版一年後，彌爾失去了在國會的議員席位。

[255]

[12] 引文中譯見：《女權辯護、婦女的屈從地位》（合印），頁 334，汪溪譯，北京商務印書館，1995。

這位六十二歲的老翁搬到聖韋朗的小屋，可以從屋裡眺望窗外亡妻的墳墓。他的晚年時光都花在重新澄清他和社會主義的關係上，此外他也完成了他的自傳。可是他直到日薄西山都無法解決他哲學裡的若干矛盾。效益主義「大多數人的幸福」的原則，並沒有和他的自由原則無縫接軌。一個人沒辦法既是忠實的自由主義者，又是堅定不移的效益主義者。不是以個人自由為核心，就是為全體的福祉，兩者幾乎無法兼得。彌爾的政府理論也是如此。自由主義的政府旨在保護人們不至於遭到他人的侵犯，它和社會主義政府的任務並不相容，也就是照顧窮人的教育、健康和基本保障。社會主義和自由主義到頭來畢竟是無法和解的，而彌爾搭起的橋樑其實也有裂縫。彌爾為背疾以及肺結核所苦，避居聖韋朗四年以後，於一八七三年普羅旺斯的春天於亞維儂辭世，距離他的六十七歲生日只有幾天之隔。他在囑咐繼女的遺言裡說：「我所作已辦！」這個順服的孩子已經履行了他父親交付的任務。他們依據他的遺願，把他葬在海麗葉的墳墓旁，那是他在心裡唯一愛過的人，她也是唯一愛他的人。

自由和國家

彌爾的政治影響力漸漸減弱，而麥特蘭公園路上則是燃起一點希望的火花。一八六四年九月，兩千個工人在柯芬園（Covent Garden）附近的聖馬丁堂集會，其中有英國人和法國人。在摩肩接踵的大廳裡覺得「快要窒息」的馬克思，看到了一百五十年來不再有人想到的「工人階級的復甦」（a revival of the working classes）。[122]

第一國際成立了，馬克思擔任「中央委員會」的委員。正如一八四八年為共產主義聯盟寫的

《共產主義宣言》，他也為第一個正經八百的國際工人協會寫了《國際工人協會成立宣言》（*Inaugural Address of the International Workingmen's Association*）：「工人們！工人群眾的貧困在一八四八年到一八六四年間沒有減輕，這是不容爭辯的事實，但是這個時期就工業的發展和貿易的增長來說，卻是史無前例的。」[123] ⑬馬克思以各種數字和統計預言說，大不列顛最有錢的三千人掌握的資本超過英格蘭和威爾斯的農民收入總和。這個統計數字到現在都還是一樣醒目，我們可以把一八六四年大不列顛的情況直接套用在二十一世紀的全球世界：四十二個億萬富翁的財產抵得過半個世界。[124]

馬克思終於多年媳婦熬成婆了。他和各個工會與合作社互通聲氣，參加無數的群眾大會，撰寫了五十多篇報導和決議文。英國媒體也爭相報導第一國際的新聞，這個大好情勢讓馬克思更加振奮。他自稱是「德國通訊書記」，以「總委員會」的名義致信美國總統林肯。他在信裡頭稱讚林肯是「工人階級忠誠的兒子」，支持他和南方邦聯的戰爭，「為了拯救被奴役種族」和改造「社會世界」而奮戰。[125]

第一國際的成就對於馬克思來說是生平首見的。外界總算認真看待他的團體，而不是自己的成員在敝帚自珍。如果說資本都國際化了，為什麼工人不可以？有什麼壓力是馬克思這個所謂的「強大的機器」辦不到的？各地捷報頻傳。一八六七年，英國政府開放增加成男選舉人數，五百萬人當中有兩百萬人具有選民資格。工廠工人還是沒有選舉權，但是許多工匠和雇員開放投票。英國政府

⑬ 引文中譯見：《馬克思恩格斯全集》第十六卷，頁5。

[257]

打算分裂工人運動以癱瘓這部「機器」的穿透力。馬克思和倫敦當局都知道第一國際是一頭洪水猛獸，只是其他人看不到內幕罷了。因為就像在一八四〇年代一樣，所有想像得到的左派思潮都在這部機器裡相互攻詰、毀謗和打壓。

可是第一國際對外表現得踔厲風發，就連彌爾也為之側目。在一八七九年出版的遺著《社會主義》（*Socialism*）裡，我們看到他的推敲琢磨。彌爾給予為了新社會秩序的奮鬥正面的評價。不過他希望英國工人運動的領袖「不會刻意以無政府主義為起點，而不就如何以新的社會形式取代舊的形式提出任何意見。」[126] 對於未來沒有具體的想像，就不會有革新！彌爾尤其推舉實用主義。未來的社會要走到哪裡，完全取決於人們的心態。「社會構造的整個翻新」，他認為「時候還未到」。因為必要的「倫理和思想屬性」，「對於所有人而言仍然有待考驗，而大多數人是有待培養的」。[127] 馬克思認為首先要改變環境，好讓人們有所依循。彌爾則是認為人首先要改變自己，才能打造一個更符合人性的環境，我們必須先有教育、平權以及財富的正當分配，才會有新的社會秩序。對於馬克思而言，首先必須有個新的社會秩序，然後才談得上普及教育、平權和財富的重新分配。

談到兩性平權，馬克思受到若干先驅者的影響。在第一國際的「總委員會」裡，**海麗葉・洛**（Harriet Law, 1831-1897）畢竟是位女性。她是婦女參政權運動的先鋒，也是女權運動的領袖，在國會為彌爾的兩性平權文章仗義執言。馬克思和她是莫逆之交，雖然這位外表陽剛粗獷的戰友對於女權問題往往閃爍其詞。「如果沒有女性的酵素……」就不可能有巨大的社會變革，「社會有多麼進步，端視於美麗的女性（包括無鹽女）的社會地位如何。」[128]

到了一八六八年的布魯塞爾大會，第一國際聲名鵲起。他們主張土地和農田、礦產、森林和鐵路都應該是公有財產。不到兩年半之後，時候似乎到了，至少是在一八七〇年到七一年剛剛慘敗給普魯士的法國時候到了。普法戰爭的結果是在德國建立德意志帝國，而法國的拿破崙三世也不得不遜位。在戰爭期間，巴黎的中央政府其實早就沒辦法控制局勢了。市民們堆起街壘，部分的國民軍倒戈到起義的陣營。當德軍在香榭麗舍大道（Champs-Élysées）上慶祝勝利之際，左派群眾的臨時政府「巴黎公社」於焉成立。雖然倫敦那邊多次邀請，馬克思還是留下來熱情洋溢地歡呼。已經是識途老馬的他，其實認為共產主義崛起的時代還沒有成熟。但是他們在巴黎實現了他的目標，在法國首都實驗了第一個「無產階級專政」的例證，讓他興奮莫名：「這是史上並世無儔的偉大事件。」129

巴黎公社僅僅維持了七十二天，自三月十八日到五月二十八日，在五月二十一日到二十八日的「血腥一週」（La semaine sanglante）裡，法國政府軍在街戰中奪回城市。人在倫敦的馬克思也明白了，「工人階級無法輕易掌握現成的國家機器，並且為其目的而推動它。」130革命要成功，必須以對應的下層結構為前提，不管是體制或是思想上的，彌爾所言甚是。至於「專政者」的性格，馬克思也上了一課。從現在起，直選的人民代表才是模範，正如他們實驗的公社，由民選的人民代表組成議會系統，而且任何時候都可以罷免。馬克思想到的是希臘的城邦。他反對「龐大的政府機器」，「像蟒蛇一樣……把現實社會機體從四面八方纏繞起來」。131⑭

謠言傳說馬克思是公社幕後的領導者，讓他飄飄然自鳴得意。然而歷史的真相則完全是兩回事。馬克思遲來的名聲讓他有如久旱逢甘霖。偏偏在這個時候，一個舊時代的戰友擋了他的路。**巴**

[259]

⑭ 引文中譯見：《馬克思恩格斯全集》第十七卷，頁642。

枯寧（Mikhail Aleksandrovich Bakunin, 1814-1876）是一匹顛沛流離、飽經風霜的狼，身材魁梧、天庭寬闊、濃髮虬髯，一副笨手笨腳的模樣，看起來活脫脫像是馬克思的大哥。不同於伏案寫作的馬克思，只要哪裡有苦難，他就會到那裡去。他和齊克果與恩格斯在柏林是鄰座的同學，畢業後也到巴黎去。他也和馬克思一樣被迫流亡比利時。在一八四八年的革命期間，他和海維格一樣，隨著武裝起義的群眾從巴黎流竄到德國的布萊斯勞（Breislau），於一八四九年在德勒斯登策劃「五月起義」（Maiaustand）。遭到逮捕的他被判監禁，兩年後被放逐到俄羅斯。接下來的十年間，他先是被監禁在聖彼得堡，接著又被流放到西伯利亞，幾乎餓死在那裡，得了壞血病，牙齒都掉光了。他相繼流亡到橫濱、巴拿馬、舊金山和波士頓，簡直就像是電影情節一樣。一八六一年秋天，他到了倫敦；兩年後，他和一直把他視為對手的馬克思重逢。兩個男人相互阿諛奉承，可是怎麼樣就是不對拍。

一八六九年，巴枯寧加入第一國際。他不僅和馬克思互別苗頭，而且擋了馬克思的路。他在巴黎的時候和蒲魯東形影相隨，而對馬克思不理不睬。他的思考是以個人自由為起點，而不是歷史辯證法：「有自由而沒有社會主義」是「特權經濟和不公平」；「有社會主義而沒有自由，則是奴役和蠻橫」。[132]現在讀了巴枯寧的作品的人，應該會以為俄羅斯早就預見了史達林的古拉格（Gulag），而不只是沙皇的集中營。對於巴枯寧而言，任何一種對人判生判死並且監禁管束的機構都是不義的。他和戈德溫一樣，主張一種個人主義式的無政府主義。但是在打造一個「無階級社會」的目標上，他和馬克思倒是志趣相投；可是他堅決反對「無產階級專政」的途徑：沒有任何人會想要一個獨裁政權，就算它以想像中的善行為名。

巴枯寧於一八七〇年在里昂舉事失敗（它的原則後來成為巴黎公社的模範），但是他在左派陣營的威望卻更加難以撼動。他在南歐尤其聲名遠播，受到群眾的愛戴。馬克思為情勢所迫，於一八七二年把接下來的第一國際大會改在海牙舉行，因為巴枯寧沒辦法入境那裡。他堅持排除巴枯寧以及其他的「反獨裁者」，巴枯寧只好認命引退。病骨支離的巴枯寧在辭世的四年前住在瑞士，由他的多年摯友佛格特負責照顧他。可是那些贏家其實也是輸家。他們的對手沉痾難起，而馬克思和恩格斯也在一八七六年被迫解散第一國際，分裂造成了嚴重內耗，機器的力量也越來越衰弱。

馬克思又多活了六年。他的病情加重，卻仍奮力地寫作《資本論》接下來的兩冊。一八八一年，他的太太燕妮過世。一八八二年二月，馬克思搬到阿爾及利亞，據說那裡乾燥的沙漠空氣有助於他的健康。他一到那裡，就拍了人生最後一張照片，一張讓後世懷念他的照片。兩個月後，他讓理髮師剃掉他的頭髮和鬍子；自他弱冠以來，這是他第一次在鏡子裡看到自己光頭的模樣。一八八三年三月十四日，在倫敦，他在吞雲吐霧的房間裡大聲說話而引發喉炎，因此溘然長逝；他的朋友恩格斯在十二年後也死於相同的病症。馬克思被安葬在海格特公墓（Highgate cemetery），就在燕妮的墳墓旁邊。一九五四年，英國共產黨把他們的遺體挖出來重新安葬在更遠的地方，墳墓後面有一座石墩，上面擺了馬克思的頭像，斜對面有一塊不起眼的石板。自一九〇三年以來，底下埋著他在意識型態的解釋權上最重要的對手：史賓塞。

馬克思生前不會知道他的思想到頭來造成如此翻天覆地的影響，在他奮筆寫作《資本論》續篇的時候，德國哲學家們關心的並不是資本主義的崛起以及臆想中的隕歿。他們彷彿和馬克思生活在平行宇宙裡，忙著思考對於自身的死亡的恐懼……

[261]

哲學要做什麼？

- 對於唯物論的懷疑
- 一個狂野的綜合命題
- 作為主管的哲學
- 通往世界的各種道路
- 描述心理學
- 哲學的哲學

對於唯物論的懷疑

[262] 第四十五屆德意志自然科學家暨醫師大會在萊比錫舉行，著名的柏林生理學家**波瓦黑蒙**（Emil du Bois-Reymond, 1818-1896）在一八七二年八月十四日上台演講。他所處的世界當然沒有三個禮拜後在海牙召開工人運動世界大會的第一國際那麼多齟齬和衝突，在萊比錫研討的世界觀問題可以說和那些社會問題風馬牛不相及。在八月十四日的第二天會議裡，德語區最重要的自然科學家們齊聚一堂。

[263] 波瓦黑蒙體格壯碩，是個滔滔雄辯而言必有中的演說家，在德國的大學裡可謂獨領風騷。他在兩年前接任柏林大學校長一職，也是柏林人類學學會的共同創辦人、普魯士科學院（Preußische Akademie der Wissenschaften）的院長。

波瓦黑蒙的講題是「論自然知識的界限」，這是個哲學主題。他在演講廳裡語出驚人地說，有兩件事是我們自然科學家永遠不會知道的：我們不會知道物質的本質是什麼，也不知道它和運動的關係是什麼。此外，我們也永遠無法發現大腦裡的電生理活動如何導致諸如想像和思考之類的主觀經驗。「我們一無所知！」（ignorabimus）他的演講如此作結。

演講廳裡頓時一片譁然。此前就已經有許多掌聲和抗議了。科學學會裡有人支持他，也有人認為那是在挑釁，他們不是相當興奮就是感到憤憤不平。沒多久後就出現一大堆支持的文章以及尖酸刻薄的批評，而且似乎沒完沒了。半個世紀之後，他的演講依舊是議論的焦點，科學家和詩人都會引用他的話，學者們也彼此唇槍舌劍。在十九世紀下半葉，沒有任何其他哲學議題如此討論熱烈。

自然科學家的自我認知是他們最在意的事。如果說十八世紀哲學在挑戰神學的地位的話，那麼到了十九世紀，就輪到自然科學要把哲學趕出場了。他們強調的是經驗、實驗和謹慎的研究，而不是形上學的思辨。世界應該回到科學家的冷靜思考，至於哲學，就讓它入土為安吧。基於同樣的心態，孔德把社會定義成以生物學為模型的經驗科學，而彌爾也在其邏輯裡把歸納法放在高於演繹法的位階上。馬克思和史賓塞則是以不同的理由而自詡為「唯物論者」，而他們的進步主義世界觀也和生物學上的演化理論一搭一唱。這下可好了，德國德高望重的自然科學家站上舞台，宣告自然科學沒辦法回答哲學的大問題：「我們不知道！」

真是直言不諱啊！或許誠如李比希和莫勒休特所言，沒有磷就沒有思想，可是磷並不能解釋思想是什麼！因為思想和磷並不是同一種東西。思想有其他性質，它感覺起來不一樣；而熟悉磷的人既不知其然，也不知其所以然。野心勃勃的自然科學家偏好速戰速決，現在卻必須突然要掛起免戰牌。難怪除了若干支持者以外，他也遭致許多不滿。如果波瓦黑蒙是對的，那麼那個在德國和英國風起雲湧的唯物論哲學就不值一哂了。這位演講人說，我們當然可以把所有自然現象都化約成運動的原子，然而那又有什麼意義呢？我們不就只是用一個謎團去解釋另一個謎團而已嗎？是什麼讓原子運動的呢？它原本是不動的嗎？若是如此，一個不動的世界是怎麼突然開始運動的呢？這個問題和哲學一樣古老。古希臘人為此搜腸刮肚，留基伯（Leukipp, Leucippus）、德謨克利特和伊比鳩魯。中世紀更是為了解釋從無中創造萬物的說法而精銳盡出。神在創造世界以前，到底做了什麼？祂存在於時間和空間裡嗎？如果不是，祂又是住在哪裡？不管有沒有神，物質和運動的問題一直沒辦法解答。而波瓦黑蒙也知道他的說法了無新意。作為所有已知物理學的基礎的古典力學沒辦法解

[264]

開這個世界之謎。

另一個世界之謎亦復如是：意識和主體性。當然，如果沒有大腦，就不可能有思想和心理活動。然而這只是指出一個依賴關係，而無法將心靈等同於大腦。可是自然科學家在大腦裡只找到運動的物質，卻找不到什麼思想！萊布尼茲（Leibniz）在他的《單子論》（*Monadologie*）裡就想像一部啟動思考、感覺和知覺的機器。可是當人朝裡頭探看這部像石磨一樣的機器時，只會看到「相互衝撞的部件，而說不上來知覺在哪個地方」。[133]

自然科學家永遠沒辦法取代哲學家，也不會褫奪宗教的職權。波瓦黑蒙的說法再明確不過了：根本不會有什麼嚴格意義下的自然科學世界觀，那是不可能的。這對唯物論者而言是可忍孰不可忍！海克爾在九年前在自然科學大會上宣告唯物論的時代來臨，那是朝向不再有神的人類世界的社會演化，當時的他在德國名聞遐邇。他的《自然的創造史》（*Natürliche Schöpfungsgeschichte*, 1868）和莫特休特的《生命的循環》、畢希納的《力與物質》一樣，都是家喻戶曉的著作。而海克爾在他的著作裡，不僅把達爾文和拉馬克的演化理論胡亂拼湊在一起以解釋生命的誕生和演化，更試圖以生物學領域去解釋所有重要的文化和社會問題。而對於其理論的質疑聲浪越大，他就越加砲聲隆隆地公開反擊。

[265]

這位自詡為達爾文在德國的代言人詮釋說，心靈和身體的二元論在哲學裡再也站不住腳了。只有「一元論」才有說服力，那是把所有物理和心理現象一以貫之地思考的世界觀：「一元論……在整個宇宙裡只認識一種唯一的實體，它『既是神也是自然』；身體和心靈（或者是物質和能量）是密不可分的。」[134]換言之：心靈不是非物質的自體，它存在於一切有生命的自然裡！如此也回答了

[266]

心靈的東西如何從物質裡產生：它本來就包含在物質裡！海克爾的《世界之謎》（*Die Welträhsel*, 1899）宣稱可以透過生物學和演化論解釋世界萬有，在他的那個年代裡是風靡一時的非文學類著作，甫出版即暢銷全世界三十萬冊。這位宣告一元論的新時代來臨的使者，被他的信徒戲稱為「敵對的教宗」（Gegenpapst, anitpapa）。這個老頭在生物學上的細胞旁邊配置了「心靈」的結晶體。

一個狂野的綜合命題

不是每個和波瓦黑蒙唱反調的人都像大張旗鼓的海克爾這麼義憤填膺而且捨我其誰，就連沉默的達爾文也對他感到相當錯愕。波瓦黑蒙的一個學生，英國生理學家**普雷爾**（William Preyer, 1841-1897）評論說，關於物質及其運動的問題之所以無解，或許是因為機械論和原子論式的物理學沒辦法解釋它。可是其他的物理學行不行呢？為了解釋心理和化學的事件，我們必須從一個新型的物理學下手，它可以說明至今難以理解的現象。普雷爾後來被稱為兒童和發展心理學的先驅，但是他並沒有打造什麼新的物理學。到了二十世紀，量子物理取代了古典物理學，對於這個問題也有了新的看法。

然而，就算第一個世界之謎看似原則上不是沒辦法解答的，第二個謎難道不是原則上永遠存在的嗎？那就是主觀感受的性質問題。只要這個世界之謎存在一天，哲學不就繼續保有其優勢地位嗎？當時唯一堪與甚囂塵上的唯物論者匹敵的德國哲學家就是這麼主張的。我們指的是**艾德華・馮・哈特曼**（Eduard von Hartmann, 1842-1906）。這位柏林將領的兒子是個民間學者，他在二十七歲的時候就出版了他的代表作品《無意識哲學》（*Die Philosophie des Unbewussten*, 1869），爾後它

[267]

再版了許多次，作者也不斷地修訂增補。

哈特曼是第一個大張旗鼓地同叔本華酬唱的理論的哲學家。如前所述，他把世界一分為二：一個是自然的盲目而動物性的「意志」，另一個是人類知性的「表象」，那是我們的思想和觀念的居所。不過哈特曼卻把「意志」和「表象」放在同一個層次上。它們共同構成了無所不包的「無意識」：下層的和上層的、現實的和理想的、邏輯的和不合邏輯的。他的解釋很簡單：如果沒有若干程度的表象，那澈頭澈尾盲目的意志就不會有更高的目標。如果說人會致力追求除了生理需求以外的種種目標和目的，那就是意志和表象攜手合作的結果。哈特曼說：「叔本華認為唯有意志才是形上學原理，對他而言，唯物論意義下的表象只是個虛構物……意志……因而理所當然是個**無意識的**意志；相對地，在他眼裡，表象僅僅是形而上的東西的現象，因而本身不是什麼形而上的東西，它和謝林的無意識表象完全不能相提並論，我會把後者視為和無意識意志的原理**等量齊觀**的形上學原理。」[135]

哈特曼自認為成就了一個偉大的計畫。他把謝林的「無意識」和叔本華的「意志」熔於一爐，成為一體兩面的東西。無意識是個周遍萬物的身心原理，我的意志、我的渴望、我的目標、我的理念。它既是物質的也是理念的，就像海克爾的「細胞心靈」一樣，但是對於它的研究絕對不是生物學家的事。哈特曼的計畫比較接近卡魯斯，他在其曠世巨作裡只有一處提到卡魯斯，而他鏗鏘有力地說：「我的探究受惠於他有多深，留待讀者自行判斷。」[136]

我們在世界裡所見所思都只是無意識的一個現象形式，它使萬物縱橫交錯，就像從前謝林和黑格爾所謂的「絕對者」。根據哈特曼的說法，這幾個神祕主義者早就隱約預見了。到了現代世界，人們會探究這部推動所有生命和存有者的引擎。然而絕對者依舊唯有哲學家才有辦法認識，因為那不是物理學或生物學的事，而是形上學的事。同樣是哲學家的範域的還有那無意識的各種現象形式，它們以感覺、表象和思想的形式自絕對者那裡流出，並表現在現實世界裡。而時空裡的現實世界則是個物質世界，它是絕對者最低也最冰冷的形式；正如叔本華所言，那是個充斥著痛苦和折磨的世界，而渴望著更高理性的人類則是在尋找救贖。也正如哈特曼提到萊布尼茲所言，在絕對者的眼裡，現有的世界是所有可能世界當中最好的。可是自人類觀之，它卻是涕泣之谷。唯有自我意識強烈的心靈才有辦法承認這個處境，並且藉著理性擺脫生命的陷阱。最後哈特曼展望人類歷史，認為更高等的表象會戰勝低等的意志，合乎邏輯的會打敗不合邏輯的。整個世界的活動在其中有其更高的形上學目的。黑格爾認為那是精神在世界進程當中努力認識自我，而無意識則是要成為「全知者」。

哈特曼到底做了什麼？十九世界的人們再也不認為「絕對理性」是世界事件的推動者，而這個問題在哈特曼那裡得到了解答。黑格爾的**理念性**的絕對者無法獨力為之，於是生物學家揭露了潛藏的生命的**動物性**發條。人們如果不想投靠那些把理性主義哲學視為充斥著歷史錯誤的陳腔濫調的唯物論陣營，就必須想辦法把兩者（唯心論和唯物論）拼湊在一起。哈特曼則是把它們都烤成一盤：謝林的「絕對者」、黑格爾的「理念」、叔本華的「意志」，乃至於萊布尼茲的「所有可能世界當中最好的世界」。此外還有關於自然科學最新研究的長篇大論附錄，以及無數的數學等式，用以證明作者是引領時代風騷的人。不過，不知道因為書名聳人聽聞而買書的讀者，是否都讀過了導論以外的部分？

[269]

無論如何，作者終究是一夕成名了，而他對波瓦黑蒙的言論態度也相當舉足輕重。一八七三年二月，《維也納晚報》（*Wiener Abendpost*）分三次連載了他的《自然科學的自我認知之起點》（*Anfänge naturwissenschaftlicher Selbsterkenntnis*）。哈特曼在文中讚美波瓦黑蒙說，總算有個頂尖的自然科學家願意承認其專業的侷限性。於是，自然科學家也開始懂得自我反省，而那是哲學家一直都在做的事。要探究世界，就必須區分兩種知識群組。那是個對於自然事物的研究的金字塔，最底層是博物學，第二層是各種研究定律和規則的自然科學家。其上則是從事詮釋和分門別類的自然哲學家；在其一旁還有第二個群組，那是研究心靈及其種種主觀性質，自然科學家在該領域無用武之地。而在這兩個群組之上，就是形上學的頂樓，因為「如果沒有形上學，世界就會分裂成兩個異質的部分，外在的部分是身體的存在，內在的部分則是心靈的意識，而這兩個完全異質的領域在經驗上不容置疑的關係又宛如不可思議的奇蹟。」[137]這個周遍一切的形上學應該具備哪些特質，哈特曼就在《無意識哲學》裡詳述了……

作為主管的哲學

哈特曼是當時成就斐然的作者。可是在十九世紀後期獨領風騷的哈特曼，在今天的大學哲學裡卻被束之高閣。儘管當時自然科學風起雲湧，他卻仍然認為對於心靈的研究是個獨特的領域，這個主張使得他的重要性歷久不衰。哈特曼在他的時代缺少堪與分庭抗禮的對手，因為十九世紀下半葉的德國大學哲學裡並沒什麼大人物或者新觀念，而這不只是後世人們的看法而已。在第一國際的影響範圍之外，馬克思不被認為是個哲學家。黑格爾的眾多門徒在面對來勢洶洶的自然科學家時節節敗退，沒辦法捍衛他們的「觀念論」。黑格爾的最後一個家臣，柏林大學教授**密謝勒**（Karl Ludwig Michelet, 1801-1893）讚美其過氣的老師是「不可否認的世界哲學家」，然而聽起來卻像是滑稽劇一般。

就連在群眾當中大受歡迎的對手「唯物論」，也沒什麼耀眼的成就。它在哲學方面相當貧乏而 [271] 簡陋，它不知道自己以為一舉解決了的問題，其實根本沒有解決。哲學史家因而認為黑格爾以後的德國大學哲學是「江河日下」。可是問題和大哲學家留給學生們堆積如山的謬誤和困惑無關。再說，他們之所以進退維谷，其實是因為政治。在德國，不管是現在的大學教授或是想要申請教職的人，自一八四八年以來，都必須迴避社會批判性的立場，費爾巴哈是其中的異數。往昔踵武費希特或一部分黑格爾對自由、民主以及國家的願景，到了一八四八年以後都成了夢幻泡影。哲學在公民的解放方面幾乎不再有任何建樹，歷史也不再以辯證的方式演進。帝國裡到處潛伏著特務，只要對當局稍有微詞，就會遭到嚴厲的鎮壓。唯物論者最是書空咄咄，他們在德國沒有任何人得到教職。儘管如此，他們的作品卻打動人心。那些作品不僅是佛格特或畢希納之類的生物學研究，更包括社會演化的理論，那正是因為形上學的濃霧漸漸凝結成生理學的雨滴。

局勢相當吊詭。哲學的教席不斷增設，哲學刊物也如雨後春筍一般到處創刊，然而這門學科卻在社會裡漸漸黯淡下來。社會批判原本是啟蒙運動哲學的專長，現在卻不復可見。在這層意義下，波瓦黑蒙的「我們一無所知」的演講不僅是放棄了對於唯物論的解釋權，更是委婉地要人們把該教會的還給教會，而不再夢想一個無神論的、更自由的社會。他們獲得了教席，卻失去了意義。此外，大學的嚴重「中學化」（Verschulung）並不鼓勵自出機杼的思考路徑。當時最重要的思想家， [272]

叔本華、費爾巴哈、孔德、齊克果、彌爾、史賓塞和馬克思，他們都不是哲學教授，在學院派的哲學裡也名不見經傳。然而學院派哲學卻越來越和社會脫節。走出講堂的哲學家甚至不被承認是個科學家，只有自然科學家才是真正名副其實的科學家。身為時事評論家，恩格斯直言不諱地提到哲學面臨的窘境。在民眾當中「流行的一方面是叔本華的、後來甚至是哈特曼的適合於庸人的淺薄思想，另一方面是佛格特和畢希納之流的庸俗的巡迴傳教士的唯物主義。大學裡有各式各樣的折衷主義互相競爭，它們只在一點上是一致的，即它們都是由已經過時的哲學的殘渣雜湊而成的，而且全都同樣是形上學的。」[138] ❶另一位評論家**諾爾道**（Max Nordau, 1849-1923），他是個醫生也是個名作家，在一八八三年也同樣痛下針砭，而且不只是德國，更批評他所在的法國：「在哲學裡，時下流行著悲觀主義。叔本華是上帝，哈特曼是先知。而孔德的實證主義，就其作為一種學說，沒有任何進步可言；作為一種教派，也流傳不廣，因為就連他的門徒都承認他的方法太狹隘，他的目標也不夠高遠。法國哲學家幾乎只知道要研究心理學，更確切地說，是心理生理學。」[139]

當恩格斯談到「各式各樣的折衷主義」時，他是把哲學擺在和當時的建築學一樣的層次上來看。工業革命需要諸如工廠、水塔和火車站之類的機能建築。然而它們的建築風格卻是工業時代以前的大雜燴。無論是工廠區、銀行和火車站，都讓人想起文藝復興時期的皇宮。宛若都鐸時期的英國城堡的磚砌工廠到處聳立，兩側還有塔樓。新建的住宅區外牆雕塑著希臘諸神和泰坦神族。五顏六色的仿大理石和木材妝點著大門和大廳。時代越是大步前進，經濟生產越加現代化，科技越是挹

❶ 引文中譯見：《馬克思恩格斯全集》第二十卷，頁384。

注進步，建築形式就越加復古，到處洋溢著恬靜悠閑的氛圍，整個公民社會猶如上演著一場古代的化裝舞會。

哲學是否仍舊如黑格爾所主張的能夠「以概念去把握」時代，並且指向未來呢？或者它只是在柏拉圖、亞里斯多德、康德和黑格爾之間和稀泥的歷史化折衷主義？它或許已經走到了盡頭，而被經驗科學超越了？在啟蒙運動時期，它揮別了神學，在十九世紀上半葉，心理學和社會學像不成熟的孩子一樣離家出走。可是黑格爾學派的觀念論到了十九世紀中期仍然在負隅頑抗。哲學該怎麼辦？如果它以經驗科學為導向，甚至試圖變成一門經驗科學，它的獨立性何在，有什麼是心理學家做不到的？哲學究竟應該是個什麼東西？它該撤退到醉醺醺哈特曼所說的那種「無意識」，作為形上學意義下的「意志」和「觀念」而遍充一切嗎？或者是如叔本華所說的憤懣、厭世和悲觀主義？抑或是海克爾主張的生氣蓬勃的細胞和它們的演化法則？在哲學裡有什麼是經驗科學做不到的事？

柏林的哲學家和語言學家**特蘭德倫堡**（Friedrich Adolf Trendelenburg, 1802-1872）也在思考所有這些問題。身為黑格爾的傳人，他接下了最重要的德國哲學教席，那在哲學的一切希望都落空的年代裡是個沉重的負擔。特蘭德倫堡在當時是個一言九鼎的人。除了他以外，還有誰有辦法為哲學賦予新的任務和正當性呢？他出身於奧伊廷的書香世家。他先後於一八三三年和一八三七年獲聘哲學和教育學兼任教授以及專任教授。他是科學政策家，全球最著名的學會的榮譽會員，也是當時最有影響力的大學哲學教授。沒有人像他那樣教出那麼多的哲學教授。

特蘭德倫堡的哲學觀點相當傳統，若非如此，他也沒辦法在柏林躊躇滿志。對他而言，哲學的位階高於所有其他科學，哲學是包羅萬象的領先學科。正如康德和黑格爾所言，哲學是要解釋整個世界的。此外，他就像謝林一樣，也相信一個有機體的世界秩序，它會依據觀念論的原則自我開展。可是哲學沒辦法閉門造車以它的方法探究世界的每個細節，因此才有各種科學應運而生。人們的態度不能像黑格爾那般輕蔑，它們的成就和名聲再也不容小覷。由哲學漸次開展出來的滴水不露的世界體系，費希特、謝林和黑格爾的這種妄想已經完全幻滅了。對於物理、化學或生物學而言，哲學家再也沒辦法負責任何內容性的探究。

特蘭德倫堡為哲學找到一個新角色：主管的角色。哲學是負責把個別科學在採石場裡挖掘的材料拼湊成世界大廈的科學。那麼它是怎麼做到的？特蘭德倫堡是亞里斯多德和康德的專家，他認為**邏輯**才是哲學特有的專業。個別的科學孜孜矻矻於個種事；哲學則是旨在分析它們的邏輯關係。康德對於哲學角色的看法也是如此。我們這位出身科尼斯堡的哲學家一直在探尋**先驗判斷**以及獨立於具體經驗之外絕對有效的真理。黑格爾亦復作如是觀，他的「純粹邏輯」也獨立於所有經驗之外。到了十九世紀中葉，這種對於先驗真理的信念開始土崩瓦解。科學不可以奠基於思辨。**經驗**是一切科學的起點。為了不被自然科學當作笑柄，許多哲學家都同意這點。

特蘭德倫堡以此為基石，建構起他修改多次的《邏輯研究》（*Logische Untersuchungen*, 1840/1862/1870），其旨有二。他意欲證明只要哲學放棄思辨，還是可以當個科學之王。此外，他也要把唯物論關在他們的柙籠裡，他們幼稚地以為可以把人的心靈化約為物理或生物學。特蘭德倫堡反駁：「個殊的科學會自我超越。它們努力地更加完備，的確也自成一個獨立的領域；但它們同時必須突破藩籬，才能洞察到隱藏在自身的盲目預設、他們確信無疑的基本概念、視為理所當然的種種原理，以及未加解釋的根源。」[140]自然科學家不宜妄自尊大。第一，他們只是各自鑽研相當有限的領域，而無法回答根本的問題。第二，他們欠缺把握整個關係的方法和視野，它們只能透過人類心靈創造出來，而非經由對自然事物的單純觀察。我們的這個意識世界是由意圖和目的所構成，相對地，自然世界則只是由因果律構成的。就算透過生理學的物質程序可以產生所有心靈，它在**性質上**還是完全不同於磷的東西。大自然的種種力只是**肇因者**，而不是**意識內容**。自古代的德謨克利特以降，一直到佛格特、畢希納和莫勒修特的唯物論傳統莫不目光短淺而且錯誤百出。

因此，特蘭德倫堡認為哲學仍是必要。因為它觀察其他科學，分析它們各自的邏輯，並且詮釋它：「科學很幸運地找到它們自己的道路，卻沒有進一步解釋其方法，因為它們專注於對象而不在意過程。邏輯的任務是觀察和比較，把無意識提高到意識的層次，並且把握雜多事物的共同根源。」[141] 哲學是科學的科學。正如特蘭德倫堡極度推崇的亞里斯多德所言，哲學以開闊的視野俯瞰個別的科學，不同於古代的希臘人，它已經再也沒辦法獨力研究那些科學了。為此，哲學以**科學理論**的姿態重新發榮滋長。科學家該如何在其各自的專業裡研究和思考，才可以充分理解它們的對象？因為「思考的行為」並非處處相同，而是有所區別。對於黑格爾而言，邏輯旨在創造概念；而特蘭德倫堡則認為它是要創造「真正的科學」。

這個說法很類似當時彌爾的《邏輯體系》，不過只是乍看之下雷同而已。不管是德國的形上學家或是英國的實證主義者，他們都同意邏輯是用來解釋和澄清科學家們的研究方法。人們把研究方法擺在放大鏡下，讓追求真理的科學家仔細檢視，並且探究科學方法學的邏輯。然而不同於彌爾，特蘭德倫堡相信一個「有機體的世界觀」，它可以讓各自漂流的科學匯流在一起。世界是透過**運動**才不致於分崩離析，如果沒有時間、空間、物質和因果律，我們就無法思考和想像它。這個運動也

[276]

存在於思考當中，就像自然事件一樣，人類心靈會去觀察和探究它。特蘭德倫堡認為他的體系是他的一大成就。可是這個從亞里斯多德、黑格爾和謝林那裡推論出來的大雜燴，在當時的思潮裡卻不受青睞；現在也只有少數哲學家會注意到這個沉埋許久的浪漫主義殘燼。特蘭德倫堡的重要性是作為一個有遠見的批評家和有影響力的老師，而不是異想天開的思想家。

[277]

通往世界的各種道路

特蘭德倫堡過世八年後，柏林大學於一八八〇年聘了另一個哲學系教授，同樣跨足於哲學和自然科學之間。黑格爾、謝林乃至於特蘭得倫堡的觀念論哲學已經僵死了，然而對於一言以蔽之的世界觀的需求卻不曾止歇。現在我們就要談到**洛策**（Hermann Lotze, 1817-1881）。

洛策出生於包岑，父親是個軍醫，他在萊比錫念醫學和哲學，二十三歲時就拿到了醫師執照和哲學教授的授課資格。一八四四年，二十七歲的他接替了赫爾巴特在哥廷根大學的教席。他在一八五二年出版了他的《醫學心理學或心理生理學》（*Medizinische Psychologie oder Physiologie der Seele*）後才首次聲名大噪。正如他的其他作品，他一直表現為具有雙重面向的思想家。一方面他想要以經驗性的方法研究在貝內克意義下的人類心理學，在所有心理活動背後都有個可以透過醫學**描述**的生理過程；可是另一方面，心理生活則不可以**被化約**為這類的生理活動。洛策一直是個醫生和哲學家，並沒有把其中任何一個角色合併到另一個角色裡。因為再怎麼謹慎的經驗科學家，在看診時也都必須下判斷。而且人們在解釋的時候也一直是主觀的、多義的。於是，洛策「很早就私底下做統計……精確心理學的重大發現的平均壽命大約只有四年之久。」[142]

[278]

他認為自然科學家面臨著兩個難題。第一，他們很少能獲致相關的客觀性。第二，他們的漁網網目太大，只能抓大魚，而抓不到在海裡洄游的所有生物。構成我們意識的各種主觀感覺性質，他們無論如何是難以真正把握的。在波瓦黑蒙著名演說的二十年前，洛策早就得出同樣的結論了。如果說絕不妥協的唯物論是對的，那麼哲學作品從今以後就是多餘的或者是無聊至極的東西，它們只能解釋演化、新陳代謝、攝食和生理學如何使思考成為可能，但是對於他在思考**什麼**，卻是惜墨如金。不過唯物論是錯的。自然科學對於世界的觀察不是對於世界**唯一的**觀察，它只是**自然科學的**觀察而已。

洛策也想讓自然科學和哲學和解，不過他不是像哈特曼那樣蠻橫地合併。對他而言，把世界塞進一個一言以蔽之的體系，這個企圖是「存有學的誤解」。我們認知世界的方式可以是科學的、美學的、宗教的、經濟的或是政治的。可是他到哪裡都找不到什麼普遍的真理，洛策的這個觀點對於二十世紀下半業的思潮影響無遠弗屆：海因茲・馮・福斯特（Heinz von Foerster）和恩斯特・馮・格拉瑟斐（Ernst von Glasersfeld）的「激進建構主義」（radical constructivism）以及尼爾森・顧德曼（Nelson Goodman）的「相對主義的多元論」（relativistic pluralism）。哈特曼以現代自然科學為包裝而讓十九世紀初的思潮復活，特蘭德倫堡主張一個有機體的世界，而洛策則是指出了二十世紀的道路。

可是這位哥廷根的哲學家不僅想要說服醫學界和哲學界，他更想要啟迪民智，那也是佛格特、莫勒休特和畢希納等人的抱負。一八五六到一八六四年間，洛策出版了三大冊的通俗作品：《微觀宇宙》（*Mikrokosmos. Ideen zur Naturgeschichte und Geschichte der Menschheit. Versuch einer*

Anthropologie）。這個書名影射了亞歷山大．洪堡（Alexander von Humboldt）的《宇宙》（*Kosmos*, 1845-1862）。這位著名的自然科學家在晚年著手描寫整個物理世界，同樣受到大眾歡迎。洛策的副書名讓人聯想到一個教育計畫，即赫德（Johann Gottfried Herder）的《人類歷史哲學之理念》（*Ideen zur Philosophie der Geschichte der Menschheit*, 1784-1791），《微觀宇宙》的跨幅也被指出是一部從物理學跨越生物學到人類學以及形上學的作品。然而，他和當時也從事相同嘗試的史賓塞卻是天差地遠。史賓塞以據稱充分解釋的自然科學原理為基礎，一步步建構他的體系；洛策則是以各式各樣的**視角**闡述世界和人類。

洛策在寫作《微觀宇宙》的時候，達爾文的天擇說在知識圈裡正轟動一時。洛策出版了前兩冊，關於人類的第三冊在一八五九年時尚未寫就。在這位哥廷根的醫師和哲學家眼裡，達爾文的著作固然在自然科學方面成就非凡，但是在哲學方面，該著作的內容在洛策的《微觀宇宙》第四部第二章裡都已經加以闡述。他在那裡提到，「所有現存的合目的性都是源自無意間的偶然事件的交集」[143]。洛策自詡為天擇說在哲學方面的創立者。相對地，達爾文只是以炫目的方式引證了他的理論而已，而且也無法回答演化**為什麼**會如此運作的哲學問題。洛策認為，如果要思考這些問題，還是需要哲學家。

自然科學家的理論訓練始終都無法揭開整個實在界的謎題，因此哲學也不應該以它為起點。洛策的人類學並不是奠基於具體經驗，而是以傳統哲學的角度進行的。它以普遍的信念為前提演繹出它的體系。在有限度的意義下，人是大自然的生物。實在界對他而言並不是「既存的」，因為人類沒辦法像黑格爾所說的那樣以思考去揭露它。人類在自然裡的立足點既是偶然也是任意的，相對於

[280]

浩瀚無垠的全體而言，它是「脫位的」（錯位的）。我們只能自己創造各種**通道**，站在相對於世界的各種**視角**上面。世界之如是則映現在人類所有視角的總和上。在這個意義下，每個人都是個「微觀宇宙」，是「整個巨大的實在界的完美映像」。世界是人類大腦想像可及的所有觀察方式的集合。世界一直是**主觀的**，即使有形形色色的觀察方法，仍是有限的、歷史性的，而且沒完沒了。人類對世界的每個解釋因而都是**自我描述**！

人類對於世界的所有探索都有視角，可是洛策並沒有因此就不再假借當時的自然科學方法去探尋種種橋接的過渡方法。他的「部位記號理論」（*Lokalzeichentheorie*）就是其中一個例子。我們如何從個別單點式的感官知覺得出一般性的空間觀念？洛策認為第一步是物理性的，其次是心理的。也就是說，「部位記號」必須從物質層次轉換為精神層次，並因此改變其性質。洛策想像我們的大腦會把感官刺激轉變成非物質性的觀念，並且把它們轉碼。可是他據此主張從物質到觀念有個過渡，卻在哲學上排除了這個過渡。矢志窮究奧祕的自然科學家洛策，和主張意識在原則上是無法探究的形上學家洛策，在這個問題上相互拉扯。

在現代心理學眼裡，洛策是笛卡兒傳統下在自然科學裡的二元論代表，他是屬於十九世紀的人，一個過渡時期的角色。相對地，對於哲學而言，他卻是個拓荒者，尤其是他的代表作，《哲學體系》（*System der Philosophie*, 1874-1879）。其中的第一部《邏輯》，是他在年輕時寫就的，後來把它改寫、再增補了一組哲學概念，這對於後世的影響無遠弗屆：「有效性」（Geltung）和「價值」（Wert）。

「有效性」的問題在萊布尼茲和康德那裡早已探討過了，其背後的思考是這樣的：關於「何者

[281]

為真」的問題，可以從兩個方面去問，亦即**時間**方面和**邏輯**方面。比方說，物理學家在問蘋果為什麼會掉落地上時，涉及的是時間性的事件，也就是事先有個原因，接著出現一個結果。經驗心理學家也是這麼探究意識的：一個人的種種反應的原因是什麼？而得以正確敘述一個歷程的**成因**者即為真。可是在邏輯裡卻正好相反。「二加二等於四」這個命題並不是時間性的事件，也不是在敘述原因和結果的因果關係。邏輯並沒有時間的向度，它要問的是：「**有效的**命題要滿足哪些條件？」這種有效性沒辦法以觀察和實驗證明，它僅僅奠基於它在邏輯上的正確性。

成因（起源）和有效性的區別在哲學裡至關重大，洛策也延續了這個區別。不同於休爾和彌爾的是，他認為在探究事實的真理時，邏輯不是唯一的方法。理由很簡單。邏輯不是經驗性的，它也並非奠基於現實性，而是如康德所言，以人類的心靈為基礎。人所以為的真理並不是現實的摹本，它只是以人的心靈為尺度的「真理」。職是之故，邏輯其實扮演了重要的角色，它有助於種種觀念的分類和整理。

到此為止，洛策和康德是一致的。邏輯探討的是「思考法則」和「思考的必然性」。但是如果說人心是依據這種思考的必然性去認識現實的話，那麼現實也會是由人心而**形成的**。任何命題的**有效**與否，並不是取決於現實，而是思考的必然性：正確或不正確，可能或不可能。如果說我們可以認識到各種明確的關係，那是因為我們依據我們思考法則的尺度，把事物相互連結起來。

洛策認為，我們不僅僅要叩問「存有」的有效性，也難免要對它加以**評價**。康德早就談到「生命的價值」，他認為人會評價事物，儘管在實在界裡並不存在價值這種東西。價值是人的輔助工具，方便他在世界裡為自己定位。他們區分什麼對人是有用的或是有好處的，也就是「有價值的」，以及看起來對他們沒有用的或者是有壞處的。在十九世紀，這個語詞眾口喧騰，它的意思也因此言人人殊。李嘉圖之流的經濟學家們會使用它，而馬克思也在分析交換價值、使用價值以及剩餘價值。在整個歐洲，政治經濟學裡的「價值」儼然成為經濟成就以及「生產淨值」的衡量基準。

十九世紀下半葉從事哲學思考的人也不落人後，自詡對於「價值」略知一二，也認為自己是在從事哲學的「價值創造」。因此，相較於康德，洛策認為「有效性」和「價值」更加密不可分。每當我們認為一個命題是**正確的**，就是賦予了它一個**價值**。「二加二等於四」這個命題是有價值的，「二加二等於五」則沒有價值。所有其他的命題亦然，邏輯在其中會告訴我們，根據思考的必然性，何者**應該是**正確的。

對於洛策而言，邏輯並不是純粹形式性的事物，而是如彌爾所說的，它是一種科學理論。每個科學家都必須明白，他的思考是奠基於人類的心理學，而不是事物的本性。我們在面對世界及其生住異滅、其因果、其一本萬殊時，並不是一對一的對應關係。它並非廓爾明白地呈現在我們眼前，我們是在人類的知覺範圍內去觀察它：我們為它注入目的性，以人類的邏輯加以分類，並且賦予價值。就此而論，身為康德的忠實信徒，洛策認為自然科學家的「數學和力學的體系」其實也是人為的建構。而且只是許多其他可能的建構其中之一，例如生活實用的建構、美學的建構、倫理或宗教的建構。

[283]

那麼在這個預設之下，所謂客觀世界的說法還站得住腳嗎？洛策認為，如果我們的認知一直是有個視角的，那麼就無從認識客觀的世界。他的論據更大膽地游走在柏拉圖和演化論之間。洛策相當熱中於古代哲學家，以及人們難以管窺蠡測的理型界「自身」的這個觀念。可是柏拉圖所描述的不就是演化論的說法嗎？人類身為生物，其認知機制儘管相當有限，卻也不完全是恣意的。這個認知機制是在世界的針鋒相對當中所形成，因而他們的關係是相互的：存有決定意識，而意識也會決定我們認為什麼是存有，而這正是《哲學體系》第二部「**形上學**」的精髓。

洛策沒辦法完成這部曠世巨作的第三部「神學」。他認為宗教情感就其自身而言也是對世界的一種視角。在一個只相信科學的時代裡，他要提醒人們宗教和信仰對於人性的貢獻有多大。相反地，科學沒辦法生產出倫理來。

一八八〇年，洛策獲聘到柏林任教，可是一年後他就死於肺炎。對於德國哲學而言，直到一九二〇年代，他都是最重要的思想家之一。由於他的學生們也聲名遠播美國，儼然成為當時歐洲思想家的代表。美國哲學家蘇利文（David Sullivan）在《史丹福哲學百科全書》（*Stanford Encyclopedia of Philosophy*）裡說，他是當時在德國「甚或是全世界」「最具影響力的哲學家」。[144]可是更令人詫異的是，至今他在德國大學裡卻乏人問津。這個現象之所以令人費解，是因為洛策的思想碩實纍纍。比方說，他認為人類自身並不是一個在世界中心的宇宙，而是僻處一隅。這個說法後來也再現於謝勒（Max Scheler）和普列斯納（Helmuth Plessner）的哲學人類學裡。而洛策對於邏輯的理解更啟迪了弗列格（Gottlob Frege）和胡賽爾（Edmund Husserl）。其中影響最深遠當屬他關於所有知識和真理在演化上的實用性的心理學理論，它可以說威廉·詹姆士（William James）的美國實用主義的先驅。

[284]

描述心理學

[285] 洛策的溘然長逝，頓時使得柏林的教席再度出缺。接替他的是出生在威斯巴登的**狄爾泰**（Wilhelm Dilthey, 1833-1911），他是哲學家和語言學家特蘭德倫堡的學生。狄爾泰曾經任教於巴塞爾、基爾和布列斯勞，接著回到他在柏林的母校。在此之前，他一直籍籍無名，只出版過詩萊瑪赫的傳記第一卷。他在一八八七年獲選為科學院院士時，說到自己實在是難望其前輩洛策之項背。狄爾泰自詡潛心於歷史研究，認為洛策「博學多聞，世所罕見」。可是他對於系裡的現況卻頗有微辭，狄爾泰說那是「哲學的廢墟」。「整個形上學體系都瓦解了」，費希特、謝林、黑格爾，儘管叱吒風雲，卻都只是垃圾。

狄爾泰在來到柏林之後，於一八八三年在他的著作《人文科學導論》（*Einleitung in die Geisteswissenschaften*）裡提出他對於未來哲學之重建的想像。人文科學（Geisteswissenschaften）這個概念是亥姆霍茲（Hermann von Helmholtz）於一八六二年提出並且流傳後世的。狄爾泰想要為「人文科學」賦予合乎邏輯的基礎，並且精確定義其方法。他的作品概述了一個偉大著作計劃的輪廓。他以哲學革新者自稱，窮其半生都在探究它，卻沒有出版任何其他相關著作。

如果要知道他對於這門學問的現況有什麼看法，在他的一篇論文裡可以一目瞭然，該論文收錄於他死前關於「世界觀」的一部論文集裡[145]。在二十世紀之交，這個語詞可以說眾口喧騰。人們不[286]再談什麼世界體系，而是各種對於世界的態度、視角、評價和信念。哲學彷彿不再是康德、費希特、謝林和黑格爾眼中那種客觀的東西，而是對於世界的一種主觀看法，取決於個人喜好、興趣和心態。

就像他的老師特蘭德倫堡一樣，狄爾泰認為這樣子太少了。這一切都必須概括性地重新徹底探究，否則哲學就太隨便了。而狄爾泰認為，一個隨隨便便的哲學意味著自掘墳墓。他對這門學問會喪失意義而感到憂心忡忡，卻也因此成為他整個哲學的動力，驅策他去探尋一個新的「人文科學」的基石。這篇論文〈世界觀類型及其在形上學體系裡的形成〉（Die Typen der Weltanschauung und ihre Ausbildung in den metaphysischen Systemen）栩栩如生地描繪了一片荒蕪的景象。狄爾泰在夢裡遇見了所有偉大的哲學家。他們分成三組。以阿基米得（Archimedes）、達朗貝（Jean Le Rond d'Alembert）和孔德為代表的唯物論者和實證主義者，對於柏拉圖、費希特和謝林之流的觀念論者冷嘲熱諷。至於第三組人則是體系的建立者，斯賓諾莎、萊布尼茲和黑格爾站在一起，他們以哲學思考窮究宇宙的神性和諧。在狄爾泰的夢裡，他們突然四分五裂：「這幾組人彼此的距離漸漸擴大——他們之間的地面也消失了——似乎有個可怕而敵意的情緒使他們分裂——一個莫名的恐懼襲上心頭，害怕哲學會變成三倍或更多——，我自身存在的完整性似乎也要瓦解，因為我一會兒貪著於這個，一會兒又沉迷於那個，而且又很想要為它們辯護。」[146]

在試圖為哲學「辯護」的時候，狄爾泰沿襲了特蘭德倫堡、洛策和波瓦黑蒙的說法，同樣也主張：人的意識是無法以自然科學的方法探究！就像他在柏林的前輩一樣，他也認為感官知覺是經驗心理學的問題，可是「層次更高的意識現象」則不然。因為它們「無疑不是源自低層的意識現象。低層的現象構成基礎。可是它們不僅僅是由簡單的觀念推論出來並且湊泊而成的。發展、演化和開展，這些語詞很貼切地說明了在這裡主導的因果法則。」[147]狄爾泰的說法和一九六〇年代關於「湧

[287]

現」（emergence）的討論若合符節：各種不同的元素可以相互作用，並產生原本元素所沒有的新的性質。以液態的水為例，它的元素是氫和氧，可是它們卻是氣體。狄爾態認為人類的意識亦復如是。儘管它是在神經生理學的意義下產生的，卻有獨立的性質，而沒辦法化約為神經細胞的作用和連結。意識不僅僅是它的生理元素的總和——它還有其他屬性，在這個意義下，它是「獨立的」。

想要真正探索意識的人，不應該以自然科學為模型去研究經驗心理學。因為只要遇到和經驗現象無關的東西，它就必定會鎩羽而歸。相反地，所謂的**描述心理學**則是完全就其獨特的遊戲規則去解釋意識。可是那會是什麼樣子呢？

狄爾泰在批評經驗論者的時候可以說火力全開，尤其是對於孔德和彌爾。不同於他的德國同儕，他把他們視為盟友而不是敵人。可是他指摘說他們在思考上沒有貫徹始終。他和經驗論者都認為應該以生理學去探討「低層的心理世界」。可是他指責他們的思考沒有恪守經驗論的原則！因為身為經驗論者以及聯想心理學家的彌爾，他認為概念或觀念是如何形成的呢？是我們的意識透過感官從外在世界翻拍下來的嗎？或者是如康德所言，為了**記錄**且**把握**實在界，意識難道不必使用概念嗎？自從特蘭德倫堡以來，人們都明白了這些概念並不是永遠賦予我們的意識的。它們不是先驗的（a prioi），而是在經驗裡產生的。可是在哪些經驗呢？

如果說人會產生經驗，那麼也是在特定的時間裡產生的。誠如狄爾泰所說的，我們的經驗內容是「隨著歷史而成長」。在自然科學裡，我們探討的是無時間性的物理生物學裡的物種源起的永恆定律。而在人類世界以及和它對應的「人文科學」裡則恰好相反，所有經驗和知識都是歷史性的：「從公園裡樹木的間隔、街上房屋的排列、工匠的實用工具，一直到法庭的刑事審判，無時無刻都在歷史裡生成。心靈自其性格置入它的生命表現的任何東西，如果明天還在的話，就成了歷史。隨著歲月的推移，我們周遭有了羅馬遺跡、主教堂和封建諸侯的避暑行宮。歷史是和生活密不可分的，不會因為世系湮遠而和現在分隔開來。」[148]

令人詫異的是，不管是觀念論或是唯物論，他們都對此視若無睹。歷史是經驗世界裡的一個本質性的部分！不只是只有康德才誤以為我們的經驗具有無時間性的結構。經驗論者也誤以為我們的意識是和世界裡的事物相互對立，就像按下快門拍攝永恆的照片的相機一樣。狄爾泰在《人文科學導論》裡說，既不存在康德所謂的「作為單純的思考行動的理性被沖淡了的汁液」，也沒有經驗論者所說的無時間性的經驗。[149] ❷相反地，人文科學家和哲學家必須探索「整個人性」，以及「經驗，致力於研究語言和歷史」——正如**哈曼**（Johann Georg Hamann, 1730-1788）和赫德對康德的批評。

狄爾泰則是自出機杼地把批評的矛頭轉向經驗論者以及自然科學，並據此削減其領地。在他眼裡，孔德和彌爾都是不入流的經驗論者，因為他們沒有看到經驗歷程裡的歷史性向度。我在當下如何認知世界，大抵上取決於以前我對於世界的認知。我對於世界的認知，只能依據我的「整個人性」、我的生命史、我的「真實生命歷程」去解釋，而不能孤立於我的意志、感受或者想像之外。這個批評真是真知灼見而舉足輕重！這個批評難道不也適用於現在以各種快速成像技術探究人類意識的大腦科學家嗎？把氧氣輸入個別腦區一段時間，就可以看見我的人格嗎？

❷引文中譯另見：《精神科學引論（第一卷）》，頁6，艾彥譯，譯林出版社，2012：「洛克、休謨和康德所設想的認識主體的血管之中並沒有流淌著真正的血液，而毋寧說只存在作為某種單純的思想活動的、經過稀釋的理性的汁液。」

「重點是經驗，而不是經驗論，」狄爾泰接著又如此批評唯物論。[150]我們絕大多數的經驗都是從前思考經驗的結果。一個真正的經驗論者會看到這點，而不會像經驗論者一樣對它視若無睹。如果我們想要解釋人類，就必須考慮到我們的經驗和思考生成的背景。「我捨棄了孔德、彌爾和史賓塞的歸納法和演繹法的機械嘈雜聲音，洞察人類知性的主要性質，透過其中的意識條件去掌握對象並且解釋它們；可是和康德不同的地方是，我在深入探究事物時改變了它們自身的預設。康德的先驗性是個槁木死灰的東西；可是意識的真正條件以及它的種種預設，對我而言，其實是有生命的歷史歷程，是演進，它們都有自己的歷史。」[151]

哲學的哲學

所有經驗都有個視角——狄爾泰和洛策都這麼認為，可是他又為它加上了歷史的縱深。而不同於他的前輩，狄爾態認為除此之外，經驗沒有其他起點。對於人性的種種思辨，在他看來都不可信。可是狄爾泰對於邏輯的評價卻又和洛策大同小異。他的「描述心理學」並不尋求一個概括一切的邏輯；和特蘭德倫堡正好相反，狄爾泰不再相信邏輯具有一以貫之的力量。就像洛策一樣，他認為邏輯是人類的施設造作。它並不是在開顯永恆的真理或是無時間性的原因，而是我們知性對於經驗世界的種種「適應」。[152]

哲學既不是涵攝一切的邏輯的守門人，在客觀性上也沒辦法和自然科學相提並論。精確的科學可以有先驗的假設，可是這種先驗的東西在哲學裡卻行不通。在自然科學裡，人們是從事**解釋**。可是如果探討的是心理世界，那麼人們就必須嘗試**理解**。「理解」在哲學裡已經有個歷史悠久的傳

[290]

統。萊布尼茲的單子（Monaden）就是個有理解力的存在者。赫德（不同於康德）認為所有知識都是在歷史和文化脈絡下的一種理解。狄爾泰相當景仰的詩萊瑪赫則是特別強調源自十七世紀的詮釋學（Hermeneutik）方法：從整體去理解個體，從個體去理解整體。到了一八六八年，歷史學家朵伊森（Johann Gustav Droysen, 1808-1884）也在《歷史知識理論大綱》（*Grundriß der Historik*）裡區分了物理和數學裡的「解釋」和人文科學裡的「理解」。

狄爾泰沿襲的「理解」是一個有自身規則的特殊方法。人的心理世界是沒辦法完全解釋的，接受自然科學訓練的心理學家或許會把我的思考和行為放在因果關係裡去探究。可是對我而言，則幾乎不存在這個因果關係。我覺得自己的思考和行動是自由的，沒有任何因果關係的束縛。我的生活裡有各式各樣的脈絡，感受、記憶、願望、動機、恐懼、期待、義務、慣例等等，沒辦法像物理學那樣用原因和結果一分為二。這個錯綜複雜的相互關係絕非「解釋心理學」所能掌握。它只能把個別的事件孤立起來，為它虛構出一個原因。可是「解釋心理學」沒辦法破解我的意識。面對「所有情緒力量的共同作用」，它只能束手無策。它準備要怎樣用因果關係去推論我的「態度」或「世界觀」呢？面對這些盤根錯節的事件，我們只能試圖理解而沒辦法解釋它們！我們必須就整體去思考個體，就個體去思考整體。除此之外，我們沒有別的方法可以理解諸如世界觀之類的複雜觀念世界。「整個世界觀的究竟根基，」狄爾泰寫道：「是在於生命。」而不是因果關係。[153]因為「世界觀不是思考的產物。它不是源自單純的求知欲……而是源自對生命的態度、生命經驗，以及我們心理全體性的結構。」[154]

依據這個理解，狄爾泰賦予「人文科學」一個自己的方法，並且謹慎地和自然科學劃定界限。

對於源泉不竭的生命脈絡，自然科學的方法是化約它，而人文科學則是以詮釋學的方法照顧它。哲學的存在理由也因此有了保障。相對於自然科學及其定理和協定，哲學才是真正的經驗科學。因為 [292] 它是依據**事物如何在我們意識裡作為事實而顯現**而去考察它們。哲學沒有自己的**內容**（例如倫理學和知識論），它也不是邏輯的世界，而是精確描述並且分析世界如何以各種方式出現在我們意識裡的科學。

基於這個理由，狄爾泰提出了「生命哲學」（Lebensphilosophie）的概念。而他為它指派了三個任務。首先，哲學要批判性地審視自然科學，檢驗它的知識的種種預設和有效範圍。其次，就像特蘭德倫堡所說的，哲學要綜覽所有科學，並且照見它們的相互關係。第三，它要檢驗所有哲學體系的世界觀，批判它們的片面性、它們的形上學假設以及它們褊狹的視角。在這個意義下，「生命哲學」是一個「哲學的哲學」，一個對於思考風格進行分析的普遍有效的科學，就像藝術史家分析藝術的種種風格和潮流一樣。

有了從事理解的「人文科學」，狄爾泰便為自然科學提出探索世界的另一條道路。而他的「哲學的哲學」也小心翼翼地避免像十九世紀的哲學那樣河漢而無極：它沒有形上學的假設，它不提出任何體系，它不妄加臆斷，也不建構任何獨斷的看法，不相信任何超感官的理型或精神。儘管如此，它也不會把心理世界化約為心理學。

到了二十世紀初期，狄爾泰已經是個名聞遐邇的人物，他的論文集《體驗與詩》（*Das Erlebnis und die Dichtung*, 1906）更是洛陽紙貴。然而他的哲學有任何願景可言嗎？在曠日費時地區分種種哲學和世界觀之後，歷史不久便功成身退了。可是他對於我們存在的歷史性的認識，卻成了歷久不 [293]

衰的遺惠。生命哲學也是如此，在狄爾泰、叔本華和齊克果的推動之下，到了二十世紀枝繁葉茂：我們只能從生命去理解生命，而不能依據任何先驗的東西、形上學體系或是經過重建的因果關係。

可是這個看法的具體起點是什麼？孔德、彌爾、馬克思和史賓塞以各自的方法試圖讓哲學思考迎合當時的實證科學。他們聲稱其哲學就像自然科學一樣。相反地，狄爾泰則看出來那行不通，而且也知道為什麼。人不是依據對於客觀實在的知識打造而成的裝置。他並不是透過翻拍事物去掌握它們的，而是藉由**理解**。理解是個相當複雜的程序，任何當下的經驗都要以從前的經驗為背景。人的意識和自然科學的普遍有效性正好相反，它會以其視角賦予事物各種色調，並且依據其世界觀評價它們。

據此，狄爾泰認為倫理和道德並不具備自然科學的客觀性程度。任何這種嘗試都只會因為有問題的決斷、不當的推論以及片面性而落空。海德格以及其他人後來都會遇到這個問題。可是到了二十世紀，就連他們的論證也門可羅雀了。不然的話，麻省理工學院的人或許會想到打造一個諸如**道德機器**之類的線上平台吧？數以百萬計的使用者可以在那裡回答道德兩難的問題，以期客觀地調查人們認為什麼才是道德正確。如此一來，所謂「合理的」道德，就像在自動駕駛的汽車上輸入的程式一樣，就只會是大多數人的想法而已。那麼「量」就等於道德上的「質」。像邊沁之類的自閉症患者或許會很開心；而康德和狄爾泰就只能在墳墓裡打滾了。

儘管狄爾泰懷疑道德是否可以理性化，卻也對於巨大的社會挑戰憂心忡忡。在一八九〇年的《倫理學講演錄》（*Ethik-Vorlesung*）裡，他把它們一一列舉。生物學的挑戰便是其中之一。人們可以藉著達爾文的演化論解釋並且進而利用歷史。他們把「自然科學精神」轉嫁到社會，把形上學套在俗世生活上面，就像史賓塞和尼采一樣。另一個挑戰則是試圖回答無解的社會問題的社會主義。狄爾泰是少數讀過《資本論》的人，他認為馬克思以聰明的方式「依據自然法則」分析社會。資產階級的常數「財產、繼承權、婚姻和家庭」突然間成了變數。基督教信理的瓦解則是第三個挑戰，因為就連神學家都不怎麼相信它了。第四個挑戰是自然主義的藝術，特別是法國小說，它不再表現任何理想性的東西，只是毫不留情地描寫和詮釋現實人生。

相對於當下的挑戰，「舊有的事物宛如敝屣，自然科學似乎把那些根基都耗盡了……在這整個情況之下，對於哲學而言，倫理問題重獲重視，人們再度渴望種種倫理原則。」[155]狄爾泰意識到西方社會的劇烈變化，而且必須徹底重建。哲學也不能袖手旁觀，它必須奮力作先鋒。狄爾泰看到「根本心境」（Grundstimmung）、「世界觀」和「思考風格」風起雲湧，他看到體系外牆以及泥濘地基的裂痕。可是他的「哲學的哲學」可以打造一個更美好的社會嗎？基於倫理的要求，它應該怎麼做？

儘管道德哲學家也沒辦法規定任何內容，但是他倒可以促成**規則**和**價值**的進步。他可以鼓吹「自由、福祉和文化應該擴及於所有階級」，而不僅限於當時少數的特權階級。[156]他可以提倡公平的教育體系，讓大多數人都擁有理想的教育機會。他也可以喚醒「上流社會」的價值意識，告誡他們不要拒絕社會的進步。

狄爾泰認為人文科學和哲學的任務在於促進社會在倫理上的日新又新，這使得他招致大肆撻伐。尤其是韋伯（Max Weber）（下文會詳述）初試啼聲的社會學，對他更是抵瑕蹈隙。這裡頭難道沒有殘存著舊時的形上學餘緒？人文科學難道不必「價值中立」才有資格成為一門科學嗎？狄爾泰以更高的立場批評種種世界觀，卻沒有否定它們評價世界的權利。可是韋伯想要一個不作任何價值判斷的人文科學，為此他不僅向狄爾泰挑釁，也和他的同儕針鋒相對。因為正當生命哲學和詮釋學在柏林眾口喧騰之時，馬堡、史特拉斯堡和海德堡的學生們卻在學習一種迥然不同的哲學：新康德主義（Neokantianismus）。

回到康德！

- 「被證明的」康德
- 康德是個心理學家嗎？
- 屬於自己的領域
- 外在世界的難題
- 知識的批判
- 絕對價值
- 文化科學

「被證明的」康德

普魯士政府對於**朗格**（Friedrich Albert Lange, 1828-1875）的處置還能再更聰明一點嗎？這個來 [296] 自索林根森林的年輕人只是要求普魯士官員至少應該是個具有公民意識的公民，而不是沒有批判能力的國家執法機器。朗格先後在蘇黎世和波昂攻讀哲學、教育學和古典語言學，於一八五五年出版 [297] 其初任講師的講演錄《論教育體系和各個時期的主流世界觀之間的關係》（*Über den Zusammenhang der Erziehungssysteme mit den herrschenden Weltanschauungen verschiedener Zeitalter*）。可是這位神學家的兒子於一八六二年為普魯士國王誕辰了發表演說，題為《學校在公共領域裡的地位》（*Die Stellung der Schule zum öffentlichen Leben*），這讓普魯士官方懷疑他有造反的意圖。因為就在當天，普魯士內政部長公告禁止官員從事任何政治活動。朗格認為該公告違反了憲法。從那天起，普魯士警察和司法機關就盯上他了。當時他在杜易斯堡擔任中學教師，他的居所遭到搜索，他也因為報紙上的文章被起訴。不久之後，朗格就失去普魯士政府的信任。他原本只是個為了公務員的公民權而奔走的自由派人士，現在卻成了堅定的社會民主派。

一八六五年，朗格出版了《就其當前及未來意義下的勞工問題》（*Die Arbeiterfrage in ihrer Bedeutung für Gegenwart und Zukunft*）。他在文中提到「自由、福祉和文化應該擴及於所有階級」，後來成為狄爾泰眼中未來最重要的目標。在相同的意義下，朗格更說，人們應該期待「真正的生活趣味的提升、優雅游藝的感官享樂的普及，尤其是心靈活動的鑽研以及性格的陶冶，期待它們賜予我們什麼成果，如果被壓迫的階級，如歐文所說的，除了物質生活的改善以外，更擁有自由適性的閒暇和社交活動。」[157]

這部作品起初並不怎麼引人矚目。當時德國的社會主義以及工人運動早就分裂成許多學派和潮流。拉薩爾的「全德意志工人聯合會」也被朗格批評為太過溫馴了。可是就連馬克思也不喜歡這本書，雖然朗格花了數頁篇幅盛讚他是經濟學的權威。於是朗格另闢蹊徑，也就是「以理想的立場」[298]考察社會的倫理社會主義（ethischer Sozialismus），對於社會主義者而言，實在太過深奧了。而朗格也主張生物和文化的演化才是真正的進步動力，這在馬克思眼裡，則又是捨棄了馬克思而取向於達爾文。

朗格於一八六六年離開杜易斯堡，為了躲避普魯士政府的騷擾而搬到蘇黎世，在這之前，他得知他的《唯物論史》（*Geschichte des Materialismus*）出版了，這部作品使他以博學深思的哲學家名噪一時，這部旁徵博引的著作寫成於德國唯物論的極盛時期。儘管朗格有部分的意見和唯物論不謀而合，卻對於這個時代精神不假辭色。可是他自年輕時就嚴詞批評觀念論哲學以及傳統哲學裡的形上學：「我認為任何形上學都是一種瘋狂，只具有美感以及倫理上的正當性。我的邏輯是概率演算法，我的倫理學是道德統計學，我的心理學完全建立在生理學上面；一言以蔽之，我試圖只以精確科學為依據。」[158]

依據這種懷疑論，其實朗格有理由成為一個唯物論者的。可是他對於形上學家的懷疑同樣也在面對唯物論者的時候襲上心頭。他們在宣稱認識真理的時候，難道不也是個形上學的主張嗎？朗格解剖了自古至今的唯物論。儘管它在自然科學上戰績輝煌，他卻也特別看到它在哲學方面的挫敗。生理學的研究越是日新月異，意識的奧祕卻是越來越不得其門而入。十八世紀的唯物論者或許還可[299]

以夢想著每個念頭都可以在大腦裡找到一對一對應的活動，可是現代自然科學在這方面的知識越是拓展，整個畫面就越加混沌不明。我們的感官知覺以及大腦的處理都被分解成數百萬個不斷振動的腦部纖維：「感覺以及整個心理世界都可能是無數個錯綜複雜的單一活動交互作用在每秒鐘裡不斷變換的結果，或許可以被定位它們，就像是管風琴的音管，卻無法定位其**旋律**。」159❶因此，「把所有心理活動都化約為腦神經機制……只是讓我們無比深切地認識到，我們的認知拱門關上了，而心靈自身是什麼，卻是一無所知。」160

朗格想在第二版裡把他的巨作增補兩倍的篇幅。而這部暢銷作品也真的歷久不衰，直到今天，它已經改版了十次。這本書對整個世界揭露了唯物論哲學的弱點，而且作為對治之道，他重新把康德搬上了舞台。朗格不是康德主義者。如果有必要的話，他也會把這位大哲學家批評得體無完膚。就像「一個必然的演繹的錯誤假象一樣」，這個體系的「虛假的絕對性」也屬於歷史的垃圾堆。161朗格認為康德不是個建築師，而只是個哲學的建築評論家。他以其「哥白尼轉向」（kopernikanische Wende）證明了，「經驗的對象根本就只是我們的對象而已，整個客觀性……也不是什麼絕對的客觀性，而只是對於人類以及器官類似的生物而言的客觀性。」162一切存有都是意識的內容，因而既不是絕對真實也不是絕對客觀。如果人類有不同的感官，那麼他們眼前的世界也會有所不同，他們的真理也會和我們的迥然有別。朗格認為，基於這個認知，自然科學家和哲學家都不應該重蹈覆轍。可是唯物論卻對此視若無睹，甚至不知道他們根本看不到事物的本質。

❶ 以下引文中譯另見：《唯物論史》，李石岑、郭大力譯，中華書局，1926。

朗格的結論相當清楚：所有關於世界的知識都是在人的意識裡生成的，而這個意識無法以自然 [300] 科學的工具恰如其分地解碼。為了佐證他的看法，他找到了當時最著名的自然科學家之一。一八五五年，朗格在波昂上了年輕的生理學家亥姆霍茲的講演課，也在《唯物論史》裡寫下對他的印象，一再引用**亥姆霍茲**的《生理光學手冊》（*Handbuch der physiologischen Optik*, 1821-1894）。當自然科學家指出，我們的感官知覺模塑了我們的整個觀念世界，這不就證明了康德是對的嗎？決定我們對於存有的觀念的是我們的意識，而不是存有自身！而自然科學家也證明了這點！自此以後，如果有誰主張我們只是掌握到意識內容，而不是客觀事物，那麼他就不再是個「唯心論者」，而是個「自然主義者」，一個經驗性研究的專家。

我們可以在實驗室裡證明康德的理論嗎？基於原則性的理由，他自己應該不會同意這點：自我反思的意識的內在世界，以及經驗主義者的外在世界，兩者是不會有交集的！可是亥姆霍茲會怎麼看？很難說。亥姆霍茲在波茨坦出生，後來任教於海德堡，是該學科的權威，而這個學科就是整個自然科學！一八四七年，他闡述了能量守恆原理，馮邁爾（Julius Robert von Mayer）的熱力學第一定律，並且把它應用到生物學上。他自己是個生理學家，證實了神經纖維源自神經節細胞，計算出肌肉的耗氧量，更測量出青蛙的神經系統的電流傳導速率。在一八五〇年代，亥姆霍茲是視覺和聽覺研究的先驅。他也是個物理學家，分析了所有想像得到的氣象學現象以及化學過程的熱力學。他 [301] 發明了亥姆霍茲線圈（Helmholtz-Spule, Helmholtz coil），並且提出亥姆霍茲方程（Helmholtz-Differentialgleichung, Helmholtz equation）。自一八七〇年起，他在柏林擔任教授，和波瓦黑蒙並駕齊驅，不只是電生理學（Elektrophysiologie）的權威，在整個自然科學界也是一時俊彥。

他在哲學史裡的重要性是由於他對於康德的興趣。亥姆霍茲的父親和費希特的兒子是好朋友，也要他自己的兒子從小就熟讀康德以及費希特的作品。年輕時接受觀念論薰陶的亥姆霍茲成為科學家了以後，卻是個激進的經驗論者，因而在兩大陣營之間搖擺不定。他心裡的自然科學家只承認經過精確研究的事物，例如他抨擊惡名昭彰的「生命力」觀念，自胡佛蘭（Christoph Wilhelm Hufeland）的時代以降，它就一直在整個生物學裡神出鬼沒。但是機械論式的因果關係的思考方法並沒有使亥姆霍茲成為唯物論者。他在一八七七年的一次演說裡強調：「諸位不要忘了，就連唯物論也是個形上學假設，這個假設固然在自然科學領域裡被證明成果豐碩，卻仍舊是個假設。而當人們忘了它的這個性質，它就會成為一種教條，同樣會阻礙科學的進步，並且像其他教條一樣狂熱地不容異己。」[163]

正如當時許多自然科學家（現在亦然）一樣，亥姆霍茲覺得自己比哲學家更加優越。他們大多只是「軟弱無能的書蠹，從來沒有創造過新的知識，也不知道那是怎麼回事」。[164]只不過結果證明是亥姆霍茲對於哲學所知有限。他聲稱是康德讓他重新闡述能量守恆原理，可是那也只是個說法而已，他從來沒有證明它。亥姆霍茲第一次真正提到康德是在一八五五年，他問道：「我們究竟以什麼方法從我們神經感知的世界過渡到我們的現實情況的世界？」[165]換句話說：我怎麼知道在我意識裡進行的東西都有一個外在世界的原因？亥姆霍茲說康德是「因果法則」這個概念所謂的創作者，認為不存在一個沒有原因的結果（無因生論）。其實這裡有個嚴重的誤會。康德的因果法則是沿襲自休姆，可是他們兩人都不認為因果律可以證明有個獨立於人以外的外在世界的存在！因為原因和結果的圖式（Schema）並不是世界「在己的」（an sich）的法則，而只是**我們的意識**對自己解釋世界的方法而已。相反地，對康德而言，「物自身」（Ding an sich）的客觀的外在世界，它之所以是「在己的」，那是因此它是**自由的**，不被因果律**限制**的！再怎麼說，我們都不得其門而入。

亥姆霍茲直到批評康德的先驗幾何學，才總算比較了解康德一點。對於康德而言，幾何是直接明證的，因而不依賴於具體的空間知覺。相反地，亥姆霍茲意欲對這個先驗的知識加以除魅。身為關於知覺的專家，他至少認為非歐幾何和經驗有關而不是自明的。

由於亥姆霍茲引證了康德，使得康德在十九世紀下半葉重獲新生，這其實是無心插柳之舉。儘管他傳喚康德當作關鍵證人，卻對那個康德一無所知。而他所理解的那個康德，他卻試圖要大加撻伐。儘管如此，他還是讓被冷落很久的哲學家鹹魚翻身。如果當時最偉大的自然科學家都要引用並且鑽研康德的理論，那麼其他人就更應該效法他了……

康德是個心理學家嗎？

朗格喜歡康德的地方，不在於他建立了什麼偉大的體系；對此朗格其實是必屑一顧的。他欣賞的是那個「批判性」的康德，正如我們現在所說的「意識型態批判者」，是那個質疑種種世界觀的人，把所有斷言❷都相對化，讓哲學家和自然科學家們拿鏡子照照自己：你以為你認識到的東西，其實都受限於你對於知識的認知可能性！

特蘭德倫堡關於「有機體的科學」的夢想，到了一八六〇年代後期就幻滅了。就在這個時候，

❷「斷言」（Wahrheitsanspruch）是指「主張（或預設）其說法為真的命題或觀念」。有人就字面直譯為「真理要求」、「對真理的追求」、「真理宣稱」，這更容易引起誤解。

康德的學說也因此捲土重來。黑格爾的體系和自然科學完全搭不在一起，相反地，康德對於自然科學則相當感興趣。他的哲學不僅提出了一個形上學體系，也建構了一個關於所有知識的理論，包括自然科學的知識。黑格爾把自己的科學貶謫為玩具，臣屬於探究觀念的理性哲學之下。反之，康德相當重視自然科學及其方法學和成就。即便如此，他不認為它可以像在他之前或之後的唯物論者所主張的那樣解釋整個世界。

康德說，沒有任何自然科學可以解釋為什麼人的道德行為要以種種**理由**為依據。我們沒辦法在大自然裡找到道德的理由，它們也沒有嚴格遵守因果律。它們不像自然律那樣**顛撲不破**，但是它有其**義務性**。它們預設了自由——決定要不要遵守它們——而自由這種東西只存在於人心，在大自然裡沒有自由這種東西，

康德的哲學並不佔據自然科學的任何領地，它只是要解釋自然科學，並且丈量它的確切位置。特蘭德倫堡的另一個學生也對此相當著迷，他是波昂大學的哲學系教授**邁爾**（Jürgen Bona Meyer, 1829-1897）。他也沿襲康德的理論，卻不認為他的哲學是一門可以解釋一切的學科。相反地，他和朗格一樣，把它當作批判的武器：「原則性的批判主義會明確地釐定我們的知識界限，它知道哪些問題找不到答案，也明白什麼事情不存在可以權衡的理由。它說明了，就自然科學的現況而言，批判性的節制是唯一正當的態度。」[166]

對於邁爾而言，「批判性的節制」是在觀念論哲學瓦解之後的誡命！他要勸誡的人不可勝數：黑格爾和謝林之後殘存的觀念論哲學家、當時的基督教神學家及其新體系，當然還有呶呶不休、志得意滿的唯物論者。就像朗格一樣，邁爾也拒絕於一八五〇到六〇年代在日耳曼甚囂塵上的種種教

義、演繹、體系以及一以貫之的解釋。他認為只有心理學似乎還可以接受。我們難道不能巧妙地把它和康德的批判理論放在一起思考並且說明我們的意識活動？

這並不是什麼別出心裁的想法，因為這正是黑格爾最重要的對手弗里斯（Jakob Friedrich Fries）的計畫。而識見卓越的貝內克早在一八三二年一部乏人問津的作品《康德以及我們時代的哲學任務》（*Kant und die philosophische Aufgabe unserer Zeit*）裡就提到，哲學的未來在於他所謂的知識論。一八三一年八月，在黑格爾過世三個月前，貝內克就推斷，「對於哲學的興趣」可能會「淪落到」一種「漠不關心的地步」。[167]「哲學的發展根本不可能走到現在他們聲稱的方向」。[168]對於當時德國哲學的晦澀難解、形上學臆想以及欠缺具體的道德興趣，貝內克相當不滿。於是他把康德推上戰場，因為不同於黑格爾，康德正是以經驗為其起點的。康德的知識論規定了「人類知識的種種界限……透過對於協力產生知識的種種認知能力更深入的探討。」[169]而這正是未來哲學的任務：摒棄種種形上學「體系」，以經驗為起點，從事心理學研究，並且釐定知識的界限。

對於該計劃的詳盡描述，莫過於邁爾在四十年後的著作。他在《康德的心理學》（*Kant's Psychologie*, 1870）裡為這位偉大的榜樣辯護，駁斥所有觀念論的詮釋。他認為康德的哲學和「純粹」理性其實風馬牛不相及。那麼思想家如何獲致他的先驗知識呢？這裡面沒有任何心理因素的作用嗎？康德難道沒有進一步地自我觀察、回想和反思嗎？人們說康德區分了經驗心理學以及理性心理學，認為前者不值一哂，而後者則是不可能的，這其實是個不必要的誤解。他們說康德因而否認自己是個心理學家，儘管他其實是個不折不扣的心理學家。

邁爾的野心物相當大。他要啟蒙十九世紀的人們，正如康德對十八世紀的人們所做的。在和佛格特以及魯道夫・華格納的唯物主義論戰裡，他力挺康德的「批判主義」立場，對於任何信口雌黃的世界觀提出警告。憑著哲學圈外的人脈，他擔任後來的德皇威廉二世的教師，德皇還抱怨邁爾的哲學課很無聊。這位十九世紀的啟蒙者開了很多課，為了學校改革以及國民教育大聲疾呼。身為自由派人士，他堅決反對教會介入教育體系，卻也和野心勃勃的社會民主派水火不容。

可是大眾對於康德的心理學概念卻所知不多，甚至是相當抗拒。雖然也是有其他哲學家想到康德這個人。而他們完全不想知道把哲學「心理學化」是什麼意思。康德才復活沒多久，大多數的追隨者並沒有把他視為一個心理學家，而是把他拿來當作對抗經驗心理學的擋箭牌！

屬於自己的領域

「如果哲學相要躋身科學之列，那麼它必須擁有一個其他科學共同承認而沒有任何懷疑的真實領域。」[170] 一八六〇年，耶拿的哲學教授**費雪**（Kuno Fischer, 1824-1907）如是斬釘截鐵地為一個未來的領地劃分畛域。哲學是個獨立的科學，和心理學以及其他自然科學涇渭分明。日耳曼地區大學裡的哲學長期遭到政府不斷騷擾以及監控，又被法國人、英國人和醫生的唯物論排擠，大聲疾呼要堅持它自己的意義。它應該重拾以往高掌遠蹠的尊嚴——康德當然是其代表人物。

費雪生涯最大的功蹟，是一部十一冊的哲學史（1852-1901），而他也直言不諱他自己的月旦人物。對他而言，哲學只有兩個時期：康德以前的和康德之後的。費雪是康德傳記的作者，也以才華橫溢的演說家以及具有群眾魅力的大學教授著稱。可是他並沒有真正貫徹讓哲學重返知識論的主張。自然科學家對他既不屑一顧，也不同意他的主張。

[307]

相反地，每當哲學家反躬自省時總是感到茫然失措。他們的哲學探索究竟有什麼意義？在這個情況下，哲學家或許會不假思索地想到**懷瑟**（Christian Hermann Weisse, 1801-1866），早在一八四七年，這位萊比錫的哲學教授就主張哲學要另起爐灶。他認為問題在於，「難道不需要一個明確的回顧……，潛心研究——我套用康德在類似的情況裡說過的話——以及一個取向，甚或是科學進步的一個必要的條件。因此我認為，日耳曼哲學的開展已經走到這個關頭了。」[171]而懷瑟的學生洛策正是致力於探索這個取向的回溯，他區分了存有的事實性世界以及意識的邏輯世界，而我們的事實性世界便是透過它所定立。唯物論者從來沒有想到要區分事實和「有效性」，也不知道自然科學的知識其實是一種「建構」，而不是客觀的事實描述。

在同一個陣營的還有哲學和神學家**策勒**（Eduard Zeller, 1814-1908）。一八八六年，他在海德堡大學就職的首次講演課《知識論的任務和意義》（*Ueber Aufgabe und Bedeutung der Erkenntnis-Theorie*）裡也提出和費雪相同的主張：哲學首先必須是個知識論，它是一門為其他科學標定有效性範圍並且賦予哲學基奠的學科。而除了以康德為起點之外，還有什麼更好的選擇嗎？策勒的學生把他譽為「知識論」概念之父，殊不知貝內克早在三十年前就提到它了。只不過直到一八六〇年代，它才受到世人的重視。對於策勒從黑格爾陣營投奔到康德，黑格爾主義者密謝勒相當憤懣，罵他是個「新康德主義者」（Neokantianer），後來卻轉借為一個新思潮的名字。可是策勒其實也沒有把他的計畫付諸實現。他是以希臘哲學權威以及宗教哲學家著稱，而不是什麼系統性的知識論者。

[308]

康德的另一個新信徒在哲學方面同樣也沒有太大的建樹。一八六五年，費雪的學生**李普曼**（Otto Liebmann, 1840-1912）把費希特、謝林、黑格爾、弗里斯、赫爾巴特和叔本華痛批一頓，認為他們歪曲了大師的作品而誤入歧途。他在《康德及其追隨者》（*Kant und die Epigonen. Eine kritische Abhandlung*, 1865）裡直陳其非。李普曼首先批評這位科尼斯堡哲學家的基本謬誤，也就是把「物自身」偷渡進來——這個批評在康德的同儕那裡就看得到了，至今許多康德主義者也都一致同意。接著李普曼卻為了康德而和其他追隨者針鋒相對。在每一章的末了，不管是費希特、謝林和黑格爾的「觀念論路線」或是赫爾巴特的「實在論路線」、弗里斯的「經驗論路線」、叔本華的「先驗路線」，他都會說：「……所以必須回歸到康德。」

其實越來越多哲學教授認為，為了拯救哲學，重新思考康德應該是最好的解答。而康德的復甦也跟著風起雲湧。一八七〇到一八八二年間，德國各大學舉辦了兩百多次關於康德的研討會，相對地，彌爾有九次，孔德有五次，史賓塞有兩次，而馬克思則一次也沒有。[172]不過康德信徒的躊躇滿志，不只基於哲學的原因，也有其政治因素。撇開身為第一國際的成員朗格不談，早期新康德主義其實是中產階級的運動。它唯一和政治沾上邊的地方，就只是主張政教分離以及各種公民自由權利。大部分新康德主義者都會以「批判的態度」質疑唯物論者對於社會演進的政治期望，然後把它拋到腦後。任何把哲學限縮成知識論的人，都只會把它當作一門**反省的科學**、方法學以及對於科學的批判。他們會從事科學研究，可是不同唯物論者，他們不會挾帶什麼**世界觀**。不同於叔本華的悲觀主義，或是佛格特、畢希納、海克爾和史賓塞的唯物論，抑或是人們的宗教信仰，他們對於新康德主義並沒有那麼深信不疑。大部分新康德主義者在政治都是自由派的，也都和一八七〇年統一的德意志帝國的俾斯麥政府沆瀣一氣。相較於孔德、彌爾、馬克思和史賓塞建構未來世界的藍圖，他們可以說天差地遠。

外在世界的難題

十九世紀下半葉的馬堡大學並不算是哲學重鎮。不過多年以前，十八世紀初的窩爾夫（Christian Wolff）在這裡任教過。在像柏林或萊比錫這樣的大學，就算社會主義者朗格的《唯物論史》傳誦一時，他還是拿不到教職。於是從一八七二到一八七五英年早逝的三年間，他只能在馬堡虛擲光陰——而新康德主義就是在那裡成為一個「學派」的。

這個新路線必須趕緊和心理學分道揚鑣才可以形成學派，因為殷鑑不遠：貝內克和邁爾貿然把康德附會到當代的心理學，要兩者和解，可想而知一敗塗地。相對於突飛猛進的自然科學競爭者，哲學會不會沒多久就變成了跑龍套的而且聊勝於無？因此新康德主義必須堅決地和心理學劃定楚河漢界。知識論對於**成因**的世界視若無睹，把自己的封建領地建築在**有效性**的世界之上。哲學不應該是經驗性的科學，而是個恪守邏輯的科學。康德也是這麼想的。可是相對於心理學，哲學有什麼權利說它是**客觀的**？

康德最重要的認知在於，對於世界「自身」是什麼，我什麼也不能說，只能論及它**對我而言**是什麼。我所知道的關於世界的一切，都是透過我的認知機制所賦予。世界並不是直接臨在我眼前，而是由我的意識生成。所以說，時間和空間從來都不客觀。正如康德和萊布尼茲所言，它們是我的意識的秩序圖式（Ordnungsschemata），我透過它們在世界裡辨別自己的方位。它們是知覺的網柵，或者是康德所說的「直觀範疇」（Kategorien der Anschauung）。我從來都不會經驗到時間和空間，而只會經驗到事物的前後相續以及毗鄰並存。

不過許多康德專家對此頗有微詞。因為沒有任何物理學家有辦法拿康德對於時間和空間的定義當作起點。如果哲學想贏得自然科學的尊重而不致淪為笑柄，它好歹也得向它們伸出友誼的雙手。而這正是特蘭德倫堡和洛策的意圖。特蘭德倫堡主張說，如果時間和空間不存在，那麼我們的意識什麼都感覺不到，也感覺不到時間和空間。而洛策則是說，隨著人類的演化歷史，生物性的認知機制會盡可能適切地順應事物。可是對於忠實的康德主義者而言，這種解釋已經偏離了大師的真正理論。對於費雪而言，費希特的啟迪不下於康德，他堅持時間和空間基本上不可能客觀。意識的作工一直就只是意識的作工，它不會變成意識以外的事實。

費雪和特蘭德倫堡的論戰長期使日耳曼的大學哲學界緊張不安。未來是掌握在一個嚴厲的觀念論（費雪）手裡，或者觀念論和實在論兩者其實是可以折衷的（特蘭德倫堡、洛策、朗格）？出生於博岑（Bozen）的奧地利人**里爾**（Alois Riehl, 1844-1924）也致力於探討這個問題。里爾分別於一八七三年以及一八八二年在格拉茲以及弗萊堡任教。他的三大卷著作《哲學批判及其對於實正科學的意義》（*Der philosophische Kritizismus und seine Bedeutung für die positive Wissenschaft*）於一八七六至一八八七年間問世。他在書裡指出從洛克、休姆到康德的道路。里爾同樣拒絕以心理學的角度去詮釋康德。在他眼裡，康德是關於經驗的邏輯學家，沒有人像他那樣清楚闡明知識在感官和邏輯上的基礎。對於里爾而言，康德需要修正的地方只在於他對於先驗判斷的理解，尤其是關於時間和空間的說法。康德認為兩者都是直觀的先驗形式，它們「自始」就存在，因為我們的意識必須利用它們才能運作。不管我們願不願意，事物一直都是前後相續以及毗鄰並存的。

時間和空間只是意識的網柵，而非現實存在的東西，在這方面，里爾和自然科學之間顯然有歧見。不過他也同意康德的說法，認為唯有透過對於時間和空間的意識，我們才可能認知。他的解答很接近在康德之前的休姆：是的，對於外在世界的絕對實在性，我們其實一無所知。可是我們寧可信其有，不可信其無。關於絕對實在性的任何假設都是非理性的——可是即便如此，它難道不是很有意義的事嗎？里爾同意唯物論關於客觀世界的說法。而他也同意觀念論的看法，認為所有關於世界的知識一直都是意識的內容。唯物論者的錯誤在於他們把意識化約為物質；而觀念論的錯誤則是在於他們把客觀世界侷限在單純的意識內容裡。

知識的批判

大家很快就對里爾感到不滿。唯物論者沒有把他放在眼裡，其他新康德主義者則指摘他的觀念論立場搖擺不定。其中包括**柯亨**（Hermann Cohen, 1842-1918）。他出生於科斯維希，父母親是猶太教正統派，他到布列斯勞讀拉比學校，在馬堡師事朗格取得授課資格。他也寫了三部關於康德的著作：《康德的經驗理論》（*Kant's Theorie der Erfahrung*, 1871）、《康德的倫理學證成》（*Kant's Begründung der Ethik*, 1877）、《康德的美學證成》（*Kant's Begründung der Aesthetik*, 1889）。他最重要的問題可見於其所有著作裡，而那也是新康德主義的問題：主觀感受到的事物如何同時合理地主張是客觀的呢？

特蘭德倫堡和洛策的經驗無法說服柯亨。如果有客觀性的主張，那也不會是因為我拋下人類意識以及主觀感受的層面，跳躍到一個想像中的外在視角。事物並不會「在己地」存在，客觀性主張的論證必須依據**我對於事物的感受以及對它的判斷**。

[312]

正如康德所說的，我們用以體驗世界的方式取決於思考的法則。我們並不是不假揀擇地產生事物，而是有個遊戲規則。康德的哲學體系是一個由意識的各種產生方式及其相互作用構成的體系。我們的意識裡充斥著各種**思考的必然性**。而柯亨則認為客觀性的層級就是以它為依據！當我們的直觀判斷事物是綠色的、正確的或是美麗的，那並不是任意的判斷，而是**合乎規則的**。而這就是他的基本觀點：所謂的客觀性不是世界的屬性，而是我們依據法則對於世界進行的**判斷**。

認識**思考的種種必然法則**——這是柯亨的磅礡雄偉計劃。對於街談巷議的「知識論」這個概念，他卻是不屑一顧。他覺得那太接近心理學了，心理學只能描述意識，卻不能說明「它的起點和源頭」。[173] 狄爾泰在當時倡議「描述心理學」以記錄我們的經驗和意識，而柯亨卻對心理學提出一個原則性的不信任案。心理學家（狄爾態的版本亦然）只探究成因，卻對於有效性一無所知。你們心理學，柯亨問道，哪裡知道那產生我們整個內心世界並且讓我們據以評斷其有效性的判斷結構是什麼。心理學家哪裡知道人為什麼要對於他們對於世界的種種判斷加上斷言？為什麼在道德、宗教或藝術裡，人們會有不同的判斷？

柯亨捨棄了「知識理論」大談他的「知識批判」。這個語詞在通往心理學的路上挖了一條深溝。對於柯亨而言，邏輯並不如貝內克、邁爾、洛策或狄爾泰所設想的那種「心理邏輯」（Psycho-Logik）。就像亞里斯多德、萊布尼茲、康德和特蘭德倫堡一樣，他認為它是屬於另一個層次，也就是有效性的層次。

我們的判斷的邏輯決定了我們的意識，柯亨以此為起點，建立了哲學史上的馬堡學派（Marburger Schule）。一八八〇年代，他的學生**納托普**（Paul Natorp, 1854-1924）加入該陣營。這個出生於杜塞多夫的牧師之子，於一八八五年成為馬堡大學的教授，自一八九三年起，接管哲學及教育學的教席。一八八七年，他的《知識之客觀和主觀證成》（*Über objektive und subjektive Begründung der Erkenntnis*）問世。就像柯亨一樣，他也在哲學和甚囂塵上的心理學之間劃分楚河漢界。對於心理學家們把邏輯依附在心理學底下，他也感到憤憤不平。因為如此一來，他們連新康德主義認為哲學碩果僅存的老本行都要剝奪掉。如果我可以用心理學的角度去解釋邏輯的話，那麼邏輯就只是思考的許多可能性之一而已。可是對於納托普而言，它是一門「其重大價值無可比擬」的科學。[174] [314]

那麼到底孰是孰非？邏輯真的可以透過心理學從事經驗性探索，被視為一**種思考方式**嗎？或者它其實是任何知識論的**源頭**，依據邏輯去探究所有科學乃至於心理學的有效性？其實兩者都對。就像洛策所說的，它們的差別其實只在於觀點的不同，而不存在位階上的差異。可是對於新康德學派的自尊而言，位階的問題相當重要。思考首先要合乎規則，然後才有內容可言。而經驗性的研究則只是眾多內容之一而已。哲學是在探討「合法性的規則」（Gesetz der Gesetzlichkeit），相對的，心理學則只是在研究「個殊的認知法則」。[175]

柯亨認為至此就可以蓋冠論定了，可是納托普更要大舉摧陷廓清心理學的領地。他不僅要劃定心理學的界限，更要質疑被「經驗心理學」（Erfahrungsseelenkunde）獨佔的領域，因為哲學家（除了齊克果以外）並不在意主體性的**個體個殊性**（die individuelle Besonderheit der Subjektivität）。和費希特一樣，納托普認為如果人們以「自我」（Ich）為起點，那麼就只能論及自我意識。而他也和費希特一樣，認為這個自我不是經驗性的：「任何把自我當作對象的說法，或 [315]

者把和自我的關係說成一種意識內容的關係，充其量只具有比喻性指稱的價值而已。」176而二十世紀下半葉的腦神經科學家也證實了納托普的這個開創先河的見解：「自我」不是個經驗性的實體，不是任何個人的腦區；它源自於各種關係，源自一個「種種自我狀態」相當複雜的交互作用。腦神經科學的研究支持了納托普的說法，他們也認為「自我」只是個「比喻性的指稱」。

雖然十八世紀末的費希特認為自我完全有資格把自身想像為一個「自我」，可是十九世紀末的納托普卻說那是無稽之談。像費希特一樣建立一個探討自我如何把自身定立為「自我」的哲學體系，那就只是一場兒戲。誠如納托普所言，自我「沒辦法被當作對象」。可是心理學偏偏要這麼做！在他的《依據批判方法的心理學導論》（*Einleitung in die Psychologie nach kritischer Methode*, 1888）裡，我們這位哲學家告訴心理學家們他其實在做什麼。他們不是在研究「自我」，而是在觀察這個原則上不得而知的自我如何建構它的客觀世界，它更據此**反推**到各種主觀動機和觀念。心理學是個誰都可以從事的偵探工作，可是誰也抓不到具體的凶手。

納托普認為我們可以在邏輯裡找到其理由。我們在理解世界時，會在事物之間建立種種關係。我們是以**關係**在進行思考，而不是透過概念。每個思考都在關係當中，因此是相對的。我們沒辦法整整齊齊地把思想固定住，它們一直在事物之間流動。維根斯坦之後的分析哲學試圖以語言為起點去解釋思考；可是對納托普而言，語詞、語句結構、意義等等都不是思考。思考是在語詞和語句之間進行的東西，是個拾掇不下的邏輯活動。就此而論，思考也不是在模仿世界——它是在**創造**世界。

納托普的思考理論在哲學上尤其意義重大。思考創造世界，這個概念馬上成為新康德主義的憲法序言，甚至影響了海德格。我們無法從經驗去理解思考，因此只有邏輯才有辦法解開思考之謎，心理學是難窺其堂奧的。在這點上，所有新康德主義者是一致的。不過關於是否存在著「物自身」這個東西（如果不是物質性的對象，那會不會是觀念性的？），則是言人人殊。雖然馬堡學派拒絕任何「物自身」，可是在史特拉斯堡和海德堡的強勁對手卻不做此想……

絕對價值

「我們所有人，十九世紀所有從事哲學思考的人，都是康德的學生。可是現在的『回歸康德』不應該只是那位歷史人物的舊調重彈，重拾他的批判哲學觀念。我們越是深入了解其思考當中的種種動機之間的拮抗，就更容易在其中找到探討他在解答問題時產生的種種難題的方法。理解康德意味著超越他。」[177]一八八四年，**文德爾班**（Wilhelm Windelband, 1848-1915）在他的論文集《前奏》（*Präludien*）的序言裡寫道，自此開創了新康德主義的第二個陣營——「西南學派」（Die Südwestdeutsche Schüle）。文德爾班的語調自信滿滿，當時康德在德國再度成為顯學——即使在英國和法國沒什麼人會自稱是康德的門徒，所以「所有人」一詞未免言過其實。

耐人尋味的地方不只在於文德爾班的自信，語言也有些不同。「問題」和「問題的解答」成了未來哲學的專業。那不只是哲學家的夾槓而已，更成了自然科學家的術語。到頭來，文德爾班不再想當個康德的注釋家，也不想像李普曼、費雪、策勒或邁爾一樣，扮演大師的忠實解說員角色，他想要「超越他」。他在一八八二年於史特拉斯堡初任教授的講演課「哲學是什麼」（Was ist Philosophie?）裡也作如是語。哲學不是「康德語言學」，而是「關於普遍有效的價值的批判科學」。

文德爾班自負不淺地來到史特拉斯堡。他在耶拿、柏林和哥廷根攻讀過醫學、自然科學、歷史和哲學。對他影響最深的老師有費雪，尤其是洛策，文德爾班在他的指導下取得教授授課資格。可是不同於洛策，他完全不同意把哲學和心理學混為一談。他一反貝內克、邁爾以及洛策的看法，要為兩者劃分畛域。否則哲學會淪為種種概念的「枝辭蔓語」，淪為「由心理學和文化史的殘渣湊泊而成的蔬菜燉肉湯」。[178]

文德爾班認為他的一席話讓德國觀念論瓦解之後的哲學重獲自信，新康德主義也不應該只是個潮流而已，更不是對於美好的過去的鄉愁，哲學家仍然有能力追求真理並且建構體系。文德爾班要讓哲學澈底擺脫唯物論者的攻擊和競爭。新的哲學不應該為了爭奪解釋權而和他們搖唇鼓舌，而是要致力於評斷體系的建構，審酌它們關於其方法學以及斷言的說法。哲學不再是廁身於種種學科，而是如康德和特蘭德倫堡所說的，「超越」所有學科。這並不只是新康德主義才有的特徵，哲學的這個新的自我認知一直延續到二十世紀。

在文德爾班眼裡，心理學探討的是個人和民族種種不斷更迭的**觀念**；相反地，哲學探討是它們的真值（Wahrheitswert）。或許人們喜歡不斷對他們生活周遭的事物加上心理學意義下的判斷，那麼哲學則是要站在瞭望台上**評斷這些判斷**。

其他的科學不是在從事描述、歷史分類，不然就像自然科學一樣提出解釋。而哲學則是要評斷所有這些活動，它要釐定種種判斷的範圍和「有效性」，依據種種真理的「價值」加以分類。

當文德爾班在一八八〇年代大談「價值」的時候，他其實是沿襲他在哥廷根的老師洛策的說法。如前所述，這個概念是洛策從經濟學那裡借用來的。他認為當一個命題包含了真值，簡言之，當它是「有效的」，它就是有價值的。他的「價值哲學」於是成了西南學派的嚆矢，而文德爾班也站在洛策的肩膀上。

可是我們要對什麼事態作出有價值的判斷呢？只針對知識論的問題嗎？或者是對於康德所謂的「實踐理性」，也就是倫理（Sittlichkeit）和道德（Moral）的問題？在馬堡學派眼裡並沒有實踐理性這種東西，只有知識批判。可是文德爾班不想以此為限。如果哲學要成為一門「價值科學」，就必須探究**規範**的問題。什麼是美的、正確的、善的，都必須依據這些規範去審酌。可是它們是打哪裡來的？文德爾班認為它們植基於「規範意識」，因此是「直接明證的」。每個傾聽自己內心的聲音的人都會感覺到「思考的法則」以及相對應的「規範」。在康德那裡是「定言令式」，對文德爾班而言則是規範的絕對有效性。

然而哲學並不止步於此。不同文化對於「美」的理解不是大相逕庭嗎？風俗習慣也是如此嗎？文德爾班何以對此視若無睹而主張規範是明證？其理由並不在於哲學思考本身，顯然是在於政治因素。一八七八年，德國整個思想氛圍丕變。刺客對德皇威廉一世兩度行刺未遂，這導致國家危機。俾斯麥解散國會。國會改選，自由派在政府裡向保守派讓步，政府頒布了「反社會主義者法」（Sozialistengesetze），禁止所有社會主義者的集會和著作。一部分自由派人士倒戈到俾斯麥陣營，相較於社會民主黨主張的自由，他們還比較喜歡威權國家。自由主義的危機摧枯拉朽一般地襲來，黨人之間也禍起蕭牆。自此之後，多數人倒向威權國家以牽制左派勢力。可是作如是想的自由派人士還算是自由派嗎？

這個驟變讓文德爾班極為震撼。就哲學而言，那意味著：批判性的探究撐不了多久。這樣的立場太過軟弱了。如果要影響整個時代的思想，哲學還是要建立一個擁有絕對斷言的體系。除了知識論裡的「純粹理性」之外，它也要關心「實踐理性」。一個對於倫理和道德的問題沒辦法一錘定音的哲學，沒辦法成為一門「指引方向的科學」（Orientierungswissenschaft）。為此，文德爾班不惜提出令人咋舌的獨斷論。如果有人偏離了德意志帝國裡一般有教養的人心中的美以及是非善惡的標準，那麼他不是瘋了就是太笨，要不然就是太落伍了（就像某些民族一樣），或者是諸如社會主義之類的激進份子。那號稱沒有成見的價值科學，其實就像文化沙文主義一樣心胸褊狹。而愛國主義的歡呼聲又震天價響，使得文德爾班忘記了康德正在狂敲他的棺材。

哲學要探究的是「在己地」有效的價值和規範。憑著這個自我理解，文德爾班到海德堡接任他的老師費雪的教席。早在此前，他就遇到他最重要的學生**里克特**（Heinrich Rickert, 1863-1936），他出生於但澤，父親是國家自由黨（Nationalliberale Partei）的創立者。里克特在柏林以及蘇黎世念書，一直到他在史特拉斯堡師事文德爾班，於一八八八年獲得博士學位。三年後，里克特取得授課資格，於一九九四年擔任教授。他的授課資格論文一鳴驚人，於出版三十年間再版了六次。論文題目是：《知識的對象》（*Der Gegenstand der Erkenntnis*）。里克特捍衛康德的主張，認為「物自身」的外在世界原則上是不可知的。我們的意識沒辦法認識到的東西，對於知識歷程而言也就無關緊要。里爾說，我們必須預設在我們的意識之外有個外在世界「在己地」存在著，里克特卻對他嗤之以鼻。我們為什麼需要這樣的預設呢？從來沒有人像里克特這樣大肆抨擊洛策、特蘭德倫堡或里爾的「知識論上的實在論」，就連費雪也沒有這麼做。就算物理學家、生物學家、心理學家、經驗論者和唯物論者會以一個外在於意識的客觀實在界作為操作性概念，一個思考邏輯一貫的哲學家還是只會看到意識內容，不會看到一個脫離意識而存在的「彼岸世界」。沒有任何事物會脫離人類及其思考而存在，即使是自然科學也一樣。我們自始至終都在一個內在視角裡生活和思考，不管我們從事什麼活動、渴望什麼東西，或者使用什麼工具。所有認知都是一個評斷。

儘管如此，哲學家還是要探究客觀性。可是這個客觀性並不在意識之外，而是像柯亨、納托普和文德爾班所說的，必須在**意識裡面**找尋。於是里克特放言高論地問道：「我們所發現的『秩序』一定是事物的秩序嗎？是個真實的東西嗎？」[179]馬堡學派認為客觀性存在於**思考的種種必然性**當中，它們會使我們不得不以特定的方式去觀察事物，否則我們的命題就不會是**有效的**。里克特也是如此主張。世界的客觀性不在事物當中，而在我對它們的**判斷**裡。而這些判斷並不是任意的：「當我們想要做判斷的時候，我必須遵守對於明證性的感覺，我不能恣意地肯定或否定它。我感覺到被一種力量決定，我必須臣服於它，並且以它為依歸。」[180]

馬堡學派所說的思考必然性，到了里克特那裡成了**判斷的必然性**。可是這個使我不得不作出特定判斷而別無選擇的力量究竟是什麼？在這個問題上，里克特和馬堡學派持有不同的意見。當我吃了早餐並且肯定地說「我吃了早餐」，那是因為我承認一個**內在的應然**（ein inneres Sollen）；這個應該促使我如實地思考，而不是恣意地思考。一般人都知道這個對於自己判斷的真理令式（Imperativ），它可以讓人們不至於對自己以及世界喪失信心。我當然可以對別人謊稱我沒有吃早餐，可是一般人都會知道自己在說謊，知道自己刻意違反規則。如果我在對別人說話時違反規則，這個內在令式同樣有效。

[321]

康德的定言令式，亦即我在心裡感覺到應該遵守行善的義務，里克特接著把它擴而充之。在真理問題上同樣有個這樣的令式，那是人們必須遵守的，至少是對自己而言。正如洛策所言，如果我違反了真理，那麼我的判斷就沒有價值。真理和價值兩者焦孟不離。所以說，一個判斷若為真，那是因為它遵守了「對於明證性的感覺」，而不是因為它符合一個外在的現實。「我牙齒痛」這個句子的正確與否，並不是由牙醫認定，不管他是否找到牙痛的原因。只有我才可以依據我的內在令式確定自己是否說真話。簡言之：真理並不是取決於現實，反之，是現實取決於真理！

文化科學

一八九四年，史特拉斯堡大學校長文德爾班發表了一場著名的演講。在其中，他區分了自然科學家和歷史學家的研究方法差異。其實那正是狄爾泰鑽研了十年的問題，可是文德爾班卻另闢蹊徑。各種科學之間的差別不在於其研究的對象，不管是哲學家或是以自然科學為標竿的心理學家都可以探究「心靈」。差別是在於方法。狄爾泰區分為「解釋」和「理解」，他認為無濟於事。其中的差別要更根本。自然科學提出了各種定律，因此是「研究一般法則的」（nomothetisch，源自希臘文「nomos」，意為法則）。相反地，歷史學家則是「描述個別特徵的」（ideografisch，源自希臘文「idios」，意為個殊者），它是在描述個殊事件。自然科學不得不從事抽象思考，而歷史學家則是致力於直觀化（Veranschaulichung）❸。兩者的世界既是涇渭分明，卻又互依互存。如果沒有

❸ 以事例闡明的意思。

自然科學，人就無法認識大自然，也就沒辦法按部就班地以科技去支配它；如果沒有人文科學以及歷史的向度，那麼人們在某個時代和文化裡的所有感受、思考以及行為，就會無法理解。

重點是，如此哲學就可以把自然科學拋在腦後，而專注於真理和實在界。不久之後，文德爾班 [323] 的學生里克特在其兩大冊的著作《自然科學的概念建構的界限》（*Die Grenze der naturwissenschaftlichen Begriffsbildung*, 1896/1902）裡也如是闡述。里克特同樣主張，有兩個研究實在界的方法**同時並存**。自然科學及其抽象化的方法只是其中的一個可能性。我們只要想像一下，對於「歌德」這個人，自然科學的判斷是否有價值。實際上完全沒有價值！因為「就歌德而言，重點是他和其他在『人』這個概念下的個例到底有什麼差別，而根本沒有一個普遍的概念可以涵攝他。」[181] 問題不在於歌德不是自然科學的研究對象。身為一個人，他既大自然的一份子，也是文化的成員。問題在於，用以研究歌德的自然科學方法成效不彰，而且錯失了重點。其理由既一目瞭然又合乎邏輯：個人的作為或者不作為並不歸屬於因果律。就算在我當下在做的事（寫到里克特）以及接下來要做的事（午休）之間有個因果上的**相互關係**，這個相互關係也不是絕對的定律。跟我再怎麼熟的人，也沒辦法準確預測接下來我要做什麼。

以自然科學的方法觀察世界，其實就只是對世界的自然科學觀察而已。除此無他！對於實在界而言，它並沒有比里克特所謂的文化科學（Kulturwissenschaft）更勝一籌。在他的講演錄《文化科學和自然科學》（*Kulturwissenschaft und Naturwissenschaft*, 1899）裡，他提到文德爾班對於自然科 [324] 學和歷史的區分，並且把它附會到一個作為「價值科學」的哲學。正如文德爾班所定義，自然科學探討「**定律**」；而文化科學則是研究「**價值**」。因為文化和歷史只能就價值判斷的關係去探討。

二十一世紀的社會心理學、社會學、政治學、新聞學、大眾傳播學，甚至是教育學，幾乎都還是使用經驗性方法，里克特的主張根本進不了任何科系的大門。如果由人以經驗性研究完全取代文化科學，那就像是把它們的心臟挖出來，而且會使它們在社會中變得無關緊要。可是在里克特的時代，他的主張就已經乏人問津了。他的「文化先驗哲學」（Transzendentalphilosophie der Kultur）只是個小插曲。而撫今追昔，狄爾泰的「人文科學」也只是那個對新康德主義百般嘲諷的傢伙的舞台配角而已；當柯亨、納托普、里爾、文德爾班手持最精密的解剖刀對著剖開的意識進行邏輯手術時，他卻是「拿著榔頭」從事哲學思考。而他們也就一直被埋沒在那個人的鐵球遺留的瓦礫底下。我們說的正是**尼采**（Friedrich Nietzsche, 1844-1900）。

世紀之交的哲學

世紀之交的哲學家年表

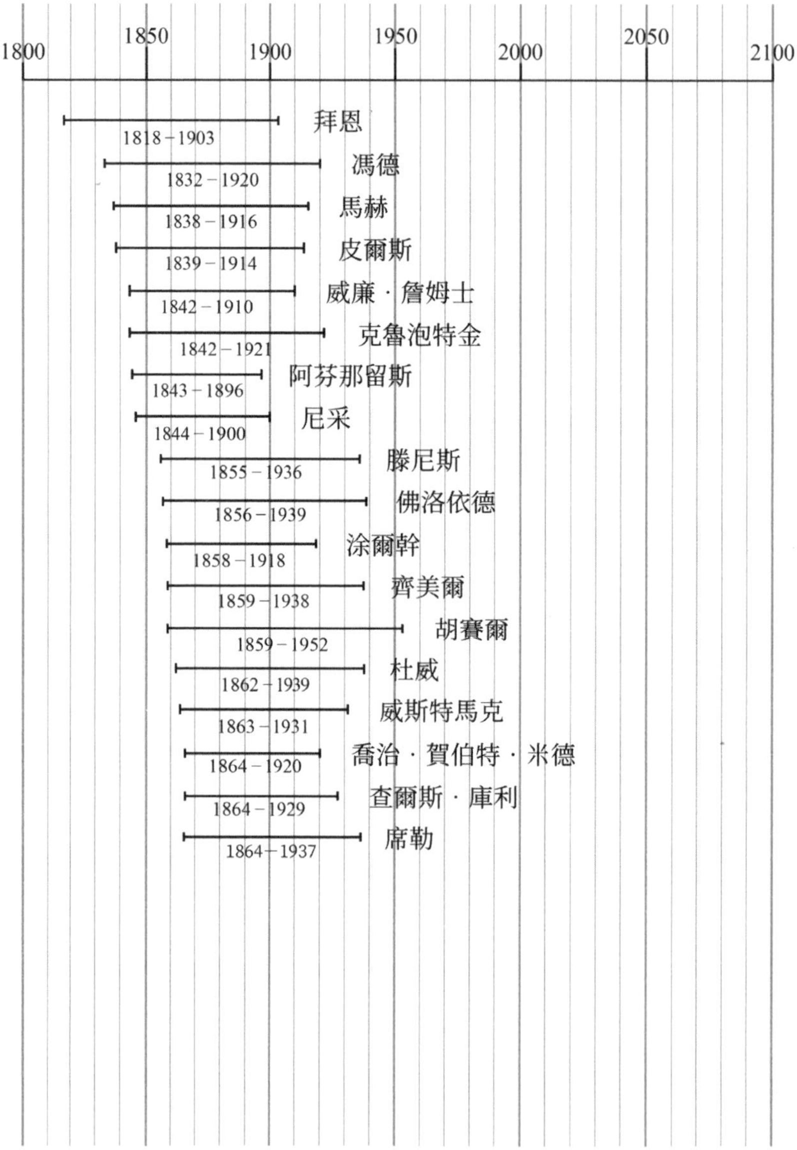
1800
1850
1900
1950
2000
2050
2100
拜恩
1818－1903
馮德
1832－1920
馬赫
1838－1916
皮爾斯
1839－1914
威廉．詹姆士
1842－1910
克魯泡特金
1842－1921
阿芬那留斯
1843－1896
尼采
1844－1900
滕尼斯
1855－1936
佛洛依德
1856－1939
涂爾幹
1858－1918
齊美爾
1859－1938
胡賽爾
1859－1952
杜威
1862－1939
威斯特馬克
1863－1931
喬治．賀伯特．米德
1864－1920
查爾斯．庫利
1864－1929
席勒
1864－1937

生命的意義

- 尼采弟兄
- 戴奧尼索斯和華格納
- 乖違時代精神
- 生物學的、非生物學的
- 意義、尊嚴和悲劇
- 哲學的精神病理學
- 意識的現象學
- 查拉圖斯特拉
- 權力意志
- 影響重大、影響太重大了

尼采弟兄

一八七〇年八月二十九日，快速結訓的衛生兵搭上駛向亞爾薩斯的沃爾特（Woerth）的列車。[331] 這個二十五歲的年輕人剛剛在埃朗根接受十四天的戰地醫護員（Felddiakon）短期訓練並結業了。❶，他用氯仿為一個手臂中彈的法國人麻醉，還有一個頭部受傷嚴重的年輕人。他也護送了一個十一歲女孩上救護車，卻對一個手臂骨頭碎裂的普魯士人愛莫能助，更眼睜睜看到一個肺部中彈的士兵傷重不治。❷「埃朗根戰地醫護協會報告」（Bericht des Erlanger Vereins für Felddiakonie）寫 [332] 著：「尼采博士，巴塞爾哲學系教授，」一行十人搭第十七班列車趕往德法邊境的戰場。尼采意欲「履行對祖國的義務」，「在普法戰爭當中擔任士兵或醫護人員為國效力」。[182] 儘管不是很信任普魯士政府，我們這位學者仍舊為了勝利而歡欣鼓舞並且效命疆場。

這位原籍薩克森的瑞士教授，難免有義務要保持中立。❸他無法對法國人開槍，況且體弱多病的尼采也沒有什麼本錢硬充好漢。而且上戰場才一個禮拜，戰爭對他而言就結束了；在大屠殺的三個禮拜之後，他在沃爾特看到屍橫遍野，有一萬多人死亡，到處飄著屍臭，他只能在病患爆滿的野戰醫院裡惶惶不可終日。尼采被分配到的任務是為戰地醫護兵發餉，他搭火車隨軍跋涉到阿格諾、呂內維爾、南錫、梅斯，以及莫塞河畔的阿爾。他和他的朋友風景畫家莫生俄（Adolf Mosengel）

❶ 八月十三日到二十二日，尼采和畫家莫生俄在「埃朗根戰地醫護協會」接受短期醫護訓練。八月二十三日就遠赴前線。尼采因為染上痢疾和白喉而於九月三日後送。（*Friedrich Nietzsche: Chronik in Bildern und Texten*, S. 226, Carl-Hanser Verlag, 2000）

❷ 見：*Friedrich Nietzsche, Sämtliche Briefe*, 3, Nr. 99, S. 140-141, Berlin, 1986。

❸ 尼采在赴巴塞爾任教之前放棄了普魯士國籍，此後終身並無國籍。

負責照顧十一個傷重的士兵。這兩個醫護兵在狂風暴雨當中被交付不可能的任務，在運兵車上照顧傷患。尼采「弟兄」不久後就染上了痢疾和白喉，莫生俄倉皇地把這位呻吟床褥的同袍後送到埃朗根，為他注射「鴉片和單寧酸灌腸液」（Opium- und Tanninklisiere）以及「硝酸銀溶液」（Höllensteinmixtur）。一個禮拜後，尼采就回到家鄉瑙姆堡，身體極為孱弱，而「那永無止境的哀號聲」更是使他精神受創。

戰爭和傷亡的「驚悚畫面」讓尼采終身難忘❹，正如年輕時的叔本華在土倫看到划船奴隸的悲慘命運而目瞪舌撟。那些景象讓他久久不能自已，對於正在研究古典語言學的他，那別具全然不同的憂鬱色調。在他的研究領域裡，也就是希臘悲劇，他一再夢見自己在運兵車上。「我也懷抱著希望。因此，在大地因為戰神阿利斯（Ares）的腳步而顫動時，我可以不必為之色變，即使籠罩在戰爭最慘不忍睹的景象裡，我還是可以專注於我的哲學主題。我還記得，曾經有個寂寥的夜晚，我與傷兵一起躺在運兵火車裡，負責照料他們，而我的思想卻沉浸在悲劇的三個深淵裡，它們的名字是『瘋狂、意志和痛苦』。」[183]❺

心思纖細又不時為生計所苦，使得尼采在自省時更加感傷，戰爭在他心裡泛起了美感事件的靈光。他把大屠殺視為「戴奧尼索斯式的」（dionysisch）的陶醉，崇拜當時的「軍事天才」，夢想著一個新的英雄文化，它將要取代軟弱的「和平的晚霞」。對於其他同赴戰場的哲學家們而言，這

[333]

❹ 見：*Friedrich Nietzsches Gesammelte Briefe: Erster Band*, S. 172。

❺ 引文中譯見：薩弗蘭斯基《尼采：其人及其思想》（Rüdiger Safranski, *Nietzsche: Biographie seines Denkens*），頁62，黃添盛譯，商周出版，2007。

個反差未免也太大了吧！為了德國而投筆從戎的文德爾班並不是出於形上學的冥想，而是冷酷的「必然性」的結果。李普曼就更不用說了，他把當時的戰爭理解為康德式的義務履踐。在《一八七〇至七一年巴黎前四個月》（*Vier Monate vor Paris*, 1870-1871）裡，他的「志願軍人的圍城日記」歌頌著「紀律和服從的精神，對於法律以及國家……無私的、基於絕對良知的義務履踐的預設」。因為「政治紀律和秩序的精神，它使我們名留青史。」[184]尼采所說的瘋狂、意志和痛苦，在李普曼眼裡卻成了嚴謹、義務和冷酷的理性。

「我不是人，我是炸藥。」尼采後來如是自況說。可是在一八七〇年夏天，他又落入人間了，心理不堪負荷，身體羸弱多病；他不是戰場上的爆裂物，而是一頭驚慌失措的野獸。在運兵火車裡，他心裡無法燃起任何揚名立萬的荒誕不經的夢想。他只是痛苦地夢想著一部未來的作品，讓人攬鏡自照，為他們指出未來的道路。尼采不想當個醫護兵，而要做個「教育者」、「信使」以及「救主」……

戴奧尼索斯和華格納

腓特烈．威廉．尼采（Friedrich Wilhelm Nietzsche），一八四四年十月十五日生於萊比錫附近的勒肯（Röcken）。父親是個牧師，母親也出身自牧師家庭。傳教士的聲調和手勢，這個孩子看了一次之後就終身擺脫不掉。尼采不到五歲的時候，父親就死於不明的腦疾，讓這個體弱多病的兒子傷慟欲絕。就像齊克果一樣，他覺得自己也會像父親一樣天不假年，大概到了三十六歲，死神就會來催他上路。

一八五〇年，母親攜著腓特烈以及他的妹妹以利沙伯（Elisabeth），搬到薩勒河畔的瑙姆堡。尼采在男子學校以及主教堂區中學裡就已經是個才華橫溢的學生，因而得以轉學到佛特（Zur Pforte）著名的公立學校。聰穎秀異的他學會了好幾種古典語言，並且在德國文學方面出類拔萃。一八六四年上學期，他到波昂大學攻讀神學以及古典語言學，不久卻讓母親相當錯愕地中輟學業，轉而到萊比錫師事古希臘文學者黎契爾（Friedrich Wilhelm Ritschl）。這個歧嶷不群的學生讓黎契爾相當振奮。尼采得到了許多讚賞，他的一部作品也獲獎，身為迅速崛起的古典語言學家，他似乎一帆風順。他還沒有拿到博士學位，也沒有取得授課資格，可是黎契爾在一八六九年就介紹他到巴塞爾大學先後擔任古典語言學系兼任和專任教授；就算是在十九世紀下半葉，那也是相當不尋常的事。這個懷瑾握瑜的年輕人不到二十四歲就攀上事業的巔峰。

於是，尼采遷居到巴塞爾。一八六九年五月，他開了就任講演課。在此之前，他想辦法放棄了普魯士國籍，這樣一旦有了戰事，才不至於被徵召入伍。當時他並不知道自己會在一年半之後志願從軍，可是他知道自己心裡有多麼熱血沸騰。尼采不是典型的古典語言學家，古典文獻研究並不是他最大的興趣。一八六五年，他在萊比錫的一家舊書店裡買到叔本華的《作為意志和表象的世界》。尼采為之神魂顛倒，他說在閱讀中有一種「陶醉」（Rausch）的迷離恍惚襲上心頭。理性的世界不是真實世界，在所有明亮如白晝的意識底下都有個強大的黑暗意志在支配著，關於這點，尼采深覺心有戚戚焉。尼采眼裡的叔本華是個信使，一個心靈上的忘年之交。可是這個心裡澎湃洶湧的學生，卻一點也不喜歡這位法蘭克福的「佛陀」要人「厭世」的說法。如果可以照見所有的邏輯、一切所謂清晰明白的知識、任何的理解行為，其實都是不值錢的破銅爛鐵，那難道不是個摧枯拉朽的強大力量嗎？我們難道不應該和這個強大的黑暗意志和解、忍受它，而不是處處躲避它嗎？

對於尼采而言，叔本華的生命藍圖其實不足為訓。倒是他那身為拆穿謊言的人、揭露者以及嘲諷哲學傳統者的哲學家姿態，讓尼采相當神往。恃才傲物，相對於昏聵可笑的理性主義哲學家軒軒自得的筆調，他馬上就從叔本華那裡抄襲過來。蘊藉著「浮士德式的氣息、十字架、死亡和墓穴」，加上無意識世界的黑暗力量，尼采和叔本華一樣，也對於音樂如痴如狂。年紀比他大了二十一歲的朋友**理查．華格納**（Richard Wagner, 1813-1883）的歌劇讓他感動莫名。身為巴塞爾的教授，尼采不時造訪他的偶像在琉森附近的特里比先（Tribschen）的鄉間別墅。對於華格納而言，這位教授是個相當惹人憐愛的年輕人，一個「傳令兵」，既可以為他作見證，也能讓他更加聲名遠播。難怪這兩個不可一世的傢伙一直在相互吸引和厭惡中間拉扯。

在一八六〇年代後期，華格納對於尼采的影響無遠弗屆。「我實在是無法忍心以批判性的冷靜來對待這樣的音樂；它挑動了我的每一條纖維，每一條神經，我已經許久不曾感受到如此縈繞不去的沉醉（Entrücktheit）。」這位年輕學者於一八六八年十月寫道。[185] [6] 他們兩個人都是叔本華的仰慕者，兩個人都把無意識、神話和悲劇之類的東西掛在嘴邊，兩個人都翹首期盼偉大的新時代的臨到。華格納其實更加自我中心，念念不忘他的音樂以及在拜洛伊特（Bayreuth）節慶劇院的盛事，意欲開啟一個音樂的新時代，這些尼采都是慢慢才知道的。他一直在苦思如何把華格納的音樂精神扦插到古典語言學上面而和他相互唱和，筆耕不輟的他心裡翱翔著一種音樂，「就好像只是碰巧以

[6] 引文中譯見：《尼采：其人及其思想》，頁46。

話語寫就而非音符」。[186] ❼

一八七〇年一、二月，尼采開了兩門課：「希臘的音樂劇」以及「蘇格拉底和悲劇」。第一門課依舊遵守著正統古典語言學的框架，尼采的說法和古希臘文學者在慕勒（Karl Otfried Müller）的《直至亞歷山大時代的希臘文學史》（*Geschichte der griechischen Literatur bis auf das Zeitalter Alexanders*, 1841）裡讀到的並無二致：希臘悲劇是源自酒神崇拜。不過尼采突顯了音樂的重要地位，它「直接觸動人心，是真正的普遍語言，到天涯海角也可以被了解」。[187] ❽當語言踏入希臘戲劇的核心時，上古的音樂及其迷離恍惚的陶醉就必須退位。古代悲劇喪失了它的魔力，一種新的悲劇也於焉誕生，也就是「邏各斯」（Logos）的悲劇。

尼采的這個思想主要是在影射華格納的音樂，而不是古希臘人的音樂，就此而言，他的大學同事或許還會原諒他。悲劇的演進是源自上古的歌唱劇（Singspiel），這個基本命題沒有太多的爭議。可是第二門關於「蘇格拉底和悲劇」的課卻和古典語言學的確定說法大相逕庭，使得尼采的突然間越位了。因為他把叔本華對於意識哲學的批判應用到對於古代希臘文化的理解上。尼采認為這個原罪起於蘇格拉底。質疑一切的哲學摧毀了神話的力量，袪除了音樂的魔力，而以語言和理性代之，也就是邏各斯。可是哲學家和古希臘文學者眼裡重要的文化成就，也就是理性主義；尼采卻和叔本華一樣，都認為那是其實個迷障。對於世界的理性認知取代了神話和音樂的無意識直覺確定性，叔本華的「意志」、直覺性的、動物性的、激情的東西、「瘋狂、意志和痛苦」在地底下游

[337]

❼ 引文中譯見：同前揭，頁52。

❽ 引文中譯見：同前揭，頁55。

蕩，理性文化把它改頭換面而肆無忌憚地狂歡。

理性到底怎麼壓抑真實的生活和激情，尼采寫在他的第三部作品裡：《戴奧尼索斯式的世界觀》（*Die dionysische Weltanschauung*）。現在他用「戴奧尼索斯的」（dionysisch）意指激情，用「阿波羅式的」（apollinisch）意指理性。

正如戴奧尼索斯象徵著神遊物外（Ekstase）、音樂和打破界限（Entgrenzung）；阿波羅則是代表冷靜、形式和個體化的東西。尼采也和叔本華一樣，認為「戴奧尼索斯精神」是不舍晝夜的源泉，是生機盎然的東西，是「意志」；相對地，「阿波羅精神」則是假借語言、文化和哲學而對於這個狂放不羈的生命意志的桎梏。

戴奧尼索斯精神同時也是個破壞性的東西，是個失控的戰爭，關於這點尼采並不諱言。尼采也想當然爾地極為欣賞赫拉克利特（Heraklit），因為赫拉克利特說戰爭（原本的意思是衝突、鬥爭）是「萬物之父」。[9]正是基於心裡的這個激情思想和心態，使他志願從軍，從書桌上掉落到現實世界，窺見一八七〇到七一年在亞爾薩斯普法戰爭血流漂杵的一個片斷場景，在沃爾特的戰場上蹣跚顛蹶，也感受到自己染上了痢疾和白喉的身體有多麼孱弱。

乖違時代精神

一八七二年一月，在好一陣子的躊躇不定、寫作瓶頸以及頭痛症狀之後，尼采把當時關於古希

❾「戰爭是萬物之父，也是萬物之王。它使一些人成為神，使一些人成為人，使一些人成為奴隸，使一些人成為自由人。」（《古希臘羅馬哲學資料選輯》，頁23。）

臘研究的講演和論文集結成書，也就是《悲劇的誕生》（*Die Geburt der Tragödie aus dem Geiste der Musik*）。正如書名所說的，他認為音樂會讓悲劇的神話重生。因為世界並不具有道德的正當性，只有美感的正當性。而華格納也躍躍欲試，因為他自詡為酒神戴奧尼索斯。倒是尼采的導師黎契爾相當震驚，這部「靈思泉湧，雜亂無章」的作品到底在鬼扯什麼？[188]它絕對不是語言學著作，語言學家再怎麼瘋狂也不會寫出這種枯坐冥想、缺乏證據、無稽讕言的東西。有個為它寫書評的同儕甚至要求尼采乾脆放棄學術生涯算了。這位恃寵而驕的未來之星並不習慣這種評論，感到莫大的恥辱。早在一年前，他就申請轉任巴塞爾大學哲學系的教職，卻沒有得到批准。他的前景一落千丈，顯然已經不適合待在大學裡了。沒有任何語言學家和大學老師會喜歡「自由思想家」（freier Geist）。直到現在仍舊如此。

尼采則是以五篇論文作為報復：《關於我們的教育體制的未來》（*Über die Zukunft unserer Bildungs-Anstalten*）。他以柏拉圖對話錄的文體嚴詞抨擊大學裡的從眾心態，他認為大學不應該隨風轉舵，而是必須具備勇氣、獨立性和學術誠實。現在他的敵人不僅是語言學家，更把大學裡的哲學家都拉進來了，他把他們貼上了「教育界裡的販夫走卒」的標籤。大學再也不會是他未來的戰場。既然他們把他批評得體無完膚，那麼問題就不在他，而是那群人。這個「學術誠實」的哲學家要一個更大的舞台，尤其是能夠理解他的人。在一八七〇年代初期，那個人就是華格納。他相當推崇尼采，儘管他的動機司馬昭之心路人皆知。華格納認為這個恃才傲物又大放厥詞的年輕學者可以為他所用。可是如果尼采不和這個心儀的大師決裂，他就不叫作尼采了。他不想當任何人的傳令兵，他要自己當主角。

儘管尼采歡喜沉醉在一種「藝術宗教」（Kunstreligion）裡，同時卻以堅定不移的主見解剖當時的時代精神。他到底生活在什麼樣的世界裡？那並不是杌隉不安的一八四〇年代，華格納一生的創作動力都是汲取自那個年代，而尼采也同樣心嚮往之。一八七〇年代則大不相同，它並沒有更艱困，卻更加冷酷。一八四〇年代的政治浪漫主義思潮，夢想著一個統一而自由的德國，一個美好的德國裡的公民的神話，俾斯麥把它實現了；人們固然夢想成真，但是也有許多夢幻滅了。在尼采的時代裡仍舊充斥著科學、技術和工業進步的口號，統一德國的不是神話，而是四通八達的鐵路網。時代精神終究真相大白，人們競相和自由主義的英國人作生意，實證主義和唯物論更使得華格納劇場裡的狂熱變了調。商賈名流既看不懂華格納浪漫派的演出方式，而且心情捉摸不定，他們不再追求偉大的藝術，反而競逐於平庸社交圈的奢華室內裝潢。就在吞雲吐霧的人們舒舒服服地坐在拱形椅子和沙發上面的時候，藝術已經死亡，而神話也灰飛煙滅了。自然科學的研究目光以及工廠主人和投機商人貪婪的目光朝向前方，而感受的世界卻是朝向後面。

就在這個氣氛底下，尼采振筆疾書，寫就了四篇抨擊時代精神的《不合時宜的觀察》（*Unzeitgemäße Betrachtungen*）。在第一篇論文裡，他把整個怒火都出在**史特勞斯**（David Friedrich Strauß, 1808-1874）身上，這個舊時勇敢的神學家主張以語言學去研究聖經，而不是就字面去解讀它。將近四十年後，身為《舊信仰和新信仰》（*Der alte und der neue Glaube*）的作者，年高德邵的史特勞斯早就不是什麼叛徒了。他雖然歌頌超越宗教以及社會在倫理方面的進步，卻也和他的同儕一樣支持帝國創建的時代精神。這種對於自我與世界的劃地自限以及精神淪喪的時代，讓尼采憤憤不平。史特勞斯馬屁拍到馬腿上，讚美音樂是一種怡情養性的娛樂，更是讓尼采火冒三丈。在這種

「因為一雙毛襪而不由得喜出望外的得意」裡，尼采見識到唯唯諾諾的「教養平庸的非利士人」（Bildungsphilister），這個說法一針見血地指出時代的無力感，他們甚至不想自問「他們的工作、他們的汲汲營營、他們的痛苦暈眩，究竟有什麼用處。」[189] ⑩

在一八七〇年初期，尼采自己的哲學只有在砲聲隆隆的批判裡才得以窺見梗概。他憤世嫉俗地抨擊他的時代以及哲學和語言學同儕們的劃地自限和沾沾自喜。第二篇《不合時宜的觀察》發表於一八七四年，題為〈歷史對人生之利弊〉（*Vom Nutzen und Nachteil der Historie für das Leben*）。我們為什麼要研究歷史呢？尼采提出的理由不是文化上的，而是生物上的。人類是「沒辦法遺忘的動物」，他會在一個距離之外觀察自己，回顧他的過去，計劃他的未來。由此衍生出所有其他進一步的概念：自我意識、自我理解以及認同（Identität）。可是在觀照自己的時候，不會只產生一個範圍固定的視域；人也會認識到自己有多麼渺小而微不足道，自己只是「在暗夜和遺忘的狂暴大海裡一個渺小的生命漩渦」。[190]

人感受到自己生活在一個時代裡，於是他被賦予一個任務，就是形塑這個時期。即使他的時代有種種侷限，誰知道他會不會像睡著的野獸一樣蹉跎了一生。於是人類不得不想辦法充填自己的時代。透過這個行為，人就創造了歷史。就像齊克果一樣，尼采認為人是一種透過自己的行動而創造自我的東西。「做你自己！」是個人類學的祈使句，是存在的呼籲、挑戰，也是個苛求。因為如果人不斷在創造自我，他怎麼會知道自己是誰呢？到處充斥著身分認同的陳腔濫調、角色模範、教育

⑩ 中譯本叫作《不合時宜的沉思》，李秋零譯，上海人民，2020。

[341]

指標、文化的供給和樣品。任何自我的想像總是意味著要假扮成一個陌生人，意味著自我偽裝。每個預設的角色都是自我欺騙。

科學不假思索地區分生物本能和原始生命以及知識和智慧，對於尼采而言，那是盲目無知的事。因為文化史和一部人類自我異化的歷史有什麼差別呢？學者們越是虛構所謂的人類成就並且研究它，就越加鮮明地突顯一個和人類並不相稱的教育的「天生灰髮症」（angeborene Grauhaarigkeit）。因為人不是**透過思考**去經驗他自己，而是**透過生活**。人並非如笛卡兒所說的「我思故我在」（cogito, ergo sum），而是「我活著，所以我思考」（vivo, ergo cogito）。191

讓生命復甦，褪去因為「歷史的氾濫」、十九世紀的「病症」而長在生命上面的痂皮，尼采認為那是他的使命。研究歷史並沒有錯，可是一直把生命置於歷史時間的框架裡，任由它分類、排列、消滅所有生命，那就有問題了。唯有生命可以使役歷史而不役於歷史，它才有「用處」。「歷史」研究是要為「**生命的目的**」服務。192 如果人們可以自它汲取面對未來時的力量和活力——尼采在他關於希臘悲劇的著作裡正是這麼做——，那麼歷史研究就有其意義。如果人們沉湎在故紙堆和過去種種當中，那麼人文科學就是有害的，因為那只會使人無病呻吟而萎靡不振。尼采是史上少數歌頌「遺忘」的哲學家之一。到目前為之都還算清楚明白。可是什麼是「生命的目的」，如果生命本身根本沒有目的呢？如果一切知識都只是源自於表象並且由表象構成的，那麼探究生命的哲學家又如何認識生命？

[342]

生物學的、非生物學的

在揮別拘文牽古的語言學之後，尼采在巴塞爾大學的教職處境變得尷尬，只有三個學生來上他的講演課。而他體弱多病的身體也雪上加霜。他自知時日不多。可是在大學同意他的申請，免除這個剛滿二十八歲的教授在一八七六年上學期的授課義務之前，他在指顧之間寫就了另外兩篇《不合時宜的觀察》。

第一篇是〈身為教育者的叔本華〉（*Schopenhauer als Erzieher*）。正如他釐清他和時代精神以及語言學的關係，這次他則是要解決他和生物學的關係。在《不合時宜的觀察》對於史特勞斯大加撻伐的第一篇論文裡，尼采就談到了演化論。史特勞斯挖空心思要把生物演化內建到他的倫理世界觀裡，並且和它和解。對於一個著名的神學家而言，這是相當引人側目的做法。可是尼采不想要和解！對他而言，基督教倫理和動物遺傳完全搭不在一塊。文化的阿波羅精神和自然的戴奧尼索斯精神是對立的而不是儔侶。和解——那是不可能的！他認為史特勞斯原本應該「從所有人與所有人為敵的戰爭（bellum omnium contra omnes）、強者擁有特權的真相裡推論出生命的道德法則」才對[11]，而不是讓獸性以及道德虛情假意地握手言歡。193

[343]

這個論點相當耐人尋味，因為尼采在這裡有個嚴重的謬誤，而且固執地一錯再錯。尼采是否不同於史特勞斯，真正讀過達爾文於一八七一年問世的《人類原始與性擇》（*The Descent of Man*），

⑪ 引文中譯見：《尼采：其人及其思想》，頁118。

我們無從得知。達爾文從來沒有說過「強者的特權」，而只是像在《物種起源》裡一樣談到「適者生存」。而達爾文的《人類原始與性擇》有很濃厚的妥協色彩，它談到人類在道德、美感和文化上的優勢，那是在演化過程當中從他的天性發展出來的。尼采沿襲叔本華的學說——他同樣對於生物學的問題一竅不通——，並不同意這個觀點。在他的世界觀裡，阿波羅精神不會是戴奧尼索斯精神的生物演化結果，他認為兩者是涇渭分明的形上學領域。阿波羅精神的確把戴奧尼索斯精神「改頭換面」（überformt）了，但是就有機體方面並不是源自於它。這個一開始就誤解了的論據，使得他後來的哲學計劃左支右絀。

在第三篇《不合時宜的觀察》裡，尼采重新追溯人性的問題。他也再度強調人之所以異於禽獸者幾希：「在這個突來的光明裡，我們膽戰心驚地舉目四望：衣冠楚楚的肉食動物在逡巡著，我們自己就是當中的一個。在地球這個沙漠上，人類無比繁忙，他們建立城市，建立國家，他們的戰爭，他們倉卒的聚散，熙來攘往的混亂，互相抄襲、彼此詐騙、蹂躪，他們在困境中的哀號，勝利時的狂吼——這一切都是獸性的延續。」[194][12]

人自始至終都是一頭野獸，而生命的歷史也必須由下而上闡釋，就像達爾文一樣；而不是像柏拉圖以及黑格爾的哲學那樣由上而下。飄浮在太初裡的是本能衝動，而不是理性。到現在為止都還算可以理解。可是接下來尼采的哲學裡就竄入了一種後患無窮的思想：從無憂無慮地生活的野獸到認識自我的人類的道路似乎是預定了的，因為「如果整個自然一步步地湧向人類的存在，那麼它就

⓬ 引文中譯見：同前揭，頁119。

是在告訴我們，它需要人類來解除獸性生命的詛咒，它需要一面鏡子去反映生命的形上學意義，讓它不再無意義地流逝」。[195][13]這個觀點和達爾文的演化論真的是八竿子打不著一塊兒。在自然科學家所認識的世界裡，「整個自然不會湧向人類」。更詭異的是，他認為自然在人類身上「第一次感覺到自己抵達目的地，也就是說，它在此處領悟了，它必須重新遺忘掉目的，而且它在生命與生成變化的遊戲上面押的賭注太大了」。[196][14]對於達爾文而言，自然根本沒有什麼目的，只有人類才會有。而尼采則是認為自然有叔本華所說的那種無意識的意志目的，而它懂得在人類身上自我解放並自我超越。

尼采在這裡沿襲了叔本華對一個謝林觀念的個人詮釋，也就是自然會在人的身上意識到它自身。在謝林的哲學裡，那是透過廓然明白的人類精神；而叔本華則認為自然是洞察到它各種潛藏的衝動。這當然和十九世紀下半葉的生物學知識背景無關，可是如果說自然科學家沒有像叔本華的崇拜者尼采一樣看到這點，那麼他們就更不應該了。他的「自然」觀念和經驗科學一點關係也沒有。他是從叔本華的著作裡、在渥爾斯的戰場上，在對於古代戴奧尼索斯精神的研究裡得出這個觀念的。他不必澈底了解達爾文，更不用說佛格特、莫勒休特、畢希納之流的唯物論者，他們認為人類天性的必然性才是主導者，正如黑格爾和馬克思認為事物的歷史必然性才是推動者一樣。可是尼采心中的必然性並不是源自一個世界機器的邏輯，不管這部機器是依據自然或社會來設計其程式的。尼采的必然性是美感的心領神會。他震懾於大自然雄偉壯闊的場景，那是一齣形而上的命運悲劇，

⓭ 引文中譯見：同前揭，頁120。
⓮ 引文中譯見：同前揭，頁120。

[345]

必然在最後一幕結束，因為所有戲劇都是這麼演的。於是他捨棄了自然科學的種種誤導，認為自然有個目的：也就是認識它的種種目的以及生命本能衝動的虛無性，並且超越它們；不過不是透過叔本華所說的那種苦行和厭世，而是尊嚴以及狂放不羈的熱情。

意義、尊嚴和悲劇

尼采在撰寫第三篇《不合時宜的觀察》時，叔本華已經辭世了十四年。而他在人間的代言人艾德華·馮·哈特曼聲望如日中天，其著作也人手一冊。他的名字總是和悲觀主義的人性論、唯物論的基礎以及形上學的救贖想像聯想在一起。這位巴塞爾大學的古典語言學家頁數不多、初版印量也少得可憐的作品則是無人聞問。尼采認為他的作品不合時宜，而哈特曼則是曲意逢迎他的時代。難怪這個默默無聞的人要對名重當時的哈特曼口誅筆伐了。早在第二篇《不合時宜的觀察》裡，他就把這位「道德哲學家」臭罵了一頓，而且他也沒有想要住嘴的意思。

還有一點沒有提到的是，白板哲學家（Tabula-rasa-Philosoph）應該感謝被他嗤之以鼻的哈特曼為他開路，讓他得以更清楚地建構自己的理論。在哈特曼《無意識哲學》裡上場的無數主角和反派人物當中，包括了史提納。[15]哈特曼在作品裡將他被批評得一文不值，這點讓尼采大感興趣。一八七四年，尼采請他的學生到巴塞爾大學圖書館借了史提納的《唯一者及其所有物》，他耐心把書讀完以後，盛讚史提納是「霍布斯以降最為大膽且一致者」。[197][16]費爾巴哈對付神的做法，史提納把

[15] 史提納的本名是約翰·卡斯柏·施密特（Johann Kasper Schmidt）。
[16] 引文中譯見：《尼采：其人及其思想》，頁134。

它發揮得淋漓盡致：人並不臣服於任何力量。可是史提納不僅除魅了神以及宗教之類的古老力量，他更要對付那取而代之的新興力量：「人性」、「道德」、「人道」以及中產階級對於「國家」、「社會」和「自由」的理解。這些都不是堅固的立足點。就像齊克果一樣，史提納不認為有所謂的人類和人性。個人不是全體的一部分，個人是無拘無束的、自由的、孤獨的。所有關於更大的統一體和理念的說法都只是假名施設，一個真正自由的人應該拒絕接受它們。

史提納的作品使尼采的精神為之一振。如果史提納可以這麼寫，那麼他也可以主張一個倫理的虛無主義。身為史提納的思想傳人，他為自己虛構了一個我行我素者的角色，叔本華以此自詡，而尼采在大學裡的行徑也的確如此。可是為了接下史提納的角色，尼采卻選擇對他的靈感源泉隻字不提。哈特曼從尼采對他的酸言酸語裡知道尼采讀過他和史提納的作品，後來也沒有忘記揭他的瘡疤。他直言不諱地指摘對手是個剽竊者。

塊然獨立的感覺很快就讓尼采如釋重負。一八七六年，拜洛伊特新的節慶劇院揭幕。華格納成就了他的鴻圖大業，現在更是如魚得水。國內的王公貴族和名流儁士齊聚在他的英雄殿（Walhalla）裡，以或多或少消遣的心情聆賞《尼布龍根指環》的首演。附庸風雅之輩的年集，杯觥交錯，鴉鳴鵲噪，種種虛榮和狂妄，而華格納穿梭其間，陶醉在阿諛奉承和名聞利養當中。他無暇理會他的「傳令兵」尼采，就在他功成名就的時候，他的使者卻被冷落在一旁。

在第四篇《不合時宜的觀察》裡，尼采還在歌頌華格納，卻在這個時候和他決裂。他想要和華格納共同開啟一個新的時代，而不是一座向富商巨賈和成功人士獻媚的節慶劇院。這位作曲家以為拜洛伊特的喧囂擾攘意味著他的功成名就，這使得尼采相當詫異。他最後僅存的關係已經煙消霧

[347]

散，他不再認為自己屬於任何圈子。他決定當個無拘無束的「自由思想家」，即使擔心「對於自由思想家的欲求」超過他所能承擔的。[198][17]

他在往後的作品裡所要探討的重要問題就是「生命的意義」。事實上，尼采是第一個鍥而不捨地提出這個問題的人。在十九世紀上半葉，「價值」和「幸福」成了街談巷議——至於生命的「意義」，不管是古代哲學、啟蒙運動或是德國觀念論，都不曾提及。尼采導入了一個新的向度，那是除了在齊克果的哲學以外從來都沒有浮現的：真實不妄地生活並且遵守自己的使命，那是什麼意思？

[348]

真實不妄不完全等於真理，阿波羅式的真理歷史不難講述。它肇始自蘇格拉底對於陳陳相因的真理的質疑，一直到尼采認為的自然科學和科技的成功捷徑。真理誕生自對於神話的除魅以及知識的累積。可是知識不會產生智慧。「萬事萬物的意義是什麼？」這個問題完全不同於「這一切**對我的**意義是什麼？」

科學不會對人們透露他們應該如何生活。尼采認為，正因如此，人更要往下追問：什麼是正確生活。即便直到十九世紀末的哲學家都鮮少思考這個問題。可是儘管尼采喜歡談「人」，卻不是指**所有人**。他在未出版的遺稿《希臘悲劇時代的哲學》（*Die Philosophie im tragischen Zeitalter der Griechen*）裡很明確地指出這點。希臘文明的成就是建立在僕役勞動的基礎上。而且因為沒有奴工就沒有繁華似錦的文明，所以蓄奴是完全正當的。文明才是一切，個人算不了什麼，除非他是重要

[17] 見：《尼采：其人及其思想》，頁148。

的文明開創者！尼采毫不避諱地把這個想法投射到他的時代：文明的成就需要壓榨、殘忍和冷酷無情！巴塞爾勞工每天工時要縮短到十到十二個小時嗎？想都別想！童工？一點問題也沒有。勞工教育協會？那是萬惡的淵藪！如果勞工接受教育，那麼他們總有一天會造反，並且摧毀掉所有文明。民主是不文明的統治形式，它會剷平所有差別，而那正是一個民族偉大之所在。文明昌盛的地方必定充斥著不義，特權階級的生活必須倚賴貧窮階級的勞動並且奴役他們，不管是古代希臘或是現在。正如卡萊爾捍衛他的大英帝國，尼采也為德意志帝國辯護。

可是我們可以以這個觀點為起點著手探討「人」嗎？人性的生物學基礎是什麼？渴望透過認識自己以掙脫種種枷鎖的會不會不是指「人」，而是少數特權階級？這個所謂的「人」難道不是如戈德溫、歐文、彌爾和馬克思筆下所說的，是他生活在其中的環境以及社會關係的產物。可是以科技的進步、生產力的提升、教育的改善以及成立種種激濁揚清的社會團體，以期使所有人得到自由，這些和尼采完全沾不上邊。那些鬼扯「勞動尊嚴」的人、信仰基督新教的工廠老闆以及左派的工會，在他眼裡不是偽君子就是白痴。

尼采對於工人的傲慢蔑視為他惹來了大麻煩。一八七一年，巴黎公社短暫接管法國政府，讓尼采大吃一驚。許多藝術收藏遭到破壞，使他聞之色變，氣急敗壞地嚴詞譴責叛亂者。這位不必工作就有薪水可以領的兼任教授，既沒有同情心也不知正義為何物。他要一個悲劇性的、因為必然會不義的蓄奴國家。而他越是和華格納漸行漸遠，內心對於「悲劇」越來越強烈的渴望就從藝術層次轉變到社會以及道德層次。

尼采對於進步、社會運動、民主以及所有平權主張望而卻步，這並不令人驚訝。尼采心裡嚮往

[349]

的進步其實相去不遠。他所謂的進步是要產生情操、激情和成就，而不必為此犧牲許多「悲劇性的」特權。「幸福」也不是其終點——只有「英國人」才會想要追求它——，而是極為真實而刻骨銘心的激情生命。就像史提納一樣，其性命意味著不以道德為生活的圭臬，而要冷酷而堅定地對抗種種風俗、倫理、期望、心理慰藉和虛偽的真理。

當然，尼采只有在他的作品裡才能如願以償，在他的個人生活裡則看不到任何跡象。一八七六年，他草率求婚遭拒。[18]對於外界的批評，他不但不掛懷，反而覺得自尊心受傷。他的心思細膩，沒辦法對朋友生氣很久，也往往對他人心生憐憫，雖然他很想硬下心來。他體弱多病的身體一直困擾著他，使他心情憂鬱——看起來完全不像個鐵石心腸的人。人性的、太人性的種種感受、恐懼和擔憂始終折磨著他，儘管他寫就了他冷酷無情的鉅著，無意中洩漏了作者的名字，在一八七八年出版。

哲學的精神病理學

原本他是想撰寫他的第一部體系性著作，不再是對於他人的評論，而是要在哲學裡留下自己鮮明的足跡。可是他的手稿卻完全沒有個體系的樣子，只有東拼西湊的觀察和評論。到頭來，它變成了一部警語式的作品：《人性的，太人性的》（*Menschliches, Allzumenschliches*, 1878）。即便尼采辯稱這個文體恰到好處，他不想把他的思想地平線「變成圓的」，可是從他後來的努力仍然可以證

[18] 一八七六年四月，尼采在日內瓦認識荷蘭歌唱家瑪蒂達・托蘭貝達（Mathilde Trampedach），兩人才聊了四個小時，尼采返家後立刻寫了求婚信，但是沒有得到回音。見：*Friedrich Nietzsche: Chronik in Bildern und Texten*, 2000, Carl-Hanser Verlag, S. 560。

明他始終夢想著一個恢宏壯闊的「體系」。

他的所有反省可以一言以蔽之——尼采想要談的是人們、他們的困境、憂懼和想像，而他自己宛如不屬於他們。「許多從前令人擔驚受怕的事，現在像看戲一樣地冷眼旁觀，」他說他想要「自由而無懼地翱翔在人類、倫理、法則和傳統的評價之上」。[199]為此他著手鑽研新潮的科學，就是新康德學派像魔鬼看到聖水一樣避之唯恐不及的心理學。尼采讓人類躺在診療沙發上，而人類原本的治療師哲學家也一併躺在旁邊。哲學家和他原本要治療的病人不是都瘋了嗎？他們不是都以為可以洞燭世界並且評斷它嗎？他們不也都忘了自己只是比較聰明的動物而已，被人性中對於至大者以及不可思議者的恐懼驅使，拘泥於典型的人類思考模式，囿限於其語言狹隘的概念系統？

[351]

尼采接續他在一八七三年於未出版的作品《非道德意義下的真理與謊言》（*Über Wahrheit und Lüge im außermoralischen Sinne*）裡戛然而止的觀點認為：「在整個宇宙裡無數閃爍不定的太陽系當中偏僻的一隅有顆行星，住在那上頭的聰明動物虛構了知識這種東西。那是『世界史』裡最傲慢也最虛偽的一分鐘：然而也只是一分鐘。在大自然的下一個鼻息之間，那個星球就要冰凍起來，而聰明的動物也要滅亡。——或許有人會杜撰一則寓言，卻不足以說明人類的知性在大自然顯得多麼地可悲、虛幻、膚淺，多麼地徒勞無功而恣意妄為。在無盡的時間裡，它並不存在。而當它消逝了，一切雲淡風清，宛如不曾發生過。因為那個知性並沒有任何超越人的生活以外的使命。它只是個人性的東西，只有它的主人和創造者才會對它如癡如狂，彷彿世界的樞軸就在它裡頭轉動。可是如果我們聽得懂蚊子在說什麼的話，應該會聽到他們也以相同的熱情在空中飛舞，覺得自己就是世界變動不居的中心。自然裡再更卑鄙低下的人，也會憑著一點點認知的力量就像酒囊一樣自我膨脹；而

[352]

且正如每個腳伕也都會有他的仰慕者，世上最傲慢的人，哲學家，當然也會以為整個世界都在拿著望遠鏡仰望著他的行為和思考。」200

這或許是整個哲學史裡最漂亮的開場白。而他的意思再明確不過了：所有哲學家都是動物，他們的知識也被禁錮在一種獸性意識的褊狹界限內，拘泥於他們的感官和身體，更囿限於他們的語言！除了齊克果以外，整個近代哲學沒有任何批評家如此一針見血地指摘哲學的知識主張。而同樣除了齊克果以外，或許還有威廉·詹姆士，下筆如此沉博絕麗、淋漓盡致、如此酣暢而不妥協。

他的作品既是哲學批評也是偉大的文學，而且就在狄爾泰自詡他的「人文科學」概念可以和自然科學分庭抗禮，當洛策埋首於他的大和解的《哲學體系》，當邁爾大聲疾呼說康德的心理學是揭開意識祕密的鑰匙的時候！正當哲學再度找到它的立足之地的時候，在巴塞爾書房裡的尼采卻淹沒了整個水池：所有客觀的知識都只是白費工夫。「人哪裡知道他自己的什麼東西！他哪裡有辦法像是躺在燈火通明的箱子裡一樣完整地觀照自己？自然並不對他隱瞞什麼，即便是關於他的身體，而把他關在一個傲慢而故弄玄虛的意識裡，遠離千迴百折的腸子，奔流不息的血液，以及神經纖維錯綜複雜的顫動！它早就把鑰匙丟掉了：可是那該死的好奇心只知道要從意識的斗室朝著外面窺視。」201

在《人性的，太人性的》裡，尼采再度表現出對褊狹的「意識斗室」裡的人性虛妄和混亂的超然淡泊。充斥著貪婪妄念的世界、華格納的音樂、對於文化宗教的新神話的夢想，一切都夢醒了。尼采的作品不只是要治療人類，更是要治療他自己。他再也不著迷於陰暗的事物，不管是華格納或是戴奧尼索斯，反而嚮往那澈照源底的批評的燦爛陽光。在酩酊大醉的夜晚之後，應該是直下透脫的知識的清晨。當哲學家像康德一樣認為「物自身」是不可知的，他們是對的。可是他們眼裡的人類為什麼不是動物，而要虛構什麼理性的奇蹟呢？正因為如此，他們對生命視而不見，也不關心個人的個別命運。我們對「最初且最終的事物」保持沉默，反正我們對它一無所知。我們寧可相信唯物論者和自然主義者是對的，因為他們證明了「最艷麗的顏色源自於劣等的、甚至讓人棄如敝屣的材料」。[202]我們的想像和概念都是「化學變化」，而人們卻對於這個「司空見慣的」、「平凡的」科學洞見置若罔聞。世上沒有任何事物本身具有價值，不管是崇高或是善惡。以在自然裡看到的東西為基礎建構其形上學的人，不管是「神即自然」（斯賓諾莎）、所有世界當中最好的一個（萊布尼茲）、人的良知（康德）、精神（黑格爾）或是絕對者（謝林），都建立在流沙之上。關於自然的所有哲學知識其實都是人類思考裝置的一個幻覺，它源自一種演化，和絕對知識一點關係都沒有，只是為了生存而已。真正的形上學家不會亦步亦趨地被自然知識牽著鼻子走，他會跳脫出來，「盤旋」在這個「場景」上方，「惡意訕笑」著底下的思想躁動不安，勇敢地凝望著闃暗的宇宙。形上學再也不是要探賾索隱，鉤深致遠，試圖解釋那不可解釋的，理解那不可理解的東西。形上學是對於人類知識的無益戲論的認知，不管是哲學或是自然科學。

但若真是如此，那麼尼采自己不也是一樣嗎？他自己不也是個「聰明的動物」，他的哲學批評同樣囿限於人類的合理性的世界？認真思考尼采的人會明白，其實並沒有一個理性的理由要人們應該理性地思考。可是如果在「神祕者」的觀點之下，所有人類的思想都是可笑的，那麼以理性去揭穿理性思考，不也是很可笑的事嗎？而尼采還算聰明，看到這個差一點把他也捲入的漩渦。或許正因為如此，他的訕笑才是「惡意的」，那不只是嘲諷而已，聽起來反而更加病態而令人毛骨悚然。

跟著尼采前後一致地思考，意味著要前後矛盾地反覆思考。

對於他的道德論述而言尤其如此。因為人不多不少就是被自己意志驅使的動物而已，因此他是不自由的。知性和理性或許會使我們對此視而不見，但是我們並沒有真正的意志自由。沒有人可以為自己的意圖和行為負責。這個思考傳統可以從上古時代一直延伸到文藝復興時期的彭波那齊（Pietro Pomponazzi）以及十八世紀的休姆，叔本華把這個主題排上議程則是相當晚近的事。可是叔本華在吹噓自己有辦法自由地拒絕不自由的意志時卻是語無倫次，尼采的夾纏不清更是不遑多讓。如果說人類的一切意圖、思考、評價和行為都是不自由的，那麼人們根本就不必從事哲學思考了。就連對於哲學的批評也是多此一舉。因為沒有人可以自由地改變其世界觀，並且遵守尼采從現在起要以狂野的斷奏狂轟濫炸的種種要求。在《人性的，太人性的》裡，他要求「人」走出「迷信和宗教的概念以及恐懼」[203]並且「放棄形上學」[204]——可是如果我的意志不是自由的，那怎麼做得到呢？憑著不自由的意志，我甚至無法決定要「傾聽每個生命處境的微弱聲音」，而「不把自己視為固定不變的一個個體」[205]。「人」可以既放棄他的「個體性」而又是意志自由的嗎？如果「人」是不自由的，那麼「人獸」尼采如何得以自由地掙脫所有偏見，並且決心超然物外地生活和思考？

意識的現象學

一八七九年夏天，尼采如願被解除大學教職，並且得到一筆退休金。自詡為行動哲學家的他，自此以後再也不必為了五斗米折腰，從事例行性的工作。至少他現在在這方面是自由的。尼采在夏天到聖莫里茨山旅行，秋天和冬天則回到家鄉瑙姆堡。他的健康狀況江河日下，把「生存」形容成

「可怕的負擔」。翌年他又到威尼斯以及熱拿亞，那裡的溫和氣候使他的病痛緩解許多，他的心靈現在也自由多了。於是他振筆疾書，寫就了《朝霞》（*Morgenröthe*, 1881）。

尼采認為他的作品是新哲學之嚆矢，宛如朝霞趕走黑夜一般。在他眼裡，當代德國大學的哲學，不管是狄爾泰或是文德爾班或是柯亨，都被他嗤之以鼻，認為不值得他去研究。他們的錯誤在於誤把哲學當作科學。我們如何以科學的視角去理解科學本身是什麼？——那只是人類理性的騙局而已。此外尼采也對當時不斷專門化的哲學興味索然，因為它把真理貶抑成「有效性」而對於人類存有的巨大全體完全視而不見。可是如果哲學不是在探討這個巨大全體，那還要從事哲學思考做什麼？「當對真理的興趣漸漸不能帶來快樂時，那興趣就會止息。」他在《人性的，太人性的》裡如是寫道。206 [19]剛上大學的哲學系學生到底有多少人對此略知一二，不管是十九世紀下半葉或是現在，其實沒有多大差別。

尼采的哲學充滿歡樂，那是一種「新的激情」，「不怕付出任何代價，而且基本上唯一害怕的只有它自己的消滅」。207 [20]他在《人性的，太人性的》裡著手探討存有，而在《朝霞》裡則著重於意識。意識是什麼？那是個探照燈，每次照射一小塊地方。在匆匆掠過的燈光下，有時候出現的是世界裡的事物，有時候則是我們內心的感覺。而每次我們都做同樣的事：我們創造一個「普遍化的世界」，一個「表面世界與記號世界」，我們在其中以語言解釋種種事物和情狀。可是，對我們自己來說，這種「普遍化」根本不必要。就算沒有了它，我們的感官還是可以找到頭緒。如果說我們

[356]

[19] 引文中譯另見：《尼采：其人及其思想》，頁225。

[20] 引文中譯見：同前揭，頁226。

以「膚淺、單薄、相對而愚蠢」的記號把世界對象化，那也只是為了方便和別人交談而已。「意識」只是為了交談才存在，如此身為「群居動物」的人類才有相互溝通的共同基礎。208[21]

兩個世紀以來，意識一直是哲學的核心，尼采卻認為它沒什麼了不起。意識討厭的地方是，它沒有任何本質可言。它使一種「概括性的」而相當粗略的語言，因此錯過了現實世界裡無數細膩的色調。而且它虛構了一個「自我」遙不可及的觀念。我們對於自己的想法，並不是來自什麼深層的認知，也不是傾聽內心的聲音，而是由他人的眼光和評斷所構成。

尼采的這個看法在二十世紀成了思想的主流。維根斯坦以及後來的「分析哲學」都在探究語言以及它的認知可能性。胡賽爾、謝勒和海德格的現象學（Phänomenologie）則是探究更加貼切地描述我們的知覺的種種色調的語詞，並且研究如何從感性生成「意義」。而海德格和沙特也沿襲了尼采的概念，認為我們的「自我」源自他人對我們的反應。尼采的作品當中沒有像《朝霞》對於哲學的未來發展如此寓意深遠的，而作者在寫作風格上也登峰造極。如果說空疏寡實的語言只會掩埋了事物和狀態而非揭露它們，它就必須去蕪存菁。如果它的語詞過於概括，我們就必須把它個體化。沒有詩就沒有哲學！

在一八八〇年代初次接觸尼采作品的新康德主義者應該吃足了苦頭，因為他們對於詩的語言一竅不通。「有效性主張」、「思考的必然性」和「終極證成的判斷」的世界頑固地拒絕任何抒情詩、戲劇和浪漫派。而且「我們一切所謂的意識，或多或少都是對於一篇未知的、或許是不可知

[21] 引文中譯見：同前揭，頁240。

[357]

的、卻可以隱約感覺到的文字充滿想像的注解」。209[22]他們的「文本」是以邏輯符號寫就的，而不是傾訴感情。他們身為「精神領域裡的飛船航員」（這是尼采對他們的嘲諷），卻不想看見自己。而他們的「意識」也不像尼采所說的源自一種「飢餓」，一種本能衝動，而是宛如設計精密的機器，不停地執行邏輯運算。

可是如果不是飢餓，那麼是什麼在推動這部機器？它的能量是汲取自哪裡？難道是如納托普所說的，只是因為不想對自己不誠實嗎？或者是正如尼采大聲疾呼的，是出於一個擾動不安的願望，想要得到承認、讚許、愛、成就和權力？

查拉圖斯特拉

當時許多哲學家忽視了感覺的力量，這點成了尼采的開場白。重點不在於什麼在邏輯上為真，而是它對人類是否**至關重要**。尼采為此營造了一個哲學的錯覺（而其無知的代價就是讓人們錯失了「生命」），彷彿兩百年來的哲學是個自成一體的東西。可是尼采的報復毫不妥協：至今為止的所有哲學都是在撫慰人們擾攘不安而顯然難以止息的身心渴求。如此而已。

可是這個傲慢的局外人不只想當個批評者，踵繼《朝霞》的會是一個嶄新而崇高的哲學的燁燁長日。可是為此尼采必須清點他手上現有的武器：叔本華的「意志」、「戴奧尼索斯精神」、「無意識」、「衝動」、「飢餓」。它們的法則究竟是什麼？它們遵循著誰或什麼東西？這一切都是生

[358]

[22] 引文中譯見：同前揭，頁232。

物學嗎，或者不僅於此？它對人類的未來生命有什麼涵蘊？

一八八一年春天，尼采在熱拿亞大量閱讀自然科學，其中包括馮邁爾（Julius Robert von Mayer）的《天體動力學論叢》（*Beiträge zur Dynamik des Himmels*,1848）。這位提出熱力學第一定律的著名物理學家遞給尼采一把他尋尋覓覓的鑰匙。尼采對自然力量的主張一直困在生物學裡，可是生理學和演化論不足以讓他建構一個經久耐用的形上學。現在，尼采跳上一個更抽象的層次，那就是物理學。尼采從邁爾那裡讀到，宇宙的基本力其實有個固定不變的範圍，會改變的只是物質狀態。由此尼采得出自己的推論。如果說周遍整個宇宙的基本力有個固定的量，那麼世上就不會有什麼新事物。

一八八一年七月，這個精神狀態不穩定的旅人第一次客居上恩加丁區的錫爾斯瑪利亞，就像盧梭在萬森的哲學感悟經驗（l'illumination de Vincennes）一樣，尼采在那裡散步的時候也強烈感覺到靈光乍現。比起十八世紀這位矯揉造作的前輩，尼采的激情也不遑多讓。他感到「深深震懾」而「不知所措」，「一個思想像閃電一樣劃過，帶著必然性，外觀上沒有絲毫的猶豫……一陣痙攣，它無與倫比的張力有時隨著淚水決堤，我的腳步不由自主地時而慌亂，時而遲滯；完全的出神，分毫不差的意識清晰分辨了無數細微的寒顫和傳到腳趾頭的涼意」，一種「權柄和神性的絕對性」。[210][23]

尼采不認為那是宗教性的頓悟經驗。時間必須倒流「數千年」，才找得到一個人告訴你說他也

[359]

㉓引文中譯見：同前揭，頁247。

有類似的經驗。自此尼采覺得自己駸駸然是個教主，卻只敢悄聲宣講他的至深真理。那個真理和他對於馮邁爾的能量守恆定理的詮釋相去不遠。如果說世上不可有任何新事物，那麼所謂的新東西在以往一定都存在過。歷史不停自轉，它是「相同者的永恆回歸」（die ewige Wiederkunft des Gleichen）。

[360]

這並不是什麼自出機杼的想法。在許多高度文明和宗教裡都有周期循環的世界觀，深受希臘斯多噶學派影響的傳道者所羅門（Salomo）也在《舊約・傳道書》裡說：「日光之下並無新事。」可是尼采卻以為自己擁有了一個莫測高深的真理，而和以前的宗教哲人劃分畛域：「讓永恆在我們自己的生命上留下印記！這個思想的內涵超越一切的宗教，它們鄙夷地把這個生命看作浮光掠影，教人把眼光放在朦朧的**另一個**生命上。」[211][24]但是傳道者所羅門當然不是如尼采所說的那樣。這位斯多噶信徒不僅僅宣揚所有事物的周期性回歸，更不再妄想有任何出路。人不應該在世事之外**找尋出路**，而是要**無入而不自得**。

尼采在錫爾斯瑪利亞寫了第二部警語體例的作品《歡悅的科學》（*Die fröhliche Wissenschaft*）裡，對於「永恆回歸」卻只有寥寥數語。那是因為尼采自知其理論有多麼貧乏嗎？在極度的傲慢以及深不可測的自我懷疑之間不斷拉扯，他在作品的結尾創造了一個「第二自我」：查拉圖斯特拉（Zarathustra），他是古代波斯賢人，在他筆下卻穿上了盔甲。他的下一部作品正是以傳道的筆法寫成的：《查拉圖斯特拉如是說》（*Also sprach Zarathustra. Ein Buch für alle und keinen*, 1883-

---

㉔引文中譯見：同前揭，頁261。

1885）共四部。在查拉圖斯特拉的形象裡，個人的體驗和病痛、史提納桀驁不馴的非道德，和自然科學的閱讀經驗熔於一爐。查拉圖斯特拉是個未來世界裡的自由的人，他揚棄了憐憫，因而搏扶搖而直上至今不為人知的人類成就：一個「思想自由」、「身強體健」的人，那正是尼采一生的遺憾。冷酷無情、視道德如無物的查拉圖斯特拉和多愁善感的作者正好相反，而這個「第二自我」的健壯體魄正是他心中熱切渴望的。關於這一切，尼采的家人，母親和對他冷嘲熱諷的妹妹都看在眼裡。在心理上，查拉圖斯特拉之於尼采，正如高大魁梧的老殘手（Old Shatterhand）之於弱不禁風的卡爾・梅（Karl May）。㉕

查拉圖斯特拉的福音相當明確。他要人們堅定地認識到世上沒有確定的知識、沒有宗教，在哲學裡也找不到任何慰藉。人必須對自己硬下心來，克服他的自我欺騙，放下對於他人的憐憫。人要成為「超人」（Übermensch）就必須磨鍊提升他的心志。「我愛那具有自由的精神和自由的心靈的人。」[212] 到現在為止的所有說法，無一不是尼采以前提過的。不同以往的只在於「超人」不僅僅是個人自我超拔的經驗，他更是新的人種；超人之於人類，正如人類之於猿猴。㉖超人是更高階段的演化，正如尼采在《查拉圖斯特拉如是說》的手稿裡寫道，是「培養整個更加高大的**體魄**，而不僅僅是大腦」。[213]

㉕「老殘手」是依據德國小說家卡爾・梅（Karl Friedrich May, 1842-1912）改編的西部電影《死亡谷》（*The Valley of Death*, 1968）裡的角色。

㉖「猿猴在人的眼中是什麼呢？乃是讓我們感到好笑或是感到痛苦的恥辱的對象。在超人眼中，人也應當是這樣：一樣好笑的東西或是痛苦的恥辱。」（《查拉圖斯特拉如是說》，頁31-32，錢春綺譯，大家出版，2014。）引文中譯另見：《尼采：其人及其思想》，頁295-6。

尼采在錫爾斯瑪利亞大量閱讀社會達爾文主義的作品。在十九世紀下半葉的尼采也不是唯一提出「人類育種」主張的人。在英國，史賓塞和達爾文的表弟**加爾頓**（Francis Galton, 1822-1911）提出「篩選」未來最好的人類和種族的殘忍思想；法國作家**古比諾**（Arthur de Gobineau, 1816-1882）更是依據對於科學的誤解提出種族主義。而尼采也深入研究反閃族主義的經濟學家**歐根・杜凌**（Eugen Dühring, 1833-1921），杜凌也談到「過渡到更尊貴的、型態完全不同的新物種」。214[27]一度是自由派的海克爾，到了一八七〇年代後期，也轉而為社會學和生物學的選擇說辯護，認為那是「高貴的」。如果說自然裡只有優勢的少數得以存活，那麼群眾就沒有價值可言。因此種族必須定期清洗掉不健康的人。而它的咒語就是加爾頓於一八六九年提出的「優生學」（Eugenik）概念。

[362]

尼采深深著迷於社會達爾文主義的作品，也擁護「篩選」、「育種」、「優生學」之類的說法。他也指責達爾文以過於「英國人」的方式，機械性地把生物的演化法則套用到思想和形塑上；其實這也是恩格斯對於達爾文的批評。後來的生物學家在談到人類時，再也不用「演化**機制**」一詞，因為人類會依據他自己的規則而非機械性的規則去形塑自己以及環境。可是恩格斯談的是人可以自由地依據社會主義，而不是社會達爾文主義建構他們的團體；而尼采的**查拉圖斯特拉**卻是主張優勝劣敗的傲慢而冷酷無情的戰爭。而在未來的「超人」的社會貴族政治（Sozialaristokratie）眼裡，所有暴力手段都是合理的：「有許多人活得太長，在枝頭懸掛得太久。我希望有一陣狂風吹來，把這些爛掉的、被蟲蛀掉的果子全部從樹上搖落下來！」215[28]尼采在一八八四年的札記裡更是

[27] 見：《尼采：其人及其思想》，頁298。

[28] 引文中譯見：《查拉圖斯特拉如是說》，頁112。另見：《尼采：其人及其思想》，頁303。

直言不諱。人必須「獲得駭人的強者能量，一方面經由優生學，另一方面藉由消滅數以百萬計的缺陷者，來塑造有未來性的人類，而不是因為人們咎由自取的、前所未見的痛苦而滅亡！」[216][29]在孱羸抱病的尼采眼裡（小時候的校醫認為他有遺傳上的健康問題），為了成就未來的偉大人類，可以說是無所不用其極。

權力意志

對於他自創的查拉圖斯特拉，尼采相當得意。他意欲在一八八〇年代寫一部「四大冊鉅著」，一部體系作品，而不再是警語或是傳道的片簡。首先是《一切價值之翻轉》（*Die Umwertung aller Werthe*），接著是《權力意志》（*Der Wille zur Macht*）和《敵基督者》（*Antichrist*）。他到底想寫什麼，學者們的研究眾說紛紜。在錫爾斯瑪利亞的若干夏天以及尼撒（Nizza）的若干冬天，尼采並沒有寫就什麼「首尾連貫的思想大廈」[217]，倒是完成了一連串的小品：《善惡的彼岸》（*Jenseits von Gut and Böse. Vorspiel einer Philosophie der Zukunft*, 1886）、《道德系譜學》（*Zur Genealogie der Moral. Eine Streitschrift*, 1887）、《偶像的黃昏》（*Götzen-Dämmerung oder Wie man mit dem Hammer philosophiert*, 1888），以及一部更小的著作，其實也就是《敵基督者》（*Antichrist. Fluch auf das Christenthum*, 1888），另外還有他的自傳式作品：《瞧，這個人》（*Ecco Homo. Wie man wird, was man ist*, 1888）。尼采認為《善惡的彼岸》尤其是「對於現代性的批判」，所有哲學、形

㉙ 引文中譯見：同前揭，頁304。

[363]

上學以及自然科學的世界觀都要被懲罰。他再度宣講史提納的「自由思想家」的哲學，歌頌非道德（Amoralität）。未來並不屬於「奴僕的道德」，而是「主人的道德」。

那到底是在說什麼，讀者可以在《道德系譜學》裡一窺究竟。尼采認為基督教曲解了自然的道德。原本人類是尊敬強者、剛硬者和肆無忌憚的人的，可是基督教極力吹捧弱者，使得道德秩序凌駕於自然秩序之上。尼采要反向翻轉道德。他嚮往的是「一個戰士人種」、「金髮野獸」。他以「如猛獸般的良心的純真……或許在殺人、放火、強暴、酷刑等諸般惡行後，還能坦蕩蕩地昂首闊步，彷彿只是完成了一場學生抗議而已」。218 [30]如果我們還記得納粹黨衛軍的犯行的話，應該不至於把尼采比擬做納粹黨，可是也不會容忍諸如燒殺擄掠之類的想像，而說那是無傷大雅的文學。

尼采認為《偶像的黃昏》是關於他的哲學「最完整的概論」。洋洋灑灑的主題包括了因為蘇格拉底和基督教而使世界「失真」（Veruneigentlichung），更斲喪了「戴奧尼索斯精神」，那或許是公開和歌德以及溫克曼（Johann Joachim Winckelmann）唱反調的尼采原本可以重獲並且釋放出來的。不同以往的是，尼采大量擷取當時深入閱讀的精神病學概念。而他的新口頭禪則是「頹廢」（décadence），尼采先是用它來貶損蘇格拉底，在其後的《敵基督者》裡則是拿來譏誚基督教。一八八八年九月三十日，尼采的《敵基督者》竣稿，對他而言，那是世界歷史裡的大日子，代表著一個新紀元的開端。自傳式反思的《瞧，這個人》的筆調也沒有什麼差別。究竟是耶穌或是尼采、「受十字架苦刑者」或是「戴奧尼索斯」，讀者必須做個抉擇。選擇戴奧尼索斯的，會超克基督教

[364]

[30] 引文中譯見：同前揭，頁300。另見《道德系譜學》，頁30，陳芳郁譯，水牛出版社，2007。

「兩千年的反自然以及敗壞人性」，而且會有一個「生命的新黨派一肩挑起培育更高等的人種的至高使命，其中包括以最無情的鐵腕毀滅所有的劣種與寄生蟲。」[219] [31] 一八八八年年底，尼采在他的瘋狂世界裡無法自拔，使得他再也分不清楚自己和查拉圖斯特拉、那個名不見經傳的古典語言學家和人類歷史的傳教者。在這種精神狀態下，他再也無法有條不紊地構思關於「權力意志」的寫作計劃，更不用說寫完它了。可是那會是什麼樣的一本書呢？

尼采要把人「譯回自然」[220]，因為「我們再也不要從『精神』、『神性』推論出人，我們已經把人放回動物之間」。[221]可是如果人只是動物之一，那麼有沒有一個讓人據以評斷行為之良窳的道德尺度？尼采不只是個行為科學家，觀察一個自我欺騙的物種。他意欲贈予人類一個新的道德。可是在尼采所謂的超越道德的生物世界裡，人如何獲致價值以及評斷？這個缺口就要由「權力意志」來填補。因為在尼采的生物世界裡，每個生物都有自我擴張和增強的內在力量。

在尼采的妹妹自作主張東拼西湊出版的遺作《權力意志》（*Der Wille zur Macht*, 1901）裡，尼采談到「力的積聚」（Akkumulation der Kraft）。「不只是能量守恆：而是消耗的極大化經濟。因此，任何力的中心的自我強化的意志是唯一的現實。」生命不會只是「想要自我保存；一切都應該不斷增長和積聚」。[222]生命「追求權力的極致感覺……任何追求都只是在追求權力——；這個意志一直在最內部和底部：而力學只是關於其種種後果的記號學。」[223]尼采眼裡的第一要務、也是終身探究的生命意義的問題，於是有了答案：生命的意義是向上提升。換言之：是「權力意志」的實

[31] 引文中譯見：同前揭，頁335。另見：《瞧，這個人》，頁118，孫周興譯，大家出版社，2018。

現。

我們要怎麼理解它？所有生命都追求向上提升或是「增多」，這是拉馬克的演化理論，而不是達爾文的。可是經過了兩億年都沒什麼改變的蝸牛和貝類，卻大幅削減了這個假說的有效性。他們「向上提升」的衝動在哪裡？在尼采的時代裡，這個完美化理論在生物學界裡相當盛行，就連史賓塞也奉為圭臬。尼采同樣把他的理論從生物學轉接到道德理論。「實然」存在的事物要為一切「應然」訂定遊戲規則——但是這牴觸了休姆的法則，因為事實並不會告訴我們什麼東西是應然的。如果所有生命真的都在追求權力，那麼我們也可以推論，人會想出聰明的遊戲規則而盡可能地和諧相處。承認「權力意志」並且任其恣意妄為，這個推論並不合乎邏輯。此外，人的種種追求和行為也可能有其他的動力，而不一定如此肆無忌憚。如果說人都想要盡可能增強他們的生物力量、他們的遺傳潛能，那麼為什麼人們很少會想要多子多孫。更何況，一個完全被「權力意志」操控的生物，怎麼會產生一個比全能的「權力意志」更強大的反作用力並且限縮它？而且還是被尼采烙上「軟弱」印記的基督徒？

他大聲疾呼的價值再翻轉的問題在於，他沒辦法解釋當初價值怎麼會被顛倒了，如果真的有個全能的物理或生物的意志在支撐它。而和所有人一樣沒有自由意志的基督徒又怎麼做得到？傳教這件事是不講邏輯的。可是這個新的學說，「夠強大的，才可以繁衍，強者要更強，厭世者就任由他們癱軟憔悴」224，卻正中時代精神的下懷，事實上也招致了嚴重的後果。

[366]

影響重大、影響太重大了

一八八八年，種種越來越憂鬱的絕望感侵襲著尼采，「在若干夜裡，」尼采寫道：「真的丟臉，我覺得自己再也撐不下去了。」[225]他從尼撒搬到杜林。那是他在精神煉獄裡的最後一年。一八八九年一月三日，尼采在廣場上看到一個馬車伕用鞭子抽打他的馬，一陣憐憫湧上來，他撲過去抱住那匹挨打的馬的脖子痛哭流涕。他完全精神崩潰了！在那之後，尼采又活了十一年。可是他的生命再也沒有向上提升，反而只有退步和衰敗。他的妹妹收留了他，保管他的遺作，卻依據所有藝術法則到處推銷她的哥哥，一直到他在一九〇〇年過世之後。

尼采的著作於一八九〇年重新出版，使得他聲名鵲起。威瑪的銀光別墅（Villa Silberblick）訪客絡繹不絕，只為了一睹終日昏昏沉沉凝望著前方的思想家。一八九〇年代後期，這位日薄西山的哲學家成了名人。對於許多藝術家和放蕩不羈的文化人而言，他的作品讀起來既煽情又輕浮。附庸風雅的人、想要感受激情震撼的人、探索心理深處以及悲劇的人，都要讀尼采。丹麥作家**布蘭德斯**（Georg Brandes, 1842-1925）早在尼采崩潰之前就把他引介到丹麥。人智學家（Anthroposoph）**史代納**（Rudolf Steiner, 1861-1925）一直受到尼采的影響，在一八九五年出版了《尼采：對抗其時代的鬥士》（*Friedrich Nietzsche. Ein Kämpfer gegen seine Zeit*）。作曲家**李查・史特勞斯**（Richard Strauss, 1864-1949）也於一八九六年創作了交響曲《查拉圖斯特拉如是說》（*Also sprach Zarathustra*）。**湯瑪斯・曼**（Thomas Mann, 1875-1955）則是借用了尼采的戴奧尼索斯藝術家的多重形象，藝術是讓人目眩神馳、撫膺長歎的山巔和深淵，它把真理、天才和瘋狂熔於一爐。湯瑪斯・曼對於二十世紀影響甚巨的藝術家浪漫派，正是源自尼采的華格納崇拜，無論是現代世界冷靜理智的進步或是第二次世界大戰，都沒有使他動搖。

羅伯特・穆齊爾（Robert Musil, 1880-1942）和尼采的對話更是在思想上機鋒相接。為他著迷的不是烏合之眾，而是批評家、心理學家和現象學家。所謂的理性哲學並沒有找到究竟的根源，反而俗不可耐地把生命現象掐頭去尾，穆齊爾把這個想法搬上了文學舞台。他要「在思想上解決掉世界」，而且就是要透過小說；在其未完成的長篇小說《沒有個性的人》（*Der Mann ohne Eigenschaft*）裡，穆齊爾把文學變成了哲學。相較於尼采，穆齊爾難以模仿的細膩幽默更加不著痕跡而刮垢磨光，那是沒有偉大的文學就難以成就的向度，也是尼采欠缺的。如果說尼采是在進行判斷，那麼穆齊爾就是在反映各種視角：關於正確的生活的問題、科學的價值、理性和感性的複雜關係、時代精神可疑的進步、道德在道德上的無根基，以及猜想「神從來沒有對世界說話」。

尼采讓哲學重新關注存在境遇的問題，因而使得他成了無數作家、音樂家和造型藝術家的靈感源泉。除了湯瑪斯・曼和穆齊爾以外，更有克斯勒（Harry Graf Kessler）、海因利・曼（Heinrich Mann）、霍夫曼斯塔（Hugo von Hofmannsthal）、里爾克、許尼茨勒（Arthur Schnitzler）、摩根斯坦（Christian Morgenstern）、霍普特曼（Gerhart Hauptmann）、格奧爾格（Stefan George）、班恩（Gottfried Benn,）、赫塞（Hermann Hesse）、鄧南遮（Gabriele D'Annunzio）、普魯斯特（Marcel Proust）、阿波里奈（Guillaume Apollinaire）、紀德（André Gide）、梵樂希（Paul Valéry）、卡繆，族繁不及備載。造型藝術方面亦復如是。沒有任何哲學家像尼采那樣左右了它的整個演進。康丁斯基（Wassily Kandinsky）、孟克（Edvard Munch）、保羅・克利（Paul Klee）、

[369] 法蘭茲・馬克（Franz Marc）、奧古斯特・馬克（August Macke）、貝克曼（Max Beckmann）、畢卡索（Pablo Picasso）、狄克斯（Otto Dix）、羅丹（Auguste Rodin）、蘭布魯克（Wilhelm Lehmbruck），他們都有各自的「尼采體驗」。

身為批判者的尼采，儘管在哲學知識方面相當不足，其評斷也極為尖酸刻薄，卻令人耳目一新，甚或才氣縱橫；他也是許多據以開展其思想的人的靈感來源。然而，作為新時代的哲學建築師，他其實是蚍蜉撼樹；直到二十一世紀，大多數東施效顰的哲學家的命運都和他相當類似。恃才傲物，故作鑑照洞明者，狂熱有如少年，專事尋章摘句，在知識批判方面把挑釁者的角色演得活靈活現，對於知識理論卻沒有什麼建樹。

儘管如此，他的影響力可以說是無可比擬。就像尼采一樣，有個類型的哲學家也雅擅德語圈的傳統，既是藝術家也是哲學家，既是挑釁者也是體系的創新者。學院派的哲學，尤其是無所不在的新康德主義，認為自己是嚴謹的科學。因此，十九世紀末的人們對於尼采其實是欲迎還拒。里爾（Alois Riehl）於一八九七年寫了一部出奇友善的作品：《尼采：藝術家和思想家》（*Friedrich Nietzsche. Der Künstler und der Denker*）。雖然他自己是個體系思想家，卻相當肯定尼采的非體系性思考。因為「尼采作品的魅力就在於種種決疑和難題之間，在思想的弔詭和心境的轉換當中，在健康和病態的詭異雜揉裡；不管是啟迪或是誤解，人們都可以自其中找到他們的養分或是酖毒。」[226] 而**懷興格**（Hans Vaihinger, 1852-1933）在接下來一部對尼采如數家珍的作品裡，更是對他讚譽有加。在他的《作為哲學家的尼采》（*Nietzsche als Philosoph*, 1902）裡，他把這位挑釁者說成一個當時的哲學望塵莫及的典型思想家：我們「將會承認，尼采的學說是讓人嘆為觀止的、不可小覷的時 [370]

代酵素。僅僅以『激勵人心』這個謂詞，還不足以形容它。它與其說是激勵人心，不如說是醍醐灌頂。」227

在世紀之交，也就是他過世的時候，尼采已經是個家喻戶曉的名人。他成了哲學的轉捩點，現代世界的路標。新康德主義仔細爬梳尼采的學說，分為哲學和非哲學，可是「生命哲學」本身卻有其強大的推力。叔本華和齊克果探究的問題：「這一切**對我而言**有什麼意義？」現在成了學院裡的思想家的核心。狄爾泰和尼采在許多地方不謀而合。而隨著柏格森（Henri Bergson）、勒維特（Karl Löwith）、海德格和沙特的崛起，生命哲學和存在哲學也成了二十世紀上半葉的德國哲學和法國哲學裡沛然莫可禦的潮流。

對於自佛洛伊德以降的精神分析的演進，尼采也有舉足輕重的影響。人們在一個沒有意義的世界的深淵以及另一個渴望意義的黑暗深淵之間無助地躊躇不定——這和佛洛伊德的初始設定沒有什麼兩樣。而驅力導向的生物（Triebwesen）一方面壓抑種種恐懼，另一方面在減輕他的命運重擔的理性理論裡昇華，它在精神分析裡仍舊如影隨形地跟著我們。在社會學裡同樣也看得到尼采的身影。不管是齊美爾或是韋伯，他們都沿襲了尼采關於社會性道德的作用方式的看法。道德無關乎形上學，而只是權力組織的協定，這個觀念一直烙印在德國社會學的兩位創建者的身上。相對地，也有許多社會學家以批判的角度評論他。費爾巴哈的追隨者**杜博克**（Julius Duboc, 1829-1903）認為尼采正是肆無忌憚的、拋棄一切社會道德的資本主義的化身；公共知識份子和歷史學家**梅林**（Franz Mehring, 1846-1919）也對尼采嗤之以鼻，認為他只是很犬儒地歌頌那些專事剝削的大資本家。

儘管也有少數左派思想家心儀於尼采，不過他在政治方面基本上是保守派以及種族主義者的思

[371]

想先驅。文化哲學家**史賓格勒**（Oswald Spengler, 1880-1936）認為尼采是唯一可以和歌德媲美的德國人。華格納的女婿**休斯頓・張伯倫**（Houston Stewart Chamberlain, 1855-1927）儘管對於尼采和華格納的決裂以及他一貫的無神論相當不以為然，卻也在許多方面受惠於他，尤其是尼采關於種族繁衍以及優生學的觀念。而經由張伯倫則直接導向了希特勒（Adolf Hitler）以及「第三帝國」無數的「種族優生學者」。尼采片面地詮釋演化論以及遠遠逾越達爾文學說的生物主義（Biologismus），因而為各種令人髮指的危害人類罪撒下了種子。可是，或許這位「超人」的傳令兵可以就當時的科學水準整個修正他的生物學假設。如果他想要的話，他應該可以有更正確的認識……

演化和倫理

- 大公和無政府主義者
- 自然裡的社會主義
- 演化或倫理？
- 康德是個社會主義者嗎？
- 動物道德

大公和無政府主義者

他只比尼采大兩歲。當這個薩克森的年輕人在高中閱讀賀德林（Friedrich Hölderlin）的作品、[372]
計劃創作詩和戲劇，並且決定當個語言學家時，東方數千里外的那個俄羅斯年輕人正馳騁在西伯利
亞的雪地上。年方十九歲的**克魯泡特金**（Pjotr Alexejewitsch Kropotkin, 1842-1921）率領著沙皇的一
支小型考察團遠赴俄羅斯東部最偏遠的地區，在深入荒原且危險的考察的艱難條件下，他們的領隊
卻相當沉醉於「獨立的」生活，「皮囊裡只有幾磅麵包和幾盎斯茶葉，另外還有一只水壺，馱鞍把[373]
手上有一隻斧頭，鞍座下有一條毛毯，生起營火時，可以鋪在用剛剛砍下來的冷杉樹枝編成的床
上。」[228]

自一八六二年至六七年，克魯泡特金羈旅西伯利亞五年多的時間，探勘當時未知的地域，閱讀科學著作，其中包括達爾文的《物種起源》，閱讀花掉他大部分的時間。人生是「為了生存的戰爭」，在西伯利亞的冬天裡，他每天都深深體會到這點。可是這個為了生存的戰爭是個人**相互之間**的戰爭嗎？「我在西伯利亞的歲月教了我到很多東西。」克魯泡特金後來在回憶錄裡寫道。「我不僅更深入地認識了人類以及人的性格，也明白了人類社會運作的內在推動力。」[229]他研究了滿州地區各個民族「在沒有任何文明的影響之下制定出來」的「一點也不簡單的社會組織形式」，而「他們接近社會主義式的互助組織」更令他印象深刻。

自霍布斯、亞當·斯密、馬爾薩斯到達爾文一脈相傳的「每個人對每個人的戰爭」，這個概念卻不適用於西伯利亞東部的村落。相反地，克魯泡特金到處看到人們互助合作，同心協力對抗嚴酷

的大自然。達爾文會不會太過天真地把當時英國的社會秩序擴及於大自然和整個人類？所謂大自然的普遍法則，在克魯泡特金眼裡只是反映了英國的資本主義而已。除了工業化的英國以外的其他民族和文明，他們的遊戲規則其實大相逕庭。為了強奪資源以及市場優勢的資本主義式的相互征戰，怎什麼可能比西伯利亞的人們和平的互助合作更加古老？那些人難道不是比十九世紀末的英國社會更加順應自然而原始嗎？

[374]

對於弱者的憐憫以及互助合作、同心協力，對於這位年輕的俄羅斯人而言，並不是從小就耳濡目染的事。克魯泡特金出身俄羅斯貴族世家，生來就是「斯摩倫斯克王子」，他們的莊園有一千多個農奴為他們辛勤工作。這位年輕貴族十五歲就讀於聖彼得堡的皇家士官生學校，那是菁英培訓學校，相當於現在法國的國家行政學院（École nationale d'administration, ENA）。在他的自傳裡，他對俄羅斯的風俗習慣嘖有煩言。不過他也以優異的成績自軍校畢業。他的興趣不在於傳統的沙皇主義，而是法國大革命、英國的自由主義以及西歐風捲雲湧的共和理念。

沙皇亞歷山大二世敕令於一八六三年廢除俄羅斯農奴制度，這讓克魯泡特金振奮不已。一八六一年六月，他以第一名的成績獲選沙皇的侍衛。可是沙皇的傲慢讓克魯泡特金相當反感，他不屑於宮廷生活，於是申請加入西伯利亞考察團。他孜孜不倦地研究西伯利亞的針葉林和動物，以及遺世獨立的村落裡的人們，並且探索新的思想和知識。而他也開始「以全新的觀點」看待農民。

二十五歲的克魯泡特金回到聖彼得堡。他對於西伯利亞的觀察讓人相當驚豔，也因而成了該領域炙手可熱的專家。可是這位世家子弟並不想當個自然科學權威，他想要學以致用，改善俄羅斯農民悲慘的生活境況。可是沙皇的改革熱情漸漸疲乏。一八六六年和一八六七年，沙皇兩次遇刺而倖

[375]

免於難，轉而以強硬手段鎮壓所有反對他的政治聲浪。於是克魯泡特金放棄了他的軍旅生涯，在俄羅斯地理協會裡工作，研究數學和物理學，並且鑽研史賓塞的作品，立刻沿襲了他向上提升的社會演化的觀念。可是克魯泡特金也看到史賓塞相當沉迷於維多利亞時代精神。在史賓塞眼裡，演化和資本主義是並行不悖的；克魯泡特金認為把兩者混為一談是基於一種成見以及思考偏誤。

一八七〇年代初期，這位倔強的大公離開了俄羅斯。對他而言，只有到國外去才能汲取思想的靈感。一八七二年，尼采剛剛出版了《悲劇的誕生》，克魯泡特金遠赴瑞士，先是到蘇黎世，接著到日內瓦。在日內瓦期間，他整天在俄羅斯社會主義者的飛地廝混。他在日內瓦則是加入當地第一國際的分部，可是不久就和他們的領導階層意見不合；他在汝拉山區的鐘錶匠那裡待了幾天❶，就足夠讓他從對於俄羅斯封建制度的批評者變成社會主義的無政府主義者：「我在山區的鐘錶匠家裡逗留了一個多禮拜之後，更加堅定了我的社會主義觀點：我是個**無政府主義者**。」230

這位年輕的貴族在旅居瑞士期間認識了許多法國的激進流亡人士。一年前巴黎公社剛剛被擊潰。身為忠實的無政府主義者，克魯泡特金翌年在俄羅斯、英國、法國和瑞士之間來回奔走。他創辦報紙，宣傳無政府主義，不久後就聲名大噪。他在一八七六年遭到逮捕，並且被監禁在聖彼得堡。可是他成功逃獄，逃亡到瑞士，又被驅逐出境，在法國被判五年徒刑。由於國際壓力，他提早獲釋，時年四十時歲的他於一八八六年客居巴黎，寫了一本書，談到他在俄羅斯監禁期間的經驗，接著又前往倫敦。

❶ 汝拉聯盟（Fédération jurassienne）是第一國際裡更激進的派系，主張無政府主義，以瑞士汝拉山區的拉紹德封（La Chaux-de-Fonds）為基地，那裡以技藝精湛的鐘錶匠著稱。

［376］

英國很友善地收容了克魯泡特金。那時候他的模樣很像和他同時代的托爾斯泰，也是滿臉虬髯，不過他多了鎳絲眼鏡，而且也比那位大文豪親切多了。這個期間的克魯泡特金也筆耕不輟。在俄羅斯特務的跟蹤和監視下，他仍寫了許多報紙文章探討社會問題和政府體制。他也認識了倫敦重要的左派知識份子，其中包括一八八四年成立的費邊社（Fabian Society）、作家**蕭伯納**（George Bernard Shaw, 1856-1950）和**王爾德**（Oscar Wilde, 1854-1900）。他們的共同願望是促使社會演化以堅定的腳步走向社會主義的無政府主義。可是他喜歡投稿的報紙《十九世紀》（*The Nineteenth Century*）偏偏刊登了一篇文章，讓這位以天下為己任的無政府主義者相當不以為然……

自然裡的社會主義

在十九世紀下半葉的倫敦，**赫胥黎**（Thomas Henry Huxley, 1825-1895）是個舉世聞名的人物。他自年輕時即公開捍衛達爾文的觀點。真是會做戲！因為赫胥黎和他的對手，牛津主教**韋伯佛斯**（Samuel Wilberforce, 1805-1873）水火不容。這位年輕的生物學家以「達爾文的鬥牛犬」著稱，也是第一個把人類和猩猩、黑猩猩以及不久前才發現的大猩猩歸在同一類物種。達爾文於一八八二年過世之後，赫胥黎就成了達爾文主義最重要的代言人，也是重新提出演化論的學圈裡的核心人物。到了一八八〇年代末期，這個理論在英國已經沒什麼爭議了，在歐洲大陸也相當盛行。

可是赫胥黎更激進地把達爾文的理論視為一種世界觀，一種以生物學為基礎的唯物論，進而意圖袪除一切唯心論。他的這個觀點和史賓塞相當接近，於一八八八年在《十九世紀》刊登了一篇文章題為：「生存競爭及其對於人類的意義」（Struggle for Existence and Its Bearing upon Man）。赫

[377]

胥黎對萊布尼茲的樂觀主義以及叔本華的悲觀主義同樣不屑一顧，他把人性和動物的天性劃上等號，完全無視於道德的存在，只知道要在「生存競爭」當中脫穎而出。只有兩件事或許勉強可以馴服他：僱傭勞動（可是赫胥黎又提醒我們說，為了提高競爭力，必須壓低工資）以及強大的國家體制。只有資本主義和國家才會把道德體制化，並且使野蠻的人性文明化。那是個很著名的故事，而它的陰影也籠罩著二十世紀，一直到萊比錫的文化人類學家**阿諾・蓋倫**（Arnold Gehlen, 1904-1976）。

克魯泡特金相當震驚。赫胥黎把達爾文的演化論曲解成什麼德性了？它成了維多利亞時代的資本主義的傳聲筒！在這個俄羅斯人眼裡，舊時英國的「每個人對每個人的戰爭」（英國每個學童都對霍布斯的名言耳熟能詳）一點也不科學。克魯泡特金想起他在西伯利亞的經驗。沒有資本主義，沒有大政府，只有無微不至的互助合作、道德的關係網路以及自訂的規則和規範。

克魯泡特金很早就知道他在找尋一個重要的觀點。他讀到法國人艾皮納（Alfred Victor Espinas）探討動物社會組織的著作；也聽說了畢希納，他強調「愛」的重要性，認為它是使教區信徒、部落以及動物界裡的獸群團結在一起的「撫育的本能」。可是它還缺了臨門一腳，那就是有系統地把這個認知和演化論串連起來。他認為「作為一種自然法則的以及演化因素的互助合作，可以填補」達爾文的理論缺口。[231]

克魯泡特金問了《十九世紀》的總編輯說，他是否可以回應赫胥黎的文章，接著寫了一連串的文章批評這位生物學家對於演化法則的「嚴重誣蔑」。他在文中提到螞蟻和蜜蜂、海鷗和烏鴉、鸛鳥和鸚鵡、狐狸和狼、獅子、犀牛和土撥鼠。在鳥群、狼群、野豬群、牛群和部落裡，他不只看到了互助合作，更看到他們會為了團體福祉而做出讓步。他看到了基於私利與無私的團體意識。不管是在哺育、狩獵、避免衝突或者是守護族群，互助合作、團隊精神、無私以及相互扶持，我們的研究者都看在眼裡。達爾文所謂的「適應」不應該只是指個別的動物，整個物種的適應往往也表現在同心協力對抗外來危險當中。克魯泡特金說，那裡才是真正的「生存競爭」的戰場：整個物種和它的環境的奮戰。讓他們存活下來的不是自私、冷酷和殘暴，而是合作和團結。

那真是個難以想像的境況。一個信奉無政府主義的俄羅斯貴族，在英國人面前糾正他們引以為傲的科學理論。而這個俄羅斯人最重要的理論是：即便是動物，也擁有道德的基本預設。我們在史前時代的祖先也不是野蠻而不知道德為何物，他們其實懂得互助合作。克魯泡特金關於動物社會行為的論述讓社會改革者**梭特**（Henry Stephens Salt, 1851-1939）相當震撼，而於一八九一年和許多志同道合的名人成立了人道主義聯盟（Humanitarian League）。那是個舉著素食主義旗幟的團體，他們反對動物實驗，認為衡量人性進步的標準在於他們如何對待弱勢者以及動物。梭特不久之後也出版了《動物權》（*Animal's Right. Considered in Relation to Social Progress*, 1892），至今仍舊是動物權運動的奠基文獻。

赫胥黎不怎麼把克魯泡特金放在眼裡。他在女兒過世之後越來越憂鬱，道德和天性對他而言當然湊不到一塊兒，自然澈頭澈尾是殘忍無情。一八九三年，這位辯才無礙的六十八歲老先生站上牛津大學爆滿的課堂裡的講台。他的講題是「演化和倫理」（Evolution and Ethics），大談天性的殘酷和不道德。所幸人類得以用道德對抗天性而截斷它的蔓生。赫胥黎說，道德是人類的「利劍」，用以「手刃他的獸性猛龍」。[232]

這個故事相當戲劇化，卻和生物學背道而馳！達爾文認為道德源自天性，但是對赫胥黎而言，它似乎是「外來的」，只是為了用來對抗天性。可是這個「外來的」東西究竟是什麼？赫胥黎是個激進的無神論者以及信念堅定的唯物論者。天性怎麼會產生不屬於天性的道德？獅子沒辦法決定要不要吃素。可是人的行為又為什麼可以違反他的動物天性？

克魯泡特金認為答案很簡單：因為道德並不外在於他的天性，而是人性的一部分！他從法國詩人和哲學家**居由**（Jean-Marie Guyau, 1854-1888）那裡發現了一個相當吸引他的理論：自我保存的驅力絕對不是人性裡的唯一驅力。其他的驅力還包括自我開展的意志，不明確的好奇心以及和其他人共同實現自我的願望。居由和尼采一樣，在其《既沒有義務也沒有懲罰的道德初探》（*Esquisse d'une morale sans obligation ni sanction*, 1884）裡探討道德的無意識驅力。尼采極力反對在無意識和知性之間若有似無的邊界上有個出於天性的道德，雖然他也認為道德源自無意識，卻在居由的書上對其推論寫下了相當憤怒的眉批。尼采壓根不認為人類天生是個道德存有者；而克魯泡特金卻從這位法國詩人和哲學家身上證明了他的想法：我們天生不只是個利己主義者，更是個利他主義者。

一九〇二年，克魯泡特金把他的文章和思考集結成書，那就是《互助論》（*Mutual Aid: A Factor of Evolution*）。他認為人的整個天性重點在於齊心協力，而非相互傾軋壓迫，這個理論在當時是異端邪說，完全牴觸了十九世紀下半葉的主流意識型態。在維多利亞女王的英國、拿破侖三世的法國以及威廉一世的德意志帝國裡，「所有人對所有人的戰爭」才迎合時代精神。有了這個前提，工廠主人就可以名正言順地剝削他們的工人，國家可以出兵攻打他們的鄰國，白人統治階級也可以佔領且掠奪他們的殖民地。對於強者的自然權利的任何質疑，都會招致譏議。

普魯士法學家**基爾什曼**（Julius Hermann von Kirchmann, 1802-1884）既不是顛覆份子，也不是社會主義者。一八六六年，他在柏林工人協會發表了一場演講《論自然中的共產主義》（Ueber den Communismus in der Natur），卻使得他因言賈禍。[233]他認為競逐於更多的權力和財產，終究無法讓人滿足，因為這就是自然法則。柏林的普魯士最高法院立即對他進行紀律調查。這位拉提伯（Ratibor）州的高等法院副院長以「無恥且道德敗壞的行為」為由被拔除職務。在普魯士政府眼裡，殘忍的生存競爭顯然比認為人性是互助合作的這個想法更合乎道德。

[381]

克魯泡特金也把他對於動物的研究擴及於人類。他很清楚，「像太初的人類這麼手無寸鐵的生物……憑著相互扶持才有辦法保護自己並且不斷進步」，就像「其他動物一樣」，而不是「為了個人優勢而殘忍地相互征戰，卻不顧整個物種的利益」。[234]可是赫胥黎正是如此形容以前的人類。他會不會太執著於霍布斯的「自然狀態」以及「所有人對所有人的戰爭」的單純假設啊？一個研究我們的祖先的生物學家，怎麼會像赫胥黎那樣煞有介事地胡扯？他在一八八八年的一篇文章裡說：「撇開範圍和時間都相當有限的家庭關係不談，霍布斯的所有人對所有人的戰爭其實是生存的常態。」[235]

對於克魯泡特金而言，這種人性觀只是信口雌黃，既荒謬又危險。在談到人類互助合作的演進的章節裡，他畫出了從太初的祖先、現在的原始民族、從「蠻族」的倫理、中世紀的種種協定一直到現代文化的演進途徑。

[382]

克魯泡特金和達爾文一樣，都假設我們的近親是黑猩猩而不是如赫胥黎所說的大猩猩。可是黑猩猩是大型群聚的，他們相當合群。大部分的原始民族也大同小異，他們會建立以家庭和大家族為基礎的氏族。克魯泡特金說，他們共有財產的比例遠大於私有財產。原始民族的生活是「原始共產主義的」。不管是布希曼人或是南非霍屯督人、澳大利亞原住民和巴布亞人、愛斯基摩人或阿留申人，「族人凝聚力」以及「團體意識」處處可見。儘管關於共同生活的法則並沒有成文規定，人們卻把它們當作規範、倫理和習俗而信守奉行。人類要和平相處，並不一定如霍布斯所說的必須有政府、法律和法庭，而是需要每個人的相互認同。236 如果因為千夫所指而失去了認同，那會是對於犯罪者的極刑。以眾人的意見為道德審判機關，阿留申島的愛斯基摩人的貿易行為便是個很好的例子。賣家不會自己訂定價格。他們要和買家一起找個中立的第三者議價，一個價格仲裁員。如此一來，交易就可以公開而且公平。

克魯泡特金所描寫的「原始人類」的文化景象相當親切友善。可是他當然也聽說過當時的探險家和民族學家的報導，他們會談到原始民族棄養老人、殺嬰和吃人的習俗。可是克魯泡特金認為那只是例外而不是常規。撇開這個駭人聽聞的習俗不談，就連婆羅洲達亞克族之類的獵人頭部落其實也知道要守望相助，疾病相扶持。

如果克魯泡特金是對的，那麼氏族或部落就應該是人類原始的生活社群。關於這點，他又和赫胥黎唱反調。這位達爾文的盟友認為人類演化的初始是小家庭的形式，所有其他社群形式都是相當晚近的產物；可是對於克魯泡特金而言，人類自始即是部落的大家族形式。相反地，小家庭才是人類相當晚近的演化，確切地說，是上個世紀的歐洲人想出來的。

依據克魯泡特金的說法，人類天生合群，而且大抵上和平相處。就算「悲觀的哲學家」把「侵略」戰爭和壓迫美化成真正的人性，「如果我們拋開大多數歷史學家先入為主的意見以他們對於戲劇化的歷史環節的明顯偏好」，那麼我們會看到人類的共同生活終究會成功。「陽光燦爛的白日」才是正軌，「狂風暴雨」只是例外。[237] 許多「原始人類」都會演化成定居型的「蠻族」，他們都表現了各式各樣的互助形式。他們會召開族人會議，慶祝各種節日，分享他們大部分的財產。相較於十九世紀末的西歐世界，私有財產並不是他們生活中的要角。所有重要的東西都屬於村子，一段時間之後才會重新分配。中世紀的行會也有互助合作的規定程序，組成行會的不只有商人和工匠，就連乞丐也會團結起來。強大的聯盟使得許多義大利城市財力雄厚，例如北歐的漢薩同盟。一直到中央集權國家崛起，才摧毀了這個百花齊放的下層結構。

克魯泡特金認為，共產主義在人性中的占比遠大於利己主義。不自私原本並不是什麼化性起偽的東西，而是人性的本質。在分享生活、金錢和成功當中感到的喜悅，遠比利己主義的妒嫉、頑固和驕矜自大重要得多。十久世紀末的政治情勢使得英國、德國和俄羅斯的工人難以聯合起來成立各種團體，讓克魯泡特金大搖其頭。而在不到一百年前，那還是被視為理所當然的事。

昧於歷史且荒謬地把人類說成掠食者，那究竟是怎麼樣的可怕看法？它使人們對於私有財產貪得無饜，儘管那並不能讓人永久幸福。它使得人們競逐種種利益，到頭來卻是一場空。克魯泡特金認為那是一種必須克服的意識型態，因為它奠基於偏差的人性觀之上。「在互助合作的行為裡……我們看到了我們的道德觀的實證而不容置疑的源頭；我們可以主張說，在人類的倫理演進裡，相互扶持才是主角，而不是彼此的傾軋。即使是在現代，我們可以從它的無遠弗屆看到我們人類更加高貴的演化。」[238]

人類的這個高貴的演化，這位作者在二十年之後才見證到。當俄羅斯革命平地一聲雷，流亡多年的他從倫敦趕回聖彼得堡。六萬人夾道歡迎克魯泡特金，宛若彌賽亞的臨到。由人民組成的臨時政府也立刻邀請他入閣，卻被這位無政府主義者拒絕了。不過他在共產主義陣營裡也找不到家。他和列寧（Wladimir Iljitsch Lenin）的會晤以失望作收，布爾什維克黨的鐵腕獨裁政權當然不是主張人民自決的共產主義理想主義者所能想像的。

一九二一年二月，這個集大公爵、無政府主義者和自然科學家於一身的男人因肺炎而溘然長逝。列寧政府打開監獄大門，以表彰這位和他們漸行漸遠的無政府主義的共產主義先驅。獄中若干俄羅斯無政府主義獲釋以參加他的葬禮，一直到蘇聯解體之前，送葬隊伍成了史無前例的大遊行：一萬多人跟隨在克魯泡特金的靈柩後面，其中包括布爾什維克政權的許多死敵。

演化或倫理？

克魯泡特金不必像尼采一樣，以他的筆成為社會貴族（Sozialaristokrat）❷，因為他生來就是貴族了。家父長的事務和英雄事蹟對他而言，不但一點吸引力也沒有，反而覺得倒盡胃口。尼采眼裡的未來，那個殘酷無情的英雄的世界，克魯泡特金認為只是過往雲煙。對社會要求太高的尼采眼裡只有利己主義，而悲天憫人的克魯泡特金卻看到關懷和分享。在恩加丁的山區裡，尼采反映了他的孤獨；在皚皚白雪的針葉林裡，克魯泡特金看到了貧瘠荒原上人們的團結一致。美國作家**傑克・倫敦**（Jack London, 1876-1916）也在他的短篇小說裡描寫了相同的場景：凍原上的《白色沉默》

---

❷ 霍爾茲（Arnold Holz）的諷刺劇《社會貴族》（*Sozialaristokraen*）。

（*The White Silence*, 1898）不只告訴我們天地之不仁，也告訴我們人類的團體意識的理由。

他們的性格南轅北轍，看到的人和自然大相逕庭，尼采和克魯泡特金卻有個共同點。他們都相信社會演化是向上提升的。尼采的「向上提升」是超人，對克魯泡特金而言則是無政府的世界、以自由的人們組成無階級的社會。人的歷史已經「寫好了」，它基本上確定下來了。人的演化是沿著遇預定的軌跡，只不過大多數的人不清楚那條軌道，因而必須加以澄清。觀念論者黑格爾和共產主義者馬克思、無政府主義者和人類悲劇的哲學家尼采，他們都有著這個相同的想像。

德國的社會主義**蘭道**（Gustav Landauer, 1870-1919）尤其心儀於克魯泡特金。他在一九〇四年把《互助論》譯成德文。他知道克魯泡特金所描寫的或許不是個演化的自然法則，卻是個趨勢：基於「互助」的原理向上提升地演進，臻至日益完善的合作形式。他獻身無政府主義運動並且因而殉難。一九一九年四月，在慕尼黑蘇維埃共和國（Münchner Räterepublik）❸成立的短短四個禮拜裡，他擔任民眾教育委員；一九一九年五月二日，該政府被推翻，他也遭到自願軍殺害。

在帝國時期，有個問題一直爭議不休：朝向社會主義或是共產主義的進步的終點其實是預定了的嗎？馬克思借用了黑格爾拾級而上的辯證式演進路徑。因為有了達爾文的演化論的證實，他甚至在《資本論》第一卷的第一版序言裡說：「我的觀點是把經濟的社會型態的發展理解為一種自然史的過程。」239❹在談到英國殖民政府的段落裡，馬克思也說：「資產階級的工業和商業正為新世界

[386]

---

❸ 又稱「巴伐利亞蘇維埃共和國」，德國十一月革命期間的無產階級革命政權，由德國獨立社會民主黨、無政府主義派和巴伐利亞農民聯盟的代表組成政府。一個月後被巴伐利亞和德國中央政府推翻。

❹ 引文中譯見：《資本論》卷一，頁3。

創造這些物質條件，正像地質變革為地球創造了表層一樣。」240❺

到了十九世紀末，這段文字讀起來已經有點突兀了。一八九〇年，帝國政府廢除了「反社會主義者法」，此前也施行最早一連串的「社會福利法案」（Sozialgesetze），為工人提供疾病、事故和老年等急難保險。❻普魯士政府和資本主義看起來仍然難以撼動，而馬克思（和蒲魯東）預言的「大規模貧窮化」也遙遙無期。儘管十九世紀末的工人生活情況還是很差，但是確定不像工業革命最早的數十年那麼悲慘，整體而言應該是改善許多。

對於整個歐洲的社會主義者而言，這個問題相當尷尬。馬克思的預言還要等多久才會到來？而且這個預言到底有沒有科學根據？馬克思的成就是否真的如恩格斯在其摯友的葬禮上所說的足以媲美達爾文？然而社會主義者越是把他們主張資本主義在邏輯上必定滅亡的「自然法則」理論拿來和演化論做比較，就越難解釋為什麼演化的腳步始終姍姍來遲。

社民黨理論家**艾德華・伯恩斯坦**（Eduard Bernstein, 1850-1932）也在探究這個問題。他在德國遭到通緝，又被瑞士驅逐出境，於一八八八年來到倫敦。兩年後，「反社會主義者法」停止施行，他和捷克裔哲學家**考茨基**（Karl Kautsky, 1854-1938）起草了社會民主黨的艾爾福特綱領（Erfurter Programm, 1891）。可是伯恩斯坦在深入鑽研「資產階級的」經濟學家對德國福利政策發展的研究之後，黨綱裡馬克思主義的樂觀主義就不知去向了。「貧窮化理論」再也站不住腳。可是如果說馬

❺ 引文中譯見：《馬克思恩格斯全集》第九卷，頁252。

❻ 包括一八七一年的「勞動事故賠償保險」、一八七六年的「救濟基金」、一八八三年的「勞工疾病保險法」、一八八四年的「意外事故保險法」以及一八八九年的「傷殘養老保險法」。

克思的歷史預言有誤，那麼社會主義者還能遵守什麼法則？以前他們以歷史的推手自許，為了將臨的願景而奮鬥。如果這個「自然法則」不成立的話，社會主義的道路和目標又該怎麼辦？他們顯然必須找尋且重新定義其道路和目標。

在這個情況下，伯恩斯坦寫了《社會主義的預設和社會民主黨的任務》（*Die Voraussetzungen des Sozialismus und die Aufgaben der Sozialdemokratie*, 1899）。社民黨在解除黨禁的九年間成了不可小覷的政治力量：「我們今天，」伯恩斯坦於一八九八年在黨報上寫道：「透過選票、示威遊行以及類似的施壓手段，實現了種種改革。在一百年前，那是要流血革命才辦得到的事。」[241]可是當社民黨發揚蹈厲而如日中天，它也就需要一個倫理立場，並且依據這個倫理學去揆情度理。可是偏偏馬克思對此隻字不提。馬克思總是對於倫理箴規嗤之以鼻，認為那是「中產階級的產物」。工人階級不需要這種東西，因為他們反正是預定的演進的執行者。當然，革命者需要一個**信條**（Ethos），讓他為了使命而可以拋頭顱灑熱血；可是他不需要**倫理學**，因為要抉擇何者正確與否的是歷史而不是他。在〈法蘭西內戰〉（*Die Bürgerkrieg in Frankreich*）裡，馬克思明確地寫道：工人階級「不是要實現什麼理想，而只是要解放那些在舊的正在崩潰的資產階級社會裡孕育著的新社會因素」。[242]❼

五十多年後的伯恩斯坦則有不同的看法。歷史的軌跡告訴他，馬克思讓黑格爾的歷史哲學「死灰復燃」，因而犯了大錯。他們的預言太過得意忘形，註定要落空。「這種歷史自欺連任何政治狂

[388]

❼ 引文中譯見：《馬克思恩格斯全集》第十七卷，頁363。

熱者都自嘆弗如，如果人們看不出來那是黑格爾矛盾辯證法的殘餘產物——馬克思和恩格斯一樣，終其一生都沒辦法完全擺脫它——，會難以想像居然是出自當時深入鑽研經濟學的馬克思筆下。」[243]工人的解放使命並非出於任何法則——既不是辯證法，也不是演化論的法則，更不是馬克思和恩格斯在讀了達爾文的作品後把兩者湊泊在一起的理論。任何踏著這個足跡並且相信一種「經濟的社會主義」的人，就像社民黨的創黨元老**貝別爾**（August Bebel, 1840-1913）以及和伯恩斯坦共同起草艾爾福特綱領的考茨基一樣，都是在欺騙自己。解放之路並不是取道於資本主義的迅速瓦解以及畢其功於一役的偉大革命，而是鍥而不捨地漸進式改革。

考茨基沒多久就提出他的回應，以《伯恩斯坦和社會民主黨綱領：一個反批評》（*Bernstein und das Sozialdemokratische Programm. Eine Antikritik*）回答他的同黨同志的懷疑。他在其《倫理學以及唯物史觀》（*Ethik und materialistische Geschichtsauffassung*, 1906）裡，推本窮源地批評了伯恩斯坦的「修正主義」。他和馬克思一樣，認為道德理想「並不存在於科學的社會主義，它旨在以科學研究社會有機體的演進和運作法則，以期認識無產階級鬥爭的必然趨勢和目標。」[244]

然而儘管伯恩斯坦在黨裡是少數派，卻不因此有所動搖。並不存在無產階級社會之類的固定不變的目標，人類拾級而上的演化也不是什麼自然的規劃，而是人類必須鞠躬盡瘁的持續不斷的使命。克魯泡特金從西伯利亞的村落推論，這種類似社會主義的自治和合作才是真正的人性。可是為什麼在英國和德國的情況卻如此大不相同？它們兩者都和人為的產物有關。顯然人們可以在行為以及組織方面判若雲泥，而沒有天性引導他們走上預定的道路。這些道路應該是有人預先規劃好的，好讓人們遵循它們。「歷史的鐵則」並不是自己規定的。一八九二年，伯恩斯坦在他對無政府主義的批判裡，對無政府主義主張鏟平所有既存的體制、權力關係和法律的痴心妄想感到相當不以為然：「我們所沿襲而且會繼續開展的現代社會，是個複雜得多的有機體，任何恣意依據陳舊框架的變革，都會危及成員的福祉。」245

七年後，他也以相同的批評指摘社會主義的同黨同志。就連社會主義也不是為了所有人的幸福而預定規劃的藍圖。它並非固定不變，而是在為了權利和分享的奮戰當中漸漸成形。然而人們為此需要一個倫理學。對伯恩斯坦而言，社會主義毋寧是個「理念」；而理念的實現不同於特定的自然事件，人們必須努力以赴並且守護它。

可是如果沒有預定的歷史可以為這個理念辯護的話，社會主義憑什麼是個「正確的」理念？伯恩斯坦在朗格那裡找到了著力點。科學只是認識事實和因素，它沒辦法做任何道德判斷。只是倫理學才有辦法，因為它採取了「理想的立場」為依歸，並且據以月旦臧否。基於「理想的立場」，朗格為工人的權利大聲疾呼。伯恩斯坦也要這麼做。人們唯有在任何方面（不只是物質）都擁有自由，才有辦法自我實現，因此所有人的自由應該是唯一的目標。而儘管大同小異，社會主義正是以這個目標自許。一九〇四年，伯恩斯坦在一本題為《純粹意志倫理學》（*Ethik des reinen Willens*）的著作裡看到這個思想更加深入且謹慎的闡述。作者是當時六十二歲的新康德主義者柯亨。

康德是個社會主義者嗎？

新康德主義在一八六〇到八〇年代草創的時候，一直是個自由派的計畫。可是到了世紀之交，他們卻改弦易轍。海德堡的文德爾班彈起保守派和國族主義的音調，「馬堡學派」的柯亨和納托普則越來越傾向社會主義。

他們當時的同事，法學家**魯道夫．施塔姆勒**（Rudolf Stammler, 1856-1938）也有類似的思想。一八八二年到八四年，他是馬堡大學的副教授，接著先後在基森、哈勒以及柏林任教。一八九六年，他出版了《唯物史觀下的經濟和法律》（*Wirtschaft und Recht nach der Materialistischen Geschichtsauffassung*）。施塔姆勒和伯恩斯坦一樣都是社會主義者，但不是「科學唯物論者」。身為「社會理想主義者」，他同樣以解放工人以及消滅資本主義的不義為己任。可是他既不認為歷史的進程是預定的，也不認為階級鬥爭是消弭剝奪之惡的適當手段。

相反地，他和馬堡哲學家同事一樣以康德為取向。他以自由且自決地形塑其生活的個人尊嚴為前提，以為社會所有成員創造這個條件為其職志。身為法學家和法律哲學家，他意欲在司法體系裡把這個思想確定下來。好的、正確的法律必須為所有人創造一個美好生活的框架條件，也就是自由、政治、司法以及經濟上的平等，此外還包括安全和秩序。正如馬克思所言，法律不是在表現經濟關係，它應該以普遍的原則為取向，就像康德所說的，讓每個人都可以幸福過日子。

施塔姆勒基於自然法的觀點，反對當時的「法實證論」（Rechtspositivismus）。根據法實證論的主張，法律的基礎不在於哲學原理，而是旨在法律的規範。正如其思想先驅邊沁所說的，法實證論者並不堅持定義「正義」，他們認為重要的是（有意義的）合意以及承諾。這樣的法律不是也不想是「倫理的」，更不像是交通法規。可是施塔姆勒強烈反對。致力追求社會和諧的人都需要一個法律體系，在其中把這個目標確定下來——當然也是因為經濟上的考量。

同時期還有索林根的高中老師**卡爾．佛蘭德**（Karl Vorländer, 1860-1928）也在思索一個問題：

[392]

在當代詮釋下的康德哲學是否必定會推論出社會主義的主張。佛蘭德出生於馬堡，也在那裡上了柯亨和納托普的課。他以其深入淺出的哲學史作品著稱於世，以期讓更多人跟著探究哲學。在《康德和社會主義》（*Kant und der Sozialismus*, 1900）裡，他認為康德雖然不是社會主義者，但是其理論卻可能推論出社會主義。德國的社會主義者會不會也放棄他們的唯物論而以康德為其基礎？基於一種作為「道德理想」的社會主義，而不是基於社會的必然性？

沃姆斯的中學老師和哲學家**法蘭茲・施陶丁格**（Franz Staudinger, 1849-1921）也沿襲了這個想法。推動社會更加美好的並非歷史或自然演化，而是道德。一個讓每個人都得以正其性命的社會，有什麼比它更美好的？所以說，我們應該把道德理解為社會和政治的使命，而不只是個人的特質而已。施陶丁格更有他自己的特殊貢獻：他自一八九六年就到處奔走鼓吹成立消費合作社，讓工人可以買到價格低廉的食品。

康德主義者為什麼是社會主義者，或者說社會主義者為什麼是康德主義者，柯亨也在其《純粹意志倫理學》裡詳盡闡述其理由，那是他關於知識論、倫理學和美學的系統性作品當中最聳人聽聞的部分。他的立足點是康德關於定言令式的第三個說法，亦即我們的行為實踐應以我們的人格與任何他者的人格之中的人性視如**目的**，永不視如**手段**。就此而言，人就是目的本身，而不可以被利用。柯亨相當強調這個令式：「這段話充分闡明了定言令式至大至深的含義；它涵攝了新時代以及世界史所有未來的道德綱領……人的目的優先性的這個理念因而成了社會主義的理念，亦即每個人都被定義為終極目的、目的本身。」[246]

康德之所以不是社會主義者，那是因為他那個時代還沒有什麼社會主義以及工人運動。在十八世紀下半葉的普魯士，叛亂和激進行動時有所聞，那時候的宗教成了私事，神也成了「規制性理念」（regulative Idee）❽，人類則被認為在道德方面基本上平等的。可是柯亨認為十八世紀普魯士的「自由主義」相當於二十世紀初德國的「社會主義」。我們都相信人是目的本身，不可以被當作手段。那麼資本主義又是怎麼回事呢？資本家不正是讓人們為了自己的利潤而做牛做馬，在生產線上利用他們嗎？沒有哪個工廠主人或企業大亨會在他們的工人身上看到「他人格裡的人性」，他們只是為了滿足其目的的手段而已。康德的「人性尊嚴」定義和資本主義的剝削在根本上相互矛盾。在這個意義下，也唯有在這個意義下，柯亨可以說，「康德是德國社會主義真正的創始者」。247

沒有任何體制不是由所有人立法創設的——這就是柯亨的結論，如果人們把康德的人作為目的自身的說法擴充到整個社會的話。而且不僅僅是政治，職場因而也應該是民主的，而且是經由參與以及勞資雙方的共同決定。可是現存的資本主義和這個觀念不相容，所以它必須有所改變。工廠不再屬於私人，應該國有化變成生產合作社。因為唯有如此，人類的「全體意志」才會開花結果。合作社屬於全體成員，他們也會覺得有義務從事生產，覺得他們的工作是在為社會裡的所有個人服務。如此一來，就像柯亨所夢想的，整體經濟政策就有個道德目標，而資本主義正是欠缺這種經濟政策。需求不是要被喚起，而是要被滿足，重要的不是短期獲利，而是「忠實」以及展望未來的責任心。

這聽起來相當理想主義。可是柯亨並沒有談到具體的時程，以及用什麼手段（用暴力？）成就

❽ 相對於「構成性理念」（konstitutive Idee），構成性理念（或假設）是關於實在界現狀的陳述，而諸如「物自身」之類的陳述則是規制性理念。

這個狀態。只有一點是確定的：為了顛覆這一切，就像戈德溫和歐文所說的，工人必須擁有相對應的資訊和教育。柯亨的學生和朋友納托普特別強調這點。「社會理想主義」必須擴建成「社會教育學」。納托普用一大堆定義去填充赫爾巴特學派創造的這個概念，諸如「自我養成」（Selbstbildung）、「自我實現」（Slebsttat）和「自我創造」（Selbstschöpfung）。自我養成是個無止境的歷程。因為正如納托普在一八九九年寫道，人是透過「對於現象的拼寫」獲致對世界以及自我的知識。[248]

對於哲學家而言，這種拼寫和解碼往往不是容易的事。身為意欲幫助工人擺脫資本主義桎梏的社會主義者，納托普（包括許多其他社民黨員）是贊同第一次世界大戰的。他完全誤判情勢，居然期望戰爭的勝利（即便它是史上「最恐怖的戰爭」）不是成就「塵世榮光的太陽底下的德意志」，而是要破繭而出，成就社會主義。在諸如〈德國人的世界天職〉（*Deutscher Weltberuf*）、〈德國人的日子〉（*Der Tag des Deutschen*）之類的文章裡的荒誕不經的筆調，使得他從此聲名敗壞。納托普在慕尼黑蘇維埃共和大會裡證明說他談的不是什麼國族主義。他也支持柯亨的土地合作化（Vergenossenschaftlichung）、資本家的財產充公以及企業國有化。在他於一九二四年過世的前幾年裡，他的批判哲學混雜了強烈的神祕主義思想。

隨著柯亨（一九一二年）和納托普（一九二二年）的退休，馬堡新康德主義的全盛時期也式微。接任柯亨教席的不是哲學家，而是心理學家**嚴許**（Erich Rudolf Jaensch, 1883-1940）。和新康德主義激戰不下的心理學的凱旋行列勢不可擋。一九二一年，嚴許在馬堡召開戰後的首次實驗心理學學會大會。其後他被冠上種種可怕的罵名，諸如狂熱的國家社會主義者、種族主義者以及超心理學

[395]

家（Parapsychologe）。

動物道德

克魯泡特金和馬克思與達爾文一樣，都認為人類歷史透顯了拾級而上的演化趨勢。可是他的說法正確嗎？其實是有爭論空間的。不過很少人會否認說，人類自太初以來，開展了一個範圍越來越大的文明以及越來越細膩優雅的文化。兩百多年來，工業化國家的自由和幸福的正向發展也不容置疑。可是這個演進是辯證式的抑或是個自然法則，它是漸漸地達到一個無階級的社會，或是迫切需要一個對應的倫理——這些問題直到現在仍舊言人人殊。

因此，克魯泡特金最豐碩的遺惠其實是另一個東西。他很早就認為道德並非人類獨有的發明。當赫胥黎說道德是人類的「利劍，用以手刃他的獸性猛龍」，他假設了只有人類才擁有倫理和道德。而正如克魯泡特金的評論所說的，那必定是自無中演化而來。可是這個猜想完全違反生物學的原理。相反地，克魯泡特金關於「動物界的互助合作」的研究催生了一門學科，現在英美國家有許多教席都在研究，那就是社會生物學或演化心理學。他們探究的問題是：人類的動物性遺傳存在於什麼地方，它對我們的行為影響有多深？

演化和倫理還有另一個問題，也就是在世界觀上必須在演化和倫理之間做個抉擇。第一門學科是在**描述**一種相互關係，第二門學科則是在探問人類行動的道德**義務**。根據休姆著名的事實和規範的區分，我們沒辦法從事實推論出道德行為的指南。擁有一個可以定義我們本能甚或價值的動物性遺傳，那並不意味著我們就可以放蕩不羈或為所欲為。可是多認識自己一點，難道沒有好處嗎？

在克魯泡特金的時代，關於動物行為和感覺的研究正在起步。把動物的本性類比於人類天性的說法已經是老生常談了。從上古時代以來就有一個流行的說法，也就是每個人對於他人而言都是一匹狼。他們認為狼是不合群的動物，總是獨來獨往。儘管羅馬人普林尼（Gaius Plinius Secundus）早就寫過《自然史》（*Naturalis Historia*）。可是直到十八世紀，所謂的「動物心理學」不像人類的「經驗心理學」那樣，它仍然是個冷門學科。就算十九世紀中期開始有人把動物的行為模式叫作「本能」，研究它的人依舊寥寥無幾。 [397]

所以說，克魯泡特金可以說是最早觀察動物行為的人，人們習慣叫作「道德」的行為在動物世界裡其實也屢見不鮮。擁有社會生活的動物如何以及為什麼建立族群？有些動物為什麼會有憐憫心？為什麼只有人類才是理性的，而動物就只有社會「本能」呢？我們難道不能像達爾文一樣，也認為道德情感和思考源自演化嗎？而伯恩斯坦和柯亨刻意區分的兩個世界，描述的世界以及規範的世界，我們難道不能探問自然史以及文化史對於它們的種種影響嗎？

克魯泡特金也知道，我們沒辦法像史賓塞和海克爾一樣，從這個研究推演出什麼規範性的結論。關於「應然」、種種規範或理想的研究，不能評論描述的現象說它們是對是錯、有義務或無義務。人類的行為模式可以說層層疊疊。可是其中顯然只有少數和所有身為人類（Menschlichkeit，也有「人性」的意思）的人們有關。或許道德和無所不在的道德原則完全無關，只是協議和習慣而已。

早期研究者當中，有個芬蘭哲學家、社會學家和民族學家**威斯特馬克**（Edvard Westermarck, 1862-1939）就是堅持這個觀點。一八九一年，這個來自赫爾辛基的二十八歲年輕人以其博士論文突然崛起，他在論文裡探討人類婚姻的起源和歷史。[9]這個年輕科學家除魅了一個神話：人們普遍認為早期人類是母系社會，大小事都由女性作主。此外，威斯特馬克更在文化史裡處處看到一夫一妻制的線索。他甚至不需要他覺得被誇大的猶太教和基督教的觀念。他的著作轟動一時，在整個西歐一致被認為是沒有成見的、激進的現代道德觀。在蕭伯納的喜劇《人與超人》（*Man and Superman*, 1903）裡，女主角懷歐麗（Violet）是個相當摩登的女性，何以見得呢？因為她讀過威斯特馬克的著作！

探討婚姻的著作使這個芬蘭人一夕成名，也為他爭取到許多研究補助。野心勃勃的威斯特馬克想要寫一部作品，蒐羅動物和人類的所有社會遊戲規則並且加以評價。他要結合動物心理學和人類學，推動一門「道德科學」。這兩門新興科學，動物行為學（Ethologie）和民族學（Ethnologie）起初只有一個字母的差別。兩者都旨在探討行為的種種表現形式以及多樣性。威斯特馬克計劃要環遊世界以研究各地的文化。一八九八年，他從摩洛哥開始其研究。可是他在那裡的見聞實在是太引人入勝而多采多姿，使得他的第一站變成了終點站。他在馬格里布一待就是九年，在丹吉爾買了別墅，在那裡著作不輟，使得他於一九〇四年獲聘任教於倫敦政經學院（London School of Economics and Political Science）。一九〇六年，赫爾辛基大學聘請他擔任實踐哲學教授，於是威斯特馬克便往來於英國、芬蘭和摩洛哥之間。

在此期間，他也出版了他的代表作品，兩大冊的《道德觀念的起源和發展》（*The Origin and*

[9] 即《人類婚姻史》（*The History of Human Marriage*, 1891）。

[399] *Development of the Moral Ideas*, 1906/1908）：一個以自然科學和文化科學為基礎的道德哲學。他的激進觀點可以一言以蔽之：道德是個生物現象，是一堆相互衝突的本能的大雜燴，而每個社會對於它們都有不同的規範。它並沒有一個絕對的支點。我們心中並沒有什麼道德「法則」，沒有義務性的箴規（Maxime），更沒有什麼神意的黃金律可以使人成為人。

自從康德以來，我們所謂的行為箴規並非植基於我們的內心狀態。內心的聲音其實只是社會養成的。而我們的種種判斷——威特斯馬克在這點上是依據休姆的看法——充其量只是我們的好惡感覺而已。說得更直白一點：我們的道德原則也不是什麼常數，而是變數。而且也沒有評斷它們的客觀尺度。威斯特馬克認為，如果我們終於這麼想，那麼雖不中亦不遠矣。相反地，我們還會學到諒解和寬容：「如果人們再次明白，世上並沒有道德標準這種東西，那麼他們或許在論斷時會更加寬容，更加願意傾聽他們的理智對他們訴說的聲音。」[249]

道德無涉於情緒，只有少數哲學家主張這點。特別是亞里斯多德、聖多瑪斯（Thomas von Aquin）、斯賓諾莎、休姆和亞當．斯密，他們都在探究道德感這件事。可是威斯特馬克不同於以前的人，他認為這個情感其實深植於人類的動物天性。藉由文獻和傳聞而大量比較各種動物，他打造了一個關於定義我們社會行為的種種道德感的資料庫。於是，他提出了一個概念「應報式情緒」[400]（retributive emotions），那是當我們感受到不義的時候使我們想要「報復」的一種情感。可是「應報式情緒」不僅是負面的。當我們受人點滴，也會盡可能地湧泉以報，在尼采的學說裡就可以看到這個思想，然而威特斯馬克卻視而不見。而「應報式情緒」也漸漸和各種依賴感牽扯在一起，讓社群習以為常並且根深柢固。

威斯特馬克認為社會關係還有另一個支柱，那就是「同理式的厭惡」（empathic disgust）。我們往往不願意看到別人也遭受到不義，因為我們會設身處地為他們著想。因而我們會認定每個人都有權利拒絕遭到不義的對待。我們和許多動物一樣都有「應報式情緒」，可是只有少數動物會有「同理式的厭惡」。而第三階段的「抽象活動」更是只有人類才有。

可惜的是，二十世紀威斯特馬克的「演化倫理學」因為他的「道德相對主義」而蒙上陰影。維多利亞時代後期的英國同儕更熱中於他關於婚姻的違反宗教的說法、亂倫禁忌以及世界各地的性愛風俗，而不是他的動物心理學。讓哲學的歸哲學，在他們眼裡，以心理學、社會學或是社會人類學去解釋所有道德現象和文化規範，顯然既不知羞恥而又煽情誘人。而道德不需要任何原則就可以風行草偃，這個原理不管在哪個時代都是個挑釁的行為。

威斯特馬克在大戰前夕逝世於芬蘭村莊坦荷拉（Tenhola），他知道他對於人類學的影響歷久不衰。他著名的追隨者**李維史陀**（Claude Lévi-Strauss）在悼念他的時候對他相當推崇。威斯特馬克使我們對於社會和道德的理解面目一新，進而更加完備地描述整個人類。現在的民族學家和人類學家的看法和一百年前的科學家大不相同，這是不變的事實。因為關於所有文化是否有共同點，這個問題至今仍然莫衷一是。一九四五年，美國耶魯大學人類學家**穆達克**（George Peter Murdock, 1897-1985）指出所有文化的一系列共同點，他一共列舉了七十三點。[10]其中他提到和道德行為有關的為：「倫理」、「禮節」、「好客」、「助產」、「社會秩序」、「法律」、「亂倫禁忌」、「產

[10] 見：“The Common Denominator of Cultures” in *The Science of Man in the World Crisis*, 1945。

後照顧」、「政權」、「贈與」、「妊娠規定」、「性行為限制」以及「懲罰」。每個文化都有善惡的觀念，可是這個事實並沒有說到善惡究竟是什麼。對於若干宗教和文化而言，墮胎是「惡的」，可是也有其他宗教和文化不這麼認為。而至今仍然有人認為「第三帝國」裡也有納粹黨徒是「好的」，這個說法讓人不寒而慄。社會人類學的研究再怎麼發人深省，它可以像威斯特馬克及其同儕所說的那樣，真的取代哲學嗎？就在「道德科學」的挑戰宛若蚍蜉撼樹而不足以取代倫理學的時候，世紀之交有個著名的物理學家在哲學背後捅了致命的一刀，這個暗殺行動的衝擊是史無前例的……

我是誰

一場夏日之夢

一八八五年，一個數學系的十七歲學生在維也納郊外散步，這次經歷讓我們這位年輕的科學家印象深刻。四十五年後，已經是個退休教授的他寫道：「在碧空如洗的夏日郊野，我突然感到世界以及我的自我是一團緊緊湊在一起的物質，只不過在我心裡更加緊密一點。儘管這是我後來加上的反省，可是在那個時分，我的世界觀就已經確定了。」[250]

這個學生叫作**恩斯特・馬赫**（Ernst Mach, 1838-1916）。而這個夏日經歷的結論也成了現代哲學的重要轉折點。可是馬赫其實不想自成一個流派，也不要什麼以他為名的「馬赫哲學」。[251]他有點狡猾也有點謙虛地自稱為「哲學的夏日獵人」以及「天真的觀察家」。誤解和片面的詮釋往往為馬赫冠上形形色色不著邊際的頭銜：「實證主義」、「經驗批判主義」、「一元論」或是「哲學上的印象派」。

馬赫於一八三八年出生在布呂恩的舍里茨（Chirlitz, Chrlice）。他父親是學校教師和家教老師，出身自德語區的少數民族。馬赫在回憶錄裡形容自己小時候是個「瘦弱的孩子，而且發展遲緩」。[252]這孩子兩歲的時候，父親舉家搬到維也納郊外的下西本布倫。七歲到九歲的時候，孩子在家自學，由父親自己來教，他特別喜歡手工藝和科技之類的東西。父親把以這種方式栽培的孩子送到塞騰史特登村（Seitenstetten）的道明會教會中學就讀，馬赫的課業跟不上。那對孩子來說要求太高了，無計可施的父親只好繼續擔任他的家教，並且灌輸他進步主義的政治思想。可是一八五○年代初期並不是什麼滿懷希望的時代，正如歐洲各地一樣，奧匈帝國的復辟勢力也蠢蠢欲動。馬赫的父

[402] [403]

親只能書空咄咄，心情抑鬱。馬赫的父親要他學木工，終有一天可以離開奧地利，移民到美國去。馬赫十五歲的時候再次進中學就讀，這次卻表現優異，使父親打消了原本的計畫。

可是影響孩子最深的成長經歷卻不是在學校裡。乳臭未乾的他在父親書架上找到了康德的《一 [404] 切能作為學問而出現的未來形上學之序論》（*Prolegomena zu einer jeden künftigen Metaphysik, die als Wissenschaft wird auftreten können*），康德對哲學的科學性主張讓馬赫心儀不已。真正一致性地思考哲學的人，不會是個素樸實在論者，因為我們只能就其作為意識內容去認識世界事物。對於一個理工科學生而言，這是個巨大的思想挑戰。可是馬赫知道康德的先驗哲學進路是對的。就像以前其他批評康德的人一樣，他當然也不會假設在意識世界以外還有個形而上的自由王國，一個「物自身」的世界。理工人的素樸實在論是錯的，可是康德的形上學觀念論也有所不足。真理應該是在這兩端之間——這個年輕時的看法，他一輩子都沒有改變！

一八五五年，馬赫到維也納大學念數學和自然科學，五年後拿到博士學位；一年後取得物學系授課資格並擔任講師。可是他對於哲學的興趣依舊不下於自然科學。人的外在世界和內心世界、身體和心理，究竟是如何相互作用的？答案難道就在醫師、心理學家、物理學家和自然哲學家**費希納**（Gustav Theodor Fechner, 1801-1887）所說的「心理物理學」（Psychophysik）裡頭嗎？

費希納是個興趣廣泛而不拘一格的學者。他和洛策過從甚密，其思考遠遠超過所有學科的藩籬。在他內心深處是個浪漫主義者，認為整個大自然都有生命。一八四八年，他致力於植物的「心理」研究而引人側目。既然都有「動物心靈」，像植物這麼敏感的生物怎麼可能沒有「植物心靈」？費希納先後在萊比錫擔任物理和哲學教授，他想要深入探究身心互動的法則。身體的刺激怎 [405]

麼會引起心理反應以及活躍的想像呢？那是什麼樣的作用？十八世紀的經驗論者與感覺論者早已提出這些問題了。

二十九歲的費希納出版了內容包羅萬象的兩大冊《心理物理學綱要》（*Elemente der Psychophysik*, 1860）。他認為這門新學科只是方興未艾的實驗心理學的一支。我們感官接受刺激的程序，費希納將之稱為**外在**心理物理現象；而大腦神經處理種種感受的程序，則叫作**內在**心理物理現象。可惜當時的神經生理學還沒有那麼進步，因而對於內在心理物理現象所知不多。十九世紀中葉的哲學家和醫師對這方面的說法，差不多都像赫爾巴特那種枯坐冥想一樣笨拙，他們把腦袋裡東突西撞的活動比擬成蒼穹裡的星體運動。我們這位萊比錫的科學家也因此著眼於知覺刺激的研究。我們的感官究竟知覺到什麼樣的脈衝？什麼是我們看得到、聽得到、嗅得到、嚐得到的，什麼又不是？費希納埋首於無數的實驗，記錄下一次次的觀察。

當時在維也納的馬赫讀了如癡如醉。一八六一年，年輕物理學家寫信給資深心理物理學家說：「我探究數學心理學的時間要更久，我努力為心理學找尋類似物理學的實驗和觀察方法。可是一直到您的心理物理學問世，我的想法才真的找到了一個基礎。我熱情地拜讀您的書，發現它遠遠超乎我的期待。我認為您的方法更可以遠遠擴及於……」[253]

一八六四年，馬赫在格拉茨擔任數學教授，接著在一八六七年上學期擔任布拉格大學教授和研究所主任。他在那裡寫就了他的代表作：《能量守恆原理的歷史和根源》（*Die Geschichte und die Wurzel des Satzes von der Erhaltung der Arbeit*, 1872）。這個夾雜著數學和經濟學的奇怪書名透露了他野心勃勃的企圖。馬赫想要在同一本書裡解釋三件事：科學理論是什麼東西，它們有什麼用處？

[406]

物理的刺激如何導致心理狀態？而物理學又為什麼沒辦法回答第二個問題？接著他就提出了解釋。問題就在於古典力學的捉襟見肘。在馬赫眼裡，物理學裡充斥著不必要而且誤導的實體概念，例如絕對時間、絕對空間或絕對運動。他認為物理學家所謂的實在論只是雲山霧罩的臆想，而沒辦法在經驗裡得到證實。對於哲學，馬赫當然同樣不以為然。哲學家們也是一籌莫展，因為他們要不是唯物論者（例如大多數的物理學家），就是形上學的觀念論者（例如康德）。可是兩者都無法解答心理物理學的問題。

那麼該怎麼辦？馬赫的建議是整個拆掉重建，捨棄種種臆想，放棄那些無法證明的「實體」。以後的科學家只會以經驗教導他的知識進行操作，也只會使用對於認知絕對必要的概念工具。關於我們人類意識的探究也是如此。英國經驗論之父洛克就談到「人類心智的狹隘性」（narrowness of the human mind）。而馬赫也要求所有知識論者在處理理論時要像對待生活一樣。「思考的經濟原則」（Denkökonomie）就是其中的咒語，那是他在同儕亥姆霍茲、克希荷夫（Gustav Robert Kirchhoff）❶以及阿芬那留斯（Richard Avenarius）那裡找到的答案。

馬赫在以哲學的方法思索重大心理物理學問題的期間，在布拉格大學的研究所裡從事了無數次感官知覺、聽覺和視覺的實驗，寫就了《視覺和聽覺》（*Optisch-akustische Empfindungen*, 1872）以及《運動感覺理論綱要》（*Grundlinien der Lehre von den Bewegungsempfindungen*, 1875）。他注意到物體的加速度和慣性沒辦法孤立地發現，只能在和宇宙裡的其他物質做比較的情況下才能確定。

❶ 德國物理學家。他發現了歐姆定律、克希荷夫電流定律以及克希荷夫電壓定律，創立光譜化學分析法，據此找到銫和銣兩個元素。

「馬赫原理」以及對於牛頓物理學的大規模批評，成了愛因斯坦（Albert Einstein）於一九一六年（馬赫在該年去世）發表的「廣義相對論」的重要先驅。一八八〇年代，他更進行了火箭拋體運動以及超音速流體力學的實驗，在物理學裡留下了許多以他為名的術語：馬赫詹德干涉儀（Mach-Zehnder-Interferometer）、馬赫環（der Mach’sche Knoten）、馬赫數、馬赫錐、馬赫表以及馬赫波。❷一九二二年，音速單位以他的名字命名，協和式飛機（Concorde）後來以兩倍音速呼嘯天際，也是拜這個研究之賜。

揮別自我

馬赫在布拉格的實驗室以及下薩克森的田野裡實驗火箭拋物運動以及風阻的時候，也沒忘了找時間在哲學史上寫下一頁。一八八六年，《感覺之分析》（*Beiträge zur Analyse der Empfindungen*）問世；十四年後，他又加以改寫增補為《感覺之分析以及身心關係》（*Die Analyse der Empfindungen und das Verhältnis des Physischen zum Psychischen*, 1900）。該書的第二版相當暢銷，那是一部世紀之交預言新時代和新世界到來的典型作品。和它並行於世的，還有海克爾的《宇宙之謎》（*Welträthsel*）、佛洛伊德的《夢的解析》（*Die Traumdeutung*）、齊美爾的《貨幣哲學》（*Philosophie des Geldes*）以及尼采的《權力意志》。

❷ 馬赫詹德干涉儀：用於測量氣體折射率的空間變化。馬赫環：火箭發射時火箭尾部的光環。馬赫數：物體相對於周遭介質（空氣或其他流體）的速度與介質中的音速的比值，或者是流體速度與流體中的音速的比值。馬赫錐：流體介質中超音速運動的無窮小質點造成的錐形震波。馬赫表：飛行器上的皮托靜態系統儀表。馬赫波：流體介質中超音速運動的無窮小介質發出壓力擾動，沿著所有這些壓力擾動的共同交線傳播的震波。（見：《牛頓物理辭典》，牛頓出版，1989。）

這個書名讓人強烈聯想到費希納的心理物理學。馬赫開展了他在一八七二年概述的寫作計劃，[408]他要為知識論找到新的基奠。就像每個知識論者，他也想解決兩個古老的哲學問題：實在界的真實樣貌是什麼？而我怎麼知道我真的認識到它？

在達爾文的時代，第一個問題對他而言並不難。人類心智是演化的產物，源自對於環境的不斷適應。因此我們可以放心地說，我們所知覺到的和實在界相去不遠。每個讀過康德的人都知道，我們沒辦法直接認識實在界，而只是認識到意識內容的形式，可是那無關緊要。對我們表象為實在物的也正是實在物，這點並沒有什麼先驗的證明，而是從演化論推論得到的。適應世界的人可以在其中找到自己的定位並且存活。主張人對於環境一直存在著錯覺的這個說法是站不住腳的，因為他會無法存活。就思考的經濟原則而言，我們也可以有把握地說，物理世界事實上存在著，而我們基本上也有辦法正確認識它。

於是只剩下第二個問題。在馬赫的思考世界裡，這個問題一分為三：第一，我的內心世界和外在世界的對應程度有多麼密切，才會因為刺激而產生種種印象和概念？第二，我如何在沒有外在刺激的中介之下，在心裡想像顏色、聲調，甚或是整個風景和旋律？第三，我怎麼知道我是個「我」，甚至是個特定的「我」，這個「我」知道它認識它自己？關於以上的問題，尤其是第二和第三個問題，經驗論至今依舊束手無策。可是它有其他援手嗎？經驗批判主義（Empirio-kritizismus）嗎？

在馬赫的哲學裡屢屢出現的這個笨拙名詞，其實不是他自創的。[409]那是蘇黎世歸納法哲學的教授阿芬那留斯（Richard Avenarius, 1843-1896）的計劃。阿芬那留斯的本名是哈伯曼（Habermann），在大學攻讀哲學、語言學和心理學。一八七六年，他大膽地提出了一部題目又臭又長的短篇作品《作為依據最省力原則對於世界之思考的哲學》（*Philosophie als Denken der Welt gemäß dem Prinzip des kleinsten Kraftmaßes. Prolegomena zu einer Kritik der reinen Erfahrung*）。阿芬那留斯在思想上和馬赫很接近。除了「純粹經驗」之外的任何事物，他都認為沒有意義可言；他也排斥主體和客體的二元論而擁護一種「一元論」。在他的兩大冊代表作《純粹經驗批判》（*Kritik der reinen Erfahrung*, 1888/1890）裡，阿芬那留斯區分若干不同的「值」。我們在周遭環境裡知覺到的東西具有「R值」；語言和知識則是「E值」；而中樞神經系統則有個「C值」。由於阿芬那留斯視整個哲學傳統如無物，所以以上的字母是任意選擇的。「純粹經驗」應該類似康德的許多概念，也是他自創的。接下來連續數百個章節的編號，以及無數的數學等式，透露出他要盡可能以科學的方法去探討經驗的企圖。儘管相當繁複細膩，可是整個研究看起來荒誕不經，難怪阿芬那留斯終究沒有如願以償。就注意力經濟原則（Aufmerksamkeitsökonomie, Attention Economy）的觀點而言，這位「思考的經濟原則」之父是個失敗者。

馬赫一眼就看出來這位見解翕合者的弱點。「我願意承認，」他在《感覺之分析》裡寫道：「我對於矯揉造作的術語相當厭惡，因而和阿芬那留斯南轅北轍。」[254]❸而馬赫也極力避免把經驗予以數學化。不過和他的這位蘇黎世同儕一樣，他的激進作法也是大破大立的：一個在哲學裡很著名的方法，三百年前的笛卡兒就用過了。我們這位作為思考經濟學家的方法嚴謹的物理學家也如法

❸ 引文中譯另見：《感覺之分析》，頁42，張庭英譯，商務印書館，1971。「阿番拉越司（即阿芬那留斯）著作中，一切修飾之術語，實在無味，我極為反對他。他之著作，常常令人不懂；多讀幾遍，方能了解。我常常誤會他所用之字。」

炮製。然而笛卡兒懷疑任何感官經驗，而這位物理學家卻正好相反，他捨棄任何不是得自經驗的知識！而最大的犧牲者應該是那個「自我」。我是個不斷和一個「世界」溝通的「自我」，在馬赫眼裡，這個說法是自笛卡而以降的哲學最嚴重的錯誤。如果說一個思考者認識到「沒有思考的活動就不會有思想」，那麼根據馬赫的說法，他就會知道「自我」這種東西毫無根據。他只會認識到有個**活動**，也就是把種種印象和概念串在一起的思考。

在《感覺之分析》的開頭，馬赫就明白告訴讀者：「自我是不可挽救的，不管是這個想法或是因而產生的驚懼，都會導致至為荒誕的悲觀主義、樂觀主義、宗教上的以及哲學上的顛倒忘想。由心理分析揭櫫之簡單真理，我們沒辦法一直視而不見。對於這個自我，這個在個人生活當中變化多端，在睡眠、沉思、專注於一個想法，或是欣喜若狂的當下，總是會有局部或全然的忘我經驗，因此，我們不應該把『自我』看得太重。……如此一來，我們就可以獲致一個更自由而且沒有虛矯美化的生活，而不再輕視他人的『自我』而且高估自身的『自我』。」255 ❹

真是一針見血！認識到沒有「自我」這個東西並且當下透脫頓悟的人，不會有人比他更快樂了。馬赫的夏日經歷在向他招手，可是那宛若讚美詩一般在**心流**上泠泠盈耳的還不止於此。因為數十億人虛構出來的那個「自我」，不僅必須暫時被拋卻，更應該永久消失。至於他們為什麼要那麼

❹ 引文中譯另見：同前揭，頁22：「我之觀念，終當消滅。一則對於『我』之意義，有所了解，一則以有我為可憂。以為可憂者，實出於『樂天派』、『厭世派』過於放浪者之思想。一般『宗教士』及『隱士』皆不贊成我見。即使荒誕之哲學家，亦深以『無我』為然。在此無窮期內，不能不留意此簡單之真理，此真理在心理分析上可以立見者。至是當知個人之價值，不宜過於高視；即如個人之生命大有變遷時、眠時、或注意於某觀念時，以及正當最愉快之際，則全然不知有『我』。……能如是，則自由範圍愈廣，而生活觀念愈為明瞭。若然，則可免除『輕視他人，過於自重』之謬見。」

[411] 做，而它又和演化以及特定的思考經濟原則的解答有什麼關係，這個問題馬赫並不想回答。會不會是這個「自我」的演進以及對於自身即是行為之造作者的認知，在演化上仍舊不盡完備？而有些動物（而不只是顛倒妄想的哲學家而已）會不會也擁有自我意識？

就連馬赫也沒有真的和「自我」的概念分道揚鑣。可是至少他不想把「自我」視為「實體」，更不是什麼「常數」。當人自稱為「我」，並不意味著這個「我」在時間裡同一而持恆。我們或許有個「自我的感覺」，可是這個「自我」並不存在同一性。在《感覺之分析》導論裡，馬赫在一個注釋裡用兩個例子說明「自我」有多麼遷流不息。因此，人所以自認為是個「自我」，那只是因為他「對自身認識不清」：「年輕的時候，我在街上看到一張相當令人作嘔的臉龐側面。當我搞清楚了那就是我自己的臉孔，我著實大吃一驚，當時我在一處鏡宮裡，穿過兩面鏡子而看到自己的身影。——又有一次，在搭了一整晚的夜間火車之後，疲憊不堪的我上了公車，看到另一側也有個男子上車。『哪裡來的這麼一個猥瑣的校工？』我心裡在犯嘀咕。可是那個人就是我，因為我的正對面有一面大鏡子。原來我對階級特徵比我的個人特徵更加熟悉。」[256]

面對這個一個遷流不息的、不可靠的、變化多端的、不可知的東西，馬赫認為它不會是一個叫作「自我」的固定值。思考經濟原則會把它擱在一旁。對他而言，感覺只是「在世界裡踽踽獨行的」東西而已。[257]於是，馬赫提出休姆在十八世紀就證明過的一個主張。即使有個「自我」存在，它也不是經驗的對象，而只是「知覺的組合」。它固然是個幻覺，但是有可能是個必要的幻覺，讓人以為大腦裡有個主宰而感到心安（或許是不可免的）。

[412] 真的是這樣嗎？自我是個幻覺嗎？每個正常人所相信的難道只是大腦裡的一場騙局？難道兩千

年來的歐陸哲學家們都在欺騙自己，佯言他們對於那個開物成務的「自我」的理解已經充類至盡了？我們的這個自我會不會只是個大腦，我的所有思想、情緒和意志活動都在裡頭進進出出？或許是一座看盡生命的起起落落或的城堡？或許是一刀未剪的影片，它對我保證說，經過了幾十年，我對自己的感覺依舊不會改變？

哲學的答案和自然科學的答案至今莫衷一是。不過撇開若干例外不談，整個哲學傳統並沒有主張「自我」是個對象或實體。康德說「自我」是個「內感的對象」而和「外感的對象」（也就是身體）相對。我們所說的「自我」，主要是指「自我感覺」，一個所謂的「自體的旋律」，固然無法就生物學去掌握它，但是它卻存在於心裡。就像我們描述演奏廳裡的所有樂器以後並不會因而產生一首交響曲，「自我」也不能被理解為對象。現在許多大腦科學家傾向於認為並沒有**一個**我，而是有許多不同的「自我狀態」，我的「**身體自我**」負責讓我知道這個和我一起生活的身體的確是我自己的身體；我的「**場所自我**」告訴我現在我在哪裡；我的「**透視點自我**」則對我說，我站在我所經驗的世界的中心點上；我的「**作為經歷主體的自我**」對我說，我的感官印象和感覺事實上都是屬於我的而不屬於別人；我的「**作者和檢查站自我**」讓我明白，我要為我的思想和行為負責；我的「**自傳自我**」則保證我不會落在自己的影片外面，我從頭到尾都會體會到同一個我；我的「**自反性自我**」讓我可以反省自己；「**道德自我**」則構成我的良知，它會告訴我是非善惡。[258]

心理變態的人在這些自我狀態方面會產生障礙，其中一兩個自我可能功能異常，正如**奧利佛．薩克斯**（Oliver Sachs）的《錯把太太當帽子的人》（*The Man Who Mistook His Wife for a Hat*, 1985）裡的英國心理分析師的故事。他們以成像程序檢查有局部自我障礙的病患，也會看到若干腦區顯然功能異常。例如，「**身體自我**」和「**場所自我**」和頂葉的功能有關；「**透視點自我**」和顳葉右下方有關；「**作為經歷主體的自我**」同樣和顳葉右下方有關，不過也涉及杏仁核以及大腦邊緣系統其他中心。

可是就算這些自我狀態可以如此劃分畛域，它們其實在我們大腦的實在世界裡是拌炒在一起的，有時候某個味覺會壓過另一個味覺。在我們日常意識裡，它們幾乎無法分辨地相互作用著。有些味覺只是短暫停留在舌頭上，也有些味覺一直揮之不去。佐料的來源似乎也各自不同。有的只是感覺到而已，有的則會意識到。我也很少意識到「**透視點自我**」或者「**身體自我**」。可是「**自傳自我**」無疑是我為自己創造出來的，而且是透過說話。我談論我自己，因而對我自己以及他人談到我的自我，據此同時也形成了自我。我的「**自反性自我**」甚或「**道德自我**」也是如此。

無論如何，自十八個月到二十四個月的每個正常孩子都會形成一般性的「自我感覺」，幼童也差不多在這個時候可以認出鏡子和照片裡的自己。接下來才會產生社會以及法律意義下的「人」（Person）：自我是個多少要為自己的行為負責的社會成員。若干能力和性格會在青春期間或之後才在腦部形成，人格的發展和自我感覺密不可分。以前認為人有個叫作「自我」的上司在心靈上加以統合，因而被證明是站不住腳的。這個自我很複雜，它可以拆解成許多不同的自我，卻又是個被感覺到的實在物，所以無法以自然科學輕易解決。那麼，我們感覺自己是個自我，對於這個現象的觀察還不足以證明自我的存在嗎？「人是個體，」社會學家盧曼（Niklas Luhmann）寫道：「這就足以主張它的存在。」關於自我，我們也可以這麼說。

馬赫這麼寫或許是對的：「自我不是個不變的、限定的、有名確界限的單位。」可是如果說我們的感覺因此就「獨自在世界裡漫遊」，那也太難以想像了。自我是個相當專注的幼稚園園長，他大多只會觀看、同理或者多少守護著我們，作為一個捉摸不定的、層次複雜的、多重透視點的自我。可是馬赫想要拋開這個被感覺的自我而穿越知識論。於是一個新的基石取代了「主體」和「客體」：元素。

一切都是虛構！

我們在馬赫的自傳裡可以看到最言簡意賅的概述。他在其中寫道：「人的整個內心世界分解成元素，人的整個經歷也取決於兩組元素，其一是外在世界或者物理和感覺的世界，其二是內心世界或即心理和印象的世界。」[259] 我們在費希納那裡已經看到了外在世界和內心世界的相同區分。不同者是「元素」，這個看起來像是物理學的概念。當哲學家區分「自我」和「世界」的時候，馬赫眼裡卻只有產生感官經驗的神經和神經元認識裝置。像康德所說的思考者搜索枯腸地找尋其思考的邏輯預設，並不會得到任何客觀性。對馬赫而言，只有人類在生物和生理方面的基本配備才是客觀的。這位心理物理學家看到的不是什麼超驗的先天性（transzendentales Apriori），而是生理學的**先天性**（physiologisches Apriori）。

馬赫認為整個世界都由元素組成。它們固然在性質上各自不同，端視於它們是來自外在世界的物理刺激，或是我們意識的心理產物。不管是「自我」或「世界」、主觀或客觀，那並不是事物的性質，而只是透視點的問題。自內心世界觀之，事物顯現為心理的；而自外在世界觀之，它們就顯現為物理的。如此一來，馬赫認為哲學裡棘手的身心問題便迎刃而解。物理的東西不會蛻變成心理

[415]

的東西，而是說，它是物理的或心理的，那只是**觀看的問題**。

自內在的透視點觀之，世界是**感覺的集合**。每個感覺都是真的，因此它們都在眼前。沒有所謂錯誤的感覺，只有錯誤的推論。當天空對我們而言看起來是藍色的，它就真的看起來是藍色的。而主張它自物理觀之也應該是藍色的，則是從真實的知覺得出錯誤的推論。唯有科學才可以區分兩者的差別。它是人類知識演進的最高階段。我對於特定事物的認識越多，就比較不會有不好的經驗。我們之所以會擁有知識，那是因為它有用。它可以避免因為不必要的經驗而白費力氣，並且增加存活的機會。

[416]

為了增長知識，我們必須學會盡可能地累積經驗。而概念就是我們的資料庫。它們遵守著「思考經濟原則」。一個概念勝過一千個手勢，而且精確得多。透過語言，人們可以意識到他們的感覺，更容易通盤檢視並且整理它們。我們的內心世界也會漸漸勾勒出輪廓，一直到複雜的想像、觀念和理論。而精確的科學就是整個演進的最高階段。它們不再只是使用概念，更會操作抽象的記號，例如數字和字母。現代人類生活在一個由極度壓縮的記號構成的自創符號世界裡，那是個不可小覷的進步，其代價則是漸漸喪生了本能。

未來的哲學、心理學和腦神經科學的研究計畫因此昭然若揭：重點是**對於感覺複構的研究**。那不是件容易的事。畢竟「感覺」一直是最尷尬的哲學概念，我們就是沒辦法抓到它。難怪許多哲學家都避而不談。我們還記得，赫爾巴特是少數願意研究它的人：經驗世界的現象如何變成內心的觀念？如果在感覺方面，外在世界和內心世界是相對應的，那麼人們會由它們得出什麼樣的觀念？赫爾巴特注意到那涉及了一個極為困難的領域，因而虛構了一個內心世界的天文物理學，既燦爛瑰麗

[417]

又無法證明。問題一直在兜圈子：只要談到感覺，就不得不談到對象以及刺激。可是感覺本身既不是對象也不是刺激。或者人們會談到「美的」、「可愛的」、「駭人聽聞的」、「煩人的」、「愜意的」、「厭惡的」等等，可是它們並不是感覺，而是評斷。**刺激先於感覺之前存在，而判斷則是在感覺之後**。感覺本身卻像是幽靈一樣，在事物和判斷之間四處遊蕩而捉摸不定。

就連馬赫也說不上來感覺是什麼。不過他也不想說清楚！感覺是心理的元素，也就是基石。至於元素是什麼，就不必深究了。當時的物理學家和哲學家都把物體以及意識裡的自我當作實體，而認為感覺是需要解釋的東西。可是馬赫卻反其道而行，他認為感覺才是實體性的，而物體和自我才需要解釋。由於他讓「自我」渡假去了，所以只剩下物體的問題。物體是什麼，馬赫在比《感覺之分析》早三年出版的《力學及其發展的歷史批判概論》（*Die Mechanik in ihrer Entwicklung. Historisch-kritisch dargestellt*, 1883）[5]裡寫道：「物體是觸感以及光感相對恆定的總和，這些**感覺**和空間感以及時間感有關。」[260]我們不難想像為什麼馬赫被叫作「印象派」了。對他而言，物質不外乎各種感覺有規律的組合。**事實上**，它們就是印象，不過不是物理學和哲學相對於實體而要解釋的東西。

現在馬赫兩手空空。「自我」以及「物體、物質、對象或事物」，這些「形上學的」破爛玩意兒都被他扔掉了，只剩下感覺，也就是心理認知當中的元素。它們構成我們的「世界」。如果外在世界的特定刺激一再引起相同的感覺，我們變認為這個刺激的源頭是實在的，是個「實體」。這麼

[418]

❺ 另譯作：《力學史評》。

說沒什麼問題，因為我們有個記憶，它儲存以前的感覺並且和新的感覺做比較。透過我們的記憶，感覺變得更加生動鮮明，我們會依據時間和空間整理它們。根據馬赫的說法，感覺本身從來都不是中性的。我們所感覺到的一切都會伴隨著價值判斷，也就是（如康德所說的）「愉快」或「不悅」。在這點上，人和動物其實沒什麼兩樣。而人類所特有的只在於我們的價值判斷可以相當抽象，以至於會加入更多的評價，亦即「正確的」和「錯誤的」。沒有這些評價，就不會有道德，也不會有科學。

由於人們會評斷他們有意識或無意識（對馬赫來說，這個區別不是很重要）知覺到的東西，我們的感覺便會喚起種種**觀念**。這些觀念只不過是以聯想的方式組合在一起的感覺，它們會擴展成巨大的觀念複構，例如我的「自我」或者我的世界觀、我的政治信念、我的道德觀等等。就簡單的觀念而言，我也許不需要語言，但是概念卻可以幫助我把種種概念串接成更大的複構（Komplex）。

可是人到底為什麼有這個需求？馬赫認為那是因為我們的求生意志。它驅使我們往前進，而它自身也會不斷分化。意志越是複雜，觀念就越講究；而觀念越複雜，意志也會越難搞。儘管馬赫認為意志很重要，卻不難解釋。叔本華眼中的意志是個巨大的黑暗力量，馬赫卻認為那只是複雜的物理交互作用當中重要的操控機制而已。

馬赫所寫的東西，要不是從物理學套用到意識上，就是他傾聽和觀察自己而認識到的。可是他自己也知道其實有不足之處。如果有腦神經科學可以佐證他的理論，他應該會很開心。可是世紀之交的大腦研究還不足以驗證這樣的理論。西班牙醫師**拉蒙卡哈爾**（Santiago Ramón y Cajal, 1852-1934）於一九〇六年獲得諾貝爾獎，因為他認識到大腦的最小單位，也就是神經元，並且說明它們

[419]

的細微聯結和分叉。他的英國同事**謝林頓**（Charles Scott Sherrington, 1857-1952），亥姆霍茲的學生，則是於一八九七年以「突觸」說明神經細胞的連線。可是在世紀之交，對於感覺的複雜相互作用仍然所知不多。如何由刺激產生意識，人們對於這個謎依舊啞口無言。可是腦神經科學家們都知道，馬赫的理論是現代大腦研究的重要準備工作。當我們現在習慣把感覺說成神經元的激發狀態而以波的形式擴散，馬赫早就提出了這個觀念。當腦神經科學家以及現在的「心智哲學家」認為「世界」是大腦裡的「種種表象」，這位熱中於哲學思考的物理學家在他位於布拉格的實驗室早就看出來了。

一元論或二元論？

雖說馬赫是個舉足輕重的物理學家和哲學家，卻也是個頗受爭議的心理學家。儘管當時的實驗心理學勢不可擋，可是要放棄「自我」——心理學都是從對於自我的研究出發的——，還是難以想像的事。如果心理學不再是關於「自我」的自然科學的話，它又是什麼東西？

在馬赫的時代，在大不列顛有個蘇格蘭人**拜恩**（Alexander Bain, 1818-1903），他就劃分了地域的經界。拜恩是彌爾的好友，也是個博學多聞的人。出身寒微的他，為了學校課程寫了英語文法書，對於國民教育也頗有自己的見地。他在課堂上呼籲掃除許多灰塵。拜恩想要加強自然科學，要求學生學習現代多國語言。他以其著作《感性和知性》（*The Sense and the Intellect*, 1855）、《情緒和意志》（*The Emotions and the Will*, 1859）成為知名心理學家。正如孔德和彌爾致力於提倡社會學和邏輯，拜恩也矢志普及心理學。有了這門學科，所有形上學都可以丟到海裡了。所有心理狀態都可以從生理學的角度清楚解釋，而「心理學」也是自然科學之一。就連人們口中的「意志」，也唯有從他們的肢體動作才得以窺見一斑。德國晚期的叔本華以及年輕的艾德華・哈特曼對意志的思考，和拜恩可以說天差地遠。德國人眼中的形上學原理，拜恩認為只是身體需求的可悲表現。

相反地，心理學在德國的演進長期以來一直和哲學息息相關。費希納和萊比錫的同事**恩斯特・魏伯**（Ernst Heinrich Weber, 1795-1878）是少數意圖以實驗的方法研究，並且證明他們的「心理物理學」的人。當時的主流是洛策推動的傳統哲學和經驗心理學研究的整合。心理學應該是「心理的生理學」，而和「哲學心理學」風馬牛不相及。從此以後，只有它才有辦法探究更高層次的意識活動。生理學探討其梗概，而哲學窮究其複構，對於洛策而言，心理學並沒有改變這個領域區分。而儘管他潛心研究心理學領域，卻沒有自己從事任何實驗。他既不測量，也不分析任何數據，更把數學拒於門外。洛策的工作場所是在寫字間裡，而不是實驗室。

洛策逝世後不久，在一八七九年，萊比錫的哲學教授**馮德**（Wilhelm Wundt, 1832-1920）推動了一個重大的轉折。他出生於內卡勞（Neckarau），在海德堡以及杜賓根攻讀醫學、自然科學和哲學。他在柏林著名的生理學家**約翰・繆勒**（Johannes Müller, 1801-1858）的研究所工作，也曾經師事波瓦黑蒙。一八五八年到六三年，馮德在海德堡擔任亥姆霍茲的助理，在那裡出版了《感官知覺理論文集》（*Beiträge zur Theorie der Sinneswahrnehmung*, 1862）。在該學科諸位大師的提攜之下，馮德成為海德堡人類學和醫師教授。一八七四年，他短期擔任蘇黎世大學歸納法哲學教授，直到阿芬那留斯接任該教席。一八七五年，馮德開啟他在萊比錫的長期生涯，在費希納以及魏伯任教的大學以及心理學實驗室中心。他在這裡成立了「實驗心理學研究實驗室」（Experimental-

Psychologische Versuchsanstalt），一八八四年改名為「實驗心理學研究所」（Institut für experimentelle Psychologie）。

馮德在海德堡任教期間就已經完成了他的《生理心理學原理》（*Grundzüge der Physiologischen Psychologie*, 1874）。他的起點和二十年前洛策的《醫學心理學或心理生理學》並無二致：我們有所謂生理學上的事件和心理學上的事件，兩者在性質上有根本的差異。一方面是簡單的心理事件，另一方面則是有意識的心理事件。可是兩者在心裡如何交互作用呢？當馮德捨棄「自我」而談論「心靈」時，他和當時的馬赫一樣，都不認為那是個「實體」。我們所謂的「心靈」，只不過是**心理事件**而已。

實驗心理學家不會探討個人及其生平。他眼裡只有**事件**，要理解這類的行為或是事件就必須區分三種不同的活動：感覺、想像以及**意志**（馮德自己加上去的）。如果沒有「主意主義」（Voluntarismus），所有心理活動都會難以理解——這是馮德超越費希納和魏伯的重要補充。他對於意志的解剖比叔本華要澈底得多。對於「法蘭克福的佛陀」而言，意志是唯一的、支配一切的原始驅力；可是馮德認為那只是先於一切感覺以及驅力存在的原始動機而已。叔本華認為意志是個統一體；然而對於馮德而言，它一來只是個衝動，二來則具有難以估計的多樣性，必須細心區分為需求、欲望、願望、思慕以及各種其他動機。

馬赫以「元素」作為他的堅固地基，而馮德則是找到了意志的「根本事實」。他在萊比錫日積月累的實驗使得他的《生理心理學原理》增補成三大冊巨作，他也因而成為當時歐洲最重要的心理學家。來自世界各地的學生湧入萊比錫，以觀摩心理實驗的進行，其中有兩百名學生在大師指導下

[422]

攻讀博士。可是馮德不以此自滿。他夢想著一個沒有矛盾的哲學體系，以心理學研究的高度，重新建構所有古典學科，也就是邏輯、倫理學和形上學。

可是馮德心目中的「體系」，卻悄悄地擴充成蕪蔓龐雜的資料彙編，其中夾雜著哲學和心理學的各種解說。在《邏輯》（*Logik*, 1880）當中，他踵繼彌爾而探究正確的科學方法，不知不覺寫了三大冊，裡頭卻是了無新意。在《倫理學》（*Ethik*, 1886）裡，他把康德的倫理誡命詮釋為自然裡一個普遍的思想演化的規律性產物。生命的意識程度越高，它就會越加合乎倫理，在「善的意志」當中成就演化的最高階段。**當康德遇到史賓塞**——科尼斯堡的大師應該不會接受這種混搭的。馮德以此為起點，大膽地寫了十大冊的《民族心理學》（*Völkerpsychologie*, 1900-1920），意圖把各個民族理解成有各自的演化規律的複雜有機體。不過，他在這方面的成就卻遠遜於威斯特馬克。

然而這位萊比錫的心理學終其一生都認為自己是個集大成者。他自詡是史上第一個創造出「沒有矛盾的體系」的人，它把「知性的要求和感性的需求概括為一個差強人意的世界觀和生活觀」，他在《哲學體系》（*System der Philosophie*, 1889）裡如是寫道。[261]就像《倫理學》一樣，馮德在《哲學體系》裡也沿襲了康德的說法。心理學只能描述人類知性可以把握的東西，至於其他的就只有理性以及形上學才能探個究竟。這裡也暗示了若干重要的「假設」。在這點上，馮德和馬赫大相逕庭。對布拉格的物理學家而言，形上學在實驗心理學的年代裡已經公認退役了。相反地，馮德認為它是不可放棄的，因為他主張人類有個「全體意志」，它超越了一切有限的意志層次，以「有意識地實踐特定意志目的」把全體人類凝聚在一起。馮德認為厥初存在著混沌不清的個別意志，而倫理的全體意志則是社會演化的目標。一點點萊布尼茲的單子論，再摻雜一部分的謝林和黑格爾，以

[424] 自然主義當作烤模，放進演化的烤箱裡，心理學意義下的全體意志就會膨脹起來。

這一切布拉格的馬赫都看在眼裡，他心裡越來越納悶。這位大有可為的萊比錫心理物理學家難道又要陷入形上學的泥淖嗎？他仍舊走不出心靈和世界、意識和物質的「二元論」這個死胡同嗎？心理學難道不能掙脫桎梏，主張馬赫認為早就該到來的「一元論」嗎？它還要繼續以形上學迷惑「意志」嗎？而在政治立場方面，漸漸傾向保守派的馮德也和社民黨的馬赫分屬不同的世界。馮德認為「國族」代表了意志的共同體，而我們的物理學家則是堅決反對。世紀之交在奧地利遍地烽火的「國族主義」，在他眼裡是個「令人扼腕的褊狹心態以及可怕的反動」。[262]他的社會民主主義思想以及和奧地利社民黨主席維克多·阿德勒（Victor Adler）的友誼，使這位大名鼎鼎的物理學家遲遲沒辦法獲聘到維也納大學任教。直到一八九五年，他才如願以償地獲聘為「哲學以及歸納法科學史」教授。可是就在三年後，馬赫在維也納不幸中風。

他在一九〇一年退休之後，仍舊是世紀之交的維也納的文化名人。各個學科的科學家和無數的知識份子都想要認識他。他在《普及科學講座》（*Populär-wissenschaftliche Vorlesungen*, 1896）裡深入淺出地闡述艱澀的自然科學問題而使得大眾也都認識他。一九〇五年，他出版了第二部哲學代表作：《知識與謬誤》（*Erkenntnis und Irrtum*），在其中重述了《感覺之分析》的看法：所有思考都是為了生存，除非它在幻想中獨立成為藝術家的聯想。隨著人類的進步，思考越是接受檢視和「驗證」，我們的世界觀就會越科學，直到有一天，整個人類的思考都會完全是科學的。到那個時候，自然科學的實驗和狂放不羈的創造性想像就沒什麼差別，我們會不停地問它們是否經過「驗證」——換言之，它們的結論是否恆為「真」。對於馬赫而言，許多謬誤也是真理之路上的重要階 [425]

段。穆齊爾於一九〇八年在馬赫的指導下獲得博士學位，他在《沒有個性的人》裡對此有個神來之筆的形容：「我們因犯錯而進步。」

重拾自我

儘管（或者正是因為）馬赫的哲學戛然而止，他在維也納依舊讓科學家、哲學家以及文學家為之顛倒，人們如癡如醉地想要知道傳統思考如何消融於「一元論」當中。馬赫無心插柳的「感覺印象主義」獨領風騷，打動了「世紀末」（Fin de siècle）的時代精神。人們對於這位自出機杼的思想家驚豔不已，而把他視為導師。就像後來的跨界思想家，模控學家（Kybernetiker）諾伯特・維納（Norbert Wiener）、現象學家傅拉瑟（Vilém Flusser）或者傳播學家麥克魯漢（Marshall McLuhan）一樣。

世紀之交的維也納有兩百萬人口，它在三、四〇年間是世界的文化重鎮。大樓奢華的外牆依舊反映著多瑙河王朝的京華煙雲，而哲學家、文學家、藝術家、建築師和音樂家卻摧毀了人類長久以來建立的自我認知。在「維也納分離派」（Wiener Secession）❻第七屆展覽中，克林姆（Gustav Klimt）接受創作委託案，在維也納大學大廳天花板上畫了《哲學》（*Die Philosophie*），站在生命的開端和豐碩的存有旁邊的是死亡和沒落。代表世界之謎的宇宙球體有如迷霧般的晦暗，氣氛相當陰鬱，沒有任何理性之光照亮人類的夢魘，臉頰豐滿的智慧女神也黯淡無光。建築師奧托・華格納

❻ 奧地利新藝術運動，和藝術家協會（Künstlerhaus）唱反調，主張和傳統美學決裂。

[426]

（Otto Wagner）以及更激烈的阿道夫・洛斯（Adolf Loos）和歷史主義的建築風格決裂，為現代主義建築披荊斬棘。在音樂方面，馬勒（Gustav Mahler）和荀貝格更是「新音樂」（Neue Musik）❼的開路先鋒和代表人物。

可是文化的變革不僅止於思想和藝術上的大事件。輿論也躁動不安，當整個基石滑落，各種狂熱份子也蠢蠢欲動，其中包括基進主義（Fudamentalismus）。一九〇七年秋天，十九歲的希特勒報考了維也納藝術學院，確沒有被錄取。由於當時許多知識份子、醫師、商人和法官都是猶太人，反閃族主義也就因而迅速崛起，右派狂熱主義和左派一樣叫囂隳突。維也納是社會民主黨維克多・阿德勒、奧地利馬克思主義者奧托・鮑爾（Otto Bauer）和猶太復國運動領袖、政論家提奧多・賀策（Theodor Herzl）活躍的城市。

此外也有許多外國知識份子在世紀之交客居維也納。在眾多移民當中，俄羅斯年輕醫師和哲學家**波格丹諾夫**（Alexander Bogdanow, 1873-1928）也深受馬赫的影響。這位布爾什維克以他的三大冊著作《經驗一元論哲學論文集》（*Empiriomonizm: Stat'i po Filosofii*, 1904-1906）而成為俄羅斯的年輕知識階層（Intelligenzija），也招致列寧（*Iljitsch Lenin*, 1870-1924）的嚴厲批判。這位布爾什維克黨的創立者誤以為經驗批判主義並不會損害唯物論的基石以及馬克思主義的世界觀。儘管身處政治鬥爭的動亂當中，流亡到赫爾辛基和日內瓦的列寧還是撥空寫了四百多頁的《唯物主義和經驗批判主義》（*Materialismus und Empiriokritizismus*, 1908）來清算波格丹諾夫。

❼ 二十世紀音樂裡諸如無調性、音階技巧等新奇激進的趨勢。

這位滿腹經綸的革命家引經據典地把自柏克萊、休姆以降的經驗論傳統和法國啟蒙運動的唯物論做對比，而把戰線拉到當下。不管是費爾巴哈、亥姆霍茲或是新康德主義，都要接受放射線檢驗，探究他們各自的「物質」概念。對列寧而言，阿芬那留斯和馬赫的感覺理論只是透露了在十九[427]世紀末拋棄了「物質」概念的物理學的危機。經驗批判主義並沒有如它自稱的超越自我和物質的二元論。列寧認為馬赫的理論只是唯心論的舊瓶新裝——他認為這個傳統早就被馬克思和恩格斯拋棄了。

在這期間，文學家們也在維也納的中央咖啡館（Café Central）裡討論馬赫。作家和評論家**赫曼・巴爾**（Hermann Bahr, 1863-1934），維也納文化圈的核心人物，於一九〇三年寫了一篇報紙文章〈不可挽救的自我〉（Das unrettbare Ich）。巴爾熱情洋溢地引用馬赫的《感覺之分析》，讚美其分析「美妙的清晰性」。至於作者，他則是讚嘆說，「和煦而熹微的幽默，喜歡善意的嘲諷，至於許多難以啟齒的尷尬問題，他也知道如何以最優雅的方式提出來。」巴爾完全同意「自我」的「不可挽救」：「『自我』只是個名字。它只是個幻覺。它是我們在實務上需要的權宜之計，用以安頓我們的種種觀念。它只是一串串的顏色、聲音、溫度、壓力、空間、時間，而情緒、感覺和意志則是和它們捆扎在一起。一切都在永恆的遷流不息當中。當我們談到連續性或持久性，那只是因為有些東西的變化慢了一點。世界不斷地生成，而因為它不斷生成，它也不斷壞滅。一切只不過是這個生滅。如果我們抽掉它的顏色、聲音、溫度，它就什麼也不是，不會有什麼東西留下來。」[263]

巴爾的大學同事，**胡格・霍夫曼斯塔**（Hugo von Hoffmannsthal, 1874-1929）更讓人震驚地感受到自我的喪失。在他的《香多斯勳爵書信》（*Chandos-Brief*）裡，他在一九〇二年的夏天寫了以下的名言：「我完全失去意義連貫地思考和說話的能力了……我感到莫名的不適，而沒辦法說出[428]

『心靈』、『靈魂』或『身體』之類的語詞，（因為）我自然而然用以表達判斷的抽象語詞，就像發霉的香菇一樣在我嘴裡腐爛。」[264]再也沒有任何倚靠，自我會無止境地被拉來扯去，川流不息，隨時心情起伏不定，被困在自己的生活謊言裡，這正是**亞瑟・席尼茲勒**（Arthur Schnitzler, 1862-1931）的戲劇以及**理查・霍夫曼**（Richard Beer-Hofmann, 1866-1945）的作品所要訴說的。

「維也納現代派」（Wiener Moderne）的文學家以歡愉或驚懼的心情寫出種種瓦解，當時卻有另一個呼風喚雨的哲學家又把「自我」紮在一起。**法蘭茲・布倫塔諾**（Franz Brentano, 1838-1917）是維也納哲學僅次於馬赫的重要角色，一直到他於一八九五年移居佛羅倫斯。他是浪漫派詩人克雷門斯・布倫塔諾（Clemens Brentano）的姪子，原本想在教會裡度過一生。可是當第一次梵諦岡大公會議通諭「教宗無謬論」後，讓他心生反叛。一八七三年，這個烏茲堡的神父揮別了教會，不久後在維也納大學擔任哲學教授，更在那個期間出版了他的代表作《經驗觀點下的心理學》（*Psychologie vom empirischen Standpunkt*, 1874）。

[429] 正如許多其他心理學家，布倫塔諾也致力於客觀的、科學的心理學研究。洛克、休姆、彌爾都是他的模範，此外更包括乏人問津的數學家和哲學家**波札諾**（Bernard Bolzano, 1781-1848），布倫塔諾從他的學生那裡讀到波扎諾的《知識學》（*Wissenschaftslehre*, 1837）。可是不同於越來越多以經驗方法從事研究的同事，布倫塔諾不想以自然科學的方法獲致心理學的客觀性和科學性。心理現象是意識狀態。我們想像某個東西，對它進行判斷，並且執行各種心理活動。如果我想知道發生了什麼事，我們就必須自己去知覺它，因為別人無法真正知覺到我們的想像內容。所以說，心理學沒辦法以實驗取代這個自我知覺。只有我們自己對於那個東西瞭然於胸，才有所謂的**明證性**，而不是

由觀察我們的人說了算。

布倫塔諾從亞里斯多德和經院哲學那裡取經，提出了「意向性」（Intentionalität）這個哲學概念。每當我們經驗到某個東西，我們都和它建立了關係。我們看見一棟房屋，認定它是我們的房子或是別人的。我們想到自己的童年，於是把過去和當下的感覺以及判斷建立了關係。所有的感覺和思考都是這種「建立關係」的活動，不管我們所想像或回憶的東西是否真的存在。因此，布倫塔諾認為，真正意義下的心理學不是自然科學，而是意識哲學。借助於「明證性」的標準，意識獲致了對於自身的明晰性。它知覺它自身。於是它區分了不同的思考行動，我或者是和自己、或者是和他者據此建立了關係。布倫塔諾的心理學是「行動心理學」。物理學家馬赫認為我們找不到「自我」這種東西，布倫塔諾也認為沒辦法以自然科學的方法找到。可是那並不算是什麼「形上學的反轉」。「自我」是我的經驗的中心，它會和某個東西建立關係。它一直都在那裡，可是人們無法把握到它。

為了探究我們如何和事物建立關係，以及以什麼規律去把握對象，我們必須窮究知覺現象。這就是布倫塔諾生前沒有出版的《描述心理學》（*Deskriptive Psychologie*）裡所做的。就像馬赫一樣，他以空間知覺的許多研究催生了一門新的學科，亦即完形心理學（Gestaltpsychologie，格式塔心理學）。該學科的創立者，奧地利哲學家**艾倫費爾斯**（Christian von Ehrenfels, 1859-1932）是布倫塔諾的學生。❽柏林大學心理學研究所主任**史頓普夫**（Carl Stumpf, 1848-1936）也親炙於布倫塔

❽ 根據一般的說法，完形心理學是由韋特海默（Max Wertheimer, 1880-1943）、寇夫卡（Kurt Koffka, 1886-1941）和科勒（Wolfgang Köhler, 1887-1967）共同創立的。

諾。這位「完形理論柏林學派」的領袖主要的研究領域是聲音和音樂的知覺。

經驗究竟是什麼？是誰對它進行分類整理的？是自然科學或是內省（Introspektion）？那是一種測量或是「聽進去」（In-sich-hinein-Horchen）？什麼才是所有認知的正確開端？「元素」、「意志」或是「意向性」？就在馬赫埋首寫作他的《感覺之分析》、布倫塔諾沉思他的《描述心理學》的那個年代，人們可以在維也納大街上看到另外兩個人，他們都要各自成一家之言。一個在一九二〇年代中期，另一個在後期，兩人都讓當時其他的思想家黯然失色。一位在那裡服完兵役，相當心儀布倫塔諾的心理學；另一位則剛剛取得神經病理學講師資格，在醫學系的時候就聽過布倫塔諾的課，也想讓心理學建立在穩固的自然科學基礎上。我們要談到的是**胡賽爾**（Edmund Husserl, 1859-1938）和**佛洛伊德**（Sigmund Freud, 1856-1939）。

心理學或邏輯？

在布倫塔諾的講演課裡聽講的這位年輕數學家是個探索者。他於一八五九年出生於摩拉維亞的普羅斯尼茲（Proßnitz），父親是個猶太裔布商。他在萊比錫大學主修數學、物理和天文學。在野心勃勃的大師馮德的講演課裡，胡賽爾就已經立志要把邏輯的世界和心理邏輯（Psycho-Logik）的世界鎔於一爐。邏輯和心理學到底有什麼關係？它們真的是焦孟不離嗎？何者才是更根本的？所有邏輯到頭來都是思考的特定形式，源自對於明晰性的心理需求，正如貝內克傳統下的心理學家所猜測的？或者，邏輯其實是個獨立的事實科學，先於所有的主觀心理需求，也和心理學無關，正如特蘭德倫堡以及馬堡、海德堡的新康德學派所說的？

[431]

一八七八年，胡賽爾到柏林大學念數學，期間也上了教育學家和哲學家包爾生（Friedrich Paulsen）的講演課，因而認識了康德的思想世界，儘管那經過了亥姆霍茲、邁爾和朗格的心理學詮釋。他對於哲學問題的興趣跟著他來到了維也納，一八八一年，他轉學到這裡，並且於兩年後拿到數學博士學位。

一八八四到八六年間，胡賽爾入伍服役，也抽空旁聽了布倫塔諾的講演課。還俗的神父想要把心理學建立在客觀的基礎上，正合胡賽爾的胃口。這個年輕的數學家從布倫塔諾那裡沿襲了對所有形上學的批判以，及對於康德的負面觀感。他尋尋覓覓的數學和心理學的基礎絕對不會是任何臆想，而是應該滿足嚴格的科學判準。胡賽爾終身恪守這個規則。他也從布倫塔諾那裡認識到對於經驗心理學的批判。正如布倫塔諾所強調的，任何人類意識的事件都是「意向性的」，而不是自然科學裡的那種因果關係。**意圖**這種東西，完全不同於生理上的**強迫性**。胡賽爾對此銘記在心。

可是如果這個顛撲不破的確定性不是來自自然科學，那又是如何獲致的？那就是直接**明證性**的洞見，而這正是布倫塔諾的描述心理學的目標。胡賽爾也是以此作為起點。他要依據所有思考規則去窮究明證性。現在欠缺的就只是正確的方法，可以**明證性地**描述我們意識裡的**意向性事件**，而我們也因此可以把它叫作意識的**客觀科學**。

由於布倫塔諾在那裡沒有教席，也沒辦法安排胡賽爾什麼工作，於是胡賽爾轉到哈勒大學師事史頓普夫，於一八八七年以《論數的概念》（*Über den Begriff der Zahl*）取得講師資格。四年後，他放棄了完全以心理學去解釋數學的企圖。他在下一部作品《算術哲學》（*Philosophie der Arithmetik*）裡把問題翻轉過來：我們怎麼有辦法想像那原本無法想像的數？當然，我們只要想到三顆蘋果，就可以想像「三」這個數。可是比它大得多的數，我們就無法以感官想像，因為我們既沒有時間也沒有那種想像力。數學家所依附的那個支架，在心理學裡是找不到的。客觀邏輯為他們規定了遊戲規則，但是在生活經驗和數學之間卻沒有任何橋樑。這個觀察使得胡賽爾決定要超越數學，因為那意味著顯然存在著一個心理學不得其門而入的獨立邏輯世界。而洛策的《邏輯》以及數學家**弗列格**（Gottlob Frege, 1848-1925）更是堅定了他的看法，我們會在下一冊的哲學史裡談到弗列格。弗列格的批評使得一八九〇年代中期的胡賽爾從此完全揚棄了心理學。

胡賽爾如何擺脫布倫塔諾以及心理學，可見於他的兩大冊《邏輯研究》（*Logische Untersuchungen*, 1900/1901）。而馬赫和阿芬那留斯則是他要反駁的對手。胡賽爾在「思考的經濟原則」這個問題上挑起戰端。那兩位經驗主義者不是都主張，科學只是以精確的工具和抽象的公式從生活經驗裡逐步推論出來的東西嗎？可是胡賽爾卻不認為如此。對他而言，科學完全獨立於生活經驗之外，它遵循著一種「純粹的邏輯」，不可以和心理學混為一談。

胡賽爾原本可以從另一個側面去批判「思考的經濟原則」。演化真的如阿芬那留斯和馬赫所主張的，僅僅遵守著經濟原則嗎？那麼何必要有數百萬個動植物物種呢？那不是一種浪費，而一點也不省事嗎？正如波蘭哲學家**史坦尼斯勞・萊姆**（Stanisław Herman Lem, 1921-2006）[9]於二十世紀下半葉所寫的，海藻自太陽汲取能量的效能不是要大得多嗎？相較於每天要挖空心思捕獵其他動物以維持其生命能量的老鷹這種在生物學上的高等物種，海藻的效能不是更符合經濟原則嗎？而像人

[9] 萊姆以其科幻想小說著稱，並且以《索拉力星》（*Solaris*）奠下大師地位，至今已有八十多本作品、超過四十種語言的海外譯本。

類這種生物，他們的所作所為不也大多違反了思考的經濟原則嗎？比方說，以哲學的方式思考知識基礎的問題，究竟有什麼價值可言？那對於求生有什麼好處？

可是胡賽爾沒有從演化生物學的角度加以論證。他指摘馬赫是從心理學推論出科學的。在其後的二十年間，他對經驗批判主義的批評炮火越來越猛烈，尤其是因為他其實並不那麼厭惡馬赫和阿芬那留斯的計畫。馬赫拋掉所有預設，認為感覺即擁有最高的「明證性」，胡賽爾的看法其實也很相近。他也在追求一種其觀念直接明證的哲學。可是這位從事哲學思考的數學家強烈質疑那位從事哲學思考的物理學家的元素理論具有任何明證性。根本沒有人會像馬赫所說的那樣感覺任何事物，沒有任何正常人會把他的感覺視為「在世界裡踽踽獨行的」東西。相反地，人們會認為自己是個中心點，所有意圖、觀念、願望和想像都以他為起點。「自我」是可以挽救的，只要人們不再執著於那該死的「元素」，而注意到布倫塔諾的人類意識的「意向性」。就算作為**人格**的「自我」是個虛構物，可是作為**經驗主體**的「自我」、作為我的意圖的起點的「自我」卻不是虛構的。「自我」和「世界」、經驗主體和經驗對象，這個圖式並沒有失效，只要人們和他們的經驗對象以任何形式建立了關係。我們經驗的任何對象都是在「意識行動」或者是「意向性的經驗」裡經驗到的。憑著布倫塔諾的這個看法（儘管它遭致許多批評），胡賽爾覺得可以對馬赫開戰了。

一九〇一年，四十二歲的他在哥廷根大學擔任哲學系兼任教授，在那期間整理了他的思想，至少是對於當時盛行的知識理論的批判：**經驗心理學**探究意識狀態的**種種原因**，意圖就因果關係去追溯它們。可是他們做了再多的實驗，也找不到任何確定的知識。什麼才是客觀的，一直是外在的詮釋。**經驗批判主義**意圖以自然科學的方式把人類描寫成在一個由**元素**構成的世界裡的感覺複構。可是這些「元素」自始至終都是建構物，它們不是自明的東西。至於第三個重要潮流，新康德主義，胡賽爾應該不會那麼厭惡才對，畢竟他們都相信邏輯而批評心理學。可是胡賽爾覺得新康德主義的思想大廈看起來太蒼白了。以**判斷**作為起點，在邏輯上當然是正確的。而新康德主義者的「判斷」和布倫塔諾的「意向性」其實相去不遠，可是新康德主義欠缺了感性向度。他們對於意識行動的具體描述隻字不提，也缺少關於知覺法則的知識，比方說意識「設身處地」（移情）的感覺能力。

[435]

「移情」（Einfühlung）這個概念，胡賽爾是借自慕尼黑大學哲學教授**李普斯**（Theodor Lipps, 1851-1914）。據說人在慕尼黑的李普斯也想要沿襲萊比錫的馮德的事業：成立經驗心理學研究所。李普斯生前名聞遐邇，現在人們卻只記得他是「移情」（Empathie）這個概念的思想先驅：我們設身處地地思考另一個自我，因而把我們自己**對象化**（verobjektivieren）。因為在移情當中，我們同時也經驗到它的界限。我們感覺到自己並不真正是他者，而是站在他者對面的人。於是，「移情」成了自我經驗和自我認知的中心點；這個思想在尼采那裡萌芽，透過胡賽爾而傳到海德格和沙特。

李普斯對胡賽爾的啟迪有如醍醐灌頂，使他後來決定接續李普斯野心相當大的計劃。哲學應該成為**現象學**。這個宣告感動了許多學生，他們從慕尼黑跑到哥廷根追隨胡賽爾，因為胡賽爾的現象學比李普斯的構更加恢宏壯闊。那位慕尼黑教授所設想的「現象學」相當接近布倫塔諾的描述心理學：觀察入微地描述我們的知覺及其加工方式。相反地，胡賽爾想要創建一個全新的哲學。他不想止步於各種推陳出新的觀察和概念，他想要把它們當作一棟新大樓的建材：**關於意識活動的完備邏輯**。

他所設想的建築藍圖是要大破大立的：就像新康德主義者一樣，它的支架是由我們意向性思考行動的邏輯所構成。此外，它要以大量的知覺心理學知識作為磚瓦和灰泥，而胡賽爾更是增補了許多人們琅琅上口的概念。為了實現這個劃時代的藍圖，需要大量的知識。我們的教授和新康德主義者多次交談，於一九〇五年到柏林拜會他相當景仰的狄爾泰，並且在一九〇六年獲得渴望已久的教席。可是作對對事物的「本質直觀」的「現象學」這條雄心壯志的道路既漫長又費力：「不知有多少不明情況……有多少半途而廢的工作，有多少惱人的瑣事的不確定性，」他在講演課手稿裡如是寫道。[265]我們在第四冊哲學史會看到，紛至沓來的擔憂和自我懷疑是可以想見的。不過我們還是先來看看另一個年輕人，他也在同一個時期裡踔厲奮發，啟動他那大相逕庭的、毀譽參半的「本質直觀」……

無意識才是真實的

一八七〇年代中期，醫學系學生**佛洛伊德**出於好奇和興趣跑去旁聽大名鼎鼎的布倫塔諾的課；相較於醫院裡討厭的工作，那倒是相當愜意的消遣。佛洛伊德喜歡鑽研哲學問題。一八七五年春天，他甚至一度考慮放棄醫學轉攻哲學博士學位。可是大師的建議勸阻了他。布倫塔諾對這個十九歲的年輕人說，為什麼不像著名的洛策一樣拿兩個博士學位？可是要寫兩部博士論文呀？就連恃才傲物的佛洛伊德，恐怕也力有未逮。

一八五六年，佛洛伊德生於摩拉維亞的弗萊貝格，當時屬於奧地利，現在則是在捷克境內。就像胡賽爾一樣，佛洛伊德的父親也是猶太裔羊毛商，只不過家境沒那麼富裕。兒子出生不久，父親就破產了，家裡一共有八個孩子，西格蒙的生長環境算是貧困。他們搬家到萊比錫，不久又遷居維[437]也納。他是家中長子，也是個名列前茅的學生，母親也相當疼愛他。他以優等成績自高中畢業。一八七三年，他到維也納大學念醫學。

佛洛伊德和胡賽爾一樣也是相當跨界的，他的興趣跨足於自然科學和人文科學之間。關於生死、演化和存在等哲學問題往往讓他廢寢忘食，但是對於滿是灰塵的學院哲學卻是興味索然。相對地，他認為自然科學欠缺了哲學式的整體觀：太多的經驗性細部研究，太少的宏觀知識。就算一個生物學家像著名的海克爾那樣大膽探究窈窈冥冥的存在問題，他至少也會是個激進的唯物論者，可是他找到的答案和他要回答的問題其實相差不遠。佛洛伊德認識到，真理要以自然科學的方式一步步地揭露。當然，前提是不可以忘記了它的巨大哲學脈絡。

一八七九年，布倫塔諾指派有語言天份的佛洛伊德一份工作來賺一點外快，就是翻譯彌爾的三篇論文：《論女性解放》、《勞工問題》以及《社會主義》。那是佛洛伊德第一次就社會政治問題和哲學思想的頻繁相遇。當時他在**馮布呂克**（Ernst Wilhelm von Brücke, 1819-1892）陰暗潮濕的拱頂地窖實驗室裡工作，馮布呂克是當時僅次波瓦黑蒙和亥姆霍茲的知名生理學家。這位年輕科學家要為他解剖鰻魚和七鰓鰻，研究睪丸和脊髓。佛洛依德於一八八一年獲得醫學博士學位。

可是佛洛伊德再也沒辦法待在大學裡，因為他囊空如洗。心情沉重的他在維也納綜合醫院裡找到工作，一做就是三年。他擔任當時腦部解剖學權**威梅涅特**（Theodor Meynert, 1833-1892）的助理[438]醫師，又開始解剖魚類，尤其是七鰓鰻的腦部。可是他知道在那裡不會有太大的突破，反倒是自己從事大量的古柯鹼實驗。他假定古柯鹼可以用來治療歇斯底里症的神經疼痛。這位胸懷大志的後起之秀發表了五篇關於古柯鹼的論文卻沒有任何回響，就連以古柯鹼治療嗎啡成癮的朋友的做法也沒有奏效。現在改名為「Sigmund」的佛洛伊德選擇不再談論關於論文的任何事。

自負的他於一八八五年到法國游學。他在一封信裡寫道：「那真是太美好了。我將會載譽回到維也納，治癒所有藥石罔效的神經性疾病。」[266] 佛洛伊德在巴黎遇到**沙可**（Jean-Martin Charcot, 1825-1893），趾高氣昂的「歇斯底里症者的拿破崙」，神經性疾病領域的權威。他讓佛洛伊德明白，原來許多精神疾病的原因不在於生理方面，而是心理的因素，並且介紹他催眠以及暗示的技術。

佛洛伊德回到維也納以後，在市政廳街開設診所擔任神經科醫師，同時也在第一公立兒童醫院的神經科擔任主任醫師。他和出身拉比望族的瑪塔·伯奈斯（Martha Bernays）結婚，生了六個孩子。可是佛洛伊德不是個慈祥和藹的父親。他的孩子們都和他很疏遠。一八九〇年代初期，三十五歲的他致力鑽研腦部解剖學。他寫了一篇關於腦部病變導致的語言障礙（失語症）的論文[10]，也看到了腦部研究在揭開心靈之謎方面的未來不可限量。可是他的《心理學初探》（*Entwurf einer Psychologie*, 1895）試圖以拉蒙卡哈爾的最新神經學研究解釋「心理機制」，卻一直被擱在抽屜。

對佛洛伊德意圖治療神經性疾病以及心理障礙的雄心壯志而言，當時的腦部研究仍舊捉襟見肘。卡哈爾對於大腦神經細胞的功能和相互作用的看法太過抽象而籠統。這位西班牙醫師在馬德里把死者的大腦擺到解剖檯上，以證明他的「理性心理學」；相反地，佛洛伊德選擇了另一個做法。他讓他的活體研究對象坐在維也納的沙發上，以探究他們的腦部活動。

---

❿ 即《對於失語症之認識》（*Zur Auffassung der Aphasie*, 1891）。

那會有什麼發現呢？布倫塔諾的「描述心理學」可以完全不用實驗，只要傾聽自己內心的聲音就行了。那算是科學嗎？相反地，心理實驗室裡的實驗是科學的。但它有辦法測驗馬的智商，就像史頓普夫於一九〇四年對會算數的馬，著名的「聰明的漢斯」，所做的實驗嗎？不管是哪一種心理學，它們既沒辦法治療人類，也無法揭開他們的「無意識」。

可是這正是佛洛伊德的新目標。「無意識」是讓以前所有哲學家喪命的黑暗而遙遠的國度。佛洛伊德要當第一個觀測家。一八八九年，他到南錫拜訪法國內科和神經科醫師**伯恩罕**（Hippolyte **Bernheim, 1840-1919**），看他對病人進行所謂的催眠後暗示（posthypnotic suggestion）。佛洛伊德由此推論出，重點在於無意識而不是意識。只有無意識才是真實的，而不是意識！對於佛洛伊德而言，那潛藏的東西才要為人的大部分行為負責。而且好消息是：這個無意識有跡可循，我們只要找到那條路徑就行了。

如前所述，謝林、卡魯斯和哈特曼早就談論過「無意識」。這不是什麼新名詞。而佛洛伊德和前人不同的地方在於他有系統地研究這個無意識。他甚至大概想像了它住在腦部的哪個地方：在端腦皮質下的中心以及腦幹。不管怎麼樣，他的老師梅涅特及其腦部解剖大抵上就到這裡而已。對於無意識而言，一八九〇年代中期的腦部研究並沒有多大助益。

一八九一年，佛洛伊德搬到貝格街十九號（Berggasse 19），在那裡生活和工作了四十七年之久。自一八九六年，他把他的工作叫做**心理分析**（Psychoanalyse，精神分析），那是從他的患難之交布洛伊爾（Josef Breuer）醫師那裡抄來的。對布洛伊爾而言，心理分析只是個「研究程序」（Ausforschungsverfahren）。布洛伊爾對他的歇斯底里症病人貝塔·巴本漢（Bertha Pappenheim,

Anna O）進行測試，屢次勵她把心理創傷說出來。⓫後來佛洛伊德也在研究婦女的性侵經驗當中使用這個談話治療，讓她們盡量說出來。可是在這之前，他是以自己作為研究對象的。一八九七年，他自我診斷（代表他的性別）出「伊底帕斯情結」（Ödipus-Komplex）：三到十五歲的男孩會愛上自己的母親，並且表現出對於父親的攻擊性。

在嚴格的意義下，佛洛伊德的發現並不算是什麼科學。權威心理學家馮德和馬赫沒把他當一回事。當時著名的精神科醫師**福雷爾**（Auguste-Henri Forel, 1848-1931）和馮德在海德堡的學生**克雷培林**（Emil Kraepelin, 1856-1926）也對他視而不見。就連那些探討狄爾泰的「生命哲學」的哲學家們，也對他興趣缺缺。佛洛伊德緊著出版的許多作品《夢的解析》（*Die Traumdeutung*, 1900）（作者認為是其創舉以及代表作）、《日常生活的精神病理學》（*Zur Psychopathologie des Alltagslebens*, 1904）⓬、《詼諧與無意識的關係》（*Der Witz und seine Beziehung zum Unbewussten*, 1905）⓭、《性學三論》（*Drei Abhandlungen zur Sexualtheorie*, 1905）、《文化的性道德以及現代人的精神病》（*Die 'kulturelle' Sexualmoral und die moderne Nervosität*, 1908），它們也都乏人問津。

我們或許會問，佛洛伊德在二十世紀初期的哲學的關係是什麼，那麼答案是：相當密切！一九○○年，他買了一套剛剛出版的尼采全集。可是或許是害怕他們的觀點相近，而且也想要確定自己的獨創性，據說他沒有真正讀它。一直到後來，他才承認說，尼采的「預感和洞見和心理分析的辛

⓫ 貝塔把這個治療程序叫做「談話治療」（talking care），更比喻為「掃煙囪」的過程。布洛伊爾據此推論出歇斯底里症是由創傷導致的。布洛伊爾把他的方法叫做「滌清法」。（另見：《佛洛伊德傳》，頁 20-25，志文，1969。）

⓬ 中譯本作《日常生活的心理分析》（志文，1970）。

⓭ 中譯本作：《詼諧與潛意識的關係》（知書房，2000）。

苦成就有驚人的雷同之處」。[267]

借助於心理分析，佛洛伊德徒手打造完全屬於自己的研究世界。夢、笑話和性愛在一般生活裡格外重要，也是「經驗心理學」的傳統主題。然而它們也是哲學家，特別是邏輯學家，避之唯恐不及的主題；佛洛伊德反倒是對時下哲學、心理學或精神病學在討論的東西不感興趣。當時關於「自我」、「意向性」或者是關於意識的邏輯或心理邏輯的論戰，他始終隻字不提。

儘管如此，我們這位住在貝格街的心理分析師老是抱怨說他的學術世界無人聞問。一九〇二年，他獲得維也納大學名譽教授的頭銜而沾沾自喜。藉由「週三心理學會」（Psychologische Mittwochs-Gesellschaft，維也納心理分析學會的前身），他建立了自己的學術圈。他的時代終究要到來，而他汲汲營營的世界名聲到頭來還是會臨到他身上。而在大西洋彼岸那位和他意氣相投的同儕則正好相反，他開展了一個大不相同的記號理論，但是直到他過世數十年之後，人們才明白它的重要性……

追求明晰性

- 康德重裝上陣
- 邏輯對上經驗
- 實用主義
- 記號和心智
- 愛的形上學

康德重裝上陣

一八七二年，哈佛大學還不算什麼世界名校。就連一八六一年創立的麻省理工學院，也還不是世界一流的科技人員和生物工程師的培訓中心。而波士頓附近的劍橋也只是北美東岸正要野心勃勃地崛起的小鎮。腥風血雨的南北戰爭才結束不到七年，到處可見戰爭摧殘的痕跡。當時俾斯麥剛剛建立了德意志帝國，法國政府軍擊潰巴黎公社，達爾文也正好出版了他的《人類原始與性擇》，馬克思在第一國際找到了他的第二春，尼采在埋首寫作他的《悲劇的誕生》，在新英格蘭則有個開創性精神方興未艾。那不是什麼世界觀、宗教或教義，而是科學的成長和科技的進步。

一八七二年一月，來自各種不同學科領域的年輕學者第一次齊聚於劍橋，以討論哲學的未來。這個小型的形上學俱樂部聚集了物理學家、生物學家、法學家、神學家和作家。到頭來，它成了一門在哲學史裡影響無遠弗屆的新興哲學的育嬰箱：美國實用主義（Pragmatismus）。學會裡至少有兩位成員成為這個開歷史先河的思考方向的創立者。比較年輕的是個百萬家產的繼承人，心思細膩的知識份子，剛拿到醫學博士學位的**威廉・詹姆士**（William James, 1842-1910）。比較年長的則是個土地測量員、在大學主修化學，他也是個優秀的邏輯學家以及博古通今的科學史家：**查爾斯・皮爾斯**（Charles Sanders Peirce, 1839-1914）。

皮爾斯創立形上學俱樂部（Metaphysical Club）時已經三十二歲了，他在二十五歲的時候就在哈佛大學擔任兼任講師，開了科學理論和科學史的講座。這個題目在當時相當流行。在歐洲則是有實證主義者孔德和彌爾試圖把所有哲學主題都變成科學主題，也就是可以用**科學**的方法加以解釋。

[443] [442]

皮爾斯的父親是哈佛大學數學教授，他自己也以此為一生職志。於是他遍覽家中哲學群籍，從中世紀哲學家董思高（Johannes Duns Scotus）[1]到洛策。十六歲到十九歲之間，他埋首苦讀康德的《純粹理性批判》，宛如聖經一般把它倒背如流。他在「美國海岸與大地測量局」（United States Coast and Geodetic Survey）擔任測量員，一部又一部地研讀康德的作品，對於這位科尼斯堡學者佩服得五體投地；可是他對康德也有自己的批評。就像康德以十八世紀的知識水準從事的分析，這位劍橋的土地測量員也要創新十九世紀末期的科學邏輯和方法。

邏輯學家一直忽略了康德的「範疇」（Kategorien），人們利用這個工具把握世界並且以邏輯的方式理解它。這位十八世紀的哲學家找到了四種古典範疇：量（Quantität）、質（Qualität）、關係（Relation）和樣態（Modalität）。每一類範疇底下各自又有三個可能性。例如：「量」可能意味著**單一**、**雜多**和**全體**；而「樣態」底下則有**可能**或不可能、**存在**或不存在，**必然**或偶然。於是每個範疇都有三個可能性而得出十二範疇。

皮爾斯卻不以為然。對於追求極簡而優雅形式的邏輯學家而言，三個範疇其實就足夠了。那正是康德列舉在「樣態」底下的：**可能性**（Möglichkeit）、**現實性**（Wirklichkeit）和**必然性**（Notwendigkeit）。皮爾斯窮其一生都在推陳出新地闡述這三個範疇，並且建構成一個完備的體系。到頭來就誕生了一個理論，它把生物學、認知心理學和邏輯都合而為一：一種關於我們的意識的語法，它可以說明人如何把握世界。

[444]

[1] 另見：《認識世界：西洋哲學史卷一》（*Erkenne die Welt: Eine Geschichte der Philosophie*, 2015），頁430-434，劉恙冷譯，商周出版，2021。

康德所說的「可能性」，到了皮爾斯那裡變成**第一性**（Firstness）。當我們經驗到某個東西，未經分類的刺激會和我們的神經系統相遇。我們不知道那是什麼東西，而是是感覺到一種某個東西不明確的可能性。第一性是不確定而直接的。到了第二階段，我們才會有個印象，認識到顯現在我們眼前的是個確定的事物。我們的神經會不斷傳導能量，我們因而得以分辨各種不同的刺激。於是形成了一個認知的意志（意圖），據此有了一個事物此時此地的感覺，也就是它的「存在」。我們認識到一個事物的存在，有個主體和對象，皮爾斯把它叫作**第二性**（Secondness）。到了第三個階段，也就是**第三性**（Thirdness），我們的意識會對於這些印象進行加工，把它們組合成概念和思想。於是我們可以借助於我們負責綜合化的神經系統，從事種種抽象、暗示和聯想。我們會推論並且認識到種種相互關係及其「必然性」。❷

這個令人耳目一新的意識理論，皮爾斯最早於一八六八年以〈論新範疇表〉（*On a New List of Categories*）為題披露在《美國人文與科學院院刊》（*Proceedings of the American Academy of Arts and Sciences*）。直到後來，他才把這個邏輯上的說法應用到生理學上。可是他首先必須修正康德的第二個論點，皮爾斯認為它們和現代意識**科學**的觀念扞格不入：也就是讓人困擾不已的「物自身」。

古代哲學家會把世界一分為二：一方面是人類意識，另一方面則是事物、邏輯（以及柏拉圖的「理型」）的客觀世界。問題是：我如何正確認識事物，它「自身」究竟是什麼模樣？在皮爾斯信

❷ 皮爾斯又稱之為「顯現學」（phaneroscopy）。關於皮爾斯的三元範疇論進一步的討論，見：《目的與思想：實用主義的意義》（John E. Smith, *Purpose and Thought: The Meaning of Pragmatism*, 1978），頁 191-217，傅佩榮、蔡耀明譯，黎明文化，1983。

手拈來的中世紀哲學裡，主要的論戰在於我以為我認識的事物是否「在己地」真正存在？特別是諸如「人類」或「愛」之類的抽象概念。由於播下了種子，才有後來的柏克萊、休姆和康德的問題：人類意識究竟有沒有辦法認識事物「自身」？我們是不是生活在人類特有的觀念世界裡？我們的觀念是不是像在容器裡一樣被禁錮在人類的意識裡？接著康德接受了一個理論，亦即我們的思想固然被囚禁在一個容器裡，可是仍然有個「物自身」的世界存在，一個令人費解的「自由的國度」，我們只是隱約知道它，卻沒辦法一窺堂奧。

這個「物自身」的世界在康德的年代裡就已經遭到強烈的質疑。海姆斯提特（Helmstedt）的舒爾策教授（Gottlob Ernst Schulze）在一七九二年就以相當聰明的論證說明其梗概。和皮爾斯同時代、在大西洋彼岸倡言回到康德的新康德主義者，也都揮別了「物自身」。就此而論，他的批評不算是什麼創舉。可是皮爾斯在這點上檢討的對象並不是康德，而是整個「唯名論」（Nominalismus）傳統。若是像奧坎的威廉（Wilhelm von Ockham）、柏克萊、休姆和康德一樣懷疑我們的意識是否可以正確認識到「世界自身」，那麼顯然就假定了那個「世界自身」的存在。可是如果我們的意識只是個封閉的容器，他們怎麼會知道這點？一方面認為我們的意識是相對於「世界自身」封閉的，另一方面卻又認為這個「世界自身」是存在著的，這兩個觀念是個矛盾。我所能認識到的一切都只是個意識內容。如果有個「世界自身」存在，那麼它不是在意識裡就是根本不存在。可是由於「在己」（an sich）和「在意識裡」（im Bewusstsein）兩者也是矛盾，於是我們不得不推論：任何關於一個不可企及的「世界自身」的說法都是在胡扯。世界裡所有事物都是可以認識的。

[446]

邏輯對上經驗

當皮爾斯批評有個和人一對一對應的「實在界自身」存在觀念時，其實並不想損及康德的名聲。這個默默無聞的土地測量員的假想敵是大名鼎鼎的彌爾。不過他們兩人卻有個重要的預設，他們都不相信可以透過直觀證明真理。並不存在什麼「先天判斷」（Urteile a priori），理性再怎麼搜腸刮肚，也沒辦法在自身當中找到這種東西。**科學**是唯一的知識方法。可是這其中有個重大的差別。對彌爾而言，所有認知都是奠基於經驗；可是皮爾斯和伽利略一樣，認為有一個以數學語言，特別是形式邏輯描寫的世界，而這個邏輯並不是經驗科學，它的存在完全獨立於任何具體經驗之外。

彌爾於一八四三年出版他的《邏輯體系》，那是歷史上關於這個主題最重要的作品。彌爾想要說明人類如何產生經驗並且獲致知識。首先，我們會使用概念。可是這些概念有多麼「真實」？大半個中世紀的「唯實論者」（Realist）和「唯名論者」（Nominalist）都在為了「我們的抽象概念有多麼『真實』」針鋒相對。狄特這個傢伙或許真的存在，我剛才看到的馬也是。可是「人類」或「動物」之類的名詞真的存在嗎？對於唯實論而言，「人類」是現實存在的東西；可是唯名論認為只有狄特才是現實存在的，「人類」只是語言上方便的約定俗成，並沒有實在物和它對應。同理，「愛」和「善」亦如是——就連神也不例外（這裡埋了異端的炸藥）。到了中世紀晚期以及笛卡兒和霍布斯，更出現第三個變項以調停這兩個立場。他們認為諸如「人類」之類的共相固然並非反映什麼外在的實在物，可是它為我們所有人心裡的思想賦予一個名字，我們把這個共相稱作某個事物

[447]

[448]

的「概念」。它們並不沒有像唯名論所說的那麼任意，而是有思考的必然性。於是我們有了「概念論」（Konzeptualismus），它試圖削弱唯名論的尖銳性。

可是這個調解的說法沒有辦法說服彌爾。他是個唯名論者，而「人類」既不是以外在實在物的形式存在，也不是人們心裡的反映。因為當我提到「人類」時，並不是要為一個觀念命名，而是要指涉一個實在物，即使我知道它並不是以一個實在物的形式存在。彌爾和柏克萊一樣，甚至認為「物質」並不存在。所有共相都只是約定俗成的說法而已。

此外，概念也以兩個變種形式上場。一方面，它是在指涉一個事物：「這是一匹馬。」另一方面，則是為一個事物賦予一**個屬性**，例如：「這匹馬是白色的。」第一個變種是指謂（denotation，或指稱）；第二個變種則是意謂（connotation，或意含），旨在指出其「附加」意義。指謂只適用於一個特定對象：「這是斯圖嘉特。」而意謂則可以涉及多個對象：「這是灰色的斯圖嘉特，那是一匹灰色的驢子。」斯圖嘉特是否真的存在，這個問題沒什麼好討論的——不過對於畢勒費爾德（Bielefeld）這個城市而言，倒是個值得討論的問題❸；至於斯圖嘉特是不是灰色的，則是個可以討論的問題。只要指謂符合事實，它即為真。它有的意指（Bedeutung）卻沒有意義（Sinn，意含）。「斯圖嘉特」應該有什麼意義呢？意謂就正好相反，它可以是有意義的，卻不一定要可以依據事實加以檢驗。儘管如此，它還是為一個事物賦予了意義。「斯圖嘉特是灰色的」

❸一九九三年，德國基爾大學（Kiel）有個資訊系學生賀爾德（Achim Held）在派對上遇到一個自稱來自畢勒菲爾德的人，他沒有聽過這個地方，派對其他人也沒聽過，於是他說「Das gibt's doch gar nicht」，意思是說「我不相信」。他把這段話上傳到網路論壇，卻開始訛傳為該城市並不存在，因為那句話的字面意思是「它不存在」。該市政府甚至於二〇一九年懸賞一百萬歐元挑戰民眾證明它不存在。

這個命題為這個城市漆上了某種負面的意含；而「斯圖嘉特很美」則有正面的意含。如果一個意謂是可以依據事實加以驗證的——比方說，斯圖嘉特大約有六十三萬人口；那麼它就是**實在性的**命題的一部分。如果它沒辦法驗證，例如「斯圖嘉特很了不起」，那麼這個命題就只是**語詞性的**（verbal）。事物是否**存在**，取決於它**在感官上可以想像的**程度。而一個事物是否**為真**，則取決於**名字是否正確用法**（「斯圖嘉特」、「灰色」、「美」）以及它們的組合。

當皮爾斯讀到彌爾的《邏輯體系》時，他相當不以為然。人們怎麼在數學或自然科學裡證明或追溯這麼複雜理論啊？那些都沒辦法和感官劃上等號，也無法就語詞的組合檢驗其真值。對於皮爾斯而言，一個命題的真值不在於正確使用語詞。皮爾斯寫道，就算是廢話連篇也可以滿足真值。任何人一輩子在對於他有意義的脈絡下正確地使用一個錯誤的語詞，在邏輯上並沒有錯誤可言。如果有人說「看似」（scheinbar），而其實要說的卻是「或許」（vermutlich）或「可能」（wahrscheinlich）（許多人都會這麼說），那麼他是在語意上使用了一個錯誤的語詞。因為「看似」的意思是「只就表面上看來」（nur dem Schein nach）。❹「看來」（anscheinend）或許才是正確的語詞。可是他也許一輩子都使用「看似」這個語詞而不用「看來」也沒什麼問題。所謂「沒什麼問題」是說它滿足了它的功能！對於皮爾斯而言，這才是真正重要的真理問題：一個語詞滿足了什麼**功能**？更進一步說：它招致了什麼樣的**行為**？

某個命題的真偽、真實與否，並不是感官想像的層次可以抉擇的問題，而是必須依據其**邏輯功**

❹「看似」（scheinbar）指表面上的、虛假的；看起來如此，實則不然的意思。「看起來」（anscheinend）比較接近「或許」（vermutlich）的意思。

[449]

能。事實上，現在的語言哲學家主要研究的就是命題的**結構**及其真理特徵。正如彌爾對於真理的定義，**上下文**（Kontext）也總是隱身在所要表達的意思裡頭。「斯圖嘉特很了不起」可能是認真說的，也可能有諷刺的意味在裡頭。而且如果有命令或詩的成分在裡面，那麼語詞看起來就會有完全不同的意義。

皮爾斯對彌爾叫陣的第二個戰場，是邏輯的推論程序。就像自中世紀以來的許多批評者一樣，彌爾也看到由全稱命題推論出特稱命題的邏輯的弱點。亞里斯多德的三段論法（syllogism），「人皆有死；蘇格拉底是個人；因此，蘇格拉底也會死。」這裡頭有個困難。這整個邏輯都取決於大前提。如果我說：「所有人都是狗；蘇格拉底是個人；所以，蘇格拉底也是狗。」那麼三段論法的結論只是從前提推論而來，而不管它是否正確。而且它也只是證明了已知的東西，沒辦法擴充更多的知識。因此，我們不只需要從全稱命題推論出特稱命題的方法（演繹法），也要有個從特稱命題推論出全稱命題的方法（歸納法）。最重要的知識都是得自我們的經驗或者是現在或過去的其他人。❺不管怎樣，我們都必須有辦法詮釋經驗，演繹法才至少有個任務範圍。

至於基本真理是什麼，彌爾更是咄咄逼人：一切都是自歸納法得到的！如果沒有直觀經驗和證明過程，哪裡會有幾何學？算術和代數就更不用說了。它們都是經驗的抽象程序。任何數學證明都必須有經驗加以證實，而且我們沒辦法想像其反面，它才是有效的。彌爾列舉了五個歸納法推論規

❺ 墨子區分三種認識方式：親知、聞知、說知。《經說上》：「知：傳受之，聞也；方不庫，說也；身觀焉，親也。所以謂，名也；所謂，實也。名實耦，合也。志行，為也。」羅素也區分過「親知」（knowledge by acquaintance）和「述知」（knowledge by description）兩種知識；見：羅素《哲學問題》，頁45-56，劉福增譯，水牛出版社，1983。

[450]

則：契合法（the method of agreement）、差異法（the method of difference）、契合差異並用法（the method of agreement and difference）、剩餘法（the method of residues）（又稱為「倒算法」）、共變法（the method of concomitant variation）。於是，「彌爾規則」（舊稱穆勒五法）自此便在科學哲學裡佔有了一席之地。

在這點上，皮爾斯又有不同意見了。皮爾斯批評彌爾說他只認識兩種邏輯推論法：演繹法和歸納法。可是亞里斯多德早就提過反推法（apagoge）。❻也就是說，我們遭遇到某個結論，並由此反推出可能導致該結論的規則。一八九三年，皮爾斯把它叫作「**溯因推理**」（abduction，或稱反向推理）：**從個別現象的假設性推論得出一個規則**。推動科學進步的正是這個溯因推理，以及一個還沒有證明的假設的提出。休爾也曾經對於彌爾提出相同的批評。這位劍橋大學教授指摘比他年輕的對手說，沒有任何科學家是用歸納法從事研究的！天才橫溢的科學家難道不是憑著直覺，以還沒有證實的猜想與大膽的假設發現新事物嗎？

彌爾並沒有質疑科學家的直覺，而且有意識地承認它。他的規則不應該被形容成研究**程序**，而只是要釐清如何**證明**科學真理而已。可是至少直到皮爾斯提出「溯因推理」，邏輯的光譜才重新擴及到一個幾乎被遺忘的推論方法。

可是這種溯因推理的知識卻剛好沒辦法以經驗證明之。如果說我看到白色的豆子，因而認識到一個規則，也就是我旁邊的袋子裡的豆子都是白色的，這並沒辦法證明我眼前的豆子原本是在那個

❻ 見：亞里斯多德《前分析篇》69a20-36，《亞里士多德全集》第一卷，頁236-37，中國人民大學出版社，1996。溯因推理又稱為反向推理、不明推論式。

袋子裡的。豆子很可能是來自那個袋子，可是那並不是可以用經驗檢證的知識。歸納法不也是如此嗎？我眼前有一堆豆子，而且我知道它們是來自我身旁的袋子。而這些豆子都是白色的，於是我推論說袋子裡的豆子也是白色的。這個歸納法推論無懈可擊，卻不是經驗性的證明。為此，我必須拆開袋子檢視所有豆子。不管是歸納法或者是溯因推理，都不只是以經驗為依據。它們是無時間性的、始終有效的推論**方法**，不管它們得出的推論是否正確。對於皮爾斯而言，邏輯是絕對存在的「共相」。以是否符合特定事實為依據證明其有效性，不僅是做不到，而且也沒必要。

皮爾斯在檢討彌爾的時候，也和整個哲學傳統決裂：也就是對於知識的批判。如果說我沒辦法直接認識到真正的現實，那麼我如何得到對於世界的正確知識呢？對於皮爾斯而言，這是個假問題。相反地，我們應該這麼問：如果歸納法和溯因推理的結論沒辦法以經驗加以驗證，那麼我如何借助邏輯得出關於世界的正確命題呢？問題不在於我如何得到正確的知識，而在於我如何檢證它們的**意義**。康德的知識批判到了皮爾斯這裡變成了**意義批判**。實在界裡的任何事物原則上都是可以認識的！而邏輯則是優先選擇的工具。它是人類在演化過程中攫取到的利劍，使人類更容易劃破實在界。問題只在於我們如何辨別歸納法或溯因推理的結論的真偽。為了釐清這個問題，皮爾斯就在形上學俱樂部裡和他的朋友和戰友們辯論了起來。

實用主義

俱樂部裡最著名的領導人物是個四十一歲的生物學家。**萊特**（Chauncey Wright, 1830-1875）比其他成員都大了十歲左右，是個值得敬重的人。他熱中於達爾文的演化理論，不但和批評者針鋒相對，更要駁斥那些假信徒，特別是史賓塞。他比克魯泡特金早一步研究動物的意識演化以及人類的自我意識的漸進式演化。皮爾斯關於演化方面的思想都要感謝萊特。可是更重要的是萊特的另一個思想，也就是認為研究的所有抽象原則都只是為了滿足一個功能：它們不是要反映實在界，而應該是**實用的**。

法學家格林（Nicholas St. John Green）在俱樂部裡以拜恩的演化理論為題的演講也是如此。在關於感覺和意志的作品裡，他把人類的所有思考和意見都追溯到它們的實用性功能。當我們得到一個信念（belief），我們會覺得安心而平靜；而只有更大的不安才會使我們離開這個撫慰人心的信念家園，並且懷疑它。

皮爾斯相信這兩個說法。他沿襲了拜恩的理論，認為人是基於實踐性的理由才會追尋信念，而那些信念也會漸漸凝固成習慣與行為模式。另一方面，他也和萊特一樣，主張以實用性去衡量一個理論的價值。不管是生活或科學，其**意義**都是功能性的，它們都是在表達特定的信念、形成行為習慣，並且在實踐當中經得起考驗。在形上學俱樂部聽到皮爾斯的這個理論的威廉・詹姆士，後來在實用主義的成立宣言裡也提到他的論文。[7]

一八七八年，皮爾斯發表了他最著名的《怎樣使我們的觀念明白》（*How to Make Our Ideas Clear*）。[8]「行動中的思想，」他說：「其唯一可能的動機就是在安撫思想，和信念無關的也就不

[453]

[7] 見：威廉・詹姆士《實用主義：某些舊思想的新名稱》（*Pragmatism: A New Name for Some Old Ways of Thinking*, 1907），頁70，孟憲武譯，五南，2019。
[8] 見：*Popular Science Monthly* 12 (January 1878), 286-302。

屬於思想本身的一部分。」268皮爾斯模仿康德的方法，一步步闡述七個變項，也就是他所謂的「實用主義的準則」（pragmatic maxims）。其中最耳熟能詳的公式是：「考慮一下，我們認為我們的觀念對象會有什麼具有想像得到的實踐意含的效果。如是，我們對於那些效果的觀念就是我們對於該對象的全部觀念。」269換言之：一個思想的**意義**對應於作為其動機的**行為方式**（或者行為意圖）。

皮爾斯完全不需要什麼知識理論，就可以解釋意義如何產生。以前會有個主體和認知的世界相對立，到了皮爾斯那裡，「主體」不再是重點。他完全不必像馬赫那樣把「自我」劃掉。「我們也都知道，」皮爾斯寫道：「人不是個整體，他基本上是社會的可能成員。尤其是一個人的經驗，如果孤立來看，它就什麼都不是。當一個人看到別人看不到的東西，我們說那是幻覺。我們所思考的不是『我的』經驗，而是『我們的』經驗；而這個『我們』有無限多的可能性。」270

意義是在上下文當中突現的。**真理**也是如此。事物的真偽並不是由一個人決定的，他也沒辦法把他認為真的事物和實在界劃上等號。正如每個科學假設一樣，基本上每個意義都可能是不真實的，皮爾斯把這個原則叫作「可謬論」（fallibilism）。

可是如此一來，真理是怎麼來到世界上的？在他未出版的《邏輯》（*Logic of 1873*）裡，皮爾斯認為有四種方法。[9]第一個方法是「固執」（tenacity）。如果我不想聽從任何勸說，閉上眼睛，堅持己見，那麼它就成了我的真理。皮爾斯當然認為這種社會行為並不可取。第二個方法是

[9] 皮爾斯稱之為「確定信念的方法」（Methods of Fixation of Belief）。

[454]

「權威」（authority），例如中世紀的天主教，由教會權威由上而下規定什麼才是真理。可是我們都知道這種方法並非放諸四海皆准。第三個方法是「合乎道理」（agreeableness to reason, a priori，或先驗的）：由像康德那樣的思想家提出他認為不可辯駁的意見。皮爾斯並不贊同這個方法，因為它既是臆測，也無法持久；關於這點，他在對於康德的批評裡就說過了。於是，最後只剩 [455] 下第四個方法，也就是「科學」（science），由無限多的研究團體依據科學的理念，檢證許多假設性的命題是否合乎邏輯。這種上窮碧落下黃泉的搜尋真理，皮爾斯認為它可以獲致「明晰度更高的思想」[271]，而那是笛卡兒、萊布尼茲和康德都做不到的。到頭來，一個由理想的研究團體揭露的、漸漸廓然瑩澈的世界就會向我們招手。

至於皮爾斯的樂觀主義，則和馬赫相當接近。這兩位自然科學家都殷殷期盼有個全球的科學家團體可以揭開實在界之謎，掃除人類歷史裡的許多謬誤。可是兩者的差別也顯而易見。馬赫心中的真理仍舊是相當傳統的（許多科學家也都相信這種真理觀）**主張和現實的一致性**；對皮爾斯而言，真理是無限多的研究團體的相互一致，接著則會把它等同於和現實的一致。馬赫的真理觀是**符應說**（correspondence theory of truth），而皮爾斯則是近代哲學史裡第一個主張**融貫說**（coherence theory of truth）的哲學家（一個命題的真值取決於它的邏輯正確性，並且由**不同研究者之間的一致意見**加以證實）。

這個進路相當新潮，它終結了以現實校正真理的觀念。皮爾斯的真理被非以**校正**或者**先驗定義**的方式獲致，而是在漫長的歷程中（on the long run）一步步**偵測到的**。皮爾斯和馬赫一樣，都樂觀地假定科學研究是以探測真理為唯一目標。他們從來沒有想過，有太多的科學研究是出於羨慕和 [456]

妒嫉、世界觀、個人的生涯利益以及原創性的限制。皮爾斯的「理想社群」（ideal community）是個虛構的想像，或者就像他自己說的，是康德意義下的「規制性理念」：我們的思考和行為不得不遵從的一個觀念，因為我們沒有它就無所適從。

這個「理想社群」有多麼不理想，我們的邏輯學家有切膚之痛。起初一切似乎都很順利。皮爾斯在歐洲客居了五次，和科學界許多一時俊彥碰面。一八七九年，巴爾的摩剛成立的約翰・霍普金斯大學（Johns Hopkins University）聘任他為講師，他在那裡創立了另一個形上學俱樂部，埋首於數學和邏輯研究。此外他也研讀了英國數學家**布爾**（George Boole, 1815-1864）和**笛摩根**（Augustus De Morgan, 1806-1871）的作品。正如布爾《思考定律研究》（*An Investigation of the Laws of Thought, on Which are Founded the Mathematical Theories of Logic and Probabilities*, 1854），皮爾斯也把心智程序視為邏輯程序，可以用邏輯記號表示之。他把布爾代數歸結成兩個二進位運算，因而簡化了布爾代數。只要命題是「NAND」（反及），或者是「NOR」（反或），在邏輯上就成立。[10]此外，皮爾斯更引進新的代數符號，以證明他的「第一性」、「第二性」、「第三性」的說法不僅在心理學上有意義，在邏輯上也可以成立。第一性在邏輯上是**絕對相關**，因為這裡沒有涉及任何其他東西。第二性則是**單一相關**的，因為我以和另一個東西的關係去定義一個東西。皮爾斯心中的第三性是**共軛關係**，其中可能有許多複雜的關係。

皮爾斯試圖以邏輯符號表現所有心智程序，而和素昧平生的耶拿數學家弗列格不約而同地掀起

[10] 在組合邏輯中，兩個邏輯閘（gate）合稱為萬用閘。「NAND」運算子又稱為謝費爾豎線；「NOR」運算子又稱為皮爾斯箭頭。

了整個數學的革命。可是好景不常。一八八四年，皮爾斯被大學解聘，據說是因為他和第一任妻子仳離，不過更可能的原因是他惡名昭彰的難搞脾氣以及身為邏輯學家的傲慢。他在二十五歲時就計劃寫作一部體系性的作品，卻一直沒有完成，只完成了關於哲學的期刊論文。儘管如此，書桌上的無數草稿、體系思考和個別的評論卻堆積如山。早期提出來且不斷修改的「第一性」、「第二性」、「第三性」的三個範疇論，如何和他在形式邏輯裡的創新相互印證？它們怎麼樣和實用主義以及融貫說優雅地接軌？而且他也念念不忘一個形上學的上層結構：把他處處充斥著邏輯影子的哲學（邏輯唯心論）嵌進演化的自然史歷程。由於皮爾斯在邏輯方面的劃時代作品、他的邏輯唯心論以及大量未出版的個別研究，人們往往會拿他和萊布尼茲相提並論。可是不同於一生順遂的萊布尼茲，皮爾斯短暫的大學執教生涯宛如黃粱一夢。他決定和第二任妻子在賓州密爾佛鎮（Milford）的小農場生活，和科學團體不相往來。一八九一年，由於和新任的主管有齟齬，他也辭掉了「美國海岸與大地測量局」的工作。他在密爾佛寫就許多鎮沉鬱頓挫的作品，卻是藏諸名山，只有少數朋友讀過。不過其中包括了他最著名的哲學著作，它為邏輯的記號理論奠定了基礎：記號學（Semiotics）。

記號和心智

人們在思考的時候，都免不了要用記號去思考。皮爾斯很早就認識到這點：「我們沒有能力不用記號去思考。」[272]每當我們經驗到某個東西，總是會把不確定的印象（第一性）轉化成我們的一個經驗**對象**（第二性），接著確切地**詮釋**它（第三性）。這個基本概念其實源自於康德：借助於我

[458]

們規定性的判斷力，我們從現象形成觀念，並且把它們歸類在概念底下。至於確切的運作方式以及有哪些可能性，如何和**記號的產生**同步進行，則是邏輯學家要拆解分析的。

皮爾斯的靈感來自於中世紀的經院哲學（士林哲學）。中世紀晚期的邏輯學家，尤其是身分不詳的西班牙的彼得（Petrus Hispanus）以及日耳曼的博學之士**庫薩努斯**（Nicolaus Cusanus, 1401-1464），他們認為所有關於世界的知識都是對記號有規則性的詮釋。依據「第一性」、「第二性」、「第三性」的邏輯圖式，皮爾斯明確指出三種邏輯上的可能性。在第一性（不明確的印象）的層次上，我們只會知覺到感官記號本身（性質記號）（qualisign，質符）。這些記號是圖像性的（icon，圖像記號）。我們會無意識地把它們詮釋為靜默、語氣和音色（話語〔rhema〕）。舉個具體的例子：我們聽到門鈴的叮咚聲。在第二性的層次，也就是對象的區分上，我們就記號的具體存在加以解釋（個例記號）（sinsign，單符）。記號會給我們指示（index，指示記號），告訴我們它是什麼。現在我們就可以形成一個命題（proposition）。我們把那個叮咚聲定義為門鈴聲。在第三性的層次上，我們可以詮釋抽象概念（法則記號）（legisign，型符），把我們的經驗歸類在我們熟悉的行為模式裡（symbol，規約記號）。我們的門鈴響了三次，聽起來相當急迫，於是我們或許想起來有個朋友約好來訪，或者是有什麼掛號信。這種複雜的思考脈絡，皮爾斯稱之為**論證**（argument）。

依據他的範疇論，性質記號意指著一個可能性，個例記號意指著一個事物的現實性，而法則記號則意味著一個必然性。從這三種記號也會推論出三種對象關係（圖像、指示、規約），以及三種複雜的詮釋方式（話語、命題、論證）。從感覺形象的直接性，經由指示記號變成命題和動作；而

[459]

規約記號則讓我們的判斷更加複雜，並且得出合乎邏輯的推論。

皮爾斯窮其一生鑽研的記號學（semeiotics）[11]，這和一個他完全不認識的人的企圖若合符節。瑞士語言學家**索緒爾**（Ferdinand de Saussure, 1857-1913）同樣也提出一個記號理論，他稱之為「符號學」（sémiologie）。他劃時代的作品《普通語言學教程》（*Cours de linguistique générale*, 1916）直到他過世三年後才問世。這位瑞士學者先後在巴黎和日內瓦任教，只研究**語言**記號。可是他的研究和皮爾斯相當類似。對於索緒爾而言，能指（signifiant）不是在定義內所指（signifié）的意義，因為每個記號總會開啟一個不確定的意義**範圍**。正如索緒爾所言，它是任意性的（arbitraire）。「豬」可以被理解為一種動物，也可以是罵人的話。當然並非每個詞都是這麼任意地使用或理解，可是其意義也沒有那麼明確地被定義。意義不在於事物本身或是使用哪個語詞，意義的產生是透過它的使用方式以及和其他語詞的區別。這麼說來，索緒爾的符號學也是實用主義式的：意義取決於一個人在特定的脈絡下如何詮釋一個語詞。擁有意義的不是事物本身，而是由語言**行動**決定意義。

愛的形上學

皮爾斯在開展他的記號理論的時候，只能依靠著編寫辭典、翻譯作品和書評勉強維持生計。一八九〇年，他為德國和美國出版商保羅・卡魯斯（Paul Carus）的兩份自由思想期刊《一元論者》

[460]

[11]「semeiotic」是皮爾斯自己的拼法，用以描述他的三元記號關係。在談到皮爾斯他自己的記號理論時，往往會用這個拼法。

（*The Monist*）和《公開法庭》（*The Open Court*）撰文。這兩份期刊主要都是在探討自然科學和宗教的關係。對於皮爾斯而言，這是個發表他的形上學觀點的機會——這正是他還沒有實現的整體計畫的基石。

對於這位邏輯學家而言，世界的開端是什麼？所有存有的根源當然不是物質，也不在於因果律。世界並不像大多數自然科學家所說的，是由固定不變的順序依據自然法則確立的因果關係去定義，這種天真的想法無法滿足皮爾斯。因為即使是物質和因果律也必定有個誕生的源頭。因此他認為世界的開端是「精神」，是那種不確定的能量，這是皮爾斯從德國哲學家謝林的「絕對者」那裡找到的。這個精神創造了時間、空間、物質和自然法則。皮爾斯甚至認為物質只是「精神的無力形式」，自然法則也並非永恆而絕對，而是源自「根深柢固的習慣」。[273]

而「第一性」、「第二性」和「第三性」的範疇順序也適用與整個宇宙。太初充斥著偶然和不確定的事物，接著漸漸不經意地演變出規律性，事物才以確定的形式存在（第二性）。到了第三個層次，才建立行為模式和習慣。天上如此，地上也是如此，人類的意識更是無二致。萬事萬物都遵守著相同的邏輯順序。「據此，習慣的傾向作為開端，加上其他的演化原則，開展出宇宙的種種規律性。」[274]

皮爾斯認為一切都要服從演化的法則。不只是動物和植物，也包括自然律。誰說自然常數永遠不變？物理學為什麼不可以跟著演變？於是，皮爾斯又超越了達爾文一大步。他也不認為一切都是偶然。如果說世界本質上是精神性的、合乎邏輯的，那麼演化也不會是由擲骰子遊戲所構成。當然，誠如達爾文所言，自然裡有許多偶然的適應，可是也有種種機械的必然性以及形構的力量。

對皮爾斯而言，愛是核心的形構力量！以前叔本華就說過愛「是宇宙的中央暖爐」，可是他又認為大自然是冷酷無情的。相反地，皮爾斯認為愛和自然密不可分。不管是物理的動力或是生物的生長，其中都充斥著愛；它決定了生命的繁衍，使生物擁有感受的能力，它的光芒讓更高等的生物懂得憐憫和體諒。唯有愛的力量才能使演化拾級而上。最後則是人類的意識，也就是最高層次的感性的產物，如果沒有其他人的存在，意識既不會存在，也沒辦法認識世界。如是，實用主義的準則就和愛連接在一起。如果沒有持續和他人交流，人就無法在世界裡找到自己的可靠定位。人的相互交流會促進自然的進步，協助邁向整個宇宙和諧的演化。

皮爾斯在密爾佛鎮的阿里斯比（Arisbe）農場[12]裡計畫建造的思想大廈相當不可思議：交織著可能性、現實性和必然性的世界，從不確定的精神演化為越來越完美的和諧。人是自然的一部分，每一分鐘都在執行相同的程序。藉由挖空心思的記號詮釋，從不確定的感覺形成種種複雜的判斷。其意義必須由沒有觀念上的侷限性的同儕團體加以檢視，如此一來，確知為真的事實數量以及人們相互的愛也會不斷增長，因為知識和倫理是相輔相成的。

皮爾斯當然沒辦法以龐大的科學家團體校正他的冷靜思考推論。他的生計越來越捉襟見肘，必須賣掉一塊塊土地和房子償還越來越緊迫的債務。這時候只有一個舊時形上學俱樂部的好朋友伸出援手，一再為這位實用主義之父介紹講座和公開演講的機會。他就是威廉．詹姆士……

[12] 皮爾斯於一八八七年買了這塊農地，命名為「阿里斯比」，一家人終其一生都定居於該地。

生命是在解決問題

- 自由和必然性
- 意識流
- 一切都是經驗
- 實用主義的走廊
- 論真理的實用性
- 信仰的意志
- 實用主義是人文主義嗎？
- 角色和認同
- 作為實踐的哲學

自由和必然性

不是每個十九世紀末的哲學家都會被用來當作電影影集的話題。在《銀河飛龍》（*Star Trek: The Next Generation*）第二季十七集「扮豬吃老虎」（*Samaritan Snare*）裡，畢凱上校（Captain Picard）要他的年輕同事讀一本書自我進修一下：威廉・詹姆士的著作。一九八九年的編劇認為二十四世紀的太空船軍官讀詹姆士的書會很有幫助，這並不令人驚訝。詹姆士直到現在仍舊是美國最受歡迎的哲學家，而不只是個重要的心理學家而已。他也是一九一八到一九年上學期以《多元宇宙》（*A Pluralistic Universe*）為題的一系列講座的作者。人要「感到以世界為家」，就必須學習忍受它的多樣性。並沒有什麼使萬事萬物合而為一的「獨一者」、整體或絕對原理。整體的價值在於它的每個部分，可是我們卻往往就個別者和一個想像的理想全體的關係去賦予它價值。這個全體並不是實在物，可是作為人性深層的需求，它卻是「真實的」。這是垂老之年的詹姆士在死前的智慧話語，到了二十四世紀仍舊永恆為真的洞見。

和皮爾斯正好相反，身為他在形上學俱樂部的朋友和對談人，詹姆士是個親切、迷人而溫文有禮的人。他也生長於學者家庭；皮爾斯的父親是個教授，他的父親則是個民間學者。威廉的祖父是個百萬富翁，使得他們的家族衣食無憂。他的父母親住在紐約，那裡是美國東岸人文薈萃之地。威廉小時候就認識許多名人，例如**愛默生**（Ralph Waldo Emerson, 1803-1882）以及卡萊爾，他是彌爾著名的對手。他也聽父親談過許多捉摸不定的傳奇人物，例如瑞典博學之士、神祕主義者**斯威登堡**（Emanuel Swedenborg, 1688-1772），據說他在天體異象裡環遊整個地球；另外還有想像著人間天

[463] [464]

堂的社會烏托邦主義者傅立葉。

詹姆士的童年烙印了許多旅行的印象。就像叔本華一樣，詹姆士也不停地搬家，從紐約搬到倫敦，接著又搬到巴黎、濱海布洛涅區、新港（Newport）、日內瓦和波昂。不只是威廉，就連比他小一歲的弟弟，後來的作家**亨利．詹姆士**（Henry James, 1843-1916），居無定所的生活對於他們的成長過程影響很大。威廉原本是想個畫家，卻在十九歲的時候到哈佛大學念化學，並且在那裡認識了皮爾斯。年輕的威廉對一切事物都興味盎然。他沒多久就於一八六二年轉到生物系，因為他相當著迷於剛出爐的達爾文演化論，爾後又從解剖學轉到醫學。一八六四年，他加入公開和達爾文唱反調的瑞士裔美國科學家**阿格西**（Louis Agassiz, 1807-1873）的亞馬遜探險隊到巴西，於是他從狂熱者變成了基礎扎實的自然科學家。可是他在巴西身染重病，不得不到德國接受溫泉治療。可是如果威廉沒有在羈旅期間繼續從事研究，他就不是威廉了。他趁機到德勒斯登以及柏林的大學，旁聽病理學家**菲爾紹**（Rudolf Virchow, 1821-1902）的課。他更到海德堡大學上亥姆霍茲和馮德的講演課，到巴黎旁聽世界知名的生理學家**貝爾納**（Claude Bernard, 1813-1878）的講座。接著又到萊比錫，對於費希納的心理物理學相當心儀。

威廉於一八六八年回到美國時，已經是個博學多聞的醫師，對於自然科學的哲學有數不清的想法。他在哈佛大學的醫學博士論文只是個形式而已。可是他的健康卻一再遭受打擊，此外更罹患嚴重的憂鬱症。自然科學世界觀的邏輯結論使這個二十七歲的年輕人大感震懾。如果大自然的一切都要臣服於因果法則，那麼就不會有自由意志。若干古代哲學家都曾經提出這個想法，由啟蒙運動時期的哲學家彭波那齊闡述之，休姆加以證明，叔本華更是對它深信不疑。對於詹姆士而言，這個看法卻是個人的生命危機。在他的哲學剛起步之時，他就遭遇到信仰的斲傷，對於父母親安詳的宗教世界觀感到懷疑。如果他什麼都沒辦法決定的話，為什麼要那麼認真呢？一切都是必然的，而沒有自由可言！他的生命突然顯得很可笑！

直到詹姆士讀到法國哲學家**賀努維耶**（Charles Renouvier, 1815-1903）的《普遍批判論集》（*Essais de critique générale*），這位來自蒙貝利耶的民間學者潛心研究康德，和其他人一樣排斥「物自身」的說法。康德說我們的意識沒辦法接觸到客觀實在界，他的推論則比康德更極端。對於賀努維耶而言，所有本質性的東西都是靈性的，因而無法以概念掌握。他的這個觀點很類似於他相當推崇的斯威登堡，而康德年輕的時候也鑽研過斯威登堡的學說。我們只有在意志裡才能感覺到靈性事物至為強烈的臨現，人類意志並不是叔本華所說的自然驅力，它是自由的。任何要把自由謫降到地上的企圖都會失敗。因為整條因果鎖鍊的開頭會在哪裡呢？它會招致什麼結局？就像後來的皮爾斯所說的，它是靈性的東西，而不是物質性的。

當詹姆士讀到賀努維耶的作品時，他感到難以言喻地如釋重負。自然科學的方法固然無法證明意志的自由，卻也沒有證明它不自由。一八七二年，他在哈佛大學教授生理學和解剖學。詹姆士再也不害怕決定論了，他也不畏懼沒有道德的自然主義倫理學，就像他不認識的尼采在德國幸災樂禍地宣揚的。詹姆士知道一個人可以同時是經驗主義者和人文主義者。就像正在萊比錫宣告「「我們一無所知」的波瓦黑蒙一樣，對於詹姆士而言，意識也無法以物質解釋。

在思想上重整旗鼓的詹姆士加入了形上學俱樂部，他在那裡和其他人就後來他稱之為「實用主義」的問題唇槍舌劍。實用主義的世界觀不是比自然科學的決定論聰明多了嗎？真理不是真**實事物**

[467]

的樣貌，而是事物的**真實**樣貌。「真實性」和「真理」都是科學家團體**指派給**事物的性質戳記。它們是集體的意義形塑過程的結果，而不是「在己為己」（an und für sich）存在的。有了這個安撫人心的認知，詹姆士便可以專心寫作他的心理學教材，一個合乎所有的現代科學標準的作品。因為作為一門科學的心理學並不會損害人性，而會說明我們應該如何解釋人性！

意識流

詹姆士不知道他要和這部作品纏鬥十五年的時間。雖然他於一八七五年在哈佛成立了實驗心理學的實驗室，他自己卻不從事實驗，因為他認為心理事件並不等同於生理事件。他寧可涵泳於洛策和布倫塔諾的足跡，沉浸在感覺細膩的自我觀察，也就是內省。對他而言，自我觀察才是嚴格意義下的自然科學，而不是外部觀察。為了盡可能客觀面對諸如我的心理這麼隱晦而敏感的對象，我當然不能只是把我的觀察拿出來討論而已。我更必須反省我在從事觀察時的先前認知。

休姆有個著名的區分，我們在觀察人類心靈時，可以像是一個畫家或是解剖學家。[1]詹姆士正好雅擅這兩門技藝，而且把它們熔於一爐。不過他有若干特定的預設。對他而言，人類意識是演化的產物。意識之所以如此，那是因為它在演化史裡如此表現。所有生命都在解決問題，我們的意識是從前數百萬個問題解答的產物，而問題總是在於如何求生存以及共同生活。我們的感覺、我們的

[1] 見：《人性論》（David Hume, *A Treatise of Human Nature*, 1739-1740），頁 660，關文運譯，商務印書館，1980。「解剖學家永遠不應當與畫家爭勝，解剖學家對人體的細微部分雖然做了精確的解剖和描繪，卻不應該自命為給了他的圖像以任何優雅動人的體態或表情。」

知性加工以及我們的行為都是為了一件事，那個通關密語就是**適應**。我們無法以我們的認識能力去解決所謂「實在界」的問題，也沒辦法以對於我們周遭環境的經驗去解決所謂的「認知」的問題。

接著則是第二個假設：沒有任何知識不是由經驗推論而來。經驗論者（洛克、柏克萊、休姆）以及法國感覺論者（狄德羅、孔底亞克、卡巴尼斯）也有相同的主張。不過詹姆士受到萊特的啟發，以達爾文的演化論來支持他的論點。而且他也引進一個新概念，以不同於古典經驗論者的觀點審視心理世界。對於詹姆士而言，我們的意識和「自我」並不是對象，而是一個**歷程**。一切都在流動當中，在一個「意識流」（stream of consciousness）裡。沒有任何相同的事會出現兩次，意識流會不斷流轉，事件也因而彼此區分開來。就連「自我」也不是什麼對象。「自我」是個歷程，一個行動，它在意識流裡整理種種事件，並且以「而且」、「因為」、「雖然」、「如果」等等，把它們串接在一起，因而為它們賦予了意義。如果沒有了「自我」，我們就會迷失在波濤裡，因為我們會無法掌握或理解任何東西。

這個「主格的我」（I）是對於我們世界的結構化歷程；可是當它自我審視的時候，它的角色就變成了「受格的我」（Me）。「受格的我」注視著這個「主格的我」，它觀察並且判斷種種身體、外觀、社會行為以及思想。「受格的我」不斷以無聲的自我對話評論著「主格的我」，並且確認我們的自我同一性。尼采認為我們的意識是「對於未知的、或許也不可知的、卻感受得到的文本或多或少的空想性評論」[275]，詹姆士在這個方面的看法和他如出一轍。不過他把這個評論的作者叫作「受格的我」。「經驗都是虛構的嗎？」尼采在一八八一年問道。[❷]詹姆士在一八九〇年的《心

❷ 引文中譯另見：《朝霞：關於道德偏見的思考》，頁138，田立年譯，上海人民出版社，2020：「我們的全部所謂意識不都是對一個未知的、也許是不可知的、但卻被我們模糊感覺到的文本的或多或少盲目的評注？」

[469]

理學原理》（*Principles of Psychology*）裡回答說：當然是啊，不然呢？

就連我們的情緒也難逃憑空想像的命運。它根本不是我們以為的對於外在刺激的反應，也不是如古典經驗論者所說的那樣直截了當地存在著。我們的情緒其實是意識流的一部分，就像我們看到熊的時候嚇得不知道要逃跑一樣。我們感覺不到恐懼的**存在**，而是只有種種身體的激惹現象（irritation），例如心跳加速、汗如雨下、肌肉緊繃。我們在談到「恐懼」的時候，正是對於這些神經系統的激惹的**詮釋**。「恐懼」並不是對於熊的反應，而是對於我們的身體症狀的詮釋。我們的意識並不會回應外在世界，而只會回應我們的神經系統。我們全身充斥著神經的各種刺激，它們只認得一個差別：刺激的強弱。可是評斷其性質的是我們意識的事，那是個極為複雜的系統，卻不斷地做同一件事：**分辨各種差異之間的差異**。而演化的適應歷程也正是如此，沒有別的了。

詹姆士的情緒理論是劃時代的，也為二十世紀的建構主義（Constructivism）以及現代的神經生物學鋪了路。他以「經驗的自我」和「反省的自我」去描述我們的意識，是心理學的一個重大成就，其地位比佛洛伊德後來的「本我」、「自我」和「超我」三分法更穩固。

可是詹姆士也看到了可以說的和不可以說的之間的界限。在最後一章，他談到了一生探究的主題——意志的自由。他坦承經驗心理學對這個問題沒有太多的進展。所有心理事件都源自生理事件，可是它有個迥然不同的性質。意識和腦部是不一樣的東西，沒有任何生理學家可以告訴詹姆士該怎麼解釋自發性活動。能量是從哪裡來的？無論如何，能量守恆原理說世上不會產生新的能量，只有能量的轉換。可是意識卻大異其趣。生理學家沒辦法解答特定的心理事件，詹姆士認為這正是個明顯的證據。至少，自主性的意志、突如其來的衝動和決定是經驗心理學無法掌握的。自赫爾巴特以降的半個多世紀，心理學家都在探究這個無解的難題……

一切都是經驗

《心理學原理》讓詹姆士一夕之間成為當時除了在萊比錫做實驗的馮德以外最重要的心理學家。這部作品是心理學歷史的一個里程碑，可是它的作者並不滿意。心理學固然是個扣人心弦的新領域，可是它的解釋力仍然相當有限。如果真的要探究人類和世界，還是必須像以前一樣從事哲學思考。自然科學從來都只是管窺蠡測，沒辦法纖芥無遺地掌握其整體。相反地，它們必須引用其他科學的基石，卻無法驗證它。如此一來，固然會產生一堆個別知識的大雜燴，實際上卻是見樹不見林。正因為如此，它仍舊要仰賴一種形上學，也就是關於科學的科學。「地質學家的觀點和時代的認知本身無關，研究力學的人不必知道為什麼會有作用力和反作用力，心理學家也不必知道他和他正在研究的意識為什麼可以獲得外在世界的知識。可是顯得對於某個觀點次要的東西，在另一個觀點裡或許意義重大。如果人想要窮盡對於世界整體的看法，那麼形上學的種種難題就成了最重要的問題。」[276]

詹姆士是個不折不扣的自然科學，因而對於傳統形上學沒有任何夢想，也就是那種以先驗方法定義世界的規則性的形上學。他的朋友，當時大名鼎鼎的哈佛大學教授**羅益世**（Josiah Royce, 1855-1916），一直是黑格爾的信徒，並且捍衛他的形上學，詹姆士卻是不為所動。「該死的絕對者。」忘掉絕對者吧，他反唇相譏地說。[277]對他而言，形上學是現代的驅魔師，他們叫出魔鬼的神祕名字以降妖伏魔。「對於自然知性而言，宇宙一直是一個謎團，人們必須在令人恍然大悟或是賦予力量的語詞或名字裡找到答案。這個語詞為宇宙的**原理**命名，而擁有了它，或多或少也就擁有了宇宙。『神』、『物質』、『理性』、『絕對者』、『能量』都是這種解謎的名字。如果你認識它們，就可以心安了。你的形上學追求就走到了終點。」278

[472]

其實，沒有任何思想家或者對於世界的沉思者是從真空開始的。我們到任何地方都找不到絕對的事物，我們所感覺和思考的都在意識流裡。一切都是經驗！在經驗的彼岸什麼也沒有。詹姆士懷疑傳統的經驗論者在這點上並沒有堅持到底。對於休姆之類的思想家而言，我們的意識不斷地在把外在世界的刺激轉化為概念。可是它真的有這麼做嗎？其實我們難道不是一直在產生概念之前或是概念之外的經驗嗎？而所有的**連結**（休姆認為是意識的附加物）難道不也是經驗賦予的？我們難道不是直覺地知道下過雨，**因為**我們看到了天邊的彩虹？為什麼彩虹是源自經驗，而那個「因為」就不是呢？詹姆士認為經驗論太舉棋不定了。如果說所有的實在物都是經驗裡的實在物，那麼它們之間的連結也應該屬於我們的經驗。傳統的經驗論還不夠，我們需要一個**澈底的經驗主義**！

現在所謂的澈底的經驗主義，其實是和所有形上學對立的。大家都知道經驗論者不承認經驗之外的一切事物，而形上學的意思正是要「超越所有經驗」。可是詹姆士身體裡住著兩個靈魂，儘管他是個名副其實的經驗心理學家，卻一點也不喜歡經驗論者。詹姆士把這種人叫作「信念堅定者」，對他們相當不以為然。忠實的經驗論者只相信事實。從哲學來看，他們是唯物論者，對於宗教不屑一顧，以懷疑論者自居，並且主張宿命論。詹姆士一生都在探索的自由意志，這在他們的理論裡是不存在的。他們一路披荊斬棘，矢志掃除所有幻想，執拗地沉溺於一種討人驗的悲觀主義裡。

[473]

敏感的詹姆士不會讓這些性格再度浮現。那是他一輩子都在對抗的靈魂部分，它不時讓他陷入憂鬱。就他的心境而言，他一直是他所謂的那種「多愁善感的人」。可是多愁善感的人們及其唯心論、宗教信仰、忠實的樂觀主義以及以先驗或獨斷論的方式宣告智慧的傾向，在在侮辱了他的知性。就像羅益世這種人，他們是莫逆之交，可是他在思想上卻不想追隨羅益世。因此，詹姆士的抱負相當明確：拯救形上學和樂觀主義，不必像羅益世和其他唯心論者那樣提出不著邊際的主張。

一個澈底的經驗主義者要自創一種形上學，他該怎麼著手？他心裡想的是一種「後驗的形上學」！它要蒐集科學的種種個別發現。如此難道不會得出關於種種重要而本質性的問題的一個知識狀態嗎？重點還是美國演化生物學家威爾森（我們在探討史賓塞時有提到他）在一九九〇年代的《知識大融通》（*Consilience*）裡所說的：所有知識的共同基礎，唯有以大型的合作才有辦法認識。

如果這個雄心壯志的計畫要成功，就必須先釐清一個本質性的問題。我們是否可以憑著自然科學揭開意識之謎，或者說心理世界有它自己的性質，這個大哉問是無法以資訊的蒐集來回答。詹姆士建議所有科學家都應該以相同的事態為起點：那就是意識流。我們所謂的實在界，其實是意識川流不息的歷程。所有把這個歷程解釋成一個叫作「意識」的實體的定義，都屬多餘又誤導。而「自我」和「世界」這種實體的區分，也是徒勞無功。我們在相續不斷的經驗歷程裡以相同的方式經驗到它們兩者，只是後來的自我詮釋以及哲學家和心理學家，才把它們做人為的區分。

十九、二十世紀之交，詹姆士和馬赫一下子走得很近。兩個人成了苔岑之契，魚雁往返不斷，更在維也納見面。兩個人都是「澈底的經驗主義者」和「單子論者」，也都認為身心的區分是次要的。可是兩人還是有個差別。就算詹姆士不認為「自我」是個實體，卻也不想把它刪除。再怎麼說，他認為這個「自我」（Self）（由「主格的我」和「受格的我」構成）是在意識流當中建構我們世界的一個重要**功能**。「我記得和著名心理學家詹姆士的談話，他完全不接受『自我』是個幻想的說法，」馬赫在一九一二年回憶說：「在我看來，知識淵博的人有時候也會拒絕最素樸而有益的想法。」[279]

我們這兩位物理學家和心理學家的差異可以一言以蔽之。馬赫覺得以物質單位「元素」為起點是最確定的方法，而詹姆士卻問道：**為什麼要那麼做？**「自我」顯然有其用處，不然數十億人不會認為他們擁有一個自我。所有行為都是**利益取向**的行為。人的感覺、思考和行為，都可以探問其**功能**為何。而且尤有甚者。相較於形上學的思辨、所謂的「實體」或其他概念，以功能去**解釋**似乎更加準確。詹姆士從形上學俱樂部的皮爾斯那裡學到這些辭彙，而且終身不忘。可是不同於他的朋友，對於詹姆士而言，「實用主義」不只是個研究的邏輯。它更是哲學的穩固基礎，是關於人類感覺、意欲、思考、行為和信念最好的解釋方式。

實用主義的走廊

一八九八年八月二十六日是個特別的日子。「實用主義」經歷了數十年的妊娠期，總算要正式誕生了。詹姆士獲邀到位於舊金山的加州大學柏克萊分校的哲學學會演講。這位口若懸河的演講人現在要在座無虛席的演講廳對著一千多個聽眾演講，題目是：「哲學概念和實用成果」（Philosophical Conceptions and Practical Results）。詹姆士提到皮爾斯在形上學俱樂部裡論述的

「實用主義準則」（pragmatic maxim）❸，並且闡述了自己一部分和皮爾斯大異其趣的推論。人類所有的經驗、思考和行為都是因為追尋一個目的或興趣，所以說，任何實然和應然的事物都可以就這個目的和興趣加以解釋。這個目的可能是生物的、心理的或是社會性的，如果我們要理解那些目的，就必須理解它們對於一個人或團體的功用。任何其他解釋既無意義也是徒勞無功。

對詹姆士而言，「實用主義」是用來解釋人的一切作為，也就是他們的**個人**行為。實用主義同時也是個聰明而合情入理的哲學世界觀。皮爾斯認為，實用主義（他沒有明確使用這個語詞）是一個科學團體的**合理性**行為，他們知道意義只存在於社會的脈絡裡，因而需要有對應的規則。詹姆士的實用主義是**心理學的**，皮爾斯的則是**邏輯的**。

皮爾斯看到他的朋友和恩人詹姆士以他的實用主義聞名於世，心裡應該是五味雜陳。在他眼裡，詹姆士擅自擴充且灌水了他的概念。皮爾斯一生鑽研的邏輯，偏離成就其相對的實用性評斷其真理的原則。一九〇五年，皮爾斯堅決地劃清界線。他的術語「遭到最忘恩負義的濫用，那是它們落入作家們的手掌心時始料未及的」，因此他決定「和他的孩子吻別」。[280] 自此以後，皮爾斯把他的哲學叫作「效驗主義」（pragmaticism），這個術語難看到連綁匪都沒興趣。[281]

詹姆士對皮爾斯的酸言酸語一點也不在意，他依舊在財務上資助這個漸漸被人遺忘的朋友，並且為他的理論找尋舞台和講台。詹姆士認為皮爾斯邏輯一貫的思考是個偉大的成就，儘管他個人並不贊同。在一九〇六年上學期，這位心理學家在紐約哥倫比亞大學開了「實用主義：若干舊有的思

❸ 見：Peirce, "How to Make Our Ideas Clear", *Popular Science Monthly*, v. 12, pp. 286–302。另見：*Collected Papers of Charles Sanders Peirce*, vol. 5, paragraphs 388-410.

考方式的一個新名字」（*Pragmatism. A New Name for Some Old Ways of Thinking*）的課，而以哲學家的身分打響名號。他為「實用主義」打廣告，說它是為哲學「解除痙攣」並且滌清它的最好方法。所有重大的哲學問題都可以依據唯一的判準加以評估：一個觀念、想像或區分，有什麼**實用性的結果**？詹姆士再次提到會造成差別的區分以及沒有差別的區分。我們用現代的例子解釋：一個人是否擁有自由意志或者只是幻想他的行為是自由的，兩者的差別到底在哪裡？如果沒有實用性的差別，那麼這個區分就是白費力氣，重點根本不在那裡。

詹姆士為他的新的實用主義看法提出一個有力的論證。正如他的心理學，那個論證就是達爾文的演化理論。如果我們承認人的知性不是從天上掉下來的，而是在為了生存的搏鬥以及不斷的適應當中漸漸形成的，那麼它就擁有許多重要的哲學推論。人類心智並不是生來要在「原初的事物（first things）、原理（principles）、範疇（categories）和假設的必然性（necessities）裡」認識到外顯或內隱的客觀性。[282]問題根本和「存有」無關。重點在於利用一個叫作「知性」的工具，在一個複雜的環境裡自我定位而且立定腳跟。我們的知性之所以如此，那是因為它有用。我們脊椎動物的大腦可以理解的不外乎是「最後的事物（last things）、成果（fruits）、成效（consequences）、事實（facts）」。[283]所以，實用主義哲學所要說的也只是如此而已。

儘管詹姆士在方法學上毫不妥協，對於什麼才是對於人類有用的，他倒是相當開放而不武斷。對他而言，實用主義宛如「旅館裡的走廊」。「這走廊的兩邊敞開無數的房間。在第一間裡，你看見一個人在撰述無神論的作品；在下一個房間裡，一個人跪著祈禱獲得信仰和力量；在第三個房間裡，一個化學家在探究一種物體的屬性；在第四個房間裡，有人構想了觀念論的形上學；在第五個房間裡，又有人證明了形上學的不可能。但是那條走廊是他們大家共同擁有的，而他們如果要找一個出入各自房間的可行方法，這條走廊是必經之路。」[284][4]

論真理的實用性

實在界是人在其意識流裡認為有用的東西。「自我」的存在也只是因為它有助於在環境裡自我定位。它有個定位功能。可是哲學真的就只能談論這些東西嗎？難道沒有什麼事物不管是否對於人的日常經驗有用而皆**為真**的嗎？

詹姆士的回答讓當時許多人相當困惑。其實，只有和經驗無關的事態才有顛撲不破的真理。二加二等於五，當然也可能被視為永恆的真理。可是其他一切我所謂的「真理」，都只是實用性的虛構物。經歷數百萬年的時間，我們在大草原上的祖先形成一個想法，認為如果我們假定某種知識獨立於擁有者而「為真」，那對我們會有益處，儘管我們認為沒有任何知識完全獨立於它的擁有者。因此，關於某物是否「為真」的主張，在生活裡一直都不是很重要。**我的**種種真理**對我而言**為真，那不就夠了嗎？而我也早就不會凡事都要求別人同意我的主張。

我是否接受某物為「真」，那是個可以清楚描述的心理事件。當我看到新資訊，我會檢驗它是否和我的（思考）世界一致。我會拿它和我舊有的知識庫做比較，如果它和我至今的資料庫不符合，我會認為該資訊是錯誤的、無聊的或荒謬的。這個挑戰從來都不會太大，因為正如拜恩所說

❹ 引文中譯另見：《實用主義：某些舊思想方法的新名稱》，頁76，孟憲武譯，五南，2019。

的，人特別不喜歡質疑自己。新的知識必須符合我們既有的知識，我們才會接受它，那意味著我們會覺得不要忽視或否認它會比較好。詹姆士就是在這個概括性的意義下談論「實用性」。真理不一定要有直接的實用性。有時候，儘管相當罕見，我們會接受讓我們難堪或不知所措的真理。我們因為審時度勢而接受它，因為我們知道如果對這些真理視若無睹或者駁斥它，那其實是不智之舉。聽到一個好友過世的消息，對我們一點用處也沒有。可是如果因為這樣而不把這個消息當一回事，那就太白痴了。實用性的意思是說：我們接受一個資訊「為真」，因為它似乎**符合我們的目的**，讓我們在世界裡**找到自己的定位**。

對於詹姆士而言，真理的誕生是因為有人對自己說它是真理。這個驗證（verification）並不是邏輯的活動，而是心理事件。身為邏輯學家，皮爾斯對此相當不以為然，因而和詹姆士漸行漸遠。因為詹姆士拒絕了兩大真理理論：**符應說**以及皮爾斯的**融貫說**。詹姆士不喜歡符應說，那是顯而易見的。沒有任何人可以確實驗證他的觀念是否和客觀事實一致。因為不管是觀念或是事實，兩者在意識流裡都是無差別地被經驗到，直到後來才會被區分開來。可是如果沒有直接接觸一個存在的對象，我就搞不清楚它們的差別。❺

可是就算是皮爾斯的融貫說，詹姆士仍舊覺得不滿意。我們還記得，皮爾斯認為真理的誕生是因為有個（理想的）科學團體不斷地驗證各種主張和假設，**到頭來**才證實它。詹姆士認為它充其量只是個特例。因為許多言之鑿鑿的斷言，根本無法客觀驗證其真理，例如我們的價值、生活觀和信

❺「『所有實在物都會影響我們的實踐，』他（皮爾斯）來信說：『而那個影響就是它對我們的意義。我習慣在班上問同學說：如果這個選項或那個選項為真，世界會有什麼差別？如果找不到什麼差別，那麼這個選項就沒有意義。』」另見：同前揭，頁71。

仰。儘管如此，把它們視為真理，對我們仍舊很重要，因為那有助於我們在生活中自我定位。它們讓生活更可靠而且更有期待。因為如果只有專家在沒完沒了的程序當中確定的才是真理，那麼就不會有多少真理可言。可是其實人們需要許多真理，而且也不斷地在產生它們。

這種主觀的真理當然不是永恆的真理，而是典型屬於人類的真理：「人的蛇徑遍及四處，」我們以為的「獨立的真理」以及「不能改變的真理」，都只是「活著的樹裡頭的死心，這種真理的存在只是意味著真理也有它的古生物學和『使用期限』，服役多年之後也會僵化而變成化石，成了人類眼裡的古董。」285❻

詹姆士認為，整體來說，真理都是相對的，從來都不是完全客觀和絕對的，他的這個說法招致譏議，認為他使真理變成任意的。可是這些都不是他要說的重點。他要說的是，人類不曾須臾離開他的思考和需求的牢籠，而且他也沒辦法區分思考和需求。我們之所以會那麼思考，是因為它有助於實現定位的需求。所以說，就連我們的語言也不是用來認識和描述絕對真理的工具：「你不能剔除人的因素。我們的名詞和形容詞都是人性化的遺產，我們把它們植入種種理論裡面，而其中的內在秩序和結構都是由人性的考量主導的，知識上的一致性則是其中一個考量。」286❼

我們認為某件事物為真，這件事並不是最終目的，也不意味著非要更深入地探究知識不可。我們那麼做，只是因為我們唯有打下界樁，才得以有意義地往下思考。盡可能精確地描寫實在界並不是無意義的事，而是會豐富我們的視野。因為每個描述都可以讓我們擴大新的洞見和理論周遭的實

❻ 引文中譯另見：同前揭，頁84。
❼ 引文中譯另見：同前揭，頁219。

[480]

在界。我們對於世界的思考和探索得越多，它就越複雜，在這點上，詹姆士和他相當敬重的洛策的觀點一致。這位哥廷根哲學家把人形容成他自身的「小宇宙」，而詹姆士則是把這個想法開展成一個優雅的理論。

真理是對我有功用並且經得起考驗的，詹姆士的這個真理觀使它比近代哲學史裡的任何真理都更主觀。他遠遠超越了皮爾斯認為真理是由理想的科學團體加以驗證的說法。可是譽之所至，謗亦隨之，詹姆士在英美哲學裡越是風靡一時，也就招致更加猛烈的批判。邏輯學家、理性主義者以及從事經驗研究的自然科學家群起而攻之，他們指摘詹姆士「信口雌黃」，把實用主義譏為「金錢哲學」。研究者的客觀性到哪裡去了？理性真理呢？美國哲學家**布蘭夏德**（Brand Blanshard, 1892-1987）的批評最聰明了。[287]儘管他的求學歷程受到實用主義的影響，卻沒有忽略到實用主義者隱藏了一個內隱的（implicit）真理。當一個實用主義者主張真理有功用並且經得起考驗，那麼他就是提出了一個斷言。他定義了真理是什麼（有功用的、經得起考驗的）。可是他一點也不確定這個定義本身是否有功用而且經得起考驗！由此推論，他似乎只是相信他的定義為真。而他所相信的很可能和真理符應說沒什麼兩樣：他對於真理的定義不知怎的和實在界一致……

[481]

信仰的意志

詹姆士把他的實用主義和他的價值觀混為一談，這點也表現在他對自由意志的形上學以及對神的態度。他對於靈性事物的興趣也和洛策相仿。儘管他們都熟諳自然科學，也對心理生理學如數家珍，卻不想三言兩語就把信仰世界打發掉。洛策終其一生沒有完成他關於宗教的著作；相反地，詹

[482]

姆士在一八九六年夏天為耶魯大學和布朗大學的哲學學會寫了一篇論文《信仰的意志》（*The Will to Believe*）以作為其他論文的補述。

詹姆士自問，在達爾文之後，我們還有沒有可能信仰一個神。如果是個經驗論者，我們會以為他的答案顯然是否定的；然而如果是個**澈底的**經驗主義者，我們不可能這麼認為！澈底的經驗主義者不僅認為神、自由意志以及善的存在之類的形上學假設是虛構物，就連自然科學的種種理論，他也會心存懷疑。主張自然律永遠恆常或者大自然遵循邏輯法則，這不都是無法證明的假設嗎？在詹姆士眼裡，自然科學家也是人。他們建立實用的理論，選擇實用的方法發現特定的事物。他們當然沒有獨佔真理，「客觀證據和確定性無疑是相當實用的美好理想，可是在這個傾瀉著月光而且充滿著夢想的行星上，到哪裡找得到它們？」[288]詹姆士認為，經驗論者手裡沒有任何工具可以探究到底有沒有自由意志。眼裡只有因果法則的人，當然也會在人的感覺、思考和行為裡找尋因果法則。可是因果法則足以解釋它們嗎？他接著針對否認有自由意志的演化論信徒，澈底的經驗主義者把至今最犀利的反證寫在史冊上：為什麼經歷了數百萬年的演化既讓人越來越適應日益複雜的環境，卻又讓他們產生一點都不合理的幻覺，以為他們擁有自由意志呢？當我們認為我們的意志是自由的，相較於自我欺騙的機率，我們不是在騙自己的機率再怎麼說都高得多。當然，我們不是完全自由的。我們會侷限於以前的經驗，而我們的思考和行為也都和它們有關。可是我們不也自由地移動我們注意力的游標，想停在哪裡就停在哪裡嗎？若是如此，我們就是在使用這個意志的自由，因為我們**自由決定要**相信自由意志！

自由意志是如此，信仰亦然。既然我們反正看不出來它有什麼約束力，自然科學也就無法反駁它。有疑義的也只有各個宗教所宣揚的具體宗教經驗和解釋。但是世界有個造物主以及「善」的存在，對於這個說法，人可以相信也可以不相信。詹姆士認為，從各方面來說，相信它對我們會比較好。就像康德一樣，他需要信仰才能讓人感覺到他的道德義務。信神的人會臣服於一個道德主宰，那是自然科學無法提供的。因此對自己以及整體人類而言，信仰一個神是有益處的。至於說這個信仰的基礎只是個感覺而已，那則是太划算了！人的所有動機和意圖都是基於情緒，就連擺脫它們的決心也不例外。

正如自由意志，信仰的需求也是許多人的基本需求之一。他們在內省中感覺到這個需求，這也和他們的自我感覺有關。而大家都知道信仰足以移山。如果一個人基於信仰而認為應該做什麼事，那就會對人類社會造成事實上的影響。休姆嚴格區分「實然」和「應然」，卻沒辦法在日常經驗裡證實。也就是說，「應然」往往會產生「實然」。作為實用主義者的澈底的經驗主義者，再一次和古典經驗論者唱反調。一九二八年，美國社會學家**桃樂西・多瑪斯**（Dorothy Swaine Thomas, 1899-1977）和**威廉・多瑪斯**（William Isaac Thomas, 1863-1947）跳出來批評詹姆士的說法，提出後來所謂的「多瑪斯定理」：「如果人把情境定義為真實的，那麼它們在結果上也會是真實的。」（If men define situations as real, they are real in their consequences）[289]❽當教宗和十字軍異想天開地覺得從穆斯林手裡奪會聖地是他們的使命，結果就導致了十字軍東征真實的大屠殺。殖民主義以及納粹黨的種族主義狂熱也是如此。當人幻想他們的孩子被魔鬼附身，那麼這些孩子真的就會著魔。如

[484]

❽ 威廉・多瑪斯，美國芝加哥學派代表人物。主要著作為：*The Polish peasant in Europe and America. Monograph of an Immigrant Group*, 1918-1920。多瑪斯定理後來也被稱為「自我實現的預言」。

果一個人沒由來地覺得自己太胖，他的飲食習慣就會真的改變了。

由於人們只會認識到在理論和實踐上對於他們有用的東西，因此它也會影響到我們對於宇宙的理解。就像皮爾斯一樣，年老的詹姆士也大膽提出一個宇宙論初探。他最重要的論點是，並不存在特定的宇宙，這只是人們描繪它的視角問題而已。有時候我們看到事物的邏輯關係，有時候是因果關係，又或者是道德和美感關係。詹姆士和洛策一樣，認為所有視角都是正當的。我在這部哲學史的第一卷裡引用過美國女詩人**魯基瑟**（Muriel Rukeyser, 1913-1980）在美麗的詩作《黑暗的速度》（*The Speed of Darkness*）裡的句子：「**組成這個宇宙的是故事，而不是原子**。」如果是詹姆士，他應該會說：組成這個宇宙的，**既是**原子**也是**故事。

詹姆士關於人類、他的世界和宇宙的許多「故事」，使他成為當時獨領風騷的美國哲學家。可是他的身體卻嚴重屈服於原子和生理學，那當然不是他所想要的。他的健康每況愈下，他到了瑞士休養，病情卻沒有好轉。一九一〇年八月，他終於拋下這具病痛纏身的身體。詹姆士在他位於新罕布夏州的丘克魯瓦（Chocorua）的農場裡過世，享壽六十八歲。他和他的一個朋友把那個地方改了名字。丘克魯瓦山區丘陵起伏的湖邊風光，是他在探索汩汩流動的意識時的棲風谷。「這些景色似乎比生命裡的任何事物更適合保存意識。它似乎是我在離世時唯一想要帶走的回憶，沒有名字也不會改變。」290

實用主義是人文主義嗎？

詹姆士篳路藍縷的成就不容小覷。這位頭腦冷靜的科學詩人揭露了心理世界流動不居的邏輯之謎，並且讓它擺脫了所有謬誤的形上學。「事實」（fact）的拉丁字源有「製作、創造」（facere）的意思，所以說，事實是源自於行動。人是自己世界的建築師，他是自己知識的杜撰者，而不是考古學家。由於詹姆士比從前的哲學家都更重視適者生存的演化理論，他心中的世界觀因而是幫助我們定位的地圖。我們把幫助我們克服困難的種種知識記錄在那裡頭，也把在我們生活裡造成重大差異的東西註記下種種區別。設計這樣的地圖是我們意識的偉大成就，它把刺激轉化成情緒，借助於情緒建構種種思考。真正的邏輯是**關於種種區別的心理學**（心理邏輯）。在這點上，詹姆士和皮爾斯的看法截然不同。這位和他漸行漸遠的朋友不認為邏輯是意識的作用，相反地，意識才是邏輯的成果。

詹姆士認為實在界是人自己創造出來的，因為人必須適應他的環境，他的這個理論成為二十世紀在各個領域風起雲湧的「建構主義」（Constructivism）的濫觴。可是一生偃蹇堙阨的皮爾斯卻沒有得到應有的評價。在他於一九一四年逝世之後，只有一兩位邏輯學家對他表示推崇。直到一九五〇和六〇年代，人們才深入探討他的記號學理論。法蘭克福哲學家**阿培爾**（Karl-Otto Apel, 1922-2017）於一九七〇年代把皮爾斯的著作引進德國，破天荒地讚美他是「美國最偉大的哲學家」。阿培爾也沿襲了皮爾斯的學說，認為任何有效性、任何真理都預設了所謂「理想的科學團體」的贊同。康德先驗地證明其種種真理的哲學，也必須用皮爾斯的說法加以改寫。有效性並不是先驗地自我證成的，而是要透過他者的贊同。據此，阿培爾草擬了所謂的「先驗實用主義」（Transzendentalpragmatismus），並且和哈伯瑪斯（Jürgen Habermas, 1929-）共同提出「言說倫理學」（Diskursethik）。由於每個判斷都要以其他判斷加以校準，所以有必要**尊重**他人的判斷。從理想的溝通團體到一個作為結辯的倫理，對於阿培爾而言是個必要的邏輯步驟。

實用主義如何演變成一種倫理學，是皮爾斯和詹姆士的下一代要探究的問題。出生於阿爾托那❾，在英國長大的哲學家**席勒**（Ferdinand Canning Scott Schiller, 1864-1937）於一八九一年出版了《獅面人身像之謎》（*Riddles of the Sphinx: A Study in the Philosophy of Evolution*）。正如席勒在前言所說的，基於安全的理由，該書以匿名出版。對他而言，人面獅身像的問題是關於人類最重大的問題：誰來解開以下的謎題：自由意志、意識、神的問題、生命意義的問題，以及諸如美、真理和正義之類的「共相」的問題？就像詹姆士一樣，席勒也推論說，不管是自然科學家或是哲學的觀念論者都無法回答這些問題。所以他們不得不攜手合作，才能像詹姆士一樣創造一個熟諳自然科學的形上學。兩個視角必須交會在一個點上，有一天才可能解釋宇宙為什麼存在，生命為什麼可能，以及意識如果從無意識裡產生。對席勒而言，有些事似乎是確定的：演化是以完美和諧為目標的直線上升，而所有矛盾都在那和諧裡被揚棄。善會戰勝惡，時間會靜止，感性和知性不再分開。

該作品的作者是誰，沒多久就傳開了。席勒先後在紐約伊薩卡的康乃爾大學和牛津大學任教。在他和詹姆士往來密切之後，便致力於以更首尾一貫的方式闡述詹姆士的哲學。詹姆士說信仰一個神比較好，席勒則是補充說，如果可以信仰因果法則的永恆有效性、時空的存在以及大自然超越時間的規律性，那就更好了。不管是對於個人或是整體人類，都是有意義的事。在這個意義下，席勒把實用主義叫作「人文主義」，世界是依據人類的種種需求而量身訂作的。可是由於席勒極為主觀

❾ 原為德國的霍爾斯坦境內，現為丹麥屬地。

[487] [488]

的真理概念、他處處可見的「人文主義」以及對於拾級而上的演化的信仰，使他一輩子都被牛津大學的同事視若洪水猛獸，反倒是在美國得到了更多的認可。他自一九二九年就在南加大擔任教授，一直到他於一九三七年過世。

在大西洋的彼岸，實用主義在二十世紀是最重要的哲學思潮。它懷抱著人類不斷進步的夢想，不管是皮爾斯、詹姆士或席勒都對此都深信不疑。**查爾斯・庫利**（Charles Horton Cooley, 1864-1929）是另一個樂觀的實用主義者。他在安娜堡的密西根大學附近長大，父親是密西根州最高法院法官，他後來也在密西根大學唸書。可是庫利的興趣不限於一個科系。他花了一年的時間就拿到工程學位，接著攻讀政治學。畢業之後，他到德國慕尼黑短期教授經濟學和社會學。接著在紐約哥倫比亞大學讀博士，論文是關於現代的交通網路。

庫利比詹姆士和席勒更加激進，認為哲學家的角色是個守望員。博學多聞和精闢分析都不是目的本身，哲學家的使命是改善社會。庫利在密西根大學商學院擔任社會學教授。美國迅速崛起成為世界發展最快的工業大國，也使得美國社會面臨巨大的社會挑戰。美國賴以強大的利己主義如何讓百萬人口的新城市文明化？它為此需要什麼樣的組織和制度？往後的社會秩序應該是什麼模樣，才可以防止城市重蹈世紀之交的覆轍，陷入暴力、貪腐、自私和剝削的混亂當中。

庫利在一九〇二年的《人性和社會秩序》（*Human Nature and the Social Order*）回答了這個問題。他長期研究達爾文和史賓塞。可是以個人私利為起點去思考演化，卻沒有辦法說服他。至少沒有任何人的意志不是在社會裡成形的。庫利從皮爾斯和詹姆士那裡認識到，個人並不和社會對立，而是和它密不可分。我們不就只是別人投射在我們身上的鏡像而已嗎？我們總是以想像中的別人的眼光來看自己，並且據此演變成我們的自我感覺。庫利和他素昧平生的尼采不約而同地開展出「鏡中自我」（Looking-glass self）的概念。

可是如果說每個人都是他人的鏡子，那麼人類社會和動物群落或是動物國度就有根本的差異。對於低等動物如此，對於人類則不然。這裡有若干史賓塞沒看到或是不想看到的因素。因為構成人類社會的並不是個別的身體，而是對於彼此的觀念。這個相互的映照產生了一種「我群感」（we-feeling），它遠遠超越了動物族群。再加上諸如火車、電車、蒸汽船、電報和電話的科技成就，現在「我群」的往來比以前都更加快速。整個世界變成一片大網路，就像庫利樂觀的說法，變成了一個「大家庭」。而社會學的任務就是為此創造最適合的先決條件。社會學作為一種社會宗教，它要為有效的互動探索一畦耕地。

庫利對於進步的樂觀主義使得他和皮爾斯、詹姆士以及席勒並列。神學家以及諸如柏拉圖之類的理型論者心中的太初世界的美好燦爛，已經沒辦法回首重來了。這裡沒有恢宏壯闊的創世，也沒有理想中的理型世界，只有種種自然力和猿猴。美好生活要在未來裡覓得，而通往那裡的道路，也就是演化，已經備妥車輛。皮爾斯認為在演化的漫漫長路上會看到真理以及愛的勝利，而詹姆士對進步的信仰則和他所謂的淑世主義（Meliorism，社會改良論）息息相關。世界裡並沒有善惡的拉扯爭執，因為幾乎沒有所謂真正形式的善和惡。重點在於每天都要讓地球更人道，因而使它變得更美好。在這個意義下，詹姆士的實用主義也是一種人文主義，也就是說，社會世界要不斷適應人類的需求。

角色和認同

庫利把人類理解為心靈的命運共同體，那只是個邏輯一致的思想推論。他的心智網路的社會理論為他的朋友和同事**喬治・賀伯特・米德**（George Herbert Mead, 1863-1931）後來所謂的「符號互動論」（symbolic interactionism）奠定了基礎。米德出生於麻塞諸塞州的南哈德利鎮，父親是個牧師。米德年輕時和詹姆士一樣，反覆思考著同一個問題。如果舊有的解釋模型再也不管用，為什麼還要抓著達爾文的尾巴不放而不重新證明呢？如果上帝已死，觀念論的形上學也不合時宜了，那麼誰或者什麼東西可以作為未來人類社會的保障？

就像庫利一樣，米德也認為個體心理學沒辦法解釋整個社會。團體有它自己的法則。昆蟲的分工是在生物層次上設定了的。相對地，人類的動機和組織則是社會性的，人類生活的條件結構並非必然，人類的分工沒辦法以生物學或個體心理學找到解釋。可是如果人們彼此的期待是不確定的，那麼團體和社會又該如何鞏固這些期待呢？我們怎麼知道人類並不是不斷地相互傾軋，更多的情況是互相扶持呢？

米德於一八八八年到一八九一年至萊比錫求學，從他的教授馮德那裡認識到動物是以「肢體動作」相互溝通。馮德認為動物是透過模仿肢體動作而使它擁有獨立的意義，可是米德認為沒有那麼簡單。諸如齜牙咧嘴或是吼叫的動作，並不只是以本能模仿的，那是有意識的動作。而動物也知覺到自己的動作，也就是「知道」自己在做什麼。在某個程度下，人類也是如此。我們對於他人的反應沒辦法就生物層次明確地被理解。我們的神經系統讓我們可以延遲對於刺激的反應，表情和說話更是如此。一般而言，人們會花一點時間想像如何回應他人的表情和話語，也就是我們溝通的「符號」。我們在團體生活裡，大抵上都會期待他人多少對於我們的行為做出特定的回應。我們的行為對於他們也是可期待的，因為我們也期待著相對應的期待。簡言之：人類為自己建構了對於期待的期待。他們對於他人的內心世界有個期待，而且普遍來說會試著迎合它。在這個意義下，人類在扮演種種社會性的「角色」——這是個就要在社會科學裡大放異彩的概念。

米德從詹姆士那裡沿襲了「主格的我」和「受格的我」的區分。「主格的我」是我的動物性本能衝動，「受格的我」則體現了他人的內化期待。我的意志以及我對於「他人對於我的行為的期待」的期待，這兩者交互作用的結果就是「自我」。我的本能結構與對於期待的期待越是和諧地相互校準，我的自我的狀態就越好。在不斷變動的社會情境裡，我會表現出不同的角色行為，而和我的自我保持和諧一致。米德認為兒童的遊戲就是基於這個目的。在遊戲（play）裡，孩子會想像一個對手，然後穿梭在兩個角色之間。在賽局（game）裡，幾個孩子一起玩，並且調整他們的期待和行為。前者可以讓孩子理解他人的期待，後者則是幫助孩子在分工中協調合作，並且服從於一個共同的目標：贏得賽局。

米德對於哲學最重要的卻也時常被忽視的貢獻，是他的客體理論以及倫理學。人類會把環境區分為許多截然不同的「客體」以對它分門別類。人、事物、觀點，乃至於整個世界觀，都成了輪廓和評價明確的客體。這些客體設計的外觀如何，則是取決於它們踏入我的生命時的主觀狀態。唯有如此，我才擁有關於狗、穆勒先生、足球隊、賓士汽車或是共產主義的確定信念。一個客體的價值始終和它的源起脫不了關係。到頭來，重點便不在於事物，而在於形構和評價客體的「行動」。

[492]

這當然也會對道德造成重要的影響。問題仍舊在於情境和脈絡。米德認為，真正的道德抉擇其實並不多見。因為我們大多相當清楚我們各種行為的社會情境。想一想當我們力有未逮並且因而產生衝突的時候：我如何就別人對我的期待去評估我自己想要做什麼？在這種情況下，我對他人的關心（米德和克魯泡特金一樣認為那是生物性的）顯得捉襟見肘。而道德哲學也幫不上什麼忙。效益主義放棄就行為的動機去評判，他們只在意結果。康德認為我們的行為應該恪遵我的良知，它會使我對特定的意願有義務。可是米德認為這兩者都犯了相同的錯誤：他們都認為道德是就他人的快樂或損害來校正我自己的快樂，不管怎樣，我都必須明白同一件事，亦即以所有人或大多數人為考量的決定，便是最大的滿足。

可是道德真的是關於快樂與否的事嗎？對他而言，衝突的情況是在於如何**保有自己的認同**。當我不知道我該怎麼做的時候，我會陷入一種人格危機。那是個艱難的情況，它會促使我重見自我的一致性。美國社會心理學家**費思汀格**（Leon Festinger, 1919-1989）和**夏克特**（Stanley Schachter, 1922-1997）在一九五〇年代開展了著名的「認知失調」（cognitive dissonance）理論。當對於自我的認識或者我的行為和我的感覺、信念和價值起了衝突，就會產生認知失調。而正如米德所說的，我們都會想要盡快克服這個狀況。

我的自我困惑會迫使我重新評估一個情境，並且據此重新評估我自己。於是我的道德意識有個更上層樓的機會。反省的層次越高，人就越加理性。根據這個邏輯，人們或是整個社會在道德上會越來越更有反省能力、更理性也更寬容。這也是米德和其他實用主義者的共同願望。正如皮爾斯，他也認為人類會一步步形成一個巨大的溝通共同體，寬容、心胸開闊、求知若渴，而且在這個意義

[493]

[494]

下是**民主的**。嚴刑峻法、愛國主義以及戰爭再也無用武之地。人類會超越它們，他們會推動科學的進步，創造一個互通有無的全球市場，建構一個人類的溝通網，並且使世界更民主。可是他們之所以這麼做，並不是因為這條路是預定的。依據特定的機率，這一切終究會實現，因為在越來越擁擠的世界裡，人類會以創造力解決他們的難題。

米德的社會溝通理論在他過世之後才出版：《心靈、自我與社會》（*Mind, Self, and Society*, 1932）。至於「客體」之形構以及倫理學的看法，則可見於《行動哲學》（*The Philosophy of the Act*, 1938）。可是米德寫下這些想法的時候，正值世紀之交，這位社會學家在位於城南的大學研究室裡從新哥德式的窗子往外眺望。自一八九四年，他就在芝加哥大學任教，那是個僅次於紐約的現代實驗室。在他隔壁的研究所裡，有另一個現代社會的開創者。他是除了皮爾斯和詹姆士以外的第三個實用主義的熠熠明星——**杜威**（John Dewey, 1859-1952）。

作為實踐的哲學

「喬治和安娜正走著的街，比縮小的地誌學地圖街道更不像街；路面總是比房屋樓層低了幾吋，屋子有時還得連接架高的木板才能通往人行道。這兒路面沒有鋪磚，卻有山脈、峽谷、河流、渠溝跟水道，以及裝滿惡臭綠水的大水坑。孩子們就在這種水池裡玩耍，在街上的泥裡打滾；你可以在各處注意到他們正在挖泥巴，搶他們意外找到的戰利品。人們會對這些事感到好奇，同時也會想著懸在這幅景象上幾乎遮住天光的黑壓壓蒼蠅，以及脫胎自整個宇宙死去的事物、會襲擊人們鼻腔的怪異惡臭氣味。」291[10]

美國作家**辛克萊**（Upton Sinclair, 1878-1968）以史無前例的露骨辛辣的文字，描寫一九〇四年的芝加哥。他的小說《魔鬼的叢林》（*The Jungle*, 1906）敘述了屠宰場工人的悲慘生活，以及他們在群眾抗爭當中的無謂反抗。小說以狂熱的社會主義者的社會運動為背景，可以說恰到好處。一八五〇年代的芝加哥還只是居民大概有三萬人的小城，到了一八九〇年，就成了百萬人口的城市。這個世界上崛起速度僅次於紐約的城市對這個發展其實有點手足無措。城市裡到處興建摩天大樓，並且於一八九三年主辦世界博覽會，瘟疫也在無數移民之間肆虐——因為他們簡陋的木屋就蓋在垃圾山上頭！一八八六年五月，警方血腥鎮壓一場罷工運動，並且謀殺了運動領袖。這場名為「乾草市場暴動」（Haymarket riot, Haymarket affair）的運動，奠定了以五月一日作為工人的抗爭日以及其後的國際勞動節的傳統。一方面是悲慘的生活、剝削和工會運動；另一方面是肆無忌憚的資本主義以深信不疑的進步信念，使芝加哥迥異於在傳統和進步之間拉扯的世紀末的維也納，成了一個大熔爐。

布萊希特（Bertolt Brecht, 1898-1956）踵繼辛克萊，也讓他的「屠宰場裡的聖女貞德」（heilige Johanna der Schlachthöfe）身處在其中瘋狂的城市，並且很清楚它的巨大問題。一八七〇年到一九〇〇年間成立了四間大學，其中野心最大的是財力雄厚的私立芝加哥大學，它迅雷不及掩耳地成為美國最重要的大學之一。一八九四年，三十四歲的農夫之子杜威和米德一起來到這裡，兩

[10] 引文中譯見：厄普頓．辛克萊，《魔鬼的叢林》，頁40，王寶翔譯，柿子文化，2014。

人以前在安娜堡的密西根大學就認識了。杜威年輕時就在約翰斯・霍普金斯大學（Johns Hopkins University）上過特立獨行的皮爾斯的課，並且在那裡以關於康德心理學的論文拿到博士學位。在以前驚豔於黑格爾之後，沒有任何作品比詹姆士的《心理學原理》對杜威的思想轉折更加震撼的了。這位年輕的研究所主任來到芝加哥的時候，他和詹姆士一樣是個經驗論者。杜威也興奮地踏上他的偶像在一八九〇年代開闢的實用主義道路，此後在一生的思想當中無須臾偏離。

生命的意思就是在解決問題，杜威心裡要說的話比詹姆士更加直接。大學期望他們的教授貢獻巨大的實用利益，人文社會科學的領袖應該是個社會工程師，要解決迫在眉睫的城市社會問題。

不過杜威在探究社會問題之前，他想要著手闡述詹姆士在《心理學原理》未竟的論證。生理學和意識到底要怎麼相互配合，才可以探討自由意志的問題？杜威在一八九六年投稿英國期刊《心智》（*Mind*）的一篇論文裡說，在生理學家之間流行的模型是錯誤的。我們的意識不只是接收中性的刺激、光線、聲音、物體的阻力，並且對它們作出回應而已；其實它早就選擇了要回應或忽略哪些刺激。注意力的游標一開始就參與其中，而不是因為有了刺激才啟動。我們遭遇到的刺激並不是單純地出現，而是經過批准的；更確切地說，是作為「刺激」而被放置到我們的意識裡。在生理學家眼中，從刺激到意識的路徑是一條曲線，可是杜威認為那是個開關電路（circuit）。基於以前的經驗，我們會認為特定的刺激是「重要的」而予以放行，至於無關緊要的則儲存在意識的迴路裡。

杜威在一九一二年於《哲學、心理學與科學方法期刊》（*Journal of Philosophy, Psychology and Scientific Methods*）的論文〈知覺以及器官活動〉（Perception and Organic Action）闡述了這個說法，這不只影響了他的朋友米德而已。如果沒有杜威，米德不可能提出讓我們把期待考慮進來，並且預想其結果的延遲知覺理論。在當時，開關電路的模型太前衛了。杜威在芝加哥的同事**華生**（John B. Watson, 1878-1958）數十年來堅持以「刺激和反應模型」解釋動物和人類的行為，認為刺激就只是「被接收」而已。反之，杜威以一個比喻論證說：在足球比賽裡，有人只看到足球以及球員的直接動作，而有些球迷則會從美感的角度知覺到球員的外形，注意到他們的球衣是否時髦。我們的注意力的游標會決定我們的意識把什麼東西視為重要的刺激。所以說，行為主義者（Behaviorist）的預設模型是錯誤的。儘管如此，他們過於簡化的模型一直到一九五〇年代都還被人津津樂道。

杜威的論旨相當清楚。他和庫利一樣都想要證明人類的行為不同於機器。人類對於環境的反應不是中性的，他們也是基於自己的社會經驗做出回應。人之所以為人，並不像從康德到黑格爾的觀念論者所言，取決於若干先驗的定義；而是在於我們和環境溝通的特定方式。我們不只是**回應**環境，更把它**構想**成我們的世界。

如果人類真的是以自身的社會經驗建構他們的世界，它就會對於我們在教養和教育方面的看法產生重大的影響。教育的目標應該是教導孩子盡可能合理而聰明地建構他們的世界。杜威認為美國學校在這方面實在是成效不彰。以他自己在佛蒙特的童年經驗及其五個孩子在安娜堡與芝加哥的學校教育來說，其實讓人相當沮喪。老師們不在意孩子的人格，反而把他們拆解成個別的「才能」，例如計算、閱讀和書寫等等。「材料」是預定的，才能必須像個別肌肉一樣加以訓練。可是如果像達爾文以及詹姆士所說的，我們只會不斷學習對自我定位以及未來行為而言重要而且有意義的東西，那麼整個教育學就需要翻天覆地的革命。就像意志一樣，我們的興趣會決定什麼對我們有用處

[498]

（不管是基於什麼理由）。我們不應該只是訓練「才能」，而是應該照顧孩子的「自我」、他們的價值觀、認同感以及意義的建構。

在一八九五年於《赫爾巴特年報》（*Herbart Yearbook*）發表的論文〈關乎意志的興趣〉（Interest as Related to Will）裡，杜威的論點超越了教育學家福祿貝爾（Friedrich Fröbel）、裴斯塔洛齊以及赫爾巴特，他史無前例地清楚指出，兒童會認同他們所學習到的東西。可是對於杜威而言，那只是實用主義基本信念的邏輯推論而已。一八九六年，他和妻子艾莉絲（Alice）一起創立了芝加哥大學附屬實驗學校（University of Chicago Laboratory Schools），實驗一種完全以孩子的經驗為基礎的教學方法：以專題式課程取代填鴨式教育，以實驗取代令人厭惡的記誦。

三年後，杜威為他的教育學提出一個社會學的理論基礎：《學校和社會》（*The School and Society*, 1899）。在工業革命的過程中，許多以前不證自明的事已經不再。孩子幫忙父母親下田耕作，學習木工以及其他材料的手藝，也到廚房裡打雜。可是單調的工廠使這些興趣和技能漸漸荒廢，也導致人口減少。相反地，學校應該為孩子的整個人格提供一個空間，促進其興趣和傾向的多元培養，特別是在一個高度發展的團體裡的興趣。杜威和庫利一樣，認為孩子的人格發展和社會密不可分，並且在《民主和教育》（*Democracy and Education: An Introduction to the Philosophy of Education*, 1916）裡深入探討了這個觀點。

杜威並不是唯一批評傳統教育體系的人。他在撰寫教育學作品的時候，正值德語地區方興未艾的「教育改革」；可是大西洋兩岸還看不到什麼實務上的重大成就，美國教育界也執拗地拒絕太過進步主義的改革理念。一九〇四年，杜威在芝加哥大學的生涯走到了終點。他的實驗學校遭人詬病，於是他離開芝加哥，轉而到紐約哥倫比亞大學擔任教授，直到一九三〇年退休。儘管他不是像詹姆士那樣口若懸河的演說家，但是在某個方面來說，他可以說是詹姆士的繼承者。身為美國最著名的公共知識份子，他投身於種種社會論辯，也分別擔任美國心理學學會以及哲學學會的主席。杜威的《明日學校》（*Schools of To-Morrow*, 1915）更是全球暢銷書，他的其他作品至今也一直為人稱道。

我們在第四卷的哲學史裡會回頭探索他的足跡，不過在此之前，我們要來看看當時歐洲社會學的演進……

[500]

個人和社會

社會的幾何學

他是當時最重要的文化哲學家。可是他到了五十六歲才當上教授，並在四年後就過世了。他天 [501] 馬行空的思想至今仍舊席捲了各個領域的世界，把它們都串接在一起。任何事物都逃不出他敏銳的觀察天賦。任何枝微末節、任何社會的動態、心理反應對他都至關重要，而不至於在概述當中遺漏它們。如是，他成了世紀之交的科學全景畫家，一個卓越的思想家，別出心裁地在社會學的大宇宙 [502] 裡映現心理學的小宇宙。

齊美爾（Georg Simmel, 1858-1918）於正確的時間出生在正確的地方。因為他居住的城市提供了源泉不竭的研究材料。世紀之交的柏林不遜於美國任何大城市。「施普雷雅典（柏林的別稱）死了，施普雷芝加哥正要興起。」產業鉅子、後來的外交部長拉特瑙（Walther Rathenau）如是說。[292] 美國作家馬克．吐溫（Mark Twain）把柏林和芝加哥相比，說芝加哥顯得「老態龍鍾」。[293]

沒有任何一個歐洲城市如此迅速成長：一八七〇年，柏林的居民有八十萬人，到了一九〇五年則有兩百多萬人。半數的居民都是外地移居者，他們大多是鄉下來的。現在他們則是置身於歐洲最快的城市，電氣化以及交通繁忙的世界大都會。它在一八八一年就有了電車。自一八九〇年代，西門子（Siemens）電子集團和德國通用電氣公司（Allgemeine Elektricitäts-Gesellschaft AG）競爭建造了巨大的地鐵網，十座長程車站每天載運數十萬人到城裡或者回鄉下。男爵夫人史匹岑堡（Hildegard von Spitzemberg）在一八九八年冬天的日記裡寫道，柏林的「車輪隆隆聲震耳欲聾」，忙碌而緊張。[294]「熙熙攘攘的主幹道路」，由汽車、有軌電車、馬車、三輪車和兩輪車交織

[503]

成一條「不間斷的線」，在歐洲是絕無僅有的。295在交通幹道沿線上，各種行業、酒館和應召業如雨後春筍一般崛起。貪得無饜的工業城市不斷擴張，把周遭的村莊也都併吞了。蒸汽機和火車頭製造商博西克公司（Borsig）的煙囪造成霧霾，籠罩著由貧窮的出租公寓和暗無天日的後院構成的整個市區。投機建商在工人住宅區建造悲慘而狹窄的房屋而大撈一筆。巴黎廣場（Pariser Platz）和其他地方的豪宅變成林登大街（Unter den Linden）的普魯士奢華地標，而幾近半數的居民卻只能蝸居在一間有暖氣的房間裡。犯罪率的劇增、流行病以及不可勝數的街友，就像紐約和芝加哥一樣，也成了柏林的一部分。

身為時代的見證者，齊美爾把這一切都看在眼裡。不過他不像當時悲天憫人的的素描畫家和攝影家**齊勒**（Heinrich Zille, 1858-1929）那樣用畫筆描繪「彌爾約」（Milljöh）的生活。❶齊美爾是個冷靜理智的地震儀，他描繪每次的震動，並且計算直線和曲線。他心裡愛的不是人類，而是他們形形色色的行為樣貌，他從瞭望台俯瞰，一切都盡收眼底。

齊美爾出生於柏林一個商人家庭。父親是賣巧克力的，也是生意興隆的撒洛提巧克力工廠（Felix & Sarotti）的合夥人。齊美爾十六歲的時候遭遇父喪。這時候弗利蘭德（Julius Friedländer）伸出了援手，照顧他以及比他大五歲的姐姐。弗利蘭德是彼得音樂出版社（Musik-Editions-Verlags Peters）的創辦人，後來收養了齊美爾，於一八八二年留給他一筆可觀的遺產，讓他一輩子衣食無虞地致力於研究。

---

❶齊勒於一九一三年出版素描畫冊《我的彌爾約》（*Mein Milljöh: Neue Biler aus dem Berliner Leben*），描寫柏林出租公寓的貧窮生活。

年輕的齊美爾是個天資聰穎的學生。一八七六年，他在柏林大學攻讀歷史和民族心理學。他的老師都是當時著名的學術權威：歷史學家和法學家**莫姆森**（Theodor Mommsen, 1817-1903；一九〇二年諾貝爾文學獎得主）、歷史學家**西貝爾**（Heinrich von Sybel, 1817-1895）、歷史學家**特萊奇克**（Heinrich von Treitschke, 1834-1896）。可是齊美爾興趣缺缺，於是轉到哲學系，師事哲學和神學家**策勒**（Eduard Zeller, 1814-1908）以及**哈姆斯**（Friedrich Harms, 1819-1880）。可是當時柏林的哲學並不怎麼興盛，特蘭德倫堡剛剛過世，狄爾泰直到一八八二年才來到柏林。身為新康德主義的創建者之一的策勒，也不是體系思想家，而是以其博通古代希臘經典而獲得好評。而哈姆斯也算不上系裡的佼佼者。他主要的成就是很早就把費爾巴哈和叔本華放在教程裡。

齊美爾在一八八一年提交博士論文時，他的教授們不是很開心。《音樂起源之心理學和民族學研究》（*Psychologisch-ethnologische Studien über die Anfänge der Musik*），試圖以達爾文的演化理論和民族心理學解釋音樂的誕生。這是什麼玩意兒？這也算是哲學嗎？所以這篇論文沒有通過審查。策勒認為「太流於格言」。教授們比較喜歡齊美爾寫一篇符合學術慣例的論文。這個被打回票的學生最後還是以《從康德的物理單子說論物質的本質》（*Das Wesen der Materie nach Kant's Physischer Monadologie*）拿到博士學位，儘管成績不是最好的，只拿到了「優等」（cum laude）。

齊美爾的授課資格審查同樣一波三折。一八八四年，他提交了依據學術慣例撰寫關於康德的時空理論的論文，策勒以及剛到柏林的狄爾泰相當讚許。可是他卻在就任的首次講演課裡和策勒脣槍舌劍。審查人認為人類心靈位於特定的腦葉，齊美爾卻猛烈抨擊他的說法，結果當然是沒有通過審查。所以齊美爾必須以「論倫理理想和邏輯以及美感理想的關係」（Über das Verhältnis des ethischen Ideals zu dem logischen und ästhetischen）為題重講一次課，才能獲得講師資格。至於教授職位，不管是柏林或其他地方，都沒有人想到他，而他的上訴失敗更是曲折離奇。同事們都不喜歡這個講師：野心太大了，興趣太雜駁了！齊美爾可以在研討課裡東拉西扯一大堆心理學、社會學和哲學的主題。學生們倒是很喜歡他！他的公開演講往往會湧入大批學生聆聽，他雖然說話慢吞吞的，卻總是旁徵博引而且妙趣橫生：諸如「悲觀主義」、「倫理學原理」、「心理學主要學說」、「社會科學的難題」或是「最新的哲學理論及其和自然科學的關係」之類的主題。

一八八五年，齊美爾在柏林吸引了大批的聽眾，而在倫敦的史賓塞則正要出版三大冊的《社會學原理》（*Principles of Sociology*）。史賓塞依據他的「第一原理」以及在生物學和心理學上的應用，把他的學說擴及到社會。那是他的「綜合哲學」（synthetic philosophy）裡範圍最廣的一部分。這位作者要兌現他在「第一原理」提到的承諾：他要證明演化初期的「不確定且不一貫的同質性」（indefinite, incoherent homogeneity）如何演化成「明確而一貫的異質性」（definite, coherent heterogeneity）。其中的關鍵概念就是分化（differentiation）。所有物質、生物現象以及由它衍生出的文化都會依據自然法則不斷分化，因而產生現代社會。

當齊美爾讀到《社會學原理》時，他既傾心又厭惡。把演化視為不斷分化的這個說法立刻說服了齊美爾，可是他反對因此就把全體的演化視為「自然法則」。齊美爾對於自然科學裡的最新演進再熟悉不過了，他才不會像孔德或是史賓塞那樣信任自然科學的「法則」。物理學不是正陷入一個根本的危機嗎？物理學家不是還在為了物質是什麼而吵翻天嗎？他們自己究竟是否搞清楚了他們所謂基本單位的原子是如何相互作用的？在這個情況下把「第一原理」以及「法則」之類的概念一對

[505]

一地轉接到文化和社會，是既輕率又誤導的做法。

齊美爾的結論是：社會分化是對的，但依據自然法則的演化則不然。如果要描述社會據此不斷分化的「規律」和「規律性」，找尋最小的元素以及自然力無濟於事。我們必須描寫在這個歷程裡看得到的模型，或是如齊美爾所說的「幾何學」。就像狄爾泰所說的，社會學家不像自然科學家那樣**解釋**事物，而是**理解**事物。因此，所有社會學都應該是「形式的」社會學。社會學是在描述事物，但是不會像史賓塞那樣暗中藏著什麼方向感或是內容性的目標。它不是要證明什麼意義或目標，而是要探究錯綜複雜的「互動」（Wechselwirkung，交互作用），而現代社會就是由這些互動構成的。正如齊美爾在《論社會分化：社會學和心理學研究》（*Über sociale Differenzierung: Sociologische und Psychologische Untersuchungen*, 1890）裡所言，「社會心理必須分解成其成員的互動的總和。」[296]

[506]

如果說齊美爾是在思考社會分化，那麼他就是以**功能性**的角度去思考的。是什麼樣的互動使得西方社會的人們越來越個人化？為什麼這個社會結構反而使人們的關係越加濃厚而緊密？人在一生中會追尋越來越多的目標和目的，卻出乎意外地沒有使他們更加孤立，反而是讓社會更複雜。所以說，個人化和社會化互為表裡而密不可分。可是何以如此呢？

世紀之交的社會學家沒有人像他這麼熱中於這個問題。因為唯有理解這個複雜語法的人，才有辦法掌握其時代與未來。然而這兩條接壤的解釋路徑，齊美爾都認為不可行。這個問題無法以邏輯（探討自然法則）或心理學（人的本能衝動）的角度去回答。這兩種解釋模式都有不足之處，因為複雜性到了一定程度，許多互動就會重新排列。不管是透過分工、貿易、交通、性別角色、世代之

[507] 間的關係等等，到處都有各式各樣相互回應的演化，而結構也會隨之不斷改變。全體有它自己的動力，那無法以邏輯或個體心理學加以解釋。

社會學在這個互動裡找到以前的人都沒有注意過的主題。我們唯有探究這些互動，才會明白為何個人化和社會化並非互斥，而是互為前提。齊美爾認為會有以下情況產生：個人的自我開展越強大，他扮演的社會角色就越多，也因而成為繁複的社會結構的一部分，而那些結構也會更加穩固。

我們來和齊美爾一起回顧一下哲學史。從來沒有人像盧梭那樣鼓吹個人的個殊性。可是這個極為敏感的個人主義者卻也為了民主社會裡所有人的平等權利而大聲疾呼。為什麼呢？因為我們必須以法律保護個體性！如果說因為我是個體（而不是特權階級的成員），我的權利才有效力，那麼這個權利就對**所有人**都有效力。可是這對社會共同生活的意義相當重大。**個體性**和**法律之前人人平等**是攜手並進的，而這意味著：沒有集體主義就沒有個人主義！從現在起，就連最偉大的個人主義者也都不再和社會隔離。幾年之後，齊美爾在描述藝術的波西米亞主義時，再度提到這個美麗的畫面。藝術裡的前衛派和政治上的無政府主義者總是沆瀣一氣，這不是很奇怪的事嗎？他們都屬於「反聯盟者聯盟」（Verein der Vereinsgegner）嗎？[297] ❷

[508] 任何想要有「文明指標」的人，一定都會研究一個社會的成員在多少個社交圈裡活動。[298] 而社會學家在描述個人時，也會研究他在哪些以及多少社交圈裡和人往來。因為使個人擁有個殊性的正

❷ 語出：Gerog Simmel, *Philosophie der Mode* (1905)：「如果真的成立了反聯盟者的聯盟，沒有什麼現象會比它在邏輯上更說不通，而在心理學上卻又合情入理的。正如無神論會演變成一個宗教，它和宗教一樣，有相同的狂熱主義，相同的不寬容，相同的情感需求的滿足，那推翻專制的自由往往也一樣專制而暴力……」

是「各種團體組合」的總數；因為在社會幾何學裡的圓圈交集，幾乎不會有人和我的一樣。這是個劃時代的發現！因為齊美爾不只是以自己的方式率先提出「社會角色」的理論，米德在十幾年後加以闡述，由美國文化人類學家拉爾夫·林頓（Ralph Linton, 1893-1953）再擴充之。在二十一世紀的社交網路世界及其商業競食（cannibalization）氾濫成災的一百多年前，他就把個人描繪成一個由種種交集組成的模型以及可辨識的社交足跡的總和。

可是不同於帕羅奧圖的資本主義管理員及其「剖繪」（profiling），以及對於網路行為的運算分析，齊美爾知道社會足跡並不構成個人的整體。也就是說，只有「量的個體性」才可以解讀。對於社會學家而言，這或許就足夠了，可是對哲學家而言還不行。當時哈佛大學的詹姆士認識到，心理學需要哲學才能回答許多重要的問題，而人在柏林的齊美爾則是直接指出社會學的侷限性。社會學家從來沒有注意過「質的個體」！對於一個包羅萬象的文化哲學而言，這門學科的屋頂實在太低了。

於是在接下來的十年間，齊美爾致力於一部著作，它會在文化哲學的層次上超越社會學，同時以所有想像得到的視角闡述他的理論。可是在他完成之前，在法國出現了一個競爭對手的計劃，對於社會分化的歷程提出另一個概念。它所引起的關注度遠遠超過齊美爾的論文集。

現代世界裡的團結

內向的學生很少會引人注意。一八八五年，這個害羞的法國人在柏林大學上當時著名的經濟學家**古斯塔夫·施莫勒**（Gustav von Schmoller, 1838-1917）和**阿爾道夫·華格納**（Adolph Wagner,

[509]

1835-1917）的研討課，當時他心裡在想什麼，讀者要在後來的兩篇文章裡才知道。我們說的是**涂爾幹**（Émile Durkheim, 1858-1917），而他在柏林跟著那兩位老師上課的印象也陪伴他一輩子。施莫勒和華格納是「講壇社會主義者」（Kathedersozialist）的領袖人物，那是個要求德意志帝國推行更多社會政策的運動，此外也是為了要扯日漸強大的社會民主黨的後腿。可是施莫勒的論述並不完全是為了權謀。對他而言，道德是個「文化價值」，而讓社會底層的人得到更好的社會保障則是經濟和國家的道德使命。

我們必須阻止現代社會分崩離析！如果生活世界像世紀末那樣產生巨大的變化，那麼我們就需要專家了。我們必須在各種陌生的新條件下細膩地把舊時淳樸的道德植入系統裡，否則無政府主義就會蠢蠢欲動，整家店也會被拆散！「講壇社會主義者」作如是想，而它也成了涂爾幹一生思考的主題。他相當沮喪地回顧十九世紀，特別是法國的政局演變。自從法國大革命以來，這個國家經歷了八個政權、十四部憲法。聖西門主義者夢想中的不斷進步，到頭來並沒有實現。社會問題沒有解決，底層人民的生活和從前一樣悲慘。插手教育和教養體系的不是孔德的人類宗教，依舊是天主教會。再加上一八七〇年到七一年的戰敗，使得「大國」（la grande nation）❸看起來不再那麼大。孔德夢想中法國就是世界、巴黎是西方麥加的那個時代已經不再了。

孔德的淑世的社會學到底哪裡出了錯？涂爾幹問道，我們未來要如何改善，才可以成就一個偉大、進步而井然有序的社會的舊時目標？在柏林的研討課之後，這個洛林地區猶太教師的兒子還要

❸這個詞主要是在德國、瑞士、奧地利流行，意指法國，尤其是拿破崙時代的法國。

到萊比錫找尋更多的誘因。他從馮德那裡學到，不管怎樣都要樂觀面對當下。道德並不只是遙不可及的哲學主張，它是個事實性的存在，可以從工業進步國家的高度社會發展看得出來。

涂爾幹在德國求學期間沒有親炙狄爾泰或是當時年輕的講師齊美爾，他一直引為憾事。不過緣慳一面倒也有另一個好處，因為他不得不自己動手打造一個相當完備的體系，甚至建構一個思考方向：「涂爾幹學派」。儘管狄爾泰和齊美爾同樣地發憤忘食，卻沒辦法成就這種完備而輪廓清晰的學說。相對地，涂爾幹拋開根本的疑慮，一如以往地相信社會學家探討的是清楚可辨的演化法則。就此而言，他仍舊是孔德和聖西門主義者的接班人。至於這些法則當中特別值得一提的是：儘管風雨如晦、混沌不明，社會在道德方面還是不斷地在向上演進。而且不是透過「講壇社會主義者」所鼓吹的改革，而是經由演化的「內在」邏輯。

正如齊美爾一樣，涂爾幹也提出社會分化的理論。他從德國回來以後，在波爾多大學（Université de Bordeaux）先後擔任講師以及社會科學和教育學教授，並且焚膏繼晷地撰寫一部範圍廣闊的作品：《社會分工論》（*De la division du travail social: Étude sur l'organisation des sociétés supérieures*, 1893）。

這個書名讓人很困惑，因為當時人們的政治立場壁壘分明。對於分化的社會而言，分工究竟是福是禍，這個問題裡頭到處都是地雷。自亞當·斯密以降的政治經濟學家們不厭其煩地強調分工可以提高生產力，而馬克思和恩格斯眼裡卻只有資本主義的腳鐐手銬。分工越是差異化，人性就越加成為單調而愚蠢的僱傭工作的奴役。相對地，涂爾幹從施莫勒那裡認識到，分工既是符合人性的，更是源自人性。每個人難道沒有其他的技藝和才能嗎？話是這麼說沒錯。那麼十九世紀的單調工廠裡的工作又是怎麼回事？它不是把工作簡化成不斷重複的動作嗎？

這真是燙手山芋。涂爾幹也避免妄下論斷。這位年輕的社會學家寧可探究分工究竟如何且為什麼**可行**。他第一個要問的問題和齊美爾一樣：現代國家和現代經濟裡的許多部門為什麼可以合作無間？一步步走向越來越分化的社會及其越來越高的要求和責任的人們究竟是什麼處境？為什麼社會不但沒有解體，反而越加穩固？涂爾幹說：「儘管個體越來越自主，卻也越來越依賴社會，這究竟是為什麼？它怎麼會既越來越重視個人卻又越來越團結？」[299]

在齊美爾眼裡的分工只是許多因素之一，涂爾幹卻認為那是理解現代社會時的關鍵。首先，他要擺脫英國政治經濟學家們著名的古典看法（就連史賓塞也一再對世界鼓吹它）：分工之所以盛行，那是因為它對於經濟**有用處**。涂爾幹卻認為那是違反史實的瞎扯。獲利固然是個美好的結果，卻不是分工的動機。真正的理由其實是在於社會的挑戰。當人口急遽增加，就會導致城市化。人和貨物的往來會大量增加，溝通也不例外。

可是人們如何戰勝這個挑戰？透過大規模的專業化！每個人都在找尋他自己的社會棲位（niche），如此才可以防止盲目的競爭在所有人對所有人的戰爭裡扼死了人們。可是社會依賴度也會因而提高，人再也沒辦法自給自足，而是相互需要。如此，每個人在其中各安其位的簡單社會的「機械性團結」（la solidarité mécanique）才不致演變成混亂和無政府狀態。反之，它會導致不斷分化的社會分工，並且由相互的依賴和契約產生「有機的團結」（la solidarité organique）。比較簡單而一目瞭然的社會舊有道德秩序會被取代，而從分工的依賴性產生新的道德秩序。

這麼說一切都相當合乎邏輯。可是涂爾幹在柏林生活得夠久了，他看到太多缺乏任何團結的

「無機事物」（inorganique）。他也很清楚，十九世紀的工業社會並不是功能完美的道德共同體。不知怎的，就是有哪裡出毛病。到底誰該負責呢？涂爾幹認為問題在於經濟和社會變遷的節奏太快了，社會秩序和道德跟不上演化的腳步而導致價值的淪喪。涂爾幹從詩人哲學家居約（Jean-Marie Guyau）那裡認識到「脫序」（l'anomie，失範、迷亂）的概念，並且把它引進社會學裡。變動來得太快，於是不義的、不人道的分工也就勢不可擋。涂爾幹認為當時的法國、德國或英國都是這種情況。正如「講壇社會主義者」，他也認為經濟和國家有責任匡救時弊，俾使道德秩序趕上新的社會關係。

涂爾幹的貢獻在哪裡呢？首先是一個新的觀察點。對他而言，社會現象完全可以用社會學的觀點加以解釋，而不必覓求生物學或心理學的解釋模型。社會法則就是社會法則而已，除此無他。而社會學的主題是「社會事實」。任何人扯上其他詮釋、世界觀或價值觀都不客觀，那只是要證明自己的「意識形態」而已。在十九世紀末，這個名詞不再意指沒有成見的知識，而是指褊狹的世界觀。

涂爾幹在一八九五年的《社會學方法的規則》（*Les règles de la méthode sociologique*）裡提出他的方法，並且在一八九七年的《自殺論》（*Le suicide: Étude de sociologie*）裡實際演練。為此他大量研究關於自殺的統計資料。身為社會學家，涂爾幹並不想知道尋短見的個人理由，他在意的是社會體制的凝聚力。基督新教徒的自殺率高於天主教徒，因為他們沒有那麼緊密的教會團契生活。猶太人則很少自殺，因為身為少數民族，他們的團體生活更加緊密；而已婚者的自殺率也明顯低於單身者，因為他們對於家庭有道德義務。對於涂爾幹而言，就連戰爭也產生了某種團結一致的凝聚力。國家兵戎相見的時候，百姓幾乎沒有人會自殺。在第一次世界大戰爆發時的殺氣騰騰的十七年前，這是個發人深省的認識。

於是，涂爾幹認為他證明了他所要證明的東西。融合、團結以及道德秩序相輔相成，對於功能分化的社會也有所裨益。所以說，現代社會並不是註定要失敗的。儘管眼下有種種社會爭議以及分配的抗爭的壓力，個人的種種要求也不斷提高，但這一切並不妨礙未來的社會比現在更加團結一致。

在動盪不安的時代裡，涂爾幹並不是唯一的樂觀主義者。他在漢堡附近的阿爾托納的同事**滕尼斯**（Ferdinand Tönnies, 1855-1936）也作如是想。他的父親是在席列斯威格—霍爾斯坦（Schleswig-Holstein）的歐登斯沃特（Oldenswort）的大農戶。他在杜賓根大學念書，在基爾以霍布斯的論文題目取得講課資格。他在基爾擔任講師期間寫就了《社群與社會》（*Gemeinschaft und Gesellschaft*, 1887）。[4]滕尼斯的主張相較於涂爾幹毫不遜色。他也要挖掘在內部凝聚現代社會的到底是什麼東西。為此，他區分了自啟蒙運動以來的「社會」（Gesellschaft）這個傳統概念以及「社群」（Gemeinschaft）。社會誕生自成員同意基於理性的理由而相互妥協，並且找到一個共同的秩序。自霍布斯以來，這是主流的觀念。社會意志並不是什麼內心深處的願望或要求，而只是尋求理性解答的「理性意志」（Kürwille）[5]。而「社群」則正好相反，其中充斥著基於內在信念而團結在一

[4] 有譯本作《共同體與社會》，這個譯名並不妥當，故不予採用。

[5] 另譯作：抉擇意願、選擇意志、思慮過的意志。

起的所有成員的「自然意志」（Wesenwille）。❻

滕尼斯的結論很明確。社會必須由運作正常的社群構成，它才能發揮功能，這個思想也在現在美國的社群主義（communitarianism）裡再度現身。當時滕尼斯心裡想的當然是各種合作社（Genossenschaft）的模式，他期望以這些井然有序的社群促進社會的進步。可惜這部作品並沒有受到重視，直到一九一二年的第二版問世時才因為青年運動（Jugendbewegung）❼的發掘而得到巨大的回響。這個時候，滕尼斯從阿爾托納回到基爾擔任「經濟政治學」的教授而名譟一時。可是當時的社會學家對於滕尼斯的概念仍舊不屑一顧。主張社會源自意志的行為以及意識的內容，這個說法對許多人而言太不科學了，而且也有作者相當讚賞的叔本華的影子在裡面。此外，「社會」和「社群」的界限也沒那麼涇渭分明。儘管如此，滕尼斯仍舊以他比齊美爾的《論社會分化》早三年出版的代表作品成為現代德國社會學之父。

認識社會

像滕尼斯那樣把社會學奠基在人的意志行為上，那是齊美爾從來沒想到的事。他對於康德的研究告訴他，人從來都不會直接違反「天性」。相反地，我們會依據自己知性的尺度整理和詮釋被我們視為「天性」的東西。那麼為什麼歷史不也是如此呢？我們相信我們認識的「內容」，總是有個

❻ 另譯作「本質意志」，這個譯法並不恰當。

❼ 二十世紀初德國學生發起的多個運動，主要訴求是反對權威和傳統，到野外和鄉間實地學習團體生活和接近大自然。其中包括一八九六年的漂鳥運動（Wandervogelbewegung）、青年聯盟（Bündische Jugend）和童子軍（Pfadfinder）。

既有的「形式」，以及應該如何詮釋它們的方法。如此一來，正如齊美爾的自述，他找到了「一個 [516] 新的社會學概念，因為我把社會化的形式和內容區分開來，也就是本能、目的、物質內容，唯有個人之間的互動對它們做出反應，它們才會變成社會性的東西。」[300]

所以說，社會學家並不想觀察人的心理，他們的意志行為或是意識內容。他對這些東西是不屑一顧的。他要研究的是促使人們齊心協力的種種互動。本能和目的不是他的主題，他在意的對於社會造成的**種種結果**。社會學在這裡找到它堅若磐石的基礎，齊美爾認為那正是社會學亟需的。這位柏林的講師只要到街上走一走，就可以看到他的時代的巨大變革，從舊時的傳統到不確定的現代世界的過渡時期。而他也強烈懷疑心理學如何幫助人們應對這個劇變。它會不會導致一個「沒有根據的主觀主義和懷疑主義」？[301]心理學的實在界是個人的而且變動不居，由「生活的互動」構成的社會學的實在界則相當容易描述。如果說現代世界裡的一切都是相對的，那麼傳統所謂的真理、價值和客觀性也都是存在於**種種關係**當中。而探究這些關係的人，也多少有資格擁有客觀性。社會學不會以懷疑主義去動搖「所有確定性」，而會找到「一個新的確定性概念」。

可是誰要在這個方面踵繼齊美爾？對傳統的思想家而言，這種社會的幾何學實在非能力所及。滕尼斯對於《論社會分化》的評語是「不成熟」而且「沒有把握」。裡頭欠缺了所有環環相扣的相關主題。可是齊美爾本來就不想提出什麼整體性的解釋。對他而言，那些互動本身就構成了一個 [517] 「完備的形上學原理」，而不只是一個指導原則底下的許多環節。

可是關於這些互動的闡述算得上是一門科學嗎？它不就是幅針筆畫或是平面著色圖而已嗎？相對於狄爾泰的「人文科學」、文德爾班的「歷史和自然科學」的劃分、李克特（Rickert）的「文化科學」，齊美爾只是想為社會學找到一個獨立的基礎。客觀描繪人類的生活以及共同生活的多樣性，這是世紀之交的科學理論的挑戰。狄爾泰在以《詮釋學的誕生》（*Die Entstehung der Hermeneutik*, 1900）為題的演講裡，把人類生活形容為理解他人，並且以預想的方式加以回應的連續性歷程。而米德也在芝加哥的研討課裡把社會比喻為由期待以及對於期待的期待織成的網，不過他並沒有把他的思想著書出版。

至於「理解」（Verstehen）的核心角色，齊美爾完全同意狄爾泰的說法。唯有以此為起點，才可以認識人類的種種作為，不管是以前或現在。正如他在《歷史哲學》（*Geschichtsphilosophie*, 1892/1905/1907）的各個版本裡所說的，人類的心理太錯綜複雜了，我們無法解釋整個來龍去脈，只能以理解的方式窺探它。歷史學家的理想不會是個中立的觀點或是摒棄他的主觀視角。如果真的有人做得到這點，那麼他也會沒什麼好說的，因為他什麼也沒認識到。他的理想是個主觀意識，它會以**設身處地的方式**思考所有人，正如**李普斯**（Theodor Lipps, 1851-1914）的「移情理論」所言。如果我們理解了這個理想，就會理解到歷史既沒有一個意義，也沒有馬克思所相信的那種規律性的歷程。互動太複雜了，我們不可以為了把特定的結構視為規律而忽略了其他結構。齊美爾有個天才橫溢的學生，作家和文化哲學家**克拉考爾**（Siegfried Kracauer, 1889-1966），他說：「每當微觀分析的細節被放到宏觀層次上，總是很容易損壞而不堪用。」[302]

歷史寫作總會把有稜有角而笨拙的事物說成圓的。它會把不是直線性的事件說成一個系列，把事件串接成一個現實上不存在的意義脈絡。可是這個工作本身是有意義的。因為只有在脈絡裡，我們才有辦法理解；唯有披沙揀金，事件才說得通。歷史學並不是要還原真相，而是在建構真相。我們越是深入認識且通盤思考這個建構，我們關於世界的觀念也就越加豐富。正如詹姆士在談他的「後驗的形上學」，齊美爾也夢想著一個思考周延的知識世界，有助於人們理解自己在做什麼。而這兩位現代形上學家的看法如出一轍。我們唯有以成功的行為才可以衡量真理是什麼；而真理源自於彙整，而不是和實在物的直接接觸。

齊美爾在兩大冊的《道德科學導論》（*Einleitung in die Moralwissenschaft*, 1892/1893）詳述這個觀點。他以倫理學的領域首次試驗關於人類互動的研究計劃。他並不信任那種只會列舉種種規範、價值和形上學原理的倫理學。他比威斯特馬克早一步提出一個澈底反唯心論的倫理學進路。道德沒有什麼「本質」可言，而只是被認為多少有用的現象形式。對於利己主義或利他主義之類的本能進行哲學思考有什麼用呢？這兩種心態其實很少單獨存在，兩者也總是只能從行為結果臆測性地重構。更不用說人們出於善意卻做了壞事的情況了。這一切都不能告訴我們什麼是道德的本質，以及它對於社會形形色色的影響。我們要理解道德，就必須研究民族學家、歷史學家和社會科學家提供的跨時代和跨文化的資料。一言以蔽之：「相較於概念的拆解剖析，英國工廠法的立法歷史讓我們更清楚利己主義和利他主義的關係。」303 ❽

可是齊美爾只是寫了大部頭的「導論」。他沒有像威斯特馬克以跨文化的角度探究所有想像得到的規定、倫理、傳統和習俗。因為他早就想到一個題目，它會比道德更深入精闢地說明社會裡的互動，那就是探討構成現在社會的所有交換關係當中的交易關係：貨幣的流通！

❽ 十九世紀初的英國的工廠法改革始於一八〇二年的「學徒健康與道德法」，一八一九年通過「棉紡工廠管理法」，規定雇用童工、工作時間、工資等問題。接著於一八三三年、一八四二年（煤礦條例）、一八四四年、一八四七陸續修改工廠法。

[519]

貨幣哲學

齊美爾伏案寫作多年的《貨幣哲學》（*Philosophie des Geldes*）於一九〇〇年出版，相較於以前的任何經濟學家、心理學家或是哲學家，這位野心勃勃的作者寫得更加深入、全面而細膩。它不只是社會學的曠世巨作，在哲學界裡更是如此！因為齊美爾不只以貨幣證明，作為最普及的互動形式，交易如何構成社會；他也彰顯了貨幣如何漸漸使得從前社會的「實體性事物」消融在種種關係裡。如果我們想要解釋為什麼社會變得更快速、更遷流不息，同時又「更加自由浮動」（freischwebender），涂爾幹的「分工論」其實幫助不大。更不用說滕尼斯所謂的社群的沒落和恢復了。它們兩者當然也是現象。可是如果要認識到現代社會的「虛擬性」（Virtualität），就必須理解貨幣如何擺脫了既有的價值和位階，如何無止境地尋求任何使用的機會，如何不斷加速經濟的交流。由於這一切，貨幣改變了人類的心理，創造了一個全新的文化。

齊美爾撰寫這部作品時，正值柏林投機市場的高潮。不動產業者到處收購農地以興建工業區和豪宅，成立證券交易所。如果說社會如此快速成長，那也是因為沒有任何限制和管控的金錢流動。投機事業是人們欲迎還拒的熱門話題。整個商業活動蛻變為以未來、併購和操弄為賭注的高風險遊戲。人們迅雷不及掩耳地拆除矗立了數個世紀的事物，然後以同樣的速度創立了新的事物。這裡香檳酒一瓶瓶地開，那裡貧窮也不斷在蔓延。快錢改變了人類，變得更放蕩輕浮、更庸俗鄙陋、更耽於物欲、賭性也更強。

怎麼會變成這樣？這個全能的金錢到底有什麼罕見的價值，在它面前，沒有任何東西是神聖的，它自己駸駸然變成一種宗教了？為了敘述一個原本沒有價值的東西為什麼會變成所有價值當中最有價值的，齊美爾引用了摩西·赫斯和馬克思開創性的分析。金錢是世界上唯一以量衡量其性質的東西。透過金錢，最微不足道的事物有了一個比較的標準，突然可以用來交易。原本因為無法比較而具有絕對性的價值，變成了人們可以估計其價值的貨物。這就是齊美爾前人的分析。可是齊美爾要接著往深處鑽探。馬克思認為所有社會現象都是經濟事件的結果，齊美爾對此感到懷疑。人們的經濟行為模式難道不也取決於特定的文化嗎？沒有母雞就沒有蛋，沒有蛋就沒有母雞！齊美爾問了一個所有政治經濟學家都沒有想到的問題。金錢的往來為什麼行得通？價值到底是什麼東西？它在自然裡根本不存在。可是人們仍然看重它，甚至可以把金錢當作「絕對價值」，把所有其他東西都相對化為多寡的問題，可是金錢本身卻從來沒有被質疑過。

沒有人會懷疑金錢的標準。可是為什麼？齊美爾在探究這個問題時，採用了新康德主義者李克特的看法。如前所述，西南學派接續洛策探討「有效性」和「價值」的相互關係。他們認為人類接受兩種截然不同的真理。其一是經驗性的事實，其二是邏輯上的一致性。經驗會把我們的觀念分類為「有」和「非有」，而邏輯則會分類為「真」和「偽」。我們認定為正確的東西，就擁有一個真值。所以說，「正確」本身就是個價值。正確的東西對我們很重要，而錯誤的東西一般說來則不然。自然科學或許把它們的世界觀建立在事實上，可是人們卻是以他們認為正確而有價值的事物為基礎。我們每天的價值判斷也會對我們認為正確和錯誤的觀念進行分類。

這些價值判斷大抵上都相當類似。金錢也是如此。如果有人說他寧可沒錢也不要有錢，別人會認為他不是瘋子就是聖人，不管怎樣就是怪人。金錢就是價值，我們從它的接受度就可以證明這

[521]

點。可是具體對象的價值又該如何衡量？對於經濟學家而言，自聖多瑪斯以來就有了答案：依據其實用性和稀缺性。對於這點，齊美爾也要打破沙鍋問到底。絕對罕見的東西有時一點價值也沒有，因為人們無從衡量它。而司空見慣的東西不僅廉價，甚至經常是沒有價值的。所以說，經濟價值總是用來估計「介於罕見和不罕見之間的東西」。[304]可是不僅如此，它也取決於人對事物的欲求有多麼強烈。沒有欲求就沒有價值。我們舉一個現代的例子：路易威登（Louis Vuitton）的手提袋和勞力士（Rolex）手錶屬於量產的商品，卻還是價格不菲，因為人們都認為那是身分地位的象徵而渴望擁有它們。所以說，價值特別是那種必須付出代價才可以擁有的東西，也就是金錢、辛勞或時間。對於市井小民而言，單戶住宅是很有價值的，而億萬富翁則是沒看在眼裡。唯有當我們沒辦法立即且不費力地獲得欲求的東西，而必須推遲我們的欲求時，那個東西對我們才是有價值的。立即就得到滿足的衝動會否定欲求的對象；相反地，被推遲的衝動會賦予對象一個「自身的意義」。[305]

齊美爾和米爾的相似性相當顯著，卻只是個偶然。米德說，一個對象的價值和我當時從事的活動是不可分的，而齊美爾也有意思相同的說法。重點在於滿足欲求的「行動」，不管是在道德或是商品採購方面！我們為心裡欲求的事物付出越多的錢，該事物對我們而言就越有價值。而賣家往往也知道這點，所以他也想盡量抬高賣價。於是一個事物的經濟價值源自於我的欲求和他人的欲求的對比，也就是源自一種互動。正如齊美爾所說的，欲求和欲求對比，相互估量而創造出共同接受的第三者，也就是「經濟價值」。

如此重複幾百萬次，便產生了由關係構成的堅固結構，並且會把所有成員拴在一起。在這個意義下，貨幣是社會的膠合劑，它以新的方式凝聚整個社會，雖然它同時也摧毀了傳統的關係，例如階級、氛圍或宗教團體。貨幣不斷推動這個歷程前進。它就像無政治主義一樣，不承認任何傳統的[523]界限或框架。貨幣遲早要否定所有既存的價值，並且以貨幣價值取代它們。由於「貨幣一視同仁地衡量事物的所有多樣性，以多寡的區分表式其性質的差異，又以自身的無色和無差別扮演起所有價值的公分母，使它成為了最可怕的整平器，不可挽回地掏空了事物的核心、它的屬性、它的特有價值與它的不可比較性。」[306]❾

那麼現代世界裡的人們在做什麼？他們在交易，而且是不間斷的。所有可以交易的東西都有價值，而交易正是經濟行為所有互動的樞紐。當然，也有許多交換關係和金錢無關。可是不同於其他領域，在經濟學裡重點只在於交易；在於一個客觀（因為可以用金錢估計）的文化，它挑戰了由其他價值構成的主觀文化領土範圍。用現代的語言來說，如果一個社會規範和市場規範起衝突，那麼到頭來的贏家都會是市場規範。沒有任何事物是神聖不可侵犯的，任何東西都可以買賣，就算價格再怎麼貴。難怪人們的「生命感」因此大不相同，因為他們彼此命運的相關性已經不同於以往。齊美爾的著作史無前例地探討無所不在的金錢文化如何改變人的生命感；而經濟學家對此則是習慣默不作聲。

生命感改變了，那是因為人們不再歸屬於輪廓明確的團體或社群。相反地，他們承擔了各式各樣短暫易逝的交易關係。原本人們會穩定地歸屬於一個社群，現在則是和許多團體保持若即若離的依存關係。量的提升使得自由也提升了；強度降低了，安全感也跟著降低。滕尼斯也談到相同的歷[524]

❾ 見：Georg Simmel, *Die Großstädte und das Geistesleben*, 1903。

程，不過金錢交易不是他的主題，而且他也不擔心齊美爾所看到的現象：這個歷程沒有盡頭，而且到頭來每個人和每件事物都會變成商品。齊美爾宛如在他位於夏洛騰堡的公寓裡用望遠鏡在窺探二十一世紀，有人為了網路交友一擲千金，在身分多樣化的平台上以誇張的自我介紹以及向上修正的存續期間使自己更有價值；人們在「Instagram」上把自己當作物件上架，為了累積更多作為貨幣單位的「讚」並且賺取廣告費；原本出於好意而順道載朋友一程，現在成了「Uber」的商業模式；起先出於友善而讓朋友住一晚，現在變成了「Airbnb」的商業模式；原本在衣服和內衣點綴商標名稱以突顯個人主張，現在和經濟利益一點衝突也沒有。

正如齊美爾高瞻遠矚的預言，貨幣經濟漸漸被視為自然法則。一切都被放在目的導向的相互關係當中，在其中，金錢就是目的。重要的是，這裡不像以前的宗教那樣，既沒有最初的目的，也沒有最終的目的。金錢的「自然法則的世界」是由「到處氾濫的金錢價值凝聚在一起的……正如賦予萬物生命能量的大自然，它也有成千上萬種形式為其外衣，可是透過它自身齊一性的本質及其轉換的可還原性，他們彼此建立了關係也互為條件。」[307]

以金錢衡量價值就像以時鐘計算時間一樣，兩者都反映了近代世界的理性，它衡量世界，因而「細膩」而「確定」地充塞其間。儘管齊美爾批評馬克思沒有看到經濟和文化的交互作用，但是他卻同意馬克思所說的「異化」和「商品拜物教」（Warenfetischismus）。種種「外在性」（Äußerlichkeit），商品和物品奪得支配權，並且把生活分解為「成千上萬的習慣、成千上萬的消遣娛樂、成千上萬的外在需求」。[308]人們不再傾聽內心的聲音，而沉溺於外在世界裡。可是齊美爾並不確定資本主義是不是罪魁禍首。也許這種異化是不得不然的事。人們自古以來就是以目的和手

[525]

段的角度在思考，可是目的的要求不同於手段，兩者之間存在著恆常的衝突關係，也許要一段時間以後才有辦法消弭這個衝突。「金錢」這個手段自身成了人們的目的，而且沒有其他的經濟系統，沒有任何社會主義可以揚棄這個異化。無論如何，社會學家是不會蹚這渾水的。他們只是「居高臨下地」（也就是採取距離）觀照它，並且盡可能謹慎地描述它。

如鋼鐵般堅硬的牢籠

正當齊美爾在埋首於他劃時代的《貨幣哲學》的時候，比他年輕六歲的海德堡同事卻為精神疾病所苦。**馬克斯・韋伯**（Max Weber, 1864-1920）和柏林的這位文化哲學家有許多共同點。他也是富家子弟，而且更有錢。他和妻子的原生家庭都是德國富可敵國的商人家族。這個生活優裕而聰穎秀異的年輕人興趣相當廣泛。齊美爾取得授課資格時，韋伯還正在柏林大學念法律。在此之前，他也在海德堡以及哥廷根上大學，於一八八九年回到柏林拿到博士學位，並於一八九一年通過授課資格審查。可是韋伯不想當法官，反而投入了歷史研究。他好學不倦的精神毫不遜於齊美爾，足跡遍及農業史、政治經濟學、文化史、宗教學、社會研究、政治學以及科學理論。

儘管如此，社會地位、龐大的財產以及家族錯綜複雜的政治關係，卻沒有使韋伯成為當時的名人。他二十九歲就擔任柏林大學特聘教授，一年後獲得弗萊堡大學教席，三十二歲於海德堡大學教書，也沒有讓他名重當時。他的大學教學生涯相當短暫。韋伯患有憂鬱症以及神經衰弱，必須到精神療養院休養。他在海德堡只教了四年書。

一九〇一年，久病少瘥的他找到了一個大題目。就像當時許多關心社會學問題的同儕一樣，韋伯也想要探討他所生活的詭譎多變的時代。第三次工業革命的快速進步、電氣化、科技的變革、大眾社會，是否使一切事物偏離了正軌？是什麼精神鼓舞了這個恆久的進步，如果「鼓舞」是正確用語的話？換言之：「資本主義精神」究竟是好是壞？

為了追根究柢，韋伯窮究到它的源頭。政治學家**松巴特**（Werner Sombart, 1863-1941）《現代資本主義》（*Der moderne Kapitalismus*）第一冊問市，韋伯讀了以後相當興奮。為了解釋資本主義的「起源」，松巴特追溯到十六、七世紀基督新教的許多教派。他認為不可以僅僅從「唯物論的觀點」，也就是經濟學的角度去理解資本主義。就連歷史學家也捉襟見肘。如果想要理解資本主義，就必須鑽探其源頭。依據松巴特的看法，韋伯認為這個新精神源自喀爾文時代基督新教各個教派的人生觀。喀爾文派（Calvinist）、衛理公會（Methodist）、敬虔派（Pietist）以及貴格會（Quaker）認為他們在人間的生活是個「考察期」，因而開展出特定的人生觀。依據預定論，他們以其經濟成就衡量是否蒙愛。他們認為自己的生活必須服從經濟的目標，並且「依據理性」各正性命。他們的人生觀是「內省且禁欲的」，而他們也把職業視為「呼召」。

韋伯並不認為基督新教的生活理想可以完全解釋為什麼歐洲到處充斥著「理性的企業資本主義」，可是他看到了在荷蘭、英國以及瑞士等基督新教國家裡推動資本主義所需的肥料。第一部相關論述《基督新教倫理與資本主義精神》（*Die protestantische Ethik und der Geist des Kapitalismus*）出版的時候，韋伯於一九〇四年八月和他的妻子馬利安（Marianne），相當熱中的女權運動者，以及他的朋友神學家**特洛爾奇**（Ernst Troeltsch, 1865-1923），上船赴美參加聖路易的世界博覽會以及一場藝術和科學國際研討會。對於資本主義的研究者而言，這是開拓視野的大好機會。除了資本主義起源的研究以外，他還想探討美國資本主義的未來。就像上一代的托克維爾一樣，韋伯也要分析美國經濟和社會秩序的優點和缺點。可是談到它的陰暗面時，韋伯的看法和他的妻子以及特洛爾奇不同，他的想法太過溫和。後兩者被紐約和芝加哥的噪音、垃圾和惡臭嚇壞了，對於工人的悲慘生活更是震驚不已；韋伯反而相當欣賞進步的動力和自由市場。在芝加哥的屠宰場裡，他只看到嶄新的流線化生產模式，卻看不到人的命運。馬利安和特洛爾奇批評移民社會許多沒有解決的問題、種族主義以及美國南方的階級社會，韋伯卻認為那是美國「自由生活方式」的理想道路上可以克服的障礙。

美國的進步精神讓韋伯相當著迷。他孜孜矻矻地研究這個國家，到處看到自由和勤奮的「典型美國模式」，認為那是基督新教教派的組織結構影響所致。韋伯參觀尼加拉瀑布，在波士頓遇見大名鼎鼎的威廉．詹姆士，和印地安人聊天，參加一場土地拍賣會，到油田四處走走，見證了環保運動的發起以及西部國家公園的成立，參加黑人的禮拜，認識了最早的黑人民權運動者。他也和眾議院意見領袖會談，為他的研究蒐集了豐富的資料。他不斷為第二部關於基督新教倫理以及關於「北美『教會』和『教派』」的論文作筆記。國會（滕尼斯和特洛爾奇也參加了）對他而言只是個旁註。韋伯要深入探究的是美國的經濟、社會動力以及道德秩序。

他的這兩篇基督新教倫理對於現代資本主義的意義的論文，成為了社會學的經典作品。而他的種種結論，例如「理性化」（Rationalisierung）、「官僚化」（Bürokratisierung）以及「大眾社會」（Massengesellschaft），現在已經是研究社會學時不得不思考的概念。可是韋伯在當時遭致不少批評。對於那些以「唯物論觀點」思考的經濟學家和歷史學家而言，他的推論裡有太多的臆測；

[528]

對於韋伯這個碩學通儒而言，這種指摘是可忍孰不可忍，於是奮力為自己辯護。為了更加鞏固自己 [529] 的看法，韋伯大量研究其他的文化和宗教。他的作法和涂爾幹若合符節。這位當時在索邦大學擔任教授的法國人想要知道，在當時仍舊支配著人們行為的價值體系及其種種規範到底是從何而來。一九一二年，他的《宗教生活的基本形式》（*Les Formes élémentaires de la vie religieuse*）問世，這部社會學經典不僅勾勒出我們的價值觀在早期宗教圖騰信仰裡的起源，更追蹤了這些價值觀在現代俗世化社會裡的足跡。

韋伯對於規範的源頭以及道德各式各樣的遊行規則也相當感興趣。他也強調從前種種結構的慣性力量，而它同樣源泉滾滾地在現代社會裡找尋它的合適道路。可是他當然也想要證明，為什麼中國儒家和道教、印度的印度教和佛教以及古代的猶太人沒有開展出資本主義。但是韋伯越是深入鑽研各個文化裡經濟和宗教糾纏不清的關係，眼前的景象就越加模糊。它們的結構完全不同於他設想的題目。韋伯認為所有宗教的演進都經歷了大同小異的「理性化」過程。，類的生活擺脫了以前和它交織在一起的神話魔氈。不同的社會部門誕生，它們越來越實事求是、理性化、專業化且官僚化，創造了種種方法和規訓，變得更加實在、合理而「去人性化」（entmenschlicht）。

「理性化」這個術語成了韋伯的最重要的概念。齊美爾和涂爾幹的「社會分化」所要描述的現象，用「理性化」應該更足以形容之。不同於他的同儕們的關鍵詞，韋伯的概念有著道德的弦外之 [530] 音。社會分化聽起來價值中立，如果說所有生活領域都「理性化」，那麼人們或許會既喜且憂。而這兩個正反面的看法也的確明顯反映在作者的搖擺觀點上。韋伯一開始讚揚「理性化」是對於經濟、社會、科學、技術和法律重大的條理化和體系化，可是接著他卻越來越惴惴不安。因為道德、文化、藝術甚至性愛，不也早就「理性化」了嗎？一個完全實事求是的世界，沒有信仰、祕密，沒有生活裡的神話和非理性，真的適合生活嗎？韋伯在「理性化」裡看到的矛盾，也正是齊美爾在《貨幣哲學》裡所要展示的：一個無遠弗屆的、包含所有人類的除魅歷程。理性化在天文物理上旗開得勝，接著變成了社會現象的微觀物理學並且顛覆了它。以往的種種價值到頭來只剩下金錢價值，以前的信仰被種種預期取代，從前的親密關係也變成了金錢的交易。

對於韋伯而言，不講人情的「理性化」的發現正好反映了他個人的問題。他出身的美好而正確的世界，信仰基督新教的威廉大帝時代的資產階級，突然間有時代錯置的感覺。他在研究基督新教倫理以及美好資本主義精神時所要描述和辯護的世界觀，現在變得相當脆弱。他在美國到處嘆為觀止的進步，在若干年後也開始對它存疑。作為資本主義的「成本」，韋伯並不為工人及其家庭感到難過；十九世紀富裕的基督新教徒正是因此才生活優渥的。他感慨的是文化因為「機械和自動化生產」而「喪失了靈魂」，感慨那規定著每個人的「生活方式」的「驅動機置」，「直到最後一公擔的燃料燒盡為止」。[309]

韋伯的控訴相當激烈，而且有文化悲觀主義的影子。「命運」使得「對於外物的顧慮」的「單薄的外套」變成「像鋼鐵一般堅硬的牢籠」。「因為禁欲（Askese）企圖改造俗世，並且企圖在俗世中實現理想，結果外界財富對人類取得了史無前例的強大力量，而終於使人無法逃脫其影響。如今禁欲已經從這牢籠溜走，它是否永久不回？只有天知道。無論如何，勝利的資本主義因其奠基於機械的基礎上，已不再需要禁欲的支撐。」[310]在這個文化的北極星下，究竟還剩下什麼？是「一種以病態的自我陶醉為粉飾的機械的石化現象」嗎？那麼，對於這個文化發展出來的「最後的人物」

而言，以下數語可能是個真理：「沒有精神的專家，沒有情感的享樂人，這樣的凡骨竟自負已登上人類未曾達到的文明階段。」[311] ❿

讚美資本主義裡多數人的「自由生活方式」而又鄙視大眾社會，韋伯的思考裡的矛盾心理莫此為甚。在經濟方面，他是個極端的樂觀主義者；在文化上卻漸漸變成悲觀主義者，因而也成為後來德國保守主義的思想和角色典範。沒有任何社會學經典如此頻繁地在國會殿堂的演說上被引用。在戰後德國，沒有任何主張像韋伯的「價值中立」（Wertfreiheit）那麼為人所稱道，自一九〇四年以來，這位喜歡做強烈的價值判斷的科學家就一直要求他的同儕們這麼做。⓫

科學家可以做價值判斷嗎？

想要總結韋伯一生的成就的人，絕對不會僅僅把他視為從基督新教推論出資本主義心態的歷史學家而已，也不會認為他就是這個無遠弗屆的「理性化」主題的原創者。至少在價值判斷的爭論上，他的立場也是相當有名。

他於一九〇四年羈旅美國期間發表了論文〈社會科學和社會政治的知識的「客觀性」〉（Die "Objektivität" sozialwissenschaftlicher und socialpolitischer Erkenntnis）。韋伯在其中拿他的同儕當箭靶，他們於一八七三年共同創立社會政策聯盟（Verein für Socialpolitik），並且就如何改善德國社

❿ 以上引文中譯見：《基督新教的倫理與資本主義的精神》，頁85-86，張漢裕譯，協志工業，1960。

⓫ 「Wertfreiheit」一般譯為「價值中立」。正確的意思其實是源自「wertfrei」（後綴「-frei」不是「自由」的意思，而是「不包含」、「無涉」，譯為「自由」明顯有誤），也就是「不涉及價值（判斷）」。

會情況提出具體的政策建議。對許多成員如政治經濟學家、社會哲學家和社會學家而言，這就是成立這個有影響力的聯盟的目的。可是韋伯戳破了他們的夢想。從事客觀研究的科學家當然可以在政治上貢獻一己之力。例如說，他可以研究哪些工具可以成就特定的社會目的，他可以權衡這些工具的成本和效益，他也可以全面性地審視那些目的。如此一來，他可以提醒人們若干矛盾，指出並且詳述可能遭遇到的種種困難。可是有一件事是科學家沒辦法做的：在客觀的檢視之下，明確指出哪些目的和社會目標值得追求，哪些則不然。也就是說「確定種種具有約束力的規範和理想，由此推論出實踐的方針……從來都不是經驗科學的任務。」[312]

沒有方針？那麼社會政策聯盟的成立宗旨不就被打了個大問號了嗎？因為對於韋伯而言，「以普遍有效的終極理想為形式為我們的難題創造實踐的公分母……不僅在實踐上無濟於事，而且也是荒謬的。」[313]社會科學家的專業在於工具，從來都不是目的。因為不同於工具，目的和價值以及世界觀有關；而價值（在此韋伯再度和新康德主義互相牴觸）不會是精確的研究的結果，因為它本質上從來都不客觀。關於價值判斷的論戰悶燒了一陣子，於一九〇九年在社會政策聯盟的成員之間再度爆發。韋伯主張科學家不應該在他的工作當中談及值得追求的目標，這個要求到底是對是錯？

其實這個問題並不難回答。因為我們沒辦法從經驗性的事實證明推論出任何價值或規範，自休姆以來，哲學家們都接受這個看法。關於這點，社會政策聯盟的成員並沒有歧見。就連底下的第二點，其實也沒有太多的爭議。經驗性研究應該在事實上客觀而實在，而且只對真理負責。當然只有科學工作才是如此，至於其邊界條件則不然。因為任何研究特定題目或是科學問題時，都不是憑空猜想的。一個科學家可以就事論事地研究在集中營裡用什麼毒氣可以讓最多的人致死，而完全無涉於世界觀的價值判斷。他從事實驗並且以嚴格的科學方法加以衡量。可是研究領域的選擇則不然！如果他宣稱他只是以科學好奇心作為研究動機，那麼我們不禁要懷疑他究竟是道德淪喪、犬儒或是泯滅人性。研究如何逃稅數十億以及研究匯款轉賬的社會濫用，他們的動機往往大不相同。「價值中立」的理想或許適用於**方法學**（Methodik），卻不適用於**研究主題的設定**（Themensetzung）。

沒有任何科學家在研究的時候完全不受到其世界觀及社會的影響。相較於自然科學家，人文社會科學家尤有甚者。而且誰會比韋伯更加清楚這點！他就是個澈頭澈尾的政治人物，從學生會成員、預備役軍官到政黨人士。他加入了國家自由黨，這無疑使他的大學教授生涯平步青雲。他在社會和經濟問題上的強硬立場不只是基於專業知識而已，更植根於他家族出身的國家自由黨的世界觀。

韋伯和社會政策聯盟決裂，並且於一九〇九年和滕尼斯、齊美爾以及社會經濟學家、柏林科技大學教授賀克納（Heinrich Herkner）共同創立「德國社會學協會」（Deutsche Gesellschaft für Soziologie）。這並不是因為「德國繁榮時期」（Gründerzeit）的社會學家們對於科學的方法學問題意見不合。在韋伯的新協會裡依然風波不斷的「價值判斷之爭」，其實只涉及了一個問題：社會科學的領袖應該以其專家身分為基礎而涉足政治，告訴他們應該做什麼嗎？他們是否應該就其科學觀點臧否政策良窳？

尤其是施莫勒的「講壇社會主義者」在這個問題和韋伯大唱反調，這位名聲顯赫的對手也主張研究應該不涉及價值判斷。可是除了專家以外，還有誰可以告訴政治人物什麼是好的社會政策？在「講壇社會主義者」眼裡，「社會政策聯盟」是帝國政府在社會問題方面的智庫，他們的建言往往

[534]

[535]

都有付諸實施的機會。而他們也的確相當成功。他們不是在一八八〇年代在俾斯麥政府的社會立法方面著墨甚深嗎？政治人物不是對他們言聽計從嗎？可是那正是韋伯相當不以為然的。韋伯反對以道德和社會立法者的身分自居而競逐其影響力，因為整個政治方向並不適合這麼做。

一九〇九年九月，「講壇社會主義」的元老們和以韋伯為中心的年輕社會學家展開煙硝四起的論戰。開第一槍的是松巴特，他和奧地利經濟學家**菲利波維奇**（Eugen Philippovich von Philippsberg, 1858-1917）正面交鋒。菲利波維奇是個難以捉摸的人，他主張要加強工人階級的愛國情操，思想裡雜揉著友善的社會政策以及殘酷的殖民政治。他認為唯有增進「國民財富」，國家才得以穩固。但是研究政治的社會經濟學家要怎麼樣才能說「國民財富」有增加呢？松巴特把矛頭指向對手說：「教會大興土木算是促進福祉嗎？信徒當然會說：的確，那也算是……，而無神論者則會說：又蓋了一間教堂，浪費民脂民膏在沒有生產力的東西上，真是可恥……。這些都落入主觀的評斷，而主觀評斷是沒辦法客觀證明的。」[314]

這個論戰起起伏伏了若干年。韋伯也多次涉入，而施莫勒也不厭其煩地為自己的立場辯護。社會越是重視社會均衡，它就會越加和平而安定，這可以說是個客觀而價值中立的事實觀察。那麼要求政府重視社會均衡，怎麼會是違反規則呢？基本上邏輯很簡單：如果沒有價值的考量，政治就無所措其手足。因為如果沒有一個普遍接受的「全民福祉」理想，政治會變成什麼東西？如果社會科學家不試圖探究創造諸如和平、正義和安定的價值以增進全民福祉的話，他們還算是社會科學家

[536]

嗎？而韋伯則是敵對陣營的「掌旗使」，「把所有世界觀、所有倫理判斷以及所有政治理想都擯絕於政治經濟學之外……」[315]

在我們的時代裡，政治人物會聽取各方意見，例如專家委員會、基金會、社團和公司，而韋伯的「價值中立」的誡命聽起來相當不合情理。而且現在有多少研究機構不是接受政黨、社團和企業資助，並且為他們說話的？儘管如此，「價值中立」的主張對德國社會人文科學以及經濟學的自我認知仍舊具有極大的影響力。在一九五〇到六〇年代美國社會學的影響之下，「科學家不應該作價值判斷」成了許多科學家、研究機構、大學和研究所的信條。科學提供資料和數據，政治做它認為正確的事，兩個領域井水不犯河水。抱持這種觀點的人，當然不一定在政治上也保持價值中立，而只是和韋伯一樣為社會現況辯護。科學家再也不能以專家的身分批評時政，而只能以個人的身分說話。難怪無關於方法、而只是圍著世界觀打轉的「價值判斷之爭」，在一九六〇年代所謂的「實證主義論戰」當中死灰復燃。擁護德國社會秩序的人堅決主張「價值中立」，而批評者則認為那是不可能的事。我們會在哲學史第四卷裡回頭探討這個問題。

文化的悲劇

在關於科學中的價值判斷的論戰裡，齊美爾默不作聲。他也不支持經濟學家和社會科學家以什麼顧問身分自居。可是他知道韋伯所謂「價值中立的科學家」的理想只是空中樓閣。客觀研究和規範性的價值不是有多處交集嗎？現實世界裡的人根本沒辦法脫離他們的「規範性」而生存。當人在從事科學研究時，種種價值、個人特質、童年經驗和生平，它們不像外套一樣可以說脫掉就脫掉。每個人都受限於他的生平經歷、語言以及文化的思考模式。他是文化的一部分，由他所屬的文化構成，正如文化是由生活在其中的人們構成的。

可是齊美爾對於他生活的時代思考得越久，心情就越加沮喪。如果他在《貨幣哲學》裡想要權衡金錢新的「客觀文化」的優點和缺點，天秤恐怕要整個偏向缺點這裡。社會學家們的樂觀主義也是如此。齊美爾一開始真的相信可以從社會表層深入研究其底層，應該有一條路可以從社會現象的幾何學通到啟蒙的、新的文化形上學。可是齊美爾越是窮究文化，就覺得社會學家甚至科學家的工具越鈍。至少在《貨幣哲學》出版之後，甚或是在寫作當中，他就不再相信科學的知識可能性了。

[538]

從那時候開始，齊美爾的思想裡有兩個十九世紀的重要哲學思潮匯流在一起，那或許是絕無僅有的事。其一是哲學化身為盡可能精確的科學，再以時髦的社會學為外衣。它研究文化的「形式」及其在道德、倫理、法律、宗教、科學和藝術的「客體化」。它分析文化表層的種種互動、交易、輪廓、模式和妝點。可是它這樣就把握到「生活」了嗎？齊美爾和詹姆士把「生活」比喻為湍急的河流、源泉不竭的流動，它是不是任何社會學家都不得其門而入的東西？對於社會學家而言，生活不正是捧在雙手裡的水嗎？當涉及現實生活的問題時，沒有任何普遍法則可以用來恰當地解釋個例。那麼「主觀文化」到底在哪裡呢？齊美爾對叔本華和尼采研究得越多，就越同意他們對於科學以及哲學的批評。生活不正是有如伏流一般的事件，而所有研究者卻只看到水面？它難道不是如晚年的齊美爾所寫的，「對於存在、力和方向難以言喻的感覺」嗎？[316]

可是若真是如此，那麼齊美爾在狄爾泰之後長期辯護的人文科學家的「理解」還剩下什麼？社會學家什麼也不理解！至少不像狄爾泰所說的那樣有辦法正確地把握事實情況。齊美爾無法拋開心中的疑惑，使得他沒辦法再寫一部像《貨幣哲學》那樣的曠世巨作。他寧可在科學和藝術的範圍內寫一些短論。他不再費力地定義和論述，而只是推敲琢磨、鉤玄提要而已。可是他就像鯊魚圍著柵瑚礁一樣，一再圍繞著他的題目打轉。而且珊瑚礁也到處都是。韋伯耕耘許多大題目，資本主義的精神、宗教的本質以及無所不在的理性化；而齊美爾則是處理所謂的小題目。他自己說那是「精神的探險」，寫了什麼「探險的哲學」、「用餐的社會學」、「女性文化」以及大規模暴行犯罪。他把感恩的心解釋為社會的膠合劑，懶惰是節省能量，而阿爾卑斯山旅遊則是補償空虛的心靈。至於不斷的加速、精神煩躁、冷漠感（Blasiertheit）、賣弄風騷、時尚（Mode）、遊戲和風格（Stil），他認為是現代世界的特徵。

齊美爾對於現代大都會的分析至今無出其右。交通、加速和匆忙、各種風格和需求的同步性、擁擠的人群以及大眾文化，它們如何要求或促迫著人們，這些都是沒有時代差別的分析。他認為「冷漠感」是人與人之間必要的距離，也是大都會居民的典型態度；至於時尚則是讓人可以既融入又突出。人是「差別生物」當中的「差別生物」（Unterschiedswesen，不斷區分彼此的生物）。在擁擠的人群裡越是不容易被注意到，時尚就越重要。時代的腳步越是風馳電掣，風格的輪換就越快速。在流行時尚裡，個人加入一個款式風格的隊伍，不想跟著追逐流行的就只能站在外面。可是大都會永遠都在兩端搖擺不定：從眾以及引人注目。而時尚就是以此為支撐。人們追逐時尚以迎合他的世界，而人又會從中選擇適合他的風格。於是，在現代大都會裡，每個人都一樣，也就是說：每個人都不同於別人。

時尚為人提供一個身分，那當然不是內在的，而是外在的。人選擇一個合乎身分的商品，一個「客觀文化」的產物，為的是在主觀上覺得自己很特殊。可是有了這個主觀的特殊性又怎麼樣？在這點上，齊美爾心裡湧起一股文化悲觀主義的感傷。現代世界的進步難道不是因為客觀文化「重塑」了所有主觀事物嗎？

「客觀文化」原本應該讓人們更加自由才對。它使人們擺脫大自然以及它的束縛。可是所有知性的工具，不管是金錢或是科技，它們不只是使人自由；它們有了自己的生命，使人們雖然擺脫了舊有的束縛，卻被迫走上另一條路。科技使人無所措其手足，因為他沒有科技就活不下去，而只能不斷拾級而上地競逐它。它從工具變成了目的，人類不但不再是科技的驅動者，反而成為被驅動者。到頭來，科技就像金錢一樣成為物神，它變成價值本身，而不必考慮到其他的損失。

在齊美爾的論文〈文化的概念和悲劇〉（Der Begriff und Tragödie der Kultur, 1911/1912）、〈現代文化的衝突〉（Der Konflikt der modernen Kultur, 1918）以及〈生活觀：形上學四章〉（**Lebensanschauung. Vier metaphysische Kapitel, 1918**）裡充滿了感傷的筆調。就像韋伯一樣，齊美爾也感嘆難以抑遏的客觀化以及拜物的商品世界對於內心世界索取的慘痛代價。商品供給越來越充裕，心靈卻越來越貧乏：這正是齊美爾所說的現代文化的「悲劇性衝突」。可是齊美爾也認為，不知道以前的「內在文化」為何物的年輕人，大多數不會感到惋惜。這個「文化的悲劇」會不會只是他那一代還記得舊時情景的人們的悲劇？

正如所有文化悲觀主義，這個分析也在時代的條件以及跨越時代的主張之間搖擺。就這個題目，齊美爾有許多年輕的對談人。就像韋伯在海德堡的房子一樣，齊美爾在夏洛騰堡的公寓也成了德國哲學和文化的名流的聚會所。往來其中的不只有已經成名的詩人**格奧爾格**（Stefan George, 1868-1933）和**里爾克**（Rainer Maria Rilke, 1875-1926），更包括了明日之星**卡西勒**（Ernst Cassirer, 1874-1945）、**布洛赫**（Ernst Bloch, 1885-1977）以及**盧卡奇**（Georg Lukács, 1885-1971）。他們都 [540]

[541] 同意齊美爾的診斷，卻對於他的感傷相當不以為然。齊美爾沿襲自尼采和法國哲學家**柏格森**（Henri Bergson, 1859-1941）的「生命」概念，他們也不是很喜歡。卡西勒覺得他的概念有如霧裡看花而且不精確，盧卡奇和布洛赫則認為裡頭有太多保守主義的影子。

當齊美爾以叔本華和尼采的口吻說，生命是渴望「多於生命」（Mehr-als-Leben）的東西，他說的是柏林這個罪惡淵藪的貪得無饜以及電氣化的大都會狂放不羈的能量。可是也有股厭膩和排斥的感覺襲上他心頭。他寧可在藝術裡找尋那種「多於生命的存有」（Mehr-als-Leben-Sein）。這位熱情的藝術收藏家寫了許多的論文，關於畫家林布蘭（Rembrandt）以及米開朗基羅（Michelangelo），關於詩人但丁（Dante Alighieri）、歌德和格奧爾格。齊美爾的藝術品味相當保守。他喜歡印象派，卻堅決反對當時的表現主義。表現主義及其讓人困惑的作品，並不是齊美爾要在藝術裡找尋的東西：默觀、隱逸、逃遁到一個沒有目的而讓人怡然自得的世界。藝術是「主觀文化」的庇護所，是它在工具的客觀化世界裡最後的堡壘。那裡的「多於生命的存有」並非俗不可耐，而是個高貴的心靈，不管是林布蘭或歌德，或是以前其他偉大的藝術家。

作為救贖的戰爭

齊美爾為什麼會頌揚第一次世界大戰的爆發呢？坦克車、轟炸機、機關槍和有刺鐵絲網障礙物的世界，根本就是個「如鋼鐵般堅硬的牢籠」。而人類的客體化當中，有什麼比炮灰更偉大？一九[542]一四年大戰開始，齊美爾是極少數期待一場偉大戰爭並且開創新天地的人。以前任何「行為……都會以緊接著的結果收場」，現在一切都說不得準了。「這是這個時代最美妙的地方，每天都期待著另一天，對於不可預見的德國未來的樣貌而言，所有現實的東西、眼前的事物都是重要的。」[317]齊美爾甚至用赫爾巴特的「可塑性」（bildsam）來形容一個全新的德國的長遠發展。這彷彿突然間成了每個人的事，以前彌漫著漠不關心的氣氛，現在每個人「比從前更加身負重任」。[318]

不過現在齊美爾再也沒辦法履踐他身為大學教授的責任了。在大戰爆發之前不久，他總算獲得了史特拉斯堡大學的教席。不過他不是很想到那裡教書。他有點困惑。正如許多主戰派的知識份子，他在家鄉關注著山雨欲來的戰爭，認為對他而言，那是個美感的、團結一心的經驗。什麼「高雅的」矜持都不管了。由於日積月累對理性化以及人類心靈淪喪和疏離的不安，他把希望寄託在戰爭上，認為它是文化的心靈革新。金錢鏟平了一切，而且把生活變得不真實，對於齊美爾而言，戰爭成了真正的生活強度的源泉：「一個士兵，至少在人喊馬嘶的時候，會感到無比的亢奮而如箭在弦。」[319]戰爭是「拜金主義」最好的替代品嗎？在蘭傑馬克（Langemarck）和凡爾登的戰爭屠宰場會創造一個新的共融感，它會區分「光明和黑暗」、「高貴的和卑鄙的」，而不容許有個人的看法。齊美爾在夏洛騰堡寫下的說教文章更是荒誕不經，讓他的學生布洛赫和盧卡奇舌撟不下。

韋伯則完全不同。他不想坐在安穩的書房裡，反而氣惱自己年近五十而沒辦法上戰場，只能在海德堡戰地醫院指揮部擔任訓練官。不過一開始他並沒有公開歌頌戰爭的榮耀，只在一封信裡提到他對於「偉大而美妙的」戰爭的喜悅。可是韋伯的熱情仍然溢於言表。儘管他主張科學的價值中立，可是國族（Nation）對他而言無疑是終極的至高價值。

自一九一六年起，他就到處奔走。他在演說以及無數的報紙文章裡流露出對於戰爭勝利的憂心。他最擔心的是他相當心儀的美國也加入戰爭，而他也害怕德國政客過度低估了美國的軍事力量。儘管如此，他還是在一九一七年的一篇文章裡主張戰爭絕對要繼續進行下去。直到一九一八年十一月戰爭慘痛結束之前，他始終期盼勝利的到來，儘管他為此必須「和魔鬼打交道」。

韋伯要去哪裡？儘管他一直在思考戰勝的可能性，卻也不忘為自己的未來早做打算。「大頭症的」皇帝可以遜位了，以英國為榜樣的國會體系比較符合時代要求。在這期間，韋伯於一九一七年十一月和一九一九年一月在慕尼黑書店發表了兩場著名的演講：「學術作為一種志業」（Wissenschaft als Beruf）以及「政治作為一種志業」（Politik als Beruf）。在第一場演講裡，韋伯重述世界的除魅。現代世界的特徵在於相信人類可以透過計算支配一切事物；可是透過深信不疑的科技信念、必然的專門化以及對於自然的宰制意志，人類還是無法了解生命的意義。第二場演講則是後來德國政治人物喜歡引用的文本。韋伯以「存心倫理」（Gesinnungsethik）和「責任倫理」（Verantwortungsethik）概括道德哲學的傳統論證模式，它們現在也成為著名的世界經典。[12]而政治人物作為「專業政治家」的理想典範，加上「實事求是的熱情」（sachliche Leidenschaft）、「責任感」（Verantwortungsgefühl）以及「採取距離的目測」（distanziertes Augenmaß）。現在人們也都琅琅上口，幾乎忘記它們是出自一個主戰的國族主義者筆下，他在戰爭結束之後不久就以這兩篇演講重新和西方民主人士酬答唱和。

哲學家當中歌頌戰爭者為數眾多。洛策的學生、耶拿大學教授**倭鏗**（Rudolf Eucken, 1846-1926）[13]是其中之一，還有耆耄之年的生物學家海克爾與年輕的宗教哲學家**馬丁．布伯**（Martin

[12] 關於存心倫理和責任倫理，另見：《術與政治：韋伯選集（I）》，頁227，錢永祥編譯，遠流，1991。該版本譯為「心志倫理」。

[13] 一九〇八年諾貝爾文學獎得主。

Buber, 1878-1965）。哥廷根的**馬克斯・謝勒**（Max Scheler, 1874-1928）對戰爭也相當狂熱，此外還有前面提過的馬堡的納托普。滕尼斯的看法比較保留，他認為戰爭是要陰謀顛覆德國，為了儘快結束戰爭，他到丹麥和瑞典進行「和平之旅」以平息風浪。而松巴特對於戰爭的態度則是惡名昭彰。他一直是個反閃族主義者，一九一五年，他在其低劣的作品《商人與英雄》（*Händler und Helden. Patriotische Besinnungen*）裡把英國人列入卑鄙的「商人民族」，讓作家湯瑪斯・曼讀了相當動容。大戰之後，松巴特的思想在社會主義以及國家社會主義之間搖擺不定，並且以許多文章鼓吹仇視猶太人。一九三四年，《人民觀察家報》（*Völkischer Beobachter*）[14]號召「科學家跟隨希特勒」，松巴特也加入聯署，那當然是意料中的事。松巴特是「社會政策聯盟」最後一任主席，他於一九三六年解散該團體，並於一九四一年過世。

在大時代末期，德國社會學可以說在道德上晚節不保。所有聰明的分析都無法阻止它開闢戰場為德國的帝國主義辯護。在一千多萬士兵戰死、七百多萬人民罹難的第一次世界大戰之後，人們夾道歡迎國族主義的崛起。即使是袖手旁觀的人如滕尼斯，也信誓旦旦地主張德國是無辜的。「價值判斷之爭」的壓軸戲居然是一連串可悲而不理性的價值判斷。齊美爾沒來得及看到戰爭結束就在史特拉斯堡死於肝癌；韋伯於一九二〇年夏天在慕尼黑因肺炎辭世。由法國大革命催生的漫長的十九世紀，隨著血流漂杵的第一次世界大戰而告終。接下來的時代是……

[14] 納粹黨的機關報（1920-1945）。原本是週報，後來改為日報（1923）。

附錄

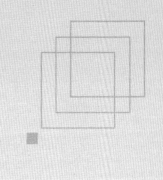

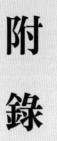

引用文獻

1. 見：Étienne Cabet: *Reise nach Ikarien*, Karin Kramer Verlag1979。
2. 引自：Neidhardt: *Friedrichs» Wanderer über dem Nebelmeer« und Carus' »Ruhe des Pilgers«*, S. 609。
3. 引自：Hinz: *Caspar David Friedrich in Briefen und Bekenntnissen* (1968), S. 92。
4. 引自：Hinz (1974), S. 149f。
5. Schiller: Über das Erhabene (1793/1794), in: ders.: *Über Kunst und Wirklichkeit. Schriften und Briefe zur Ästhetik*, Reclam 1975, S. 380。
6. Schopenhauer: *Der handschriftliche Nachlaß*, Bd. 1,S. 250。
7. Schopenhauer: *Gesammelte Briefe,* S. 55。
8. Schopenhauer: *Der handschriftliche Nachlaß*, Bd. 2,S. XIV。
9. Schopenhauer: *Ueber das Sehn und die Farben*, S. 3, SW,Bd. 2。
10. Schopenhauer: *Gesammelte Briefe*, S. 20。
11. Schopenhauer: *Die Welt als Wille und Vorstellung*, Bd. 1,S. 217f., SW, Bd. 2。
12. Schopenhauer: *Aphorismenzur Lebensweisheit*, https://gutenberg.spiegel.de/buch/aphorismen。
13. Schopenhauer: *Die Welt als Wille und Vorstellung*, Bd. 1, § 68, SW, Bd. 2。
14. 同前揭：Bd. 2, S. 175f., SW, Bd. 2。
15. Schopenhauer: *Gesammelte Briefe*, S. 245。
16. Kierkegaard: *Philosophische Brocken*, GWT, S. 113。
17. 引自：Rohde: *Kierkegaard,*S. 34。
18. Kierkegaard: *Über den Begriff der Ironie*, GWT, S. 255.
19. 引自：Rohde: *Kierkegaard,*S. 62.
20. Kierkegaard: *Briefe,* GWT,S. 104.

21. Kierkegaard: *Unwissenschaftliche Nachschrift,* Bd. 1, GWT,S. 111.
22. 同前揭：Bd. 2, S. 55.
23. 同前揭：Bd. 2, S. 51.
24. Kierkegaard: *Die Krankheit zum Tode*, GWT, S. 8.
25. Kierkegaard: *Entweder-Oder*, Bd. 1, GWT, S. 396.
26. 同前揭：S. 5389.
27. Kierkegaard: *Die Krankheit zum Tode*, GWT, S. 9.
28. 引自：Rohde: *Kierkegaard*,S. 151.
29. Beneke: *Erfahrungsseelenlehre als Grundlage alles Wissens*,Mittler 1820, S. 7f.
30. 引自：Jahnke: *Friedrich Eduard Beneke*, S. 67.
31. In seinem Lettre à M. *F***(Fauriel) sur les causes premières* (1806/1807), in: Cabanis: *Œuvres complètes*, Bossangefrères 1823, Bd. 5, S. 1–89.
32. Kant: Brief an Marcus Herzvon Anfang April 1778, in: ders.: *Werke* (Akademie-Ausgabe), De Gruyter 1970, Bd. 10. S. 232.
33. Hegel: *Phänomenologie des Geistes*, in: ders.: *Hauptwerkein sechs Bänden*, Meiner 1999,Bd. 2, S. 188.
34. 引自：Asmus: *J. F. Herbart*,Bd. 1., S. 104.
35. 同前揭：Bd. 1, S. 172.
36. Herbart: *Lehrbuch der Psychologie*, Unzer 1834, 2. Aufl.,S. 1.
37. 同前揭：S. 15.
38. Kant: *Kritik der praktischen Vernunft*, Werke in sechs Bänden, Wissenschaftliche Buchgesellschaft 2016, Bd. IV., S. 287.
39. Barelmann: *Friedrich Eduard Beneke*. Schriften, S. 114f.
40. Beneke: *Erziehungs- und Unterrichtslehre*, Mittler 1842,2. Aufl., S. XVI.
41. Carus: *Vorlesungen über Psychologie*, Neudruck, Wissenschaftliche

Buchgesellschaft1958, S. 22.

42. Carus: Psyche. *Zur Entwicklungsgeschichte der Seele*, Scheitlins Verlagsbuchhandlung 1851, 2. Aufl., S. VII.
43. 同前揭：S. 1.
44. 同前揭：S. 9.
45. 引自：Meyer: *Goethes Naturerkenntnis. Ihre Voraussetzung in der Antike, ihre Krönung durch Carus*, Jahrbuchdes Freien Deutschen Hochstifts 1929, S. 210.
46. So der Comte-Biograf Henri Gouthier, 引自：Lepenies: *Auguste Comte*, S. 18.
47. De Bonald: *Œuvres complètes*, Bd. 3, S. 448 (Übersetzung Spaemann).
48. 同前揭：S. 72.
49. 引自：Spaemann: *Der Ursprung der Soziologie*, S. 13.
50. Saint-Simon und Thierry, zit.nach Anonym: *Was ist der St.Simonismus?*, G. Basse 1832,S. 7.
51. Fourier: *Theorie der vier Bewegungen*, I. S. 87.
52. 同前揭：I. S. 190.
53. 同前揭：I. S. 56.
54. 同前揭：II. S. 42
55. Engels: *Ein Fragment Fouriers über den Handel*, in: Ökonomisch-philosophische Schriften, S. 124.
56. Comte: *Soziologie*, Bd. 1, Gustav Fischer 1907, S. 297.
57. 引自：Wagner: *Auguste Comte*, S. 60.
58. Bentham: A*n Introduction to the Principles of Morals and Legislation* (1828),S. 235–236.
59. Michel: *Johann Wolfgang Goethe: Sämtliche Werke. Briefe,Tagebücher und Gespräche*, Bd. 12, Deutscher Klassiker Verlag 1999, S. 715.

60. Marx: *Das Kapital. Kritik derpolitischen Ökonomie* (1867), in: MEGA II/5, S. 492 (Fußnote 870).
61. 同前揭。
62. Spence: *Das Gemeineigentuman Boden*, Hirschfeld 1904,S. 24.
63. 引　自：Nettlau (1925):https://anarchistischebibliothek.org/library/max-nettlau-geschichte-der-anarchie-i-der-vorfruhling-der-anarchie.
64. 引　自：Spence: *Encyclopedia of Occultism and Parapsychology*, Kessinger Publishing 2003, S. 679 (Übersetzung R.D.P.).
65. Mill: *Autobiographie*, S. 101
66. 同前揭：S. 139.
67. 同前揭：S. 111.
68. 同前揭：S. 137.
69. 同前揭：S. 136.
70. 同前揭：S. 173.
71. Tocqueville: *Gedanken über Algerien*, in: ders.: *Kleine Politische Schriften*, S. 119
72. Mill: *Autobiographie*, S. 183f.
73. Mill: *Grundsätze der politischen Ökonomie*, Fues' Verlag 1869, 3. Aufl., S. VII f.
74. 同前揭：S. 200.
75. 同前揭。
76. 同前揭：S. 62f.
77. 同前揭：S. 61.
78. »The principles of Fourierism are clearly set forth andpowerfully defended in the various writings of M. Victor Considérant, especially that entitled La Destinée Sociale; but the curious inquirerwill do well to study them in the

writings of Fourier himself; where he will find *unmistakable proofs of genius*, mixed, however, with the wildest and most unscientific fancies respecting the physical world, and much interesting but rashspeculation on the past andfuture history of humanity.« https://oll.libertyfund.org/pages/reader-mill-socialism.

79. 引自：Cornu: *Karl Marx und Friedrich Engels*, Bd. I,S. 81.
80. 引自：Winiger: *Ludwig Feuerbach*, S. 48.
81. Feuerbach: *Gesammelte Werke1*, S. 94f.
82. 同前揭：Bd. 4, S. 341.
83. 同前揭：Bd. 5, S. 6.
84. http://www.zeno.org/Philosophie/M/Feuerbach,+Ludwig/Vorläufige +Thesen +zur+Reform+der+Philosophie.
85. Hess: *Die europäische Triarchie*, Wigand 1841, S. 7.
86. 引自：Neffe: *Marx,* S. 90.
87. 引自：Winiger: *Feuerbach*,S. 197.
88. 另見：Cabet: *Reise nach Ikarien* (1979), S. 519.
89. 同前揭：S. 527.
90. 引自：von Beyme: *Politische Theorien im Zeitalter der Ideologien*, S. 673.
91. MEW 13, S. 10.
92. MEW 3, S. 5.
93. 同前揭：S. 33.
94. Neffe: *Marx*, S. 147.
95. MEW 16, S. 27.
96. MEW 4, S. 466.
97. 同前揭：S. 465f.

98. 同前揭：S. 461.
99. MEW 5, S. 455.
100. MEW 6, S. 124.
101. MEW 8, S. 115.
102. »M. le Comte argues againstall contrivance – it is what myviews tend to.«(M.70) http://darwin-online.org.uk/content/frameset?pageseq=1&itemID=CUL-DAR125.-&viewty-pe=text (Übersetzung R.D.P.).
103. Quetelet: *Sur l'homme*, Bachelier 1835, S. 1 (Übersetzung R.D.P.).
104. MEW 30, S. 131.
105. 同前揭：S. 249.
106. MEW 9, S. 226.
107. Vogt: *Physiologische Briefe*, Ricker'sche Buchhandlung 1854, 2. Aufl., S. 633f.
108. Moleschott: *Der Kreislauf des Lebens*, Victor von Zabern 1855, 2. Aufl., S. 377.
109. MEW 21, S. 278.
110. MEW 20, S. 332.
111. Haeckel: *Über die Entwicklungstheorie Darwins*, in: Schmidt (Hrsg.): E*rnst Haeckel. Gemeinverständliche Werke*, Bd. 5, S. 3–32.
112. Wilson: *Die Einheit des Wissens*, Siedler 1998, S. 15.
113. MEW 34, S. 169f.
114. Hellwald: *Culturgeschichte in ihrer natürlichen Entwicklungbis zur Gegenwart*, Lampart &Comp. 1875, S. 734.
115. Strauß: *Der alte und der neue Glaube*, E. Strauß 1872/1875, S. 263.
116. Marx: *Das Kapital*, Bd. 1, IV. Die Produktion des relativen Mehrwerts.
117. MEW 23, S. 791.
118. Mill: *Über die Freiheit*, Reclam1974, Kapitel V, Absatz 9.

119. 同前揭：Kapitel I, Absatz 1.
120. Mill: *Die Hörigkeit der Frau*, Helmer 1991, S. 190.
121. 同前揭：S. 250.
122. MEW 31, S. 13.
123. 123. MEW 16, S. 5.
124. https://www.welt.de/wirtschaft/article172684758/Oxfam-42-Milliardaere-besitzen-so-viel-wie-die-halbe-Welt.html.
125. MEW 16, S. 19.
126. Mill: *Über Sozialismus*, Europäische Verlagsanstalt 2016, S. 17.
127. 同前揭：S. 113.
128. MEW 32, S. 582f.
129. MEW 33, S. 205.
130. MEW 17, S. 326.
131. 同前揭：S. 591f.
132. Bakunin: *Die revolutionäre Frage*, Unrast 2005, S. 62.
133. Du Bois-Reymond: *Die sieben Welträthsel. Nachtrag*, in: Bayertz u. a.: *Der Ignorabimus-Streit*, S. 167f.
134. Haeckel: *Die Welträthsel*, Kröner 1908, S. 13.
135. Von Hartmann: *Philosophiedes Unbewussten*, Carl Dunckers, 6. Aufl., S. 24f.
136. 同前揭：S. 33.
137. Von Hartmann: *Anfänge naturwissenschaftlicher Selbsterkenntnis*, in: Bayertzu. a.: *Der Ignorabimus-Streit*, S. 42.
138. MEW 20, S. 332.
139. Nordau: *Die conventionellen Lügen der Kulturmenschheit*, Schlicke 1884, S. 12.
140. Trendelenburg: *Logische Untersuchungen*, Bethge 1870, 3. Aufl., Bd. I., S. 4.

141. 同前揭。 Vorwort zur 1. Aufl., Bd. I, S. IV.
142. Gutenberg.spiegel.de/buch/medizinische-psychologie-834/1.
143. Lotze: *Metaphysik*, 2. Bde., Hirzel 1879, 2. Aufl., S. 464.
144. 引 自：nx.journalofpragmatism.eu/wp-content/uploads/2009/11/04-hookway.pdf.
145. Dilthey: *Die Typen der Weltanschauung und ihre Ausbildung in den metaphysischen Systemen*, in: Dilthey, Groethuysen, G. und A. Misch: *Weltanschauung. Philosophie und Religion in Darstellungen*, Reichl 1911.
146. Dilthey: GS, Bd. VIII, S. 223.
147. Dilthey: GS, Bd. XXII, S. 12.
148. Dilthey: GS, Bd. VII, S. 147f.
149. Dilthey: GS, Bd. I, S. XVIII.
150. Dilthey: GS, Bd. XIX, S. 17ff.
151. 同前揭：S. 44.
152. Dilthey: GS, Bd. XVIII, S. 199.
153. Dilthey: GS, Bd. VIII, S. X.
154. 同前揭：S. 86.
155. Dilthey: GS, Bd. X, S. 17.
156. Dilthey: GS, Bd. VII, S. 373.
157. Lange: *Die Arbeiterfrage*, Falk& Volmer 1865, S. 6.
158. 引自：Köhnke: *Neukantianismus*, S. 233.
159. Lange: *Geschichte des Materialismus*, J. Baedeker 1876, 2. Aufl., S. 851.
160. 同前揭：S. 871.
161. Lange: *Geschichte des Materialismus*, J. Baedeker 1876, 1. Aufl., S. 111.
162. 同前揭：2. Aufl., S. 3.

163. https://gutenberg.spiegel.de/buch/raum-und-kraft.
164. 引自：Scharlau: *RudolfLipschitz. Briefwechsel mitCantor, Dedekind, Helmholtz, Kronecker, Weierstrass und anderen*, Springer 1986, S. 130.
165. Helmholtz: *Über das Sehen des Menschen*, Voss 1855, S. 116.
166. 引自：Köhnke: *Neukantianismus*, S. 160.
167. Beneke: *Kant und die philosophische Aufgabe unserer Zeit*, Mittler 1832, S. 73.
168. 同前揭：S. 72.
169. 同前揭：S. 21.
170. Fischer: *Das Problem dermenschlichen Erkenntnis als die erste Frage der Philosophie*, in: ders.: *Kant's Leben und die Grundlagen seiner Lehre. DreiVorträge*, F. Bassermann 1860, S. 79–97, S. 82.
171. Weisse: *In welchem Sinn die deutsche Philosophie jetzt wieder an Kant sich zu orientieren hat*, Dyk'sche Buchhandlung 1841, S. 3f.
172. 德國大學課程表，見：Köhnke: *Neukantianismus*, S. 610f.
173. Cohen: *Das Prinzip der Infinitesimal-Methode*, Neudruck Suhrkamp 1968, S. 47f.
174. Natorp: *Über objektive undsubjektive Begründung der Erkenntnis*, in: Philosophische Monatshefte 23 (1887), S. 257–286, hier S. 264.
175. 同前揭：S. 285.
176. Natorp: *Einleitung in die Psychologie nach kritischer Methode*, Mohr 1888, S. 11.
177. Windelband: *Präludien*, Mohr1884, S. IV.
178. Windelband: *Über Begriff und Geschichte der Philosophie*, in: Präludien, S. 28.
179. Rickert: *Der Gegenstand der Erkenntnis*, Mohr 1892, S. 42f.
180. 同前揭：S. 61.

181. Rickert: *Die Grenzen der naturwissenschaftlichen Begriffsbildung*, Mohr 1902, S. 358.
182. https://blog.staatsarchiv-bs.ch/krieg-und-frieden-nietzsche-in-basel.
183. Nietzsche: KSA, Bd. 7, S. 354.
184. Liebmann: *Vier Monate vorParis*, Weise 1871, S. 13.
185. Nietzsche: *Briefe*, Bd. 2, S. 332.
186. 同前揭：S. 298.
187. Nietzsche: KSA, Bd. 1, S. 528f.
188. 引自：Janz: F*riedrich Nietzsche*, 1. Bd., S. 470.
189. Nietzsche: KSA, Bd. 1, S. 203.
190. 同前揭：S. 248.
191. 同前揭：S. 329.
192. 同前揭：S. 256f.
193. 同前揭：S. 194.
194. 同前揭：S. 378.
195. 同前揭。
196. 同前揭：S. 380.
197. 引自：Safranski: *Nietzsche*, S. 125.
198. Nietzsche: *Briefe*, Bd. 5, S. 183f.
199. Nietzsche: KSA, Bd. 2, S. 54f.
200. https://gutenberg.spiegel.de/buch/uber-wahrheit-und-luge-im-aussermoralischen-sinne.
201. 同前揭。
202. Nietzsche: KSA, Bd. 2, S. 24.
203. 同前揭：S. 41.

204. 同前揭。
205. 同前揭：S. 349.
206. 同前揭：S. 209.
207. Nietzsche: KSA, Bd. 3, S. 264.
208. 同前揭：S. 353.
209. 同前揭：S. 113.
210. Nietzsche: KSA, Bd. 6, S. 339f.
211. Nietzsche: KSA, Bd. 9, S. 503.
212. Nietzsche: KSA, Bd. 4, S. 18.
213. Nietzsche: KSA, Bd. 10, S. 506.
214. 引自：Safranski: *Nietzsche*, S. 272.
215. Nietzsche: KSA, Bd. 4, S. 94.
216. Nietzsche: KSA, Bd. 11., S. 98.
217. Nietzsche: Briefe, Bd. 8, S. 49.
218. Nietzsche: KSA, Bd. 5, S. 275.
219. Nietzsche: KSA, Bd. 6, S. 313.
220. Nietzsche: KSA, Bd. 7, S. 169.
221. Nietzsche: KSA, Bd. 14, S. 180.
222. https://gutenberg.spiegel.de/buch/der-wille-zur-macht (Abschnitt 689).
223. 同前揭。
224. 同前揭：Abschnitt 862.
225. Nietzsche: *Briefe*, Bd. 8, S. 231.
226. http://www.gleichsatz.de/b-u-t/archiv/FN/riehl_nietzsche.html.
227. Vaihinger: *Nietzsche als Philosoph*, Reuther&Reichard 1916, 4. Aufl., S. 70.
228. Kropotkin: *Memoiren*, Bd. 1, S. 192f.

229. 同前揭：S. 238.
230. 同前揭：S. 319.
231. Kropotkin: *Gegenseitige Hilfein der Entwickelung*, Theodor Thomas 1904, S. T. (Vorwort).
232. Huxley: *Evolution and Ethics*, Princeton University Press 1989, S. 83.
233. Kirchmann: *Über den Communismus in der Natur. Ein Vortrag gehalten in dem Berliner Arbeiter-Verein im Februar1866*, L. Heimann's Verlag 1872, 2. Aufl.
234. Kropotkin: *Gegenseitige Hilfein der Entwickelung*, S. 77f.
235. Huxley in: *The Nineteenth Century* (1888), S. 165.
236. 基於這個理由，克魯泡特金可以推論說，並不是有得知才有道德，而是正好相反。在任何共同狩獵之前都有道德，也就是合作。另見：ders: *Die Eroberung des Brotes* (1892), Edition Anares 1989.
237. Kropotkin: *Gegenseitige Hilfe*, S. 119.
238. 同前揭：S. 307.
239. MEW 23, S. 16.
240. MEW 9, S. 226.
241. Bernstein: *Die Voraussetzungen des Sozialismus und dieAufgaben der Sozialdemokratie*, Rowohlt 1969, S. 13.
242. MEW 17, S. 343.
243. https://www.marxists.org/deutsch/referenz/bernstein/1899/voraus/kap2.html#p1.
244. Kautsky: *Ethik und materialistische Geschichtsauffassung*, Dietz 1973, S. 141.
245. http://www.gleichsatz.de/b-u-t/spdk/19jhd/ebernstein-doktrin.html.
246. Cohen: *Ethik des reinen Willens*, in: ders.: Werke, Bd. 7, Olms 1981, S. 320f.
247. Einleitung mit kritischem Nachtrag zu Langes *Geschichte des Materialismus*,

in: Werke, Bd. 5/2, Hildesheim 1984, S. 112.

248. Natorp: *Zur Streitfrage zwischen Empirismus und Kritizismus,* in: Archiv für systematische Philosophie 5 (1899), S. 194.

249. Westermarck: *Ethical Relativity*, Kegan Paul, Trench, Trubner & Co. 1932, S. 147.

250. Mach: *Die Analyse der Empfindungen* (1900), Wissenschaftliche Buchgesellschaft 1987, S. 24.

251. 見Mach: *Die Mechanikin ihrer Entwicklung* (1883), F.A. Brockhaus 1933, S. VII; *Erkenntnis und Irrtum* (1905), Barth 1926, S. VII; *Die Analyse der Empfindungen*, S. 300.

252. Mach: *Autobiographie* (1913), in: Blackmore: *Three Autobiographical Manuscripts by Ernst Mach*, in: Annals of Science 35, 1978, S. 411–418, hier S. 411.

253. Fechner-Nachlass der Universitätsbibliothek Leipzig, siehe: Fechner-CD der Gustav-Theodor-Fechner-Gesellschaft in Leipzig. http://home.uni-leipzig.de/fechner/cd1.htm.

254. Mach: *Analyse*, S. 39.

255. 同前揭：S. 17.

256. 同前揭：*Analyse*, S. 3.

257. Mach: *Erkenntnis und Irrtum*, S. 460.

258. 另見：Roth: *Fühlen, Denken, Handeln*, Suhrkamp 2003, S. 379ff.

259. Mach: *Autobiographie*, S. 416.

260. Mach: *Mechanik*, F.A. Brockhaus 1933, 9. Aufl., S. 484 (Hervorhebung R.D.P.).

261. Wundt: *System der Philosophie*, Engelmann 1889, S. 18f.

262. 引自：Voigt: »Verschollene Preziosen«, in: Der Spiegel vom 25. Januar 2011.

263. https://www.univie.ac.at/bahr/sites/all/ks/9-dialog.pdf.
264. https://gutenberg.spiegel.de/buch/ein-brief.
265. Schuhmann: *Husserl-Chronik,* S. 131.
266. Freud (Hrsg.): *Sigmund Freud. Brautbriefe. Briefe an Martha Bernays 1882–1886*, Fischer 1971, S. 94.
267. Freud: GW 14, S. 86.
268. Thought i*n action has for itsonly possible motive the attainment of thought at rest; and whatever does not refer to believe is not part of the thought itself* (1878, CP 5.396).
269. Peirce: CP 5.402.
270. Peirce: CP 5.402.
271. Peirce: CP 5.394.
272. Peirce: CP 5.265.
273. Moore (Hrsg.): Pierce. *The Essential Writings*, Prometheus Books 1998, S. 168.
274. 同前揭：S. 174.
275. Nietzsche: KSA, Bd. 3, S. 113.
276. James: *Psychologie*, Quelle & Meyer 1920, 2. Aufl., S. 462.
277. James (Hrsg.): *The Letters of William James*, Atlantic Monthly 1920, S. 135.
278. James: *Der Pragmatismus*, 2. Vorlesung.
279. Ernst Mach an Fritz Mauthner, Wien, 22. Oktober 1912, zit. nach Haller und Stadler: *Ernst Mach*, S. 243.
280. Peirce: CP 5. 414.
281. 同前揭。
282. James: *Der Pragmatismus*, 2. Vorlesung.
283. 同前揭。

284. 同前揭。

285. 同前揭。

286. James: *Der Pragmatismus*, 7. Vorlesung.

287. Schilpp (Hrsg.): *The Philosophy of Brand Blanshard*, Open Court 1980, S. 47ff.

288. https://www.gleichsatz.de/b-u-t/can/sac/james_will2b.html.

289. Thomas: *The Methodology of Behavior Study,* Kap. 13, in: The Child in America: *Behavior Problems and Programs.* Alfred A. Knopf 1928, S. 553–576.

290. »Scenery seems to wear in one's consciousness better than any other element in life... It stands out as almost the only thing in the memory of which I should like to carry over with me beyond the veil, unamended and unaltered.« (Übersetzung R.D.P.) Gefunden auf http://tamworthdistilling.com/2017/10/the-history-of-chocorua.

291. https://archive.org/stream/UptonSinclairDerDschungel.

292. Die *Zukunft*, Bd. 26, 1899, S. 36ff.; Heimböckel: *Walter Rathenau und die Literatur seiner Zeit. Studien zu Werkund Wirkung*. Dissertation Universität Duisburg 1995, S. 81.

293. http://www.twainquotes.com/Travel1891.

294. Von Spitzemberg: D*as Tagebuch der Baronin Spitzemberg*, Vandenhoeck & Ruprecht 1960, S. 381.

295. 同前揭。

296. Simmel: GA 2, S. 130.

297. Simmel: GA 5, S. 110.

298. Simmel: GA 2, S. 239.

299. Durkheim: *Über sozialeArbeitsteilung*, S. 82.

300. 引自：Lichtblau: *Georg Simmel*, S. 181.

301. 同前揭：S. 182.

302. Kracauer, *Diskussionsbeitrag* (1964) in: Iser (Hrsg.): *Immanente Ästhetik. Ästhetische Reflexion. Lyrik als Paradigmader Moderne* (Poetik & Hermeneutik Bd. 2.), Fink 1966, S. 412.
303. Simmel: GA 4, S. 387f.
304. Simmel: GA 6, S. 44.
305. 同前揭：S. 43.
306. Simmel: GA 7, S. 121.
307. Simmel: GA 6, S. 593f.
308. 同前揭：S. 638.
309. Weber: G*esammelte Aufsätze zur Religionssoziologie*, Bd. 1, S. 203f.
310. 同前揭：S. 203.
311. 同前揭：S. 204.
312. Weber: Die *»Objektivität« sozialwissenschaftlicher und sozialpolitischer Erkenntnis*, in: Winckelmann: Max Weber. *Gesammelte Aufsätze zur Wissenschaftslehre*, S. 149.
313. 同前揭：S. 154.
314. Verhandlungen *des Vereins für Socialpolitikin Wien*, 1909, Duncker und Humblot 1910, S. 568.
315. Schmoller: *Volkswirtschaft, Volkswirtschaftslehre und -methode*, in: Conrad (Hrsg.): *Handwörterbuch der Staatswissenschaften*, Gustav Fischer 1911, 3. Aufl., S. 493.
316. Simmel: GA 16, S. 205.
317. Simmel: *Der Krieg und diegeistigen Entscheidungen. Reden und Aufsätze*, Forgotten Books 2019, S. 8.
318. 同前揭：S. 9.
319. http://socio.ch/sim/krieg/krieg_kris.htm.

參考書目

這個書目包含了哲學史各章引用的正文。至於諸如叔本華、齊克果、馬克思、彌爾、尼采和齊美爾之類的大哲學家，淺顯易懂的導論和文獻應該就足夠了。進一步的書目則可以用來深入研究個別的面向。

霧海上的旅人

關於卡斯帕・大衛・腓特烈的生平，見：Sigrid Hinz: *Caspar David Friedrich in Briefen und Bekenntnissen*. Henschelverlag Kunst und Gesellschaft, 1. Aufl. 1968, 2. erw. Aufl. 1974; Gertrud Fiege: *Caspar David Friedrich*, Rowohlt 1977; Herbert Friedrich: *Caspar David Friedrich. Seine Landschaft, seine Liebe, sein Leben*, Maxime 2018.

關於《霧海上的貴族》，特別見：Hans Joachim Neidhardt: *Friedrichs »Wanderer über dem Nebelmeer« und Carus' »Ruhe des Pilgers«*.

關於浪漫派登高望遠的經驗的主題，見：Ars auro prior. *Studia Ioanni Bialostocki sexagenario dicata*, Warschau 1981, S. 607–612.

關於背影人物的主題，見：Hartmut Böhme: *Rückenfiguren bei Caspar David Friedrich*, in: Gisela Greve (Hrsg.): *Caspar David Friedrich*. Deutungen im Dialog, edition diskord 2006.

關於腓特烈的畫作，另見：Wieland Schmied: *Caspar David Friedrich*, Prestel 1999; Werner Hofmann: *Caspar David Friedrich. Naturwirklichkeit und Kunstwahrheit*, C. H. Beck 2000, 3. Aufl. 2013; Werner Busch: *Caspar David Friedrich. Ästhetik und Religion*, C. H. Beck 2003, 2. Aufl. 2008; Hubertus Gaßner (Hrsg.): *Caspar David*

Friedrich. Die Erfindung der Romantik, Ausstellungskatalog Museum Folkwang, Essen und Hamburger Kunsthalle, Hirmer 2006; Helmut R. Leppien: *Caspar David Friedrich in der Hamburger Kunsthalle*, Hamburger Kunsthalle 2006, 2. Aufl.; Peter Märker: *Caspar David Friedrich. Geschichte als Natur*, Kehrer Verlag 2007; Christian Scholl: *C. D. Friedrich und seine Zeit*, Seemann Henschel 2015.

關於複雜的思想史背景，見：Hilmar Frank: *Aussichten ins Unermessliche. Perspektivität und Sinnoffenheit bei Caspar David Friedrich*, Akademie Verlag 2004.

後黑格爾時期的哲學

一個沒有意義的世界

叔本華作品集，見：Arthur Hübscher (Hrsg.): *Arthur Schopenhauer. Sämtliche Werke* (SW), 7 Bde., wissenmedia 1988; ders.: *Arthur Schopenhauer. Gesammelte Briefe,* Bouvier 1978; ders.: *Arthur Schopenhauer. Der handschriftliche Nachlaß in fünf Bänden*, dtv 1985; Volker Spierling (Hrsg.): *Arthur Schopenhauer. Philosophische Vorlesungen. Aus dem handschriftlichen Nachlaß*, 4 Bde., Piper 1992.

關於叔本華其人及其作品，見：Walther Schneider: *Schopenhauer*, Dausien 1985; Rüdiger Safranski: *Schopenhauer und Die Wilden Jahre der Philosophie* (1987), S. Fischer 2016, 8. Aufl.; Bryan Magee: T*he Philosophy of Schopenhauer*, Oxford University Press 1997; Margot Fleischer: *Schopenhauer*, Herder 2001; Sabine Appel*: Arthur Schopenhauer, Leben und Philosophie*, Artemis & Winkler 2007; Dieter Birnbacher: *Schopenhauer*, Reclam 2010; Otto A. Böhmer: S*chopenhauer oder Die Erfindung der Altersweisheit*, C. H. Beck 2010; Volker Spierling: *Arthur Schopenhauer zur Einführung*, Junius 2015, 4. Aufl.; Robert Zimmer: *Arthur Schopenhauer. Ein philosophischer Weltbürger*, dtv 2012; ders.: *Schopenhauer und die Folgen. Die Person Schopenhauers* *und seine Bedeutung für Kunst und Philosophie der Moderne*, J. B. Metzler 2018.

齊克果的作品見：Emanuel Hirsch, Hayo Gerdes und Hans Martin Junghans: *Søren Kierkegaard. Gesammelte Werke und Tagebücher* (GWT) (1951–1980), Grevenberg 2003 f.

關於齊克果其人及其作品，見：Peter P. Rohde: *Kierkegaard in Selbstzeugnissen und Bilddokumenten*, Rowohlt 1959; Michael Theunissen, Wilfried Greve (Hrsg.): *Materialien zur Philosophie Søren Kierkegaards*, Suhrkamp 1979; Konrad Paul Liessmann: *Kierkegaard. Zur Einführung*, Junius1993, 6. Aufl. 2013; Michael Bösch: *Søren Kierkegaard: Schicksal – Angst – Freiheit*, Schöningh 1994; Anton Bösl: *Unfreiheit und Selbstverfehlung. Søren Kierkegaards existenzdialektische Bestimmung von Schuld und Sünde*, Herder 1997; Annemarie Pieper: *Søren Kierkegaard* (2000), C. H. Beck 2014, 2. Aufl.; Tilo Wesche: *Kierkegaard. Eine philosophische Einführung*, Reclam 2003; Joakim Garff: Kierkegaard, Hanser 2004.

另見：Odo Marquard: *Der Einzelne. Vorlesungen zur Existenzphilosophie* (1974), Reclam 2013.

心理研究

卡巴尼斯的作品見：online ders.: *Du degré de certitude de la médecine* (1798), (Digitalisat); *Rapports du physique et du moral de l'homme* (1802), zweite Ausgabe 1805, 2 Bde. (Digitalisat); auf Deutsch: *Ueber die Verbindung des Physischen und Moralischen in dem Menschen* (1804), 2 Bde. (Digitalisat)。

德比洪第一部巨作見： François-Piere-Gonthier Maine de Biran: *L'influence de l'habitude sur la faculté de penser* (1802) 。網路另見：http://classiques.uqac.ca/classiques/maine_de_biran/influence_habitude. Das zweite als *Essai sur les fondements de la psychologie et sur ses rapports avecl'étude de la nature* (1812),

(Google Books).

關於德比洪另見：Bruce Bégout: *Maine de Biran. La vérité intérieure*, Éditions Payot 1995。

提騰斯主要作品可見於網路：Johannes Nikolaus Tetens, *Philosophische Versuche über die menschliche Natur und ihre Entwicklung* (1777), 2 Bde. (Digitalisat und Google Books).

關於提騰斯，見：Gideon Stiening und Udo Thiel (Hrsg.): *Johann Nikolaus Tetens* (1736–1807). *Philosophie in der Tradition des europäischen Empirismus*, De Gruyter 2014. Das »Magazin für Erfahrungsseelenkunde«，可見於：http://www.mze.gla.ac.uk.。

貝內克作品大多散佚，只有見於二手書店，網路則有：*die Grundlegung zur Physik der Sitten* (1822), (archive.org); ders.: *Kant und die philosophische Aufgabe unserer Zeit. Eine Jubel-denkschrift auf die Kritik der Reinen Vernunft* (1832), (Google Books); ders.: *Erziehungs- und Unterrichtslehre* (1835/1836), 2 Bde. (Google Books); ders.: *System der Metaphysik und Religionsphilosophie, aus den natürlichen Grundverhältnissen des menschlichen Geistes abgeleitet* (1840), (Google Books); ders.: *Pragmatische Psychologie oder Seelenlehre in der Anwendungauf das Leben* (1850), 2 Bde. (archive.org).

貝內克若干選輯見：Nikola Barelmann: (Hrsg.): *Friedrich Eduard Beneke. Schriften zur Psychologie und Pädagogik*, Volk und Wissen 1986.

關於貝內克其生平及其作品，見：Francis Burke Brandt: *Friedrich Eduard Beneke, the Man and His Philosophy: An Introductory Study* (1895), Neudruck Cornell University Library 2009; *Jürgen Jahnke: Friedrich Eduard Beneke. Psychologie als Grundlage der Pädagogik*, in: Klaus-Peter-Horn und Heidemarie Kemnitz (Hrsg.): *Pädagogik unter den Linden*, Franz Steiner 2002, S. 63–77.

赫爾巴特的作品集見：Gustav Hartenstein (Hrsg.): *Herbart. Sämmtliche Werke* (1851), (Google Books). 另見：Dietrich Benner: *Johann Friedrich Herbart. Systematische Pädagogik*, 2 Bde., Deutscher Studien Verlag 1997.

關於赫爾巴特其生平及其作品，見：Walter Asmus: *Johann Friedrich Herbart. Eine pädagogische Biographie*, 2 Bde., Quelle & Meyer 1968 f. Dietrich Benner: *Die Pädagogik Herbarts. Eine problemgeschichtliche Einführung in die Systematik neuzeitlicher Pädagogik*, Juventa 1993; Matthias Heesch: *Johann Friedrich Herbart zur Einführung*. Junius 1999; Elmar Anhalt: *Bildsamkeit und Selbstorganisation. Johann Friedrich Herbarts Konzept der Bildsamkeit als Grundlage für eine pädagogische Theorie der Selbstorganisation organismischer Aktivität*, Deutscher Studien Verlag 1999.

卡魯斯的作品見：*Psyche. Zur Entwicklungsgeschichte der Seele* (1846), (Digitalisat); *Vorlesungen über Psychologie, gehalten im Winter 1829/30 zu Dresden*, (archive.org.); *Neun Briefe über Landschaftsmalerei. 1819–1824*, (archive.org.).

關於卡魯斯其生平及其作品，見：Wolfgang Genschorek: *Carl Gustav Carus. Arzt. Künstler. Naturforscher*, Edition Wötzel 1989; Stefan Grosche: *Lebenskunst und Heilkunde bei C. G. Carus (1789–1869). Anthropologische Medizin in Goethescher Weltanschauung*, Dissertation 1993 (PDF); Petra Kuhlmann-Hodick u. a. (Hrsg.): *Carl Gustav Carus. Wahrnehmung und Konstruktion*. Essays, Deutscher Kunstverlag 2009 (Begleitband zu den Ausstellungen in Dresden und Berlin); Harald Salfellner (Hrsg.): *Mit Feder und Skalpell*, Vitalis 2014.

秩序和進步

波納德的作品見：*Œuvres complètes*, 15Bde., Paris 1817–1843, Neudruck 3 Bde. Archives Karéline2011.

關於波納德思想中的社會學起點，見：Robert Spaemann: *Der Ursprung der Soziologie aus dem Geist der Restauration. Studien über L. G. A. de Bonald*, Klett-Cotta 1998.

關於邁斯特，見：*Die Abende von St. Petersburg oder Gespräche über das zeitliche Walten der Vorsehung*, Karolinger 2008; ders.: V*om Papst. Ausgewählte Texte*, Semele Verlag 2007.。網路可見：*Vom Pabst* (1822), 2 Bde. (Digitalisat).

關於十九世紀初的進步主義思想，見：Hans-Christoph Schmidt am Buschu.a. (Hrsg.): *Hegelianismus und Saint-Simonismus*, Mentis 2007.

聖西門的作品集，見：Pierre Musso, *Juliette Grange und Philippe Régnier*: *Henride Saint-Simon. Œeuvres complètes,* Presses universitaires de France 2012. Auf Deutsch erschien Lola Zahn (Hrsg.): *Henride Saint-Simon. Ausgewählte Schriften,* Akademie Verlag 1977.

關於聖西門其生平及其作品，見：Friedrich Muckle: *Henride Saint-Simon. Die Persönlichkeit und ihr Werk* (1923), Neudruck Ulan Press 2012; Frank Edward Manuel: *The New World of Henri Saint-Simon*, Harvard University Press 1956; Olivier Pétré-Grenouilleau (Hrsg.): *Saint-Simon. L'utopie ou la raison enactes*, Payot 2001; Mathurin Marius Dondo: *The French Faust: Henri de Saint-Simon*, Literary Licensing 2011; Jeremy Jennings: *Revolution and the Republic: A History of Political Thought in France since the Eighteenth Century*, Oxford University Press 2011.

傅立葉作品集，見：*Œeuvrescomplètes*, 12 Bde. (1966–1968), online unter https://gallica.bnf.fr. Auf Deutsch liegen vor Walter Apelt (Hrsg.): *Charles Fourier. Die harmonische Erziehung,* Volk und Wissen 1958; Theodor W. Adorno und Elisabeth Lenk (Hrsg.): *Charles Fourier. Theorieder vier Bewegungen und der allgemeinen Bestimmungen*, Suhrkamp 1966; Daniel Guérin (Hrsg.): *Charlers Fourier. Aus der Neuen Liebeswelt und Über die Freiheit in der Liebe. Mit einem Anhang Über die*

Freiheit in der Arbeit, Wagenbach 1977; Neuausgabe: Margarete Stokowski (Hrsg.): *Charles Fourier. Die Freiheit in der Liebe. Ein Essay*, Edition Nautilus 2017; Lola Zahn (Hrsg.): *Charles Fourier. Ökonomisch-philosophische Schriften. Eine Textauswahl*, Akademie Verlag 1980; Martin Burckhardt (Hrsg.): *Der Philosoph der Kleinanzeige. Ein Fourier-Lesebuch*, Semele 2006; Hans-Christoph Schmidt am Busch (Hrsg.): *Charles Fourier. Über das weltweite soziale Chaos. Ausgewählte Schriften zur Philosophie und Gesellschaftstheorie*, Akademie Verlag 2012.

關於傅立葉其生平及其作品，見：Günter Behrens: *Diesoziale Utopie des Charles Fourier, Dissertation der Universitätzu Köln 1977* (Google Books); Roland Barthes: *Sade, Fourier, Loyola,* Suhrkamp 1986; Jonathan F. Beecher: *Charles Fourier. The Visionary and His World*, University of California Press 1987; Walter Euchner (Hrsg.): *Klassiker des Sozialismus. Von Gracchus Babeuf bis Georgi Walentinowitsch Plechanow*, Bd. 1 von 2 Bänden, C. H. Beck 1991; Marvin Chlada und Andreas Gwisdalla: *Charles Fourier. Eine Einführung in sein Denken*, Alibri 2014.

孔德全集見：*Œuvres d'Auguste Comte*, 12 Bde., Édition Anthropos 1968–1971. Auf Deutschist erhältlich Iring Fetscher (Hrsg.): *Auguste Comte. Rede überden Geist des Positivismus*, Meiner 1994: Jürgen Brankel (Hrsg.): *Auguste Comte. System der positiven Politik*, 4 Bde., Edition Turia + Kant 2012.

關於孔德其生平及其作品，見：Henri Gaston Gouhier: *La philosophie d'Auguste Comte. Esquisses*, Vrin 1986; Werner Fuchs-Heinritz: *Auguste Comte. Einführung in Leben und Werk,* Westdeutscher Verlag 1998; Gerhard Wagner: *Auguste Comte zur Einführung*, Junius 2000; Michael Bock: *Auguste Comte* (1798–1857), in: Dirk Kaesler (Hrsg.): *Klassiker der Soziologie*, 1. Bd., C. H. Beck 2012, 6. Aufl.; Angèle Kremer-Marietti: *Le positivisme d'Auguste Comte*, L'Harmattan 2006; dies.: *Auguste Comte et la science politique*, L'Harmattan 2007; Jürgen Brankel: *Theorie und Praxis bei Auguste Comte.Zum Zusammenhang zwischen Wissenschaftssystem und Moral*, Edition Turia + Kant 2008; Wolf Lepenies: *Auguste Comte. Die Machtder Zeichen*, Hanser 2010.

關於社會學的誕生，另見：Wolf Lepenies (Hrsg.): *Geschichte der Soziologie. Studien zur kognitiven, sozialen und historischen Identität einer Disziplin*, 4 Bde., Suhrkamp 1981; Hermann Korte: *Einführung in die Geschichte der Soziologie*, VS Verlag für Sozialwissenschaften 2017, 10. Aufl.

最大多數人的幸福

邊沁全集（未完成）見：*The Collected Works of Jeremy Bentham,* bisher 34 Bde., Clarendon Press 1961 ff.。

邊沁主要作品見：*Eine Einführung in die Prinzipien der Moral und Gesetzgebung*, Senging 2013。

關於全景監獄的作品見：Jeremy Bentham: *Das Panoptikum*, Matthes & Seitz 2013.

關於邊沁其生平及其作品，見：Douglas G. Long: *Bentham on Liberty: Jeremy Bentham's Idea of Liberty in Relation to his Utilitarianism*, University of Toronto Press 1977; Ross Harrison: *Bentham*, Routledge & KeganPaul 1983; Frederick Rosen: *Jeremy Bentham and Representative Democracy: A Study of the Constitutional Code*, Clarendon Press 1983; James E. Crimmins: *Secular Utilitarianism: Social Science and the Critique of Religion in the Thought of JeremyBentham*, Clarendon Press 1990; Wilhelm Hofmann: *Politik des aufgeklärten Glücks. Jeremy Benthams philosophisch-politisches Denken*, Akademie Verlag 2002; Stephen G. Engelmann: *Imagining Interest in Political Thought: Origins of Economic Rationality*, Duke University Press 2003; Philip Schofield: *Utility and Democracy: The Political Thought of Jeremy Bentham*,

Oxford University Press 2006; Christian Welzbacher: *Der radikale Narr des Kapitals. Jeremy Bentham, das »Panoptikum« und die »Auto-Ikone«*, Matthes & Seitz 2011.

霍爾的主要作品，見：*Effects of Civilization on the People in European States; with Observations on the Principal Conclusions in Mr. Malthus's Essay on Population*, Routledge, Thoemmes Press 1994 (archive.org.).

另見：Georg Adler und Karl Grünberg (Hrsg.): *Hauptwerke des Sozialismus und der Sozialpolitik*, Bd. 1; Heft 1–5. (Enthält: Thomas Spence: *Das Gemeineigentum am Boden*; William Godwin: *Das Eigentum*; Félicitéde Lamennais: *Das Volksbuch*; Charles Hall: *Die Wirkungender Zivilisation auf die Massen*; Prosper Enfantin: *Die Nationalökonomie des Saint-Simonismus*), (1904/1905), Neudruck Auvermann 1974.

關於霍爾和史賓斯的英國早期社會主義，見：William Stafford: *Socialism, Radicalism, and Nostalgia: Social Criticism in Britain*, 1775–1830, Cambridge University Press 1987; John Dinwiddy: *Radicalismand Reform in Britain, 1780–1850*, Continuum International Publishing Group 1992.

關於史賓斯，見：Alastair Bonnett und Keith Armstrong (Hrsg.): *Thomas Spence: The Poor Man's Revolutionary*, Breviary Stuff Publications 2014。

戈德溫的政治正義，見網路：http://knarf.english.upenn.edu/Godwin/pjtp.html; Mark Philp (Hrsg.): *Political and Philosophical Writings of William Godwin*, Routledge 1993.

關於戈德溫其生平及其作品，見：Helene Saitzeff: *William Godwin und die Anfänge des Anarchismusim XVIII. Jahrhundert. Ein Beitrag zur Geschichte des politischen Individualismus*, Dissertation Universität Heidelberg 1907(archive.org.); Henry Noël Brailsford: *Shelley, Godwin, and their Circle, J. J. Williams* 1919 (archive.org.); Peter H. Marshall: *William Godwin: Philosopher, Novelist, Revolutionary*, Yale University Press 1984.

歐文的著作見：Gregory Claeys (Hrsg.): *Selected Works of Robert Owen*, Routledge 1993. Auf Deutsch liegen vor: Liane Jauch und Marie-Luise Römer (Hrsg.): *Robert Owen. Das soziale System*, Reclam 1988; Lola Zahn (Hrsg.): *Robert Owen. Eine neue Auffassung von der Gesellschaft. Ausgewählte Texte*, Akademie Verlag 1989.

關於歐文其生平及其作品，見：Arthur Bestor: *Backwoods Utopias* (1950), University of Pennsylvania Press 1970, 2. Aufl.; Arthur Leslie Morton: *The Life and Ideas of Robert Owen* (1962), International Publishers 1978, 2. Aufl.; Sidney Pollard und John Salt (Hrsg.): *Robert Owen, Prophet of the Poor: Essays in Honor of the Two Hundredth Anniversary of His Birth*, Bucknell University Press 1971; Richard Tames: *Radicals, Railways & Reform*, B.T. Batsford Ltd. 1986; David Santilli: *Life of the Mill Man*, B.T. Batsford Ltd. 1987; Gregory Claeys: *Machinery, Money and the Millennium: From Moral Economy to Socialism, 1815–1860*, Princeton University Press 1987; ders.: *Citizens and Saints: Politics and Anti-Politics in Early British Socialism*, Cambridge University Press 1989; Ian L. Donnachie: *Robert Owen*, Tuckwell Press 2000; Ophélie Siméon: *Robert Owen's Experiment at New Lanark: From Paternalism to Socialism*, Palgrave Macmillan 2017, 2. Aufl.; Robert A. Davis und Frank J. O'Hagan: *Robert Owen*, A & C Black 2014, 2. Aufl.

關於湯普生的研究，見：archive.org.。他關於婦女解放的作品，見：Dolores Dooley (Hrsg.): *William Thompson: Appeal of One Half of the Human Race*, Cork University Press 1997.

關於湯普生其生平及其作品，見：Richard Pankhurst: William Thompson, 1775–1833: *Pioneer Socialist*, Pluto Press 1991; Dolores Dooley: *Equality in Community: Sexual Equality in the Writings of William Thompson and Anna Doyle Wheeler*, Cork University Press 1996; Fintan Lane: *William Thompson, Class and His Irish context, 1775–1833*, in: ders. (Hrsg.): *Politics, Society and the Middle Class in*

Modern Ireland, Palgrave Macmillan 2009.

另見：Noel W. Thompson: *The People's Science: The Popular Political Economy of Exploitation and Crisis 1816–34*, Cambridge University Press 1984.

經驗的科學

彌爾全集見：*Collected Works of John Stuart Mill*, 33 Bde., University of Toronto Press, Routledge and Kegan Paul 1963–1991 (vollständig in der Online Library of Liberty)。德語版見：Ulrike Ackermann und Hans Jörg Schmidt (Hrsg.): *John Stuart Mill. Ausgewählte Werke*, 5 Bde., Murmann 2012–2016; Michael S. Aßländer, Dieter Birnbacher und Hans G. Nutzinger (Hrsg.): *John Stuart Mill. Schriften zur Politischen Ökonomie*, 5 Bde., Metropolis 2014–2016; Hubertus Buchstein (Hrsg.): *Liberale Gleichheit. Vermischte politische Schriften*, Akademie Verlag 2013; John Stuart Mill: *Autobiographie*, Meiner 2011.

關於彌爾其生平及其作品，見：Ralph Schumacher: *John StuartMill*, Campus 1994; Jürgen Gaulke: *John Stuart Mill,* Rowohlt 1996; Peter Rinderle: *John Stuart Mill,* C. H. Beck 2000; Erich W. Streissler (Hrsg.): *John Stuart Mill*, Duncker & Humblot 2002; Nicholas Capaldi: *John Stuart Mill: A Biography*, Cambridge University Press 2004; Peter Ulrich und Michael S. Aßländer (Hrsg.): *John Stuart Mill. Der vergessene politische Ökonom und Philosoph*, Haupt 2006; Richard Reeves: *John StuartMill: Victorian Firebrand*, Atlantic Books 2007; Dominique Künzel und Michael Schefczyk: *John Stuart Mill zur Einführung*, Junius 2009; Frauke Höntzsch: *Individuelle Freiheit zum Wohle Aller. Die soziale Dimension des Freiheitsbegriffs im Werk des John Stuart Mill*, VS Verlag 2010; dies.: (Hrsg.): *John Stuart Mill undder sozialliberale Staatsbegriff*, Steiner 2011; Hans G. Nutzingeru. a. (Hrsg.): *Ökonomie Nach-Denken. Zur Aktualität von John Stuart Mill*, Metropolis 2014; Simon Derpmann: *Mill. Einführung und Texte*,

UTB 2014.

托克維爾的主要作品，見：*Über die Demokratie in Amerika*, Reclam1986。另見：*Kleine Politische Schriften,* Akademie Verlag 2006.

關於托克維爾其生平及其作品，見：JacobP. Mayer: *Alexis de Tocqueville. Analytiker des Massenzeitalters* (1954), C. H. Beck, 1972, 3. Aufl.; Karl Pisa: *Alexis de Tocqueville. Prophet des Massenzeitalters. Eine Biographie*, DVA 1984; André Jardin: *Alexis de Tocqueville. Leben und Werk*, Campus1991; Karlfriedrich Herb und Oliver Hidalgo: *Alexis de Tocqueville*, Campus 2005; Hugh Brogan: *Alexis de Tocqueville: Prophet of Democracy in the Age of Revolution*, Profile Books 2006; Harald Bluhm und Skadi Krause (Hrsg.): *Alexis de Tocqueville. Analytiker der Demokratie*, Fink 2016; Skadi Krause: *Eine neuepolitische Wissenschaft für eine neue Welt. Alexis de Tocquevilleim Spiegel seiner Zeit*, Suhrkamp 2017.

唯一真正的共產主義

馬克思恩格斯全集見：*Marx-Engels-Werke* (MEW), 43 Bde., Dietz1956–1990, und *Marx-Engels-Gesamtausgabe* (MEGA), Dietz/Akademie Verlag 1975 ff.

關於馬克思其生平及其作品，見：Jürgen Neffe: *Marx. Der Unvollendete*, C. Bertelsmann 2017。另見：Auguste Cornu: *Karl Marx und Friedrich Engels. Leben und Werk*, 3 Bde., Aufbau 1954–1968; David McLellan: *Karl Marx. Leben und Werk*, Edition Praeger 1974; ders.: *Karl Marx*, Penguin 1976; Francis Wheen: *Karl Marx*, Bertelsmann 2001; Klaus Körner: *Karl Marx*, dtv 2008; Rolf Hosfeld: *Die Geister, die er rief. Eine neue Karl-Marx-Biografie*, Piper 2009; ders.: *Karl Marx in Selbstzeugnissen und Bild-dokumenten*, Rowohlt 2011, 2. Aufl.; Jonathan Sperber: *Karl Marx. Sein Leben und sein Jahrhundert*, C. H. Beck 2013; Gareth Stedman Jones: *Karl Marx. Die Biographie*, S. Fischer 2017; Wilfried Nippel: *Karl Marx*, C. H. Beck 2018.

關於馬克思的文獻不勝枚舉，特別見：Louis Althusser: *Für Marx* (1965), Neuausgabe Suhrkamp 2011; Roman Rosdolsky: *Zur Entstehungsgeschichte des Marxschen »Kapital«*, 3 Bde., Europäische Verlagsanstalt 1973/1974; Wolfdietrich Schmied-Kowarzik: *Die Dialektik der gesellschaftlichen Praxis. Zur Genesis und Kernstruktur der Marxschen Theorie*, Alber 1981; Ernest Mandel: *Entstehung und Entwicklung der ökonomischenLehre von Karl Marx*, Rowohlt 1983; Thomas T. Sekine: *The Dialectic of Capital: A Study of the Inner Logic of Capitalism*, 2 Bde., Brill Academic 2019, 2. Aufl.; Alfred Schmidt: *Der Begriff der Natur in der Lehre von Karl Marx*, Europäische Verlagsanstalt 1993, 4. Aufl.; Iring Fetscher: *Marx*, Herder 1999; Terry Eagleton: *Warum Marx recht hat*, Ullstein 2012（中譯：《散步在華爾街的馬克思》，商周出版，2018）；Michael Quante und David P. Schweikard (Hrsg.): *Marx-Handbuch. Leben – Werk – Wirkung*, J. B. Metzler 2015; Kurt Bayertz: *Interpretieren, um zu verändern. Karl Marx und seine Philosophie*, C. H. Beck 2018.

關於馬克思思想的現代意義，見：Mathias Greffrath (Hrsg.): Re: *Das Kapital Politische Ökonomie im 21. Jahrhundert*, Kunstmann 2017.

關於青年馬克思，特別見：Michael Heinrich: *Karl Marx und die Geburt der modernen Gesellschaft. Biographie und Werkentwicklung*. Bd. 1: 1818–1841, Schmetterling 2018; Jan Gerber: *Karl Marx in Paris. Die Entdeckung des Kommunismus*, Piper 2018.

費爾巴哈的著作，見：Werner Schuffenhauer (Hrsg.): *Ludwig Feuerbach. Gesammelte Werke* (18 Bde. erschienen von 22 Bänden.), De Gruyter 1967 ff.

單行本見：Carlo Ascheri und Erich Thies (Hrsg.): *Ludwig Feuerbach.Vorlesungen über die Geschichte der neueren Philosophie von G. Bruno bis G. W. F. Hegel*, Wissenschaftliche Buchgesellschaft1974; Walter Jaeschke und Werner Schuffenhauer (Hrsg.): *Ludwig Feuerbach, Entwürfe zu einer Neuen Philosophie*, Meiner 1996.

關於費爾巴哈其生平及其作品，見：Werner Schuffenhauer: *Feuerbach und der junge Marx* (1965), Verlag der Wissenschaften 1972, 2. Aufl.; Hans-Jürg Braun: *Die Religionsphilosophie Ludwig Feuerbachs*, Frommann 1972; Alfred Schmidt: *Emanzipatorische Sinnlichkeit. Ludwig Feuerbachs anthropologischer Materialismus*, Hanser 1973; Marx W. Wartofsky: *Feuerbach*, Cambridge University Press 1977; Hans-Martin Sass: *Ludwig Feuerbach in Selbstzeugnissen und Bilddokumenten* (1978), Rowohlt 1994, 2. Aufl.; Hans-Jürg Braun (Hrsg.): *Solidaritätoder Egoismus. Studien zu einer Ethik bei und nach Ludwig Feuerbach*, Akademie Verlag 1994; Walter Jaeschke und FrancescoTomasoni (Hrsg.): *Ludwig Feuerbach und die Geschichte der Philosophie*, Akademie Verlag 1998; Christine Weckwerth: *Ludwig Feuerbach zur Einführung*, Junius 2002; Josef Winiger: *Ludwig Feuerbach, Denker der Menschlichkeit*, Lambert Schneider2011; Francesco Tomasoni: *Ludwig Feuerbach. Entstehung, Entwicklung und Bedeutung seines Werks*, Waxmann 2015.

關於其歷史背景，見：Klaus von Beyme: *Politische Theorien im Zeitalter der Ideologien*, Westdeutscher Verlag 2002.

關於共產主義的觀念史，見：（儘管有許多輕浮俚語）Gerd Koenen: *Die Farbe Rot. Ursprünge und Geschichte des Kommunismus*, C. H. Beck 2017; Patrick Eiden-Offe: *Die Poesie der Klasse. Romantischer Antikapitalismus und die Erfindung des Proletariats*, Matthes & Seitz 2017.

關於十九世紀中期聖西門主義的事件，見：Pamela M. Pilbeam: *Saint-Simonians in Nineteenth-Century France: From Free Love to Algeria*, Springer 2014.

關於卡貝，見：Jules Prudhommeaux: *Icarie et son fondateur Ètienne Cabet* (1907), Neudruck Slatkine-Megariotis Reprints 1977.

為了生存的階級鬥爭

關於彌爾和馬克思，見前揭文獻。

關於達爾文如何沿襲亞當・斯密，見：Stephen Jay Gould: *Darwins Mittelweg*, in: ders.: *Der Daumen des Panda*, Birkhäuser 1987, S. 61–71; Scott Gordon: *Darwin and Political Economy:The Connection Reconsidered*, in: *Journal of the History of Biology*, Bd. 22, Nr. 3, 1989, S. 437–459。Herbert Spencer, *Systemof Synthetic Philosophy,* http://praxeology.net/HS-SP.htm.

關於史賓塞其生平及其作品，見：David Duncan: *The Life and Letters of Herbert Spencer* (1909), 2 Bde., Neudruck University Press of the Pacific 2002; Ronald F. Cooney: *Herbert Spencer: Apostle of Liberty*, Freeman 1973; Jonathan H. Turner: *Herbert Spencer: A Renewed Appreciation*, Sage Publications 1985; John Offer: *Herbert Spencer: Critical Assessments*, Routledge 2004; Mark Francis: *Herbert Spencerand the Invention of Modern Life*, Acumen Publishing 2007.

關於哲學如何應用生物學模型，見：Ute Deichmann: *Darwinism, Philosophy, and Experimental Biology*, Springer 2010.

巴枯寧的著作見：Wolfgang Eckhardt (Hrsg.): *Ausgewählte Schriften*, Bd. 1–6（計劃出版十二冊）, Karin Kramer Verlag 1995–2011。法文版比較完整：*Bakounine: Œuvres complètes* (CD-ROM), Edita-KNAW 2000.

另見：Wolfgang Eckhardt (Hrsg.): *Michail Bakunin. Die revolutionäre Frage. Föderalismus, Sozialismus, Antitheologismus*, Unrast 2005.

關於巴枯寧其生平及其作品，見：Justus Franz Wittkop: *Michail A. Bakunin in Selbstzeugnissen und Bilddokumenten*, Rowohlt 1974; Fritz Brupbacher: *Michael Bakunin. Der Satan der Revolte*, Libertad 1979; Wim van Dooren: *Bakunin zur Einführung*, Junius 1985; Madeleine Grawitz: *Bakunin. Ein Leben für die Freiheit*, Edition Nautilus 1999; Wolfgang Eckhardt: *Von der Dresdner Mairevolution zur*

ErstenInternationale. Untersuchungen zu Leben und Werk Michail Bakunins, Edition AV 2005; ders.: Bakunin vs. Marx. Russland undandere Konfliktthemen in der Internationalen Arbeiterassoziation, in: *Beiträge zur Marx-Engels-Forschung*, Neue Folge 2012, Argument 2014; Michael Lausberg: *Bakunins Philosophie deskollektiven Anarchismus*, Unrast 2008.

哲學要做什麼？

關於唯物論以及不可知論的論戰，見：Kurt Bayertz, Walter Jaeschkeund Myriam Gerhard (Hrsg.): *Der Darwinismus-Streit, DerMaterialismus-Streit, Der Ignorabimus-Streit*, 3 Bde., Meiner 2012.

另見：Frederick Gregory: *Scientific Materialismin Nineteenth Century Germany*, Reidel 1977; Annette Wittkau-Horgby: *Materialismus. Entstehung und Wirkung in den Wissenschaften des 19. Jahrhunderts*, Vandenhoeck & Ruprecht 1998; Andreas Arndt und Walter Jaeschke (Hrsg.): *Materialismus und Spiritualismus. Philosophie und Wissenschaften nach 1848, Meiner 2000*; Steffen Haßlauer: *Polemik und Argumentation in der Wissenschaft des 19. Jahrhunderts. Eine pragmalinguistische Untersuchung der Auseinandersetzung zwischen Carl Vogt und Rudolph Wagner um die »Seele«*, De Gruyter 2010.

關於哈特曼的無意識哲學，見：*Die Philosophie des Unbewussten*, Create Space 2014。另見網站：zeno.org.。

關於哈特曼其生平及其作品，見：Jean-Claude Wolf: *Eduard von Hartmann. Ein Philosoph der Gründerzeit*, Königshausen & Neumann; ders. (Hrsg.): *Eduard von Hartmann. Zeitgenosse und Gegenspieler Nietzsches*, Königshausen & Neumann 2006.

特蘭德倫堡的《邏輯研究》（*Die Logischen Untersuchungen*）見 Google Books。

關於特蘭德倫堡其生平及其作品，見：Gerald Hartung und Klaus Christian Köhnke (Hrsg.): *Friedrich Adolf Trendelenburgs Wirkung*. Eutiner Landesbibliothek 2006; Frederick C. Beiser: *Late German Idealism: Trendelenburgand Lotze*, Oxford University Press 2013.

關於洛策的微觀宇宙，見：Nikolay Milkov (Hrsg.): *Hermann Rudol fLotze. Mikrokosmos. Ideen zur Naturgeschichte und Geschichteder Menschheit*, 3 Bde., Meiner 2017; Gottfried Gabriel (Hrsg.): *Hermann Lotze. Logik. Erstes Buch. Vom Denken*, Meiner 1989; ders. (Hrsg.): *Hermann Lotze. Logik. Drittes Buch. Vom Erkennen*, Meiner 1989.

關於洛策其生平及其作品，見：Reinhardt Pester: *Hermann Lotze. Wege seines Denkens und Forschens. Ein Kapitel deutscher Philosophie- und Wissenschaftsgeschichte im 19. Jahrhundert*, Königshausen & Neumann 1997; Florian Baab: *Die kleine Welt. Hermann Lotzes Mikrokosmos: Die Anfänge der Philosophie des Geistes im Kontext des Materialismusstreits*, Meiner 2018。

狄爾泰的著作，見：*Gesammelte Schriften* (GS), 26 Bde., Vandenhoeck & Ruprecht 1957–2006。網路可見於：*Einleitung in die Geisteswissenschaften. Versuch einer Grundlegung für das Studium der Gesellschaft und der Geschichte*, Bd. 1. (1883) auf Digitalisat.

關於狄爾泰其生平及其作品，見：Hans-Ulrich Lessing: *Die Idee einer Kritik der historischen Vernunft. Wilhelm Diltheys erkenntnistheoretisch-logisch-methodologische Grundlegung der Geisteswissenschaften*, Alber 1984; ders.: *Wilhelm Dilthey. Eine Einführung*, UTB 2011; ders. und Frithjof Rodi (Hrsg.): *Materialien zur Philosophie Wilhelm Diltheys*, Suhrkamp 1983; Matthias Jung: *Dilthey zur Einführung* (1996), Junius 2014, 2. Aufl.; Rudolf A. Makkreel: *Dilthey. Philosoph der Geisteswissenschaften*, Suhrkamp 2002; Frithjof Rodi und Gudrun Kühne-Bertram

(Hrsg.): *Dilthey und die hermeneutische Wende in der Philosophie*, Vandenhoeck & Ruprecht 2008; Frithjof Rodi: *Diltheys Philosophiedes Lebenszusammenhangs. Strukturtheorie – Hermeneutik – Anthropologie*, Alber 2016; Giuseppe D'Anna, Helmut Johachund Eric S. Nelson (Hrsg.): *Anthropologie und Geschichte. Studien zu Wilhelm Dilthey aus Anlass seines 100. Todestages*, Königshausen & Neumann 2013; Gunter Scholtz (Hrsg.): *Diltheys Werk und die Wissenschaften. Neue Aspekte*, Vandenhoeck &Ruprecht 2013; Eric S. Nelson (Hrsg.): *Interpreting Dilthey: Critical Essays*, Cambridge University Press 2019.

回到康德！

朗格的主要著作，見：*Geschichte des Materialismus*, Zenodot 2011.

柯亨的作品，見：*Werke*, Olms 1977 ff.

關於新康德主義，見：Klaus Christian Köhnke: *Entstehungund Aufstieg des Neukantianismus. Die deutsche Universitätsphilosophie zwischen Idealismus und Positivismus*, Suhrkamp 1986.

另見：Hans-Ludwig Ollig: *Der Neukantianismus*, J. P. Metzler 1979; Werner Flach und Helmut Holzhey: *Erkenntnistheorie und Logik im Neukantianismus*, Gerstenberg 1979; Ferdinand Fellmann (Hrsg.): *Geschichte der Philosophie im 19. Jahrhundert*, Rowohlt 1996; Manfred Pascher: *Einführungin den Neukantianismus. Kontext, Grundpositionen, praktische Philosophie*, Fink 1997; Marion Heinz und Christian Krijnen (Hrsg.): *Kant im Neukantianismus. Fortschritt oder Rückschritt? Studien und Materialien zum Neukantianismus*, Königshausen & Neumann 2007; Nicolas de Warren und Andrea Staiti (Hrsg.): *New Approaches to Neo-Kantianism*, Cambridge University Press 2015.

關於馬堡學派，見：Helmut Holzhey: *Cohen und Natorp*, 2 Bde., Schwabe 1986;

Geert Edel: *Von der Vernunftkritik zur Erkenntnislogik. Die Entwicklung der theoretischen Philosophie Hermann Cohens* (1988), Neuauflage Edition Gorz 2010; Ulrich Sieg: *Aufstieg und Niedergang des Marburger Neukantianismus. Die Geschichte einer philosophischen Schulgemeinschaft*, Königshausen & Neumann 1994; Wolfgang Marx und Ernst Wolfgang Orth (Hrsg.): *Hermann Cohen und die Erkenntnistheorie*, Königshausen & Neumann 2001; Frederick C. Beiser: *Hermann Cohen: An Intellectual Biography*, Oxford University Press 2018.

關於西南學派，見：Eike Bohlken: *Grundlage einer interkulturellen Ethik. Perspektiven der transzendentalen Kulturphilosophie Heinrich Rickerts*, Königshausen & Neumann 2000; Christian Krijnen: *Nachmetaphysischer Sinn. Eine problemgeschichtliche und systematische Studie zu den Prinzipien der Wertphilosophie Heinrich Rickerts*, Königshausen & Neumann 2001; Anna Donise, Antonello Giugliano und Edoardo Massimilla (Hrsg.): *Methodologie, Erkenntnistheorie, Wertphilosophie. Heinrich Rickert und seine Zeit*, Königshausen & Neumann 2016.

世紀之交的哲學

生命的意義

尼采全集主要版本見：Giorgio Colli und Mazzino Montinari (Hrsg.): *Friedrich Nietzsche. Werke, Kritische Gesamtausgabe* (KGW), De Gruyter 1967ff.; dies. (Hrsg.): *Friedrich Nietzsche. Briefe, Kritische Gesamtausgabe* (KGB), De Gruyter 1975–2004; dies. (Hrsg.): *Friedrich Nietzsche. Sämtliche Werke, Kritische Studienausgabe in 15 Bänden* (KSA), De Gruyter 2009, 3. Aufl.; dies. (Hrsg.): *Friedrich Nietzsche. Sämtliche Briefe, Kritische Studienausgabe* (KSB), De Gruyter 1986.

關於尼采生平，見：Ivo Frenzel: *Friedrich Nietzsche in Selbstzeugnissen und*

Bilddokumenten, Rowohlt 2000, 7. Aufl.; Curt Paul Janz: *Friedrich Nietzsche. Biographie*, 3 Bde., Hanser 1978/1979; Werner Ross: *Der ängstliche Adler.Friedrich Nietzsches Leben*, DVA 1980; ders.: *Der wilde Nietzsche oder Die Rückkehr des Dionysos*, DVA 1994; Hermann Josef Schmidt: *Nietzsche absconditus oder Spurenlesen bei Nietzsche*, 4 Bde., IBDK 1991–1994; Rüdiger Safranski: *Nietzsche. Biographie seines Denkens*, Hanser 2000; Henning Ottmann (Hrsg.): *Nietzsche-Handbuch: Leben – Werk – Wirkung*, J. P. Metzler 2000; Sabine Appel: *Friedrich Nietzsche. Wanderer und freier Geist. Eine Biographie*, C. H. Beck 2011; Daniel Blue: *The Making of Friedrich Nietzsche: The Quest for Identity, 1844–1869*, Cambridge University Press 2016.

關於尼采的作品，見：Eugen Fink: *Nietzsches Philosophie*, Kohlhammer 1960; Wolfgang Müller-Lauter: *Nietzsche. Seine Philosophie der Gegensätze und die Gegensätze seiner Philosophie*, De Gruyter 1971; Walter Arnold Kaufmann: *Nietzsche: Philosoph – Psychologe – Antichrist*, Wissenschaftliche Buchgesellschaft 1988; Maudemarie Clark: *Nietzsche on Truth and Philosophy*, Cambridge University Press1990; Mazzino Montinari: *Friedrich Nietzsche. Eine Einführung*, De Gruyter 1991; Gianni Vattimo: *Nietzsche. Eine Einführung*, J. P. Metzler 1992; Volker Gerhardt: *Friedrich Nietzsche* (1992), C. H. Beck 2006, 4. Aufl.; Günter Abel: *Nietzsche. Die Dynamik der Willen zur Macht und die ewige Wiederkehr*, De Gruyter 1998, 2. Aufl.; Günter Figal: *Nietzsche. Eine philosophische Einführung*, Reclam 1999; Werner Stegmaier: *Friedrich Nietzschezur Einführung*, Junius 2011; Barbara Neymeyr und Andreas Urs Sommer (Hrsg.): N*ietzsche als Philosoph der Moderne*, Universitätsverlag Winter 2012; Manuel Knoll und Barry Stocker (Hrsg.): *Nietzsche as Political Philosopher*, De Gruyter 2014.

演化和倫理

克魯泡特金的著作，見：*Landwirtschaft, Industrie und Handwerk*, Karin Kramer Verlag 1976; ders.: *Die Eroberung des Brotes*, Edition Anares 1989; ders.: *Gegenseitige Hilfe in der Tier- und Menschenwelt*, Trotzdem 1993; ders.: *Die Große Französische Revolution 1789–1793*, Trotzdem 1999; ders.: *Memoiren eines Revolutionärs*, 2 Bde., Unrast 2002; ders.: *Ethik. Ursprung und Entwicklung der Sitten (unvollendet)*, Alibri 2012。網路可見：*Diehistorische Rolle des Staates*, Adolf Grunau 1898 (Digitalisat); ders.: *Anarchistische Moral*, Freie Jugend 1922 (Digitalisat).

關於克魯泡特金其生平及其作品，見：George Woodcock undIvan Avakumovic: *The Anarchist Prince*, T. V. Boardman & Co.1950; Heinz Hug: *Kropotkin zur Einführung*, Junius 1989; Alexander Bolz (Hrsg.): *Pjotr Alexejewitsch Kropotkin. Ein autobiographisches Portrait 1842–1921*, AL.BE.CH.-Verlag 2003; Justin Winkle (Hrsg.): *Kropotkin, Petr Alexseyevich: The Concise New Makers of Modern Culture*, Taylor & Francis 2009; Michael Lausberg: *Kropotkins Philosophie des kommunistischen Anarchismus*, Unrast 2016.

關於演化論的詮釋，見：Daniel Philip Todes: *Darwin Without Malthus: TheStruggle for Existence in Russian Evolutionary Thought*, Oxford University Press 1989.

關於無政府主義，見：Max Nettlau: *Geschichte der Anarchie*, 9 Bde. (1927), Neudruck: Bibliothek Thélème 1993; Peter Marshall: *Demanding the Impossible: A History of Anarchism*, PM Press 2009.

關於自然規律性、辯證歷史哲學和社會主義倫理學的討論，見：Helmut Holzhey (Hrsg.): *Ethischer Sozialismus. Zur politischen Philosophie des Neukantianismus*, Suhrkamp 1994. *Die Ethik des reinen Willens*，見：Hermann Cohen: *Werke*, Bd. 7. (2. Aufl. 1907), (Neudruck) Olms 2012。

威斯特馬克的《道德觀念的起源和發展》（*The Origin and Development of the Moral Ideast*），見：archive.org.

關於威斯特馬克其生平及其作品，見：Juhani Ihanus: Multiple Origins: *Edward Westermarck in Search of Mankind*, Lang 1999.

我是誰

馬赫的重要著作，見網路：*Die Geschichte und die Wurzel des Satzes der Erhaltungder Arbeit* (1872), Princeton, e-rara.ch.。在 archive.org. 可見：*Grundlinien der Lehre von den Bewegungsempfindungen* (1875); ders.: *Die Mechanik in ihrer Entwickelung historisch-kritisch dargestellt* (1883); ders.: *Beiträge zurAnalyse der Empfindungen* (1886); ders.: *Die Analyse der Empfindungen und das Verhältniss des Physischen zum Psychischen* (1900); ders.: *Populär-wissenschaftliche Vorlesungen* (1896); ders.: *Die Principien der Wärmelehre. Historisch-kritisch entwickelt* (1896); ders.: *Erkenntnis und Irrtum. Skizzen zur Psychologie der Forschung* (1905); ders.: *Die Prinzipien der physikalischen Optik. Historisch und erkenntnispsychologisch entwickelt* (1921).

關於馬赫其生平及其作品，見：John T. Blackmore: *Ernst Mach: His Life, Work, and Influence*, University of California Press 1972; John T. Blackmore und Klaus Hentschel (Hrsg.): *Ernst Mach als Außenseiter. Machs Briefwechsel über Philosophie und Relativitätstheorie mit Persönlichkeiten seiner Zeit. Auszug aus dem letzten Notizbuch von Ernst Mach*, Braumüller 1985; John T. Blackmore (Hrsg.): *Ernst Mach a Deeper Look*, Kluwer Academic Publishers 1992: Rudolf Haller und Friedrich Stadler (Hrsg.): *Ernst Mach. Werk und Wirkung*. Hölder-Pichler-Tempsky 1988; Erik C. Banks: *Ernst Mach's World Elements: A Study in Natural Philosophy*, Springer 2003; Jiří Procházka: *Ernst Mach. 1838–1916. Genealogie*, 2 Bde., Item 2007–2009; ders.: *Ernst*

Mach. 1838–1916. Curriculum vitae, Item 2014.

關於「自我」的刪除，見：Ulrich Schmitz: *Das problematische Ich. Machs Egologie im Vergleich zu Husserl*, Königshausen & Neumann 2004.

關於「維也納現代派」（Wiener Moderne）的哲學，見：Anna-Katharina Gisbertz: *Stimmung – Leib – Sprache. Eine Konfiguration in der Wiener Moderne*, Fink 2009.

關於列寧對馬赫的批評，見：*Materialismus und Empiriokritizismus*, in: ders.: *Werke*, Bd. 14, Dietz 1956–1972 (als PDF online).

穆齊爾關於馬赫的論文，見：*Beitragzur Beurteilung der Lehren Machs und Studien zur Technik und Psychotechnik*, Rowohlt 1980.

阿芬那留斯的著作，可見於網站：archive.org.: ders.: *Philosophie als Denkender Welt gemäß dem Prinzip des kleinsten Kraftmaßes. Prolegomena zu einer Kritik der reinen Erfahrung* (1876); ders.: *Kritikder reinen Erfahrung*, 2 Bde. (1888/1890); ders.: *Der menschliche Weltbegriff* (1891)。另見：Hermann Schmitz (Hrsg.): *Richard Avenarius. Der menschliche Weltbegriff*, Xenomoi 2014.

關於阿芬那留斯其生平及其作品，見：Oskar Ewald: *Richard Avenarius als Begründer des Empiriokritizismus* (1905), (archive.org.); Arnold William Friedrich Carstanjen: *Richard Avenarius and His General Theory of Knowledge*, Create Space (Perfect Library) 2015.

馮德的著作，見：*Grundriss der Psychologie*, e-artnow 2017; ders.: *System der Philosophie*, Adamant 2001; ders.: *Erlebtes und Erkanntes*, Create Space 2013；網路可見：*Grundzüge der physiologischen Psychologie* (1873) bei der UB Regensburg.

關於馮德其生平及其作品，見：Alfred Arnold: *Wilhelm Wundt. Sein philosophisches System*, Akademie Verlag 1980; Wolfgang G. Bringmann und Ryan D. Tweney (Hrsg.): *Wundt Studies*, Hogrefe 1980; Georg Lamberti: *Wilhelm Maximilian*

Wundt (1832–1920): Leben, Werk und Persönlichkeit in Bildern und Texten, Deutscher Psychologen Verlag 1995; Robert W. Rieber und David K. Robinson (Hrsg.): *Wilhelm Wundt in History: The Making of a Scientific Psychology*, Kluwer-Academic 2001, 2. Aufl.; Maximilian Wontorra, Annerose Meischner-Metge und Erich Schröger (Hrsg.): *Wilhelm Wundt (1832–1920) und die Anfänge der experimentellen Psychologie*, Universität Leipzig 2004; Gerd Jüttemann (Hrsg.): *Wilhelm Wundts anderes Erbe. Ein Missverständnis löst sich auf*, Vandenhoeck & Ruprecht 2006; Saulo de Freitas Araujo: *Wundt and the Philosophical Foundations of Psychology: A Reappraisal*, Springer 2016; Jochen Fahrenberg: *Wilhelm Wundt (1832–1920). Gesamtwerk: Einführung, Zitate, Rezeption, Kommentare, Rekonstruktionsversuche*, Pabst Science Publishers 2018; Oswald Passkönig: *Die Psychologie Wilhelm Wundt; Zusammenfassende Darstellung der Individual-, Tier- und Völkerpsychologie*, Wentworth 2018.

布倫塔諾的心理學代表作，見：Oskar Kraus (Hrsg.): *Franz Brentano. Psychologie vom empirischen Standpunkt*, 3 Bde., Meiner 1971–1974, 2. Aufl.; Roderick M. Chisholm und Wilhelm Baumgartner (Hrsg.): *Franz Brentano. Deskriptive Psychologie*, Meiner 1982。另見：Roderick M.Chisholm und Reinhard Fabian (Hrsg.): *Franz Brentano. Untersuchungen zur Sinnesphysiologie*, Meiner 1979, 2. Aufl.

關於布倫塔諾的進一步文獻，見：Wilhelm Baumgartner und Andrea Reimherr (Hrsg.): *Brentano Studien*, Röll 1988ff. (bisher 15 Bde. erschienen).

李普斯的作品集，見：Faustino Fabbianelli (Hrsg.): *Theodor Lipps. Schriften zur Psychologie und Erkenntnistheorie*, 4 Bde., Ergon 2013.

胡賽爾的作品，見：Husserliana: *Edmund Husserl.Gesammelte Werke* (bisher 42 Bde.), Nijhoff/Springer 1950/2008ff; Verena Mayer (Hrsg.): *Edmund Husserl. Logische Untersuchungen*, Akademie Verlag 2008.

關於胡賽爾其生平及其早期作品，見：Karl Schuhmann: *Husserl-Chronik,*

Number I in Husserliana Dokumente, Nijhoff 1977; Rudolf Bernet, Iso Kern und Eduard Marbach: *Edmund Husserl. Darstellung seines Denkens*, Meiner 1989; Barry Smith und David Woodruff Smith (Hrsg.): *The Cambridge Companion to Husserl*, Cambridge University Press 1995; David Woodruff Smith: *Husserl*, Abingdon 2007; Peter Prechtl: *Edmund Husserl zur Einführung*, Junius 2012, 5. Aufl.; Verena Mayer: *Edmund Husserl*, C. H. Beck 2009; Javier Yusef Álvarez-Vázquez: *Frühentwicklungsgeschichte der phänomenologischen Reduktion. Untersuchungen zur erkenntnistheoretischen Phänomenologie Edmund Husserls*, Frei Dok 2010.

佛洛伊德作品集，見：Anna Freud (Hrsg.): *Sigmund Freud. Gesammelte Werke. Chronologisch geordnet*, 17Bde., *ein Registerband* (Bd. 18)；*Nachträgen* (Bd. 19), S. Fischer 1999.

關於佛洛伊德，見：Ernest Jones: *Sigmund Freud. Leben und Werk*, 3 Bde., dtv 1984; Hans-Martin Lohmann: *Sigmund Freud*, Rowohlt 2006; Peter-André Alt: *Sigmund Freud. Der Arzt der Moderne. Eine Biographie*, C. H. Beck 2016; Andreas Mayer: *Sigmund Freud zur Einführung*, Junius 2017; Joel Whitebook: *Freud. Sein Leben und Denken*, Klett-Cotta 2018.

追求明晰性

皮爾斯的作品，見：*Collected Papers of Charles Sanders Peirce*, Bd. I–VI, 1931–1935; Bd.VII–VIII 1958, Harvard University Press 1931–1958 (https://colorysemiotica.files.wordpress.com/2014/08/peirce-collectedpapers.pdf); Karl-Otto Apel (Hrsg.): *Charles S. Peirce. Schriften zum Pragmatismus und Pragmatizismus*, Suhrkamp 1976 (enthält: *Zur Entstehung des Pragmatismus und Vom Pragmatismus zum Pragmatizismus*); KlausOehler (Hrsg.): *Charles S. Peirce. Über die Klarheit unserer Gedanken*, Klostermann 2018; Elisabeth Walther-Bense (Hrsg.): *Die Festigung der*

Überzeugung und andere Schriften, agis 1986; dies. (Hrsg.): *Charles Sanders Peirce. Vorlesungen über Pragmatismus*, Meiner 1991; Helmut Pape (Hrsg.): *Charles S. Peirce. Phänomenund Logik der Zeichen*, Suhrkamp 1993; ders. (Hrsg.): *Charles S. Peirce. Naturordnung und Zeichenprozeß. Schriften über Semiotik und Naturphilosophie*, Suhrkamp 1998; Hermann Deuser (Hrsg.): *Charles Sanders Peirce. Religionsphilosophische Schriften*, Meiner 1995; Christian Kloesel und Helmut Pape (Hrsg.): *Charles S. Peirce. Semiotische Schriften*, 3 Bde., Suhrkamp 2000; Kenneth Laine Ketner (Hrsg.): *Charles S. Peirce. Das Denkenund die Logik des Universums. Die Vorlesungen der Cambridge Conferences von 1898. Mit einem Anhang* unveröffentlichte Manuskripte, Suhrkamp 2002.

關於皮爾斯其生平及其作品，見：Karl-Otto Apel: *Der Denkweg von Charles Sanders Peirce. Eine Einführung in den amerikanischen Pragmatismus*, Suhrkamp 1975; Elisabeth Walther: *Charles Sanders Peirce. Leben und Werk*, agis 1989; Ludwig Nagl: *Charles Sanders Peirce*, Campus1992; Klaus Oehler: *Charles Sanders Peirce*, C. H. Beck 1993; Joseph Brent: *Charles Sanders Peirce: A Life*, Indiana University Press 1998; Helmut Pape: *Charles S. Peirce zur Einführung*, Junius 2004; Farid Lighvani: *Die Bedeutung von Charles Sanders Peirce für den amerikanischen Pragmatismus*, Kovac 2007.

關於「形上學俱樂部」，見：Louis Menand: *The Metaphysical Club*, Farrar, Straus and Giroux 2001；關於皮爾斯的範疇，見：Ulrich Baltzer: *Erkenntnis als Relationengeflecht. Kategorien bei Charles S. Peirce*, Schöningh 1994.

關於邏輯，見：Ansgar Richter: *Der Begriff der Abduktion bei Charles S. Peirce*, Lang 1995; Friedrich Kuhn: *Ein anderes Bild des Pragmatismus. Wahrscheinlichkeitstheorie und Begründung der Induktionals maßgebliche Einflußgrößen in den »Illustrations of the Logic of Science« von Charles Sanders*

Peirce, Klostermann 1996; Ralf Müller: *Die dynamische Logik des Erkennens bei CharlesS. Peirce*, Königshausen & Neumann 1999.

關於皮爾斯作品裡的演化思想，見：Carl R. Hausman: *Charles S. Peirce's Evolutionary Philosophy*, Cambridge University Press 1993；關於記號學，見：Gerhard Schönrich: *Zeichenhandeln. Untersuchungen zum Begriff einer semiotischen Vernunft im Ausgangvon Ch. S. Peirce*, Suhrkamp 1990; James Jakób Liszka: *A General Introduction to the Semeiotic of Charles Sanders Peirce*, Indiana University Press 1996; Uwe Wirth (Hrsg.): *Die Welt als Zeichen und Hypothese. Perspektiven des semiotischen Pragmatismus von Charles S. Peirce*, Suhrkamp 2000; Stefan Kappner: *Intentionalität aus semiotischer Sicht. Peirceanische Perspektiven*, De Gruyter 2004.

生命是在解決問題

威廉・詹姆士的作品，見：*The Works of William James*, 17 Bde., Harvard University Press 1975–1988; *Der Pragmatismus*, Meiner 1994; ders.: *Die Vielfalt religiöser Erfahrung. Eine Studie über die menschliche Natur*, Insel 1997; ders.: *Der Wille zum Glauben und andere philosophische Essays von William James*, Frommann 1999; ders.: *Pragmatismus. Ein neuer Name für einige alte Denkweisen*, Wissenschaftliche Buchgesellschaft 2001, 2. Aufl.; ders.: *Der Wille zum Glauben*, in: Ekkehard Martens (Hrsg.): *Philosophiedes Pragmatismus. Ausgewählte Texte*, Reclam 2002; ders.: *Pragmatismus und radikaler Empirismus*, Suhrkamp 2006; ders.: *Das pluralistische Universum. Vorlesungen über die gegenwärtige Lage der Philosophie*, Wissenschaftliche Buchgesellschaft 2009; ders.: *Der Sinn des Lebens. Ausgewählte Texte*, Wissenschaftliche Buchgesellschaft 2010; *Psychologie* (gleichsatz.de.)

關於威廉・詹姆士其生平及其作品，見：JohannesLinschoten: *Auf dem Wege zu einer Phänomenologischen Psychologie. Die Psychologie von William James*, De

Gruyter 1961; Robert B. MacLeod: *William James: Unfinished Business*, American Psychological Association 1969; Gerald E. Myers: *William James, His Life and Thought*, Yale University Press 1986; Rainer Diaz-Bone und Klaus Schubert: *William James zur Einführung, Junius 1996; Richard M. Gale: The Divided Self of William James*, Cambridge University Press 1999; Helmut Pape: *Der dramatische Reichtum der konkreten Welt. Der Ursprung des Pragmatismus im Denken von Charles S. Peirce und William James*, Velbrück Wissenschaft 2002; Felicitas Krämer: *Erfahrungsvielfalt und Wirklichkeit. Zu William James' Realitätsverständnis*, Vandenhoeck & Ruprecht 2006; Deborah Blum: *Ghost Hunters: William James and the Search for Scientific Proof of Life*, Penguin 2007; Katja Thörner: *William James' Konzept eines vernünftigen Glaubens auf der Grundlage religiöser Erfahrung*, Kohlhammer 2011.

席勒《獅面人身像之謎》（*Riddles of the Sphinx: A Study in the Philosophy of Evolution*），見：archive.org.

關於席勒其生平及其作品，見：Mark J. Porrovecchio: *F. C. S. Schiller and the Dawn of Pragmatism: The Rhetoric of a Philosophical Rebel*, Lexington Books 2011; Guido Karl Tamponi: *Homo hominisummum bonum. Der zweifache Humanismus des F. C. S. Schiller*, Lang 2016.

關於查爾斯・庫利，見：Lewis A. Coser: *Masters of Sociological Thought: Ideas in Historical and Social Context*, Harcourt Brace Jovanovich 1971; Rainer Schützeichel: *Cooley, Mead und die symbolische Interaktion*, in ders.: *Soziologische Kommunikationstheorien*, UTB 2016, 2. Aufl.; Doug Mann: *Understanding Society: A Survey of Modern Social Theory*, Oxford University Press 2008.

米德的作品，見：https://brocku.ca/Mead-Project; ders.: *Geist, Identität und Gesellschaft aus der Sicht des Sozialbehaviorismus*, Suhrkamp 1968; Anselm Strauss (Hrsg.): *George Herbert Mead. Sozialpsychologie*, Luchterhand 1969; Hansfried Kellner

(Hrsg.): *G. H. Mead. Philosophie der Sozialität. Aufsätze zur Erkenntnisanthropologie*, Suhrkamp 1969; George Herbert Mead: *Gesammelte Aufsätze*, 2 Bde., Suhrkamp 1980–1983.

關於米德其人及其作品，見：Hans Joas: *Praktische Intersubjektivität. Die Entwicklung des Werkes von George Herbert Mead* (1989), Suhrkamp 2000, 2. Aufl.; Harald Wenzel: *George Herbert Mead zur Einführung*, Junius 1990; Filipe Carreira Da Silva: *G. H. Mead:A Critical Introduction*, Polity 2007.

對於早期杜威的探討，見：John Dewey: *Demokratie und Erziehung. Eine Einleitung in diephilosophische Pädagogik* (1930), Neudruck Beltz 2000; ders.: *Pädagogische Aufsätze und Abhandlungen* (1900–1944), Pestalozzianum 2002; ders.: *Liberalismus und gesellschaftliches Handeln. Gesammelte Aufsätze 1888 bis 1937*, Mohr Siebeck 2010.

關於杜威其人及其作品，見：George Dykhuizen: *The Life and Mind of John Dewey*, Southern Illinois University Press 1974; Hans Joas (Hrsg.): *Philosophie der Demokratie. Beiträge zum Werk von John Dewey*, Suhrkamp 2000; Martin Suhr: *John Dewey zur Einführung*, Junius 2005; Heidi Salaverría: *Spielräume des Selbst. Pragmatismus und kreatives Handeln*, Akademie Verlag 2007.

關於杜威的教育學，見：William Harmsund Ida DePencier: *Experiencing Education: 100 Years of Learning at the University of Chicago Laboratory Schools*, University of Chicago Press 1996; Fritz Bohnsack: *John Dewey. Ein pädagogisches Porträt*, Beltz (UTB) 2005; Jürgen Oelkers: *John Dewey und die Pädagogik*, Beltz 2009; Franz-Michael Konrad und Michael Knoll (Hrsg.): *John Dewey als Pädagoge. Erziehung –Schule – Unterricht*, Klinkhardt 2018.

個人和社會

齊美爾的完整作品集，見：Otthein Rammstedt (Hrsg.): *Georg Simmel. Gesamtausgabe in 24 Bänden* (GA), Suhrkamp 1989–2016.

關於齊美爾其生平及其作品，見：Otthein Rammstedt (Hrsg.): *Simmel und die frühen Soziologen. Nähe und Distanz zu Durkheim, Tönnies und Max Weber*,Suhrkamp 1988; Werner Jung: *Georg Simmel zur Einführung*, Junius 1990; Paschen von Flotow: *Geld, Wirtschaft und Gesellschaft. Georg Simmels Philosophie des Geldes*, Suhrkamp 1995; Klaus Christian Köhnke: *Der junge Simmel in Theoriebeziehungen und sozialen Bewegungen*, Suhrkamp 1996; Klaus Lichtblau: *Georg Simmel*, Campus 1997; Birgitta Nedelmann: *Georg Simmel* (1858–1918), in: Dirk Kaesler (Hrsg.): *Klassiker der Soziologie*, Bd. 1, C.H. Beck 2012, 6. Aufl.; Horst Jürgen Helle: *Georg Simmel: Introduction to His Theory and Method/GeorgSimmel. Einführung in seine Theorie und Methode*, De Gruyter Oldenbourg 2001; Matthias Junge: *Georg Simmel kompakt*, transcript 2009; Hans-Peter Müller und Tilman Reitz (Hrsg.): *Simmel-Handbuch. Begriffe, Hauptwerke, Aktualität*, Suhrkamp 2019.

關於涂爾幹客居德國的回顧，見網路：*La science positive de la moraleen Allemagne*, in: *Revue internationale de l'enseignement 24* (1887), (classiques.uqac.ca/classiques/Durkheim_emile/textes_1)；關於分工的代表作，見：*Über soziale Arbeitsteilung. Studie über die Organisation höherer Gesellschaften*, Suhrkamp 1988, 2. Aufl；關於社會學方法論的作品，見：*Die Regeln der soziologischen Methode*, Luchterhand 2011, 7. Aufl.；關於自殺的作品，見：*Der Selbstmord*, Luchterhand 1973；關於宗教社會學的作品，見：*Die elementaren Formen des religiösen Lebens*, Suhrkamp 1981.

關於涂爾幹其生平及其作品，見：René König: *Émile Durkheim zur Diskussion. Jenseits von Dogmatismus und Skepsis*, Hanser 1976; Steven Lukes: *Émile Durkheim:*

His Life and Work. A historical and CriticalStudy, Stanford University Press 1990; Hans-Peter Müller: *Émile Durkheim, in: Dirk Kaesler (Hrsg.): Klassiker der Soziologie*, Bd. 1, C. H. Beck 2012, 6. Aufl.; Tanja Bogusz und Heike Delitz (Hrsg.): *Émile Durkheim. Soziologie – Ethnologie – Philosophie*, Campus 2013; Heike Delitz: *Émile Durkheim zur Einführung*, Junius 2013.

滕尼斯的全集，見：Kieler Edition: *Ferdinand Tönnies. Gesamtausgabe*, 24 Bde., De Gruyter 1998 ff.（依年代序編輯）；»Klagenfurter Edition«:*Ferdinand Tönnies Gesamtausgabe*, Profil 2008 ff.（依主題編輯）。

關於滕尼斯其生平及其作品，見：Eduard Georg Jacoby: *Die moderne Gesellschaft im sozialwissenschaftlichen Denken von Ferdinand Tönnies. Eine biographische Einführung* (1971), Neuausgabe Profil 2013; Cornelius Bickel: *Ferdinand Tönnies* (1855–1936), in: Dirk Kaesler (Hrsg.): *Klassiker der Soziologie*, Bd. 1, C. H.Beck 2012, 6. Aufl.; Cornelius Bickel: *Ferdinand Tönnies. Soziologie als skeptische Aufklärung zwischen Historismus und Rationalismus*, Westdeutscher Verlag 1991; Arno Bammé: *Ferdinand Tönnies. Eine Einführung*, Metropolis 2018.

韋伯全集，見：Horst Baier, M. Rainer Lepsius, Wolfgang J. Mommsen u. a. (Hrsg.): *Max Weber-Gesamtausgabe* (MWG), 41 Bde., Mohr Siebeck 1984 ff.。另外有一套學生版。

關於韋伯生平及其作品，見：Dirk Kaesler: *Max Weber. Eine Einführung in Leben, Werk und Wirkung*, Campus 2014, 4. Aufl.; ders.: *Max Weber*, C. H. Beck 2011; ders.: *Max Weber. Preuße, Denker, Muttersohn. Eine Biographie*, C. H. Beck 2014。另見：Hans N. Fügen: *Max Weber in Selbstzeugnissen und Bilddokumenten*, Rowohlt 2000, 2. Aufl.; Volker Heins: *Max Weber zur Einführung*, Junius 2004; Joachim Radkau: *Max Weber. Die Leidenschaft des Denkens*, Hanser 2005; Volker Kruse und Uwe Barrelmeyer: *Max Weber. Eine Einführung*, UTB 2012; Wolfgang Hellmich: *Aufklärende*

Rationalisierung. Ein Versuch, Max Weber neu zu interpretieren, Duncker & Humblot 2013; Jürgen Kaube: *Max Weber. Ein Leben zwischen den Epochen*, Rowohlt 2014; M. Rainer Lepsius: *Max Weber und seine Kreise. Essays*, Mohr Siebeck 2016.

關於韋伯的政治立場，見：Wolfgang J. Mommsen: *Max Weber und die deutsche Politik 1890–1920*, Mohr Siebeck 1959, 2. Aufl. 1974; ders.: *Max Weber. Gesellschaft, Politik und Geschichte*, Suhrkamp 1982.

關於韋伯的美國之旅，見：Lawrence A. Scaff: *Max Weber in Amerika*, Duncker &Humblot 2013.

關於「價值判斷論戰」，見：Hans Albert und Ernst Topitsch (Hrsg.): *Werturteilsstreit*, Wissenschaftliche Buchgesellschaft 1971; Wolfgang Schluchter: *Wertfreiheit und Verantwortungsethik. Zum Verhältnis von Wissenschaft und Politik bei Max Weber*, Mohr Siebeck 1971; Johannes Glaeser: *Der Werturteilsstreit in der deutschen Nationalökonomie. Max Weber, Werner Sombart und die Ideale der Sozialpolitik*, Metropolis 2014.

關於德國社會學家和哲學家對於第一次世界大戰的立場，見：Peter Hoeres: *Krieg der Philosophen. Die deutsche und die britische Philosophie im Ersten Weltkrieg*, Schöningh 2009, 2. Aufl.; Ernst Piper: N*acht über Europa. Kulturgeschichte des Ersten Weltkriegs*, Propyläen 2013, 2. Aufl.; Ulrich Sieg: *Geist und Gewalt. Deutsche Philosophen zwischen Kaiserreich und Nationalsozialismus*, Hanser 2013.

感謝

我要第三次衷心感謝所有協助這部哲學史第三卷誕生的人，特別是漢斯・于根・普列希特（Hans-Jürgen Precht），當然還有依洛拉（Ilona）。這次我要特別感謝克里斯多夫・雅美（Christoph Jamme），對於他的友善建言以及明智的激勵和批評，我銘記在心。

人名索引

國家圖書館出版品預行編目資料

做你自己:西洋哲學史. 卷三, 從後黑格爾時期的哲學到世紀之交的哲學 / 理察．大衛．普列希特（Richard David Precht）著作；林宏濤 譯. -- 初版. -- 臺北市：商周出版：英屬蓋曼群島商家庭傳媒股份有限公司城邦分公司發行, 2021.06
面； 公分. --
譯自：Sei du selbst : Eine Geschichte der Philosophie. 3
ISBN 978-986-0734-23-2（精裝）

140.9　　110006551

做你自己：西洋哲學史卷三

從後黑格爾時期的哲學到世紀之交的哲學

原著書名 / Sei du selbst: Eine Geschichte der Philosophie. 3
作者 / 理察．大衛．普列希特（Richard David Precht）
譯者 / 林宏濤
企劃選書 / 林宏濤
責任編輯 / 張詠翔

版權 / 黃淑敏、劉鎔慈
行銷業務 / 周丹蘋、黃崇華、周佑潔
總編輯 / 楊如玉
總經理 / 彭之琬
事業群總經理 / 黃淑貞
發行人 / 何飛鵬
法律顧問 / 元禾法律事務所　王子文律師
出版 / 商周出版
城邦文化事業股份有限公司
台北市南港區昆陽街16號4樓
電話：(02) 2500-7008 傳眞：(02) 2500-7579
E-mail：bwp.service@cite.com.tw
Blog：http://bwp25007008.pixnet.net/blog
發行 / 英屬蓋曼群島商家庭傳媒股份有限公司城邦分公司
台北市南港區昆陽街16號5樓
書虫客服服務專線：(02) 2500-7718．(02) 2500-7719
24小時傳眞服務：(02) 2500-1990．(02) 2500-1991
服務時間：週一至週五09:30-12:00．13:30-17:00
郵撥帳號：19863813　戶名：書虫股份有限公司
讀者服務信箱E-mail：service@readingclub.com.tw
歡迎光臨城邦讀書花園 網址：www.cite.com.tw
香港發行所 / 城邦（香港）出版集團有限公司
香港九龍土瓜灣土瓜灣道86號順聯工業大廈6樓A室
電話：(852) 2508-6231　傳眞：(852) 2578-9337
E-mail：hkcite@biznetvigator.com
馬新發行所 / 城邦(馬新)出版集團 Cité (M) Sdn. Bhd.
41, Jalan Radin Anum, Bandar Baru Sri Petaling,
57000 Kuala Lumpur, Malaysia
電話：(603) 9057-8822　傳眞：(603) 9057-6622
Email：cite@cite.com.my

封面設計 / 兒日設計
地圖繪製 / 柯欽耀
排版 / 新鑫電腦排版工作室
印刷 / 韋懋實業有限公司
經銷商 / 聯合發行股份有限公司
電話：(02) 2917-8022　傳眞：(02) 2911-0053
地址：新北市231新店區寶橋路235巷6弄6號2樓

■2021年06月初版
■2024年03月初版1.6刷
定價 930 元

Printed in Taiwan
城邦讀書花園
www.cite.com.tw

ISBN　978-986-0734-23-2

書號：BP6036C　**書名：**做你自己：西洋哲學史卷三　**編碼：**

請於此處用膠水黏貼

商周出版

讀者回函卡

線上版讀者回函卡

感謝您購買我們出版的書籍！請費心填寫此回函卡，我們將不定期寄上城邦集團最新的出版訊息。

姓名：＿＿＿＿＿＿＿＿＿＿ 性別：☐男 ☐女

生日：西元＿＿＿＿年＿＿＿＿月＿＿＿＿日

地址：＿＿＿＿＿＿＿＿＿＿

聯絡電話：＿＿＿＿＿＿＿＿ 傳真：＿＿＿＿＿＿＿＿

E-mail ：

學歷：☐ 1. 小學 ☐ 2. 國中 ☐ 3. 高中 ☐ 4. 大學 ☐ 5. 研究所以上

職業：☐ 1. 學生 ☐ 2. 軍公教 ☐ 3. 服務 ☐ 4. 金融 ☐ 5. 製造 ☐ 6. 資訊

☐ 7. 傳播 ☐ 8. 自由業 ☐ 9. 農漁牧 ☐ 10. 家管 ☐ 11. 退休

☐ 12. 其他＿＿＿＿＿＿＿＿

您從何種方式得知本書消息？

☐ 1. 書店 ☐ 2. 網路 ☐ 3. 報紙 ☐ 4. 雜誌 ☐ 5. 廣播 ☐ 6. 電視

☐ 7. 親友推薦 ☐ 8. 其他＿＿＿＿＿＿＿＿

您通常以何種方式購書？

☐ 1. 書店 ☐ 2. 網路 ☐ 3. 傳真訂購 ☐ 4. 郵局劃撥 ☐ 5. 其他＿＿＿

您喜歡閱讀那些類別的書籍？

☐ 1. 財經商業 ☐ 2. 自然科學 ☐ 3. 歷史 ☐ 4. 法律 ☐ 5. 文學

☐ 6. 休閒旅遊 ☐ 7. 小說 ☐ 8. 人物傳記 ☐ 9. 生活、勵志 ☐ 10. 其他

對我們的建議：＿＿＿＿＿＿＿＿＿＿

＿＿＿＿＿＿＿＿＿＿

＿＿＿＿＿＿＿＿＿＿

【為提供訂購、行銷、客戶管理或其他合於營業登記項目或章程所定業務之目的，城邦出版人集團（即英屬蓋曼群島商家庭傳媒（股）公司城邦分公司、城邦文化事業（股）公司），於本集團之營運期間及地區內，將以電郵、傳真、電話、簡訊、郵寄或其他公告方式利用您提供之資料（資料類別：C001、C002、C003、C011 等）。利用對象除本集團外，亦可能包括相關服務的協力機構。如您有依個資法第三條或其他需服務之處，得致電本公司客服中心電話 02-25007718 請求協助。相關資料如為非必要項目，不提供亦不影響您的權益。】

1.C001 辨識個人者：如消費者之姓名、地址、電話、電子郵件等資訊。
2.C002 辨識財務者：如信用卡或轉帳帳戶資訊。
3.C003 政府資料中之辨識者：如身分證字號或護照號碼（外國人）。
4.C011 個人描述：如性別、國籍、出生年月日。

請於此處用膠水黏貼